全国教育科学"十三五"规划
2019年度教育部重点课题研究成果（DHA190367）
国家出版基金项目

孤独症儿童融合教育生态支持的本土化实践创新

王红霞 ◎ 著

华夏出版社
HUAXIA PUBLISHING HOUSE

序 一

近些年来，孤独症谱系障碍儿童的成长状态、教育方式、康复训练等问题成为社会的热点话题，社会呼吁不绝于耳，各种观点看法百家争鸣，干预手段层出不穷。从来没有任何一个残疾类别的儿童受到如此广泛而持久的社会关注，也从来没有任何一个残疾类型会引起那么多学科、部门的长期争论。社会关注不断增加，孤独症机理以及应对策略不明，导致乱象频出。

一方面，各种康复训练，治疗干预新方法、新技术不断涌现。舶来的循证与本土的药方竞相出台，康复机构的训练与公立学校的教育各显神通。持科学话语的独断主义者仿效循证医学，以类似自然科学的"技术"或"方法"来改造教育学中的实践，失之偏颇。外来的话语体系及运作方式将各种循证技术原封不动地搬运到中国来，垄断了专业话语体系，使其丧失了本土性。另一方面，传统的特殊教育理论与实践在孤独症谱系障碍儿童面前显得捉襟见肘，现代的康复治疗及干预技术往往事倍而功半，引进的干预技术策略本土不服，本土的研究与实践提炼不够。尽管孤独症谱系障碍儿童由于各种原因有过度诊断的倾向，其出现率不断增加是毋庸置疑的事实。全社会都面临正确认识和接纳孤独症儿童的挑战。科学接纳与教育孤独症谱系障碍儿童，使每个孩子享有公平优质的教育，是教育系统不可推卸的神圣使命。

孤独症谱系障碍儿童教育首先要对孤独症谱系障碍儿童去神秘化。他们首先是儿童，并非星星的孩子或者折翼天使。他们和他们的同伴在本质上没有什么不同，都是地球的孩子，我们的孩子；都是祖国的花朵，国家的未来。他们的发展遵循儿童发展的一般规律，他们的不同是儿童之间的差异，是人类多样性的体现。尊重差异，拥抱多元，是孤独症谱系障碍儿童融合教育的基本主张。其次，要对各种教育及干预的方法和技术去神秘化。越是神秘的方法离儿童越远，越是专业的技术离生活越远，越是熟悉的日常越容易被忽视。我们需要的是基于日常生活的教育和干预，回归儿童世界；我们倡导的是从生态支持的角度出发，激发儿童的潜能。儿童最需要的是自然的、正常的、生态的生活与学习环境，这既是儿童的权利，也是教育的基本规律。再专业的方法，如果不能与儿童真实自然的生活世界相联系，其效果事倍功半。因此，基于生态学的多学科、专业、生态、整合的支持，是孤独症谱系障碍儿童成长的基本保障。

北京市海淀区多年来大力推进融合教育。如果说北京市以其精心打造的"融合模式"在全国起到了示范引领的作用的话，海淀区的融合教育特色则是北京市"融合模式"这一王冠上最为璀璨的明珠。海淀区特殊教育研究与指导中心向来敢为人先，探索本土融合教育实践模式；王红霞主任及其团队向来先行一步，在孤独症谱系障碍儿童的特殊及融合教育方面形成了自己的特色与经验。2019年，红霞团队成功立项了教育部重点课题"孤独症儿童融合教育生态支持系统建设的研究"，以课题研究为抓手，以中心的巡回指导教师为专业引领，带动普通学校教师广泛参与，为孤独症儿童融合教育提供专业支持。课题基于行动研究的范式，从教育生态的角度营造家校社协同育人机制，构建学校、社区、社会多部门协调参与的生态保障共同体。

  基于课题探索的"孤独症儿童融合教育生态支持系统"将孤独症谱系障碍儿童成长的宏系统、外系统、中间系统和微系统有机整合起来，以资源中心为专业平台与纽带，将学校、家庭、社区和宏观社会体系中的资源与保障联系起来，促进孤独症谱系障碍儿童接受高质量的融合教育，更好地融入学校和社会。全书从教育生态学理论出发，对我国融合教育的理论与实践进行了系统概括，基于海淀区实际进行了实证调查与试验研究，总结了海淀区融合教育的成功案例，并叙述了真实而生动的融合教育故事，谱写了融合教育美好的篇章。作为一名特殊教育领域的老兵，我为红霞团队所取得的成果而感到欣喜！我期待这一基于本土的研究成果为中国孤独症谱系障碍儿童的教育体系添砖加瓦，并呼吁共同为孤独症谱系障碍儿童的快乐成长及其家庭的生活质量的提高而努力奋斗！是为序！

华东师范大学融合教育研究院院长
华东师范大学教育学部特聘教授
华东师范大学特殊教育学系教授、博士生导师
2023年8月

序　二

王红霞主任希望我为其新作提建议并作序,真的是荣幸之至。2004年,我从美国回来后,时不时听到北京有一个王红霞老师在开展融合教育研究,并在海淀区全面推广开展。这在美国,还是一个理念,讲的专家很多,真正开展工作的人实际上真的不多。美国的很多事情,并不像论文上介绍的那么光鲜。我在美国待了8年,走了大部分州,还是比较了解,有一定发言权的。后来,《教学月刊》邀请我作为特殊教育专栏负责人。我有幸收到王红霞老师关于孤独症儿童"渐进式"教学的论文,内容超前,观点鲜明,实用性强,于是我请杂志社尽快刊发。在这前后,她又邀请我参加融合教育国际论坛。我当时想,一个区级机构的国际会议肯定只是一个普通的座谈会罢了,加上当时左脚粉碎性骨折,刚打了石膏固定,但对出行影响不大,就让研究生帮助我来到北京参加了会议。一到会场,嘉宾满座,几十个国际或地区的泰斗都在,而且一听报告,内容是满满的创新与务实的工作,这彻底征服了我。这是我这辈子从1993年的联合国教科文组织在哈尔滨召开全纳教育会议后又一次参加的有国际影响力的大会,而且举办方只是一个区级中心。后来,我应邀参与过多次评估安置、融合教育研讨、个案处理等事项,无论在现场、在课堂、在个案研讨或教育安置中,她表现出儿童利益高于一切,苦口婆心给家长、老师劝告、协调,想尽办法为儿童发展考虑,不怕困难,不怕压力,不怕烦琐,总是保有最大的耐心、细心、苦心,坚信办法总比困难多,我更加佩服北京海淀区的融合教育队伍。他们"一切为了儿童,为了儿童的一切",不惜代价,不畏辛苦。为了孤独症儿童的发展"千方百计,千思万虑,千辛万苦,千遍万次"。教育是最大的民生。"一个也不能少",在海淀区绝对不是一句空话。

我与红霞主任一起去过互相帮扶的相对贫困地区,如河北保定、涞水、涞源、易水等老区,早6点出发,一到某个特殊教育学校,她立马与校长、老师、学生如同家人一样嘘寒问暖,什么样的课程?什么样的教法?儿童进步多少?老师有什么困难?推心置腹,根据当地具体实际,提出实实在在适合当地学校与学生发展的妙招实招,没有高大上的理论,但非常适合当地特殊教育的本土化快速发展,绝对不流于形式,不走过场。中午吃饭时间会在下午1点后,晚餐会在晚上8点左右,工作到近午夜才休息。尽管很累很累,她毫无倦意,工作着就是幸福的,在她身上表现得淋漓尽致。我在她身边,灵魂真正得到了洗涤和升华。

尽管已经过去若干年了，还历历在目，还想去这些革命老区去贡献自己的一份力量。

王红霞主任从16岁开始搞特殊教育，把特殊儿童的发展当作自己这辈子奋斗的事业。爱自己的职业，更爱那些特殊的孩子。她心目中的教育生态，就是一个以儿童发展为中心的，儿童们喜欢的"儿童乐园"。生命在她心中，永远至高无上。事关儿童发展，无论多大的代价，她都可以付出。特殊儿童一有困难，她立马电话，还会放下手上的工作，先去处理好特殊儿童发生的应急事项。没有条件，自己想尽办法去创造条件。没有政策，想尽办法去说服领导或有关部门出政策。没有资金，她会自己先垫付。让家长和儿童满意是她高于一切的愿望。在查阅资料时发现，"高质量发展""均衡发展""融合教育"等现在常用的政治术语在她起草的海淀区特殊教育"十五规划"中早就有了。不是她激进或为时髦，而是她真的认为在融合教育中真真切切需要高质量发展，需要普惠发展。本书中呈现的海淀区的先进经验只是她与战友们一起奋斗成功的一部分，还有很多很多做过、实现过、好评过、表扬过的，根本没有写进去。在30多年的奋斗历程中，努力和艰辛，成功与喜悦同在。通过本书可以知道艰辛奋斗历程的一小部分，但为实现一个"有学上"到"上好学"如此看上去简单的事情，他们付出了很多很多，而且不是为了什么功名。心中有光，眼里有爱，所见之处都是美好，好像就是说她与她的战友们。正如中国教育学会特殊教育专业委员会副理事长丁勇研究员所点评的："爱孩子是海淀人的灵魂，奋斗是海淀人的本色，创新是海淀人的追求，而专业是海淀人的精神内核。"

孤独症是一种起病于儿童早期，严重危害儿童行为、语言和社会交往等多方面的复杂的神经发展性障碍。2023年，美国每36名儿童中就有一名是孤独症。全球孤独症人士约为6700万人，其中0～14岁儿童约为1820万人。中国孤独症人数约有1368万人，其中孤独症儿童人数至少在300万人以上，成年孤独症人数在1000万人以上。如今，孤独症已不再是一种罕见病症，孤独症儿童的数量已经超过了患白血病或艾滋病的儿童的数量总和，成为全球公共健康问题。家长为孤独症儿童承受了巨大的经济和精神压力，社会也为孤独症儿童"走丢"、意外伤等承担了很大的损失。由于对孤独症人士不了解、不理解，社会大众对他们有所"歧视"，加上专业知识的缺乏，使他们在生存、教育、发展、就业等方面"举步维艰"，使他们的家庭"雪上加霜"。近年来，两会上相关议案、提案不少，社会呼声很高，说明孤独症带来的难题已经成为一个重大的社会问题和民生问题。

到目前为止，全世界还没有一个国家或地区，对孤独症儿童有比较成熟的教育安置和科学的教育教学方法。但北京海淀区的特殊教育工作者不怕艰苦，敢为人先，开展了一系列的开拓性工作。本书有三个非常典型的特征：第一是科学性，在孤独症儿童发展中，生态是一个非常重要的理念。孤独症儿童教育的生态系统化介入的重要性与必要性论述非常多。教育教学的生态介入、家长的参与在孤独症儿童早期干预中的作用在全球范围内已经是共识了。第二是本土化。目前，我国采用的多数方法是从国外引进的，"水土不服"。本书讲述的都是我们自己的教育故事，通俗易懂，文字又非常亲切，没有太多困难就能读懂。相关专业术语又非常精准，这与很多已经出版的书籍，尤其是中译版本，有本质的区别。第三是实用操作性强。书中有理论，但又有更多更具体的实践提示与操作使用方法，便于读者自学或创新应用。总之，本书是一部适合我国国情的，特殊教育教师、家长及相关孤独症研究和服务人员可以广泛使用的大作，同样又是通过北京市海淀区这个样本，代表中国献给人类发展的一份案例、一个样板、一张金名片。书中的八个率先、八大创新，既有中国特色，又有中国风格，党和政府对特殊人群的关切与希望都在书中表述得淋漓尽致。孤独症这个群体的生命尊严与生命价值在书中展现得熠熠生辉。本书体现的中国特有的教育家精神可以反复回味。本书是一部史诗般传记，又是一部记录特殊教育发展的恢宏大作。尽管有关理论的篇幅不多，但对教育学的基本要素与规律描写得非常深刻，对特殊教育育人理念的陈述非常清晰，对特殊教育课程、教法、评价的表述非常精准科学。可敬可佩啊！

近 20 年来，我国多次以"联合国 2030 可持续发展目标""让孤独症儿童享受公平且有质量的教育"为主题，呼吁全社会要尊重、理解、关爱孤独症人士。我们的社会发展速度很快，科技发展速度更为迅猛。尽管我们不一定能很快地解密孤独症的发生机理，但对孤独症人士的包容、关心、支持、理解、接纳可以在我国早些实现，起码在北京海淀区已经实现了。我们的社会保障体系在政府的重视下已经发生了重大变化。党和政府在解除人民生活后顾之忧的同时，不断提高人民的生活质量并增进人民的幸福感、获得感，切实维护任何一个公民（包括孤独症人士）的自由、平等与尊严，建立一个"人人参与、人人尽力、人人享有"的符合中国国情的教育与社会保障体系和一个具有中国特色的"公平、普惠、可持续发展"的社会福利制度，一个"富强、民主、文明、和谐"的社会主义现代化国家必定会屹立在世界的东方。

北京市海淀区的特殊教育发展经验为世界提供了"中国理论、中国案例、中国样本"。真正造福孤独症和其他特殊群体，尽一切努力使他们成为我们国家的建设者，共享社会发展成果，实现"共同富裕"，已经在中国的"首善之府"——北京市海淀区有了先行先试的经验。中国特色社会主义已经进入新时代，中国的特殊教育同样是中国特色社会主义理论、制度、文化走向现代化，并给全人类提供"中国智慧、中国方案"的必不可少的内容，是全面实现共同富裕、全面建成社会主义现代化强国、实现中华民族伟大复兴中国梦的组成部分。

感谢王红霞和她的战友们，感谢北京海淀区的特殊教育工作者，感谢我们这个伟大的时代，中国的特殊儿童生在华夏，身心虽有美中不足的残缺，但有这样的老师们，快乐成长，幸福无比啊！

国家社会科学基金"孤独症"重大招标项目首席专家
浙江工业大学健行特聘教授
南京特殊教育师范学院特聘教授
2023 年 11 月

自 序

教育兴则国家兴，教育强则国家强。建设教育强国，特殊教育尤为关键。党中央从"关心特殊教育"到"支持特殊教育"，再到"办好特殊教育""普惠发展"，无不体现着特殊教育对教育高质量发展、对建设教育强国、对中华民族伟大复兴的重要意义。回顾特殊教育发展的历史，融合教育是趋势、是方向、更是努力的目标。我国的融合教育之路可以追溯到 20 世纪 50 年代或更早，而北京市海淀区的融合教育也是在时代的潮流中探索着前进。

20 世纪 90 年代，作为一名特殊教育专业的学生，我被分配到了海淀培智中心学校，凭着年轻人特有的青春活力，对特殊教育的满腔热血，对所有特殊孩子的一份责任，在领导的信任、关心和支持下，我开始兼做随班就读工作。当时，海淀区教委特殊教育视导员黄纯瑞老师牵头，加上几位普通学校的领导干部，我们组成了海淀区巡回小队，而巡回的对象也是单一的轻度智力障碍的学生，还有部分随班就读教师。2002 年，海淀区特殊教育管理中心正式成立，附设在海淀培智中心学校，我们的队伍还是由区级行政干部、特殊教育干部教师和普通教育干部教师组成，但我们开始探索并建立随班就读工作机制，除了对特殊学生及其家长提供指导支持外，还形成了月月有例会、不时有培训、年年有论文评选的工作特色，在普通教育中播撒融合教育的种子。同年，我们还发布了《海淀区特殊教育发展规划》，首次提出"融合教育"的概念，明确指出"推进我区特殊教育高标准、高质量的发展""使海淀区成为普特融合教育的先进地区"。在 2011 年，我们开始有了专门的办公经费和编制，也有了由三名特殊教育教师组成的专业的巡回指导团队。有了这样的支持，我们开始建资源教室、培养资源教师、组织区域融合教育教研等一系列工作，推进海淀区融合教育迈向高质量发展的新阶段。随着融合教育快速发展，特别是从单一的轻度智力障碍的学生扩展到不同障碍类型的学生都进入到普通学校随班就读后，家校矛盾冲突、教师措手不及等事件也逐渐增多，融合教育对专业支持保障体系建设的诉求越来越明显。2016 年，拥有独立法人资质的区教委直属单位——北京市海淀区特殊教育研究与指导中心应运而生，我们开始大刀阔斧地去做特殊教育与融合教育的工作，推进区内融合教育工作从"零星个案"走向"全面覆盖"，以"求数量"迈向"问质量"的跨越式发展，加快推动特殊教育现代化建设，努力开创"普特融合""普惠发展"的教育生态。

一路走来，我们不停地在已有的融合教育工作经验基础上求真务实、开拓创新，努力在区域文化政策保障上、特教中心专业支持体系建设上、学校融合教育实践中，以及在家庭教育的探索中，为孤独症儿童提供全面系统的支持，在此过程中，我们积累了很多有效的经验，其中很多孤独症学生的成功案例让我们有信心将自己的思考、经验与案例细细梳理。2019年，我们成功立项了全国教育科学"十三五"规划教育部重点课题"孤独症儿童融合教育生态支持系统建设的研究"（课题批准号DHA190367）。经过认真的研究与总结，我撰写了这本《孤独症儿童融合教育生态支持的本土化实践创新》，与大家一起研讨分享。这本书作为研究成果，展示了我们以孤独症儿童教育需求为核心，逐步构建系统化生态支持的过程，内容涉及特殊教育与教育学、心理学、社会学的交叉领域，体现了推进融合教育过程中的本土化创新。希望借此机会，可以带领区域内的一批学校去探索具有海淀特色的融合教育生态，为全国其他地区提供借鉴或参考。

我们的课题研究是以布朗芬布伦纳（Urie Bronfenbrenner）的生态系统理论作为参考，根据我国实际国情，将其进行本土化修正，形成孤独症儿童融合教育本土化生态支持模式，目的是促进孤独症儿童接受高质量的融合教育，更好地融入班级、学校、家庭、社区和社会，该模式以核心支持系统、协同支持系统和宏观支持系统为基本的逻辑体系，结合我国国情与教育实际，以资源中心建设为纽带，将孤独症儿童融合教育支持辐射到学校、家庭、社区、社会资源和社会保障体系中。此研究成果在《孤独症儿童融合教育生态支持的本土化实践创新》这本书中有详细展示说明。本书共分为十二章，第一、二章介绍与界定孤独症儿童、融合教育和生态支持系统的理论理念。第三章介绍融合教育资源支持体系对孤独症儿童发展的重要作用及意义。第四章介绍区级特教中心对孤独症儿童融合教育所提供的专业支持，包括评估、安置、巡回指导、转衔与生涯规划指导等。第五章介绍孤独症儿童融合教育的教师团队建设，对教师的能力结构、职能划分、分类培训和团队协作进行阐述。第六章是对学校融合教育工作的展示，包括制度建设、人文环境与物理环境建设、科技应用等。第七章介绍学校融合教育课程与教学的调整，从个别化教育计划的制订实施，到学科课程、活动课程和支持性课程的调整，再到课堂教学的调整落实。第八章介绍孤独症儿童的家庭教育支持，对孤独症儿童的家庭特点、类型、需求和教育策略，以及家校沟通和家校社协同育人的路径进行分析探讨。第九章介绍孤独症儿童融合教育发展的社会资源，如社区支持和社会团体支持等。第十章介绍社会保障支持，包括社会观念、政策保障和行政支持等。第十一章是海淀区融合教育的成功案例集锦，讲述我们的融合教育故事。

在此，需要特别感谢海淀区教育两委对融合教育工作的重视与大力支持，特别要感谢中关村学区管理中心、北京市清河中学、中国农业大学附属中学、北京市育英学校、八一学校附属玉泉中学、中国人民大学附属小学、北京交通大学附属小学、海淀区永泰小学、海淀区玉泉小学、海淀区航天图强小学、海淀区第二实验小学、中关村第一小学、中国农业科学院附属小学、海淀区万泉小学、北京大学附属幼儿园、北京大学医学部幼儿园、北京市海淀新区恩济幼儿园、北京市健翔学校等学校提供的案例研究素材。同时感谢朴永馨教授、王雁教授、华国栋研究员、刘全礼教授、张树东教授、杨希洁博士等专家对海淀融合教育工作长期的关注与支持。最后，诚挚地感谢徐云教授和邓猛教授对本书的撰写工作倾心指导，才使得本书在理论与实践上得以丰富完善。

书中大量内容来自我们一线实践经验的梳理与凝练，希望可以完整地展示孤独症儿童融合教育所需要的系统化生态支持，从而以教育生态的视角去促进融合教育的发展。我们希望借以本书将我们的理念与经验与同行交流，但受自己学识水平的局限，本书难免有种种疏漏和不成熟之处，恳请各位提出宝贵意见。

北京市海淀区特殊教育研究与指导中心主任

2023 年 7 月

目 录

第一章　孤独症与融合教育的概述

第一节　孤独症的定义 3
第二节　孤独症的诊断与鉴别 5
第三节　孤独症儿童的身心发展特征 11
第四节　孤独症儿童的融合教育 13
第五节　孤独症儿童融合教育的现实挑战与对策 17

第二章　孤独症儿童融合教育的生态支持模式

第一节　儿童发展生态系统观 26
第二节　孤独症儿童融合教育生态支持模式 28
第三节　孤独症儿童融合教育生态支持模式的内容 33

第三章　孤独症儿童与资源中心

第一节　资源中心的支持体系 40
第二节　区级特殊教育资源中心的建设 41
第三节　学区级融合教育资源中心的建设 51
第四节　资源教室的建设与运作 56

第四章　孤独症儿童融合教育的专业支持

第一节　孤独症儿童的评估 68
第二节　孤独症儿童的适宜安置 73

第三节 孤独症儿童的专业巡回指导……83
第四节 孤独症儿童的转衔与终身发展……87

第五章　孤独症儿童融合教育教师的团队建设

第一节 融合教育教师的多元化……100
第二节 融合教育教师团队的专业化成长……113
第三节 融合教育教师团队的成员协作……125

第六章　融合教育学校中的孤独症儿童

第一节 融合教育学校的环境支持……133
第二节 融合教育学校的制度支持……137
第三节 融合教育学校的科技创新……140

第七章　孤独症儿童的融合教育课程与教学

第一节 孤独症儿童的个别化教育计划……144
第二节 孤独症儿童的融合教育课程调整……153
第三节 孤独症儿童的支持性课程设计……163
第四节 融合教育的课堂教学调整……172
第五节 融合教育的教学评价……186

第八章　家庭中的孤独症儿童

第一节 孤独症儿童家庭教育的概述……197
第二节 孤独症儿童家庭教育的策略……201
第三节 家校社协同育人的实践路径……210

第九章　社会中的孤独症儿童

第一节 社区支持……220
第二节 社会团体……226

第十章 孤独症儿童融合教育保障系统

- 第一节 社会观念 ····· 234
- 第二节 法律法规 ····· 236
- 第三节 融合教育的政策保障 ····· 238
- 第四节 融合教育的行政支持 ····· 242

第十一章 孤独症儿童融合教育生态支持的成功案例

- 第一节 特殊教育资源支持体系案例 ····· 247
- 第二节 学校融合教育支持案例 ····· 254
- 第三节 孤独症儿童融合教育中家庭教育案例 ····· 279
- 第四节 孤独症儿童社会融合实践活动的案例 ····· 285

主要参考文献 ····· 289

第一章

孤独症与融合教育的概述

融合故事

小川是一名孤独症谱系障碍伴随感觉统合障碍的男孩,今年11岁,就读于一所小学。在上课时,他维持正确坐姿的时间很短,经常慵懒地躺在椅子或者是垫子上。在体育课上,小川也会经常觉得累,不喜欢参与体育活动,小川的肌张力、肌肉耐力、肌肉力量明显发育不足,这既影响了他躯体正确姿势的维持,也影响了他更好地参与学习。在口语表达上,小川平时的主动语言很少,经常会说与当前情景没有关系的话,如"王老师的车""这是丰田,不是大众"。当教师询问小川问题时,例如"今天你见到王老师了吗?"他会回答"你见到王老师"。还有些时候,小川好像不太能听懂教师或同学们的问题,往往不予理睬或者总是重复教师提出的问题。小川平时也不会主动与同学们玩耍,总是自己一个人坐在座位上,同学们找他一起玩,他好像无法完全融入游戏活动。在午餐时,小川咀嚼东西存在困难,对于硬一点的食物基本会选择放弃,吃饭也比较挑剔,比如不喜欢吃青菜。在特殊教育中心和学校的支持下,在特教助理的辅助下,小川在普通学校接受融合教育,基于小川的总体发展水平,他部分时间会在特教中心接受语言、社交、注意力等方面个性化的辅导。

在上述案例中,小川的运动能力偏弱,在语言理解与表达上存在困难,尤为明显的是小川在社交方面存在着较大的困难,不会用适合的方式与同伴交往,而且他对于汽车有着浓厚的兴趣,这些均为典型孤独症儿童常见的表现。孤独症儿童还有哪些表现,发生率如何,诊断标准是什么,他们在接受融合教育过程中面临着哪些挑战,本章会对此进行详细的阐释。

本章要点

1. 了解孤独症儿童的身心特征是开展融合教育的重要前提,孤独症儿童存在社会沟通、社会交往上的困难,表现出重复刻板的行为或狭窄的兴趣。

2. 孤独症儿童融合教育经历了隔离教育阶段、逐步融合教育阶段和多元融合教育阶段。

3. 学校已经基本建立接纳、包容孤独症学生的氛围,但是在学业支持和工具支持等方面需要进一步加强,家庭教育支持有待进一步强化。

第一节 孤独症的定义

随着人们对孤独症儿童认识与研究的深入，关于孤独症儿童的界定与评估不断发生着变化，促使人们更加综合地了解孤独症儿童在动作、认知、语言、社会性、行为表现等多方面的特点，避免陷入关于孤独症的常见认识误区。只有读懂孤独症儿童，才能更好地接纳、支持他们，使他们在融合教育的环境中获得适宜的发展。

一、孤独症的界定

"孤独症"，又叫自闭症，最初由利奥·坎纳（Leo Kanner）在1943年正式提出，他描述了孤独症儿童对他人缺乏兴趣、语言理解与表达奇特、表现出刻板且不寻常的身体动作和重复性行为。2013年，美国精神医学学会出版了《精神障碍诊断与统计手册（第5版）》（*The Diagnostic and Statistical Manual of Mental Disorders*, DSM-V），提出了孤独症谱系障碍（Autism Spectrum Disorders, ASD）的概念，将典型孤独症、阿斯伯格综合征（Asperger's syndrome）、儿童期瓦解性障碍以及尚未分类的发育障碍等囊括在其中，基本特征是存在社会沟通、社会交往上的困难，以及表现出重复刻板的行为或狭窄的兴趣。

阿斯伯格综合征儿童的智力水平高于典型孤独症儿童，语言发展基本正常，但存在社会交往方面的困难，缺乏对他人情感和想法的理解。儿童期瓦解性障碍一般发生在学龄前，这些儿童在发育早期跟同龄的孩子一样，比如能够正常开口说话，但后来逐渐丧失了语言和社交方面的能力，甚至在动作技能上也发生变化。未分类的广泛发育障碍也被称为"不典型孤独症"，这样的儿童表现出一些孤独症儿童的特点，但是没有完全满足孤独症谱系障碍诊断的标准。

近年来，孤独症儿童的发生率呈明显上升趋势，根据美国疾控中心（Centers for Disease Control and Prevention, CDC）最新统计数据显示，孤独症儿童的发生率由2000年的1/150上升至2020年的1/36。[①]

二、关于孤独症的常见认识误区

人们对于孤独症存在一些常见的认识误区，家长和教师需要意识到孤独症儿

---

① Data & Statistics on Autism Spectrum Disorder[EB/OL].https://www.cdc.gov/ncbddd/autism/data.html

童首先是一名儿童,是生命多样性存在的一个重要例子,需要我们用更加理性的视角去理解他们,用更加专业的视角去引导他们,用更加博大的胸怀去接纳他们。

误区 1：孤独症是家长养育不当导致的

孤独症是一种神经发育障碍,其成因仍是世界医学的未解之谜。基本的共识是：孤独症人士表现出的各种发展障碍,主要是由生物学与环境因素交互作用导致的。[①]

误区 2：孤独症儿童的能力普遍较弱

孤独症儿童中有相当一部分是智力正常,甚至是超常的。例如一些阿斯伯格儿童的智力商数能达到140分以上,其认知能力要明显优于同龄儿童的平均水平。此外,有的孤独症儿童的机械记忆能力较强,有的孤独症儿童听音辨音的准确度很高,还有的孤独症儿童具有绘画方面的天赋。因此,孤独症儿童的差异性较大,不能简单地以普通儿童作为标尺去衡量孤独症儿童的能力水平。

误区 3：孤独症儿童都有攻击行为

受孤独症儿童身心发展特点的影响,有的孤独症儿童不会用语言合理表达自己的需求,或者不会用适合的行为与别人交往,有时会出现打人、推人等问题；但并非所有的孤独症儿童都会出现类似的行为,教师和家长要摒除"畏惧"的情绪和"焦虑"的心态,通过营造安全、包容的氛围,耐心教授孤独症儿童规则和技能,预防行为问题的发生。

误区 4：孤独症儿童只有去了普通学校才能得到最好的发展

我国特殊教育体系涵盖普通教育学校普通班与特教班、特殊教育学校、送教上门等形式,孤独症儿童在经过评估之后可以为其选择适宜的安置方式。当家长因为孤独症儿童入学、转学问题发生争议时,依照《残疾人教育条例》的要求,可以申请县级人民政府教育行政部门进行处理,接到申请的县级人民政府教育行政部门应当委托残疾人教育专家委员会对孤独症儿童的身体状况、接受教育的能力和适应学校学习生活的能力进行评估并提出入学、转学建议,在此基础上,综合考虑学校的办学条件和孤独症儿童及其父母或者其他监护人的意愿,对孤独症儿童的入学、转学安排做出决定。

误区 5：孤独症儿童只会给班级带来负面的影响

有的孤独症儿童因为无法理解环境中潜在的规则,或者是无法理解教师的指

---

① 邓明昱,劳世艳.孤独症谱系障碍的临床研究新进展（DSM-5 新标准）[J].中国健康心理学杂志,2016,24（04）：481-490.

令要求，缺乏社交技巧，难以跟上班级的教学进度。例如，孤独症儿童出现抢答问题、离座、发脾气等问题行为，对班级的教学秩序产生影响。每个儿童之间都存在不同程度上的差异，孤独症儿童可以让教师和学生认识到生命的多样性，更加学会尊重生命，在学生心中种下"友善"的种子，学会接纳、关怀与帮助他人；认识、理解并包容生命的差异性，拥有广阔的胸怀，学会和谐共处。因此，孤独症儿童同样可以成为班级里重要而独特的"资源"。

误区 6：孤独症儿童很难融入社会生活

很多家长和教师会因为儿童被确诊为孤独症而对其降低期望，从而避免孤独症儿童做家务、不让孤独症儿童参与一些集体活动，出现过多包办代替的情况，这让孤独症儿童错失了很多发展的机会，如缺少了生活上的体验，也缺少了对很多事件的感知和理解。孤独症儿童同样可以承担家务劳动、购物、乘坐公共交通工具，在学校参与集体劳动、参与集体演出等。不同的是，家长和教师需要依据孤独症儿童的能力水平以及完成任务的情况，给他们提供适宜的支持，引导他们从在辅助下完成到独立完成相关的任务。

第二节 孤独症的诊断与鉴别

孤独症儿童的诊断是一个严谨、科学而复杂的过程，目前没有生物学的方法可以确诊，需要基于对儿童的行为观察以及认知能力、适应行为、社交、沟通交流技能等方面的综合测试进行全面的观察和评估。

一、孤独症的诊断标准

目前关于孤独症的诊断标准主要包括美国精神医学学会出版的《精神障碍诊断与统计手册（第 5 版）》（DSM-V）、《中国精神障碍分类与诊断标准（第 3 版）》（CCMD-3）、《国际疾病分类（第 11 版）》（*International Classification of Diseases*, ICD）。其中，应用最广泛的诊断标准为 DSM-V，该手册从社会交流与互动、重复的行为模式两个方面列举了具体的内容标准，并从症状出现的时间、症状导致的结果，以及与智力障碍等情况的关系三个方面进行补充说明（邓明昱，劳世艳，2016）。

（一）诊断标准

表 1-1　DSM-5 关于孤独症谱系障碍的诊断标准示例

诊断标准	具体表现
A. 在多种场合下，在社会交流和社交互动方面存在持续的缺陷，表现为当前或曾经有右栏中的表现（为示范性举例，而非列举所有情况）。	①在社交、情感互动方面有缺陷。例如，异常的社交接触，不能正常进行对话，对兴趣、情绪或情感少有分享，不能启动或回应社交互动。 ②社交互动中在使用非语言交流行为方面有缺陷。例如，语言和非语言交流的整合困难，异常的眼神接触和身体语言，难以理解和使用手势，完全缺乏面部表情和非语言交流。 ③在发展、维持和理解人际关系方面有缺陷。例如，难以调整自己的行为以适应各种社交情境，难以分享想象的游戏，交友困难，对同伴缺乏兴趣。
B. 受限的、重复的行为模式、兴趣或活动，表现为当前或曾经有至少 2 项右栏中的情况（为示范性举例，而非列举所有情况）。	①刻板或重复的躯体动作、物品使用或言语（如：简单的躯体刻板运动，排列玩具或翻转物体，模仿言语，特殊措辞）。 ②坚持相同性，缺乏弹性地坚持常规，仪式化的语言或非语言的行为模式（如：对微小变化极端痛苦，刻板的思维模式，仪式化的问候，需走相同的路线或每天吃同样的食物）。 ③高度受限的固着兴趣，其强度和专注度达到不寻常的程度（如：对不寻常物体的强烈依恋或先占观念，过度的局限或持续的兴趣）。 ④对感觉输入的过度敏感或迟钝反应，或对环境中感受方面的刺激表现出不寻常的兴趣（如：对疼痛/温度的感觉麻木，对特定的声音或质地的异常反应，过分地嗅或触摸物体，对光线或旋转物体的凝视）。
C. 症状必须出现于发育早期（但是，直到社交需求超过其有限的能力时，缺陷可能才会完全表现出来，或可能被后天学会的策略所掩盖）。	
D. 症状导致目前在社交、职业或其他重要功能等方面有临床意义上的损害。	
E. 症状不能用智力障碍或全面发育迟缓来更好地解释。智力发育障碍和孤独症谱系障碍经常共同出现，对儿童做出孤独症谱系障碍和智力发育障碍的共病诊断时，其社会交流程度应低于预期的总体发育水平。	

（二）不同严重程度的分级标准

DSM-V 与之前的版本相比，一个明显的变化是增加对孤独症儿童支持程度的描述，划分为"需要支持""需要较多支持"和"需要大量支持"三个水平。

1. 需要支持

孤独症儿童在缺乏支持的情况下表现出一定的社会性功能损伤，较难主动发起社交行为，对他人所发起的社会性交往应答异常或是回应不恰当，对社会性交往缺乏兴趣，例如个体可以说一些完整的句子并尝试交流，但与他人轮流交谈时常常失败。孤独症儿童行为模式的刻板对某一种或多种情景中的功能产生影响，对不同活动之间的转换表现出困难，缺乏组织计划能力，以致影响个体的独立性。

2. 需要较多支持

孤独症儿童在言语和非言语社会沟通方面表现出明显损伤。在有帮助的情况下，个体依旧表现出社会性功能缺陷，缺乏社会性交往意图，很少主动发起社交行为，对他人发起的社交极少或异常回应。孤独症儿童的行为模式刻板，很难适应环境的改变，经常表现出明显的重复行为，很难改变他们对事物或者兴趣的专注度。

3. 需要大量支持

孤独症儿童存在极严重的社会性言语及非言语交往技能缺陷，导致严重的功能障碍，缺乏社会性交往意图，对他人发起的社交行为极少回应，很少发起社交行为，少量的社交行为一般仅限于用异常的方式满足自身需求。孤独症儿童的行为模式刻板，对环境中的改变极度不适应，导致在各方面出现极其明显的功能障碍，当仪式活动或习惯被中断时，会出现强烈的痛苦情绪，无法将注意力从固着兴趣上转移。

二、孤独症筛查与诊断工具

关于孤独症谱系障碍的筛查工具，目前被广泛应用的有《克氏孤独症行为量表》（CABS）、《婴幼儿孤独症筛查量表》（M-CHAT）、《孤独症行为量表》（ABC）、《儿童孤独症评定量表》（CARS）。目前，国际上通用的孤独症辅助诊断量表有 2 个：《孤独症诊断观察量表》（ADOS）、《孤独症诊断访谈量表修订版》（ADI-R）。

（一）孤独症筛查量表

1.《克氏孤独症行为量表》（Clancy Autism Behavior scale, CABS）

《克氏孤独症行为量表》由美国克兰西（Clancy）等学者于 1969 年编制，共 14 个项目，适用于 2 岁以上儿童孤独症的筛查，由家长填写。在 1983 年，我国台湾学者谢清芬等人对其进行修订，采用 3 点评分法，将每一项的评分从"是（1分）""否

(0分)"改为"从不(0分)""偶尔(1分)""经常(2分)"进行评估,以14分作为诊断分。目前,国内使用的 CABS 量表大多为修订版量表(金映彤、陈苏琴、包韵歆等,2021)。

2.《孤独症儿童行为量表》(Autism Behavior Checklist, ABC)

《孤独症儿童行为量表》是由克鲁格(Krug)等人于20世纪80年代编制,1993年由杨晓玲教授引进,目前国内应用最广泛的评估量表之一。该量表共计57个项目,包含感觉、行为、语言、运动、交往5个维度,每个项目4级评分,全量表最高分158分,适用于对3～35岁人群进行孤独症筛查,量表填写者至少与调查对象共同生活1个月左右,填表人可为父母、主要抚养者或教师。总分≥31分为初筛阳性,总分≥67分为高度怀疑孤独症谱系障碍(周浩,2017)。

3.《儿童期孤独症评定量表》(Child Autism Rating Scale, CARS)

《儿童期孤独症评定量表》由美国学者邵普勒(Scholer)等人在1980年编制,适用于儿童、青少年和成人孤独症的筛查。评定内容包括:人际关系、(词和动作的)模仿、情感反应、躯体应用能力、与非生命物体的关系、对环境变化的适应、视觉反应、听觉反应、近处感觉反应、焦虑反应、语言交流、非语言交流、活动水平、智力功能和总的印象等15项,中文版 CARS 量表界限分为30分(王辉,2009)。

(二)孤独症辅助诊断量表

1.《孤独症诊断观察量表》(Autism Diagnostic Observation Schedule, ADOS)

《孤独症诊断观察量表》由洛德(Lord)等人于1989年设计编制,是一种标准化、半结构化的诊断工具,用于孤独症谱系障碍核心特征性症状的评估,重点观察沟通、社会互动、游戏、局限兴趣和刻板行为4个领域的表现。ADOS 共分为4个模块,根据受试者的发育和表达性语言水平可选择不同模块进行评估,4个模块相结合可用于从前语言阶段到语言流利的儿童、青少年及成人的评估(徐秀,2013)。

2.《孤独症诊断访谈量表修订版》(Autism Diagnostic Interview-Revised, ADI-R)

《孤独症诊断访谈量表修订版》是诊断和鉴别孤独症的访谈工具,也可以作为孤独症的临床研究的工具。作为一种半结构化的评估工具,其中设置了大量有关社会互动、日常生活的游戏和访谈,包含了一系列标准化、层层递进的活动和材料。通过观察儿童在游戏中的表现和对材料的使用,对他们的沟通、社会交往及想象力进行重点评估。该量表的完成耗费时间较长,会谈加上计分大约需要3个小时。如果只选择诊断孤独症相关问题的简版来进行访问评估,至少也需要90分钟左右(邓明昱、劳世艳,2016)。

由于孤独症缺乏生物学指标，加上行为观察比较主观，医生的门诊工作量比较繁重，误诊率还是比较高的，需要随访与进一步观察。不能随便贴标签，给孩子和家长造成不必要的心理创伤和严重的心理负担。

三、孤独症的鉴别与共病问题

由于孤独症常存在共病问题，如伴有智力障碍、注意力缺陷多动障碍、言语障碍、焦虑与抑郁障碍、癫痫、睡眠障碍等，症状存在较多的重叠，孤独症的诊断和鉴别更为复杂。DSM-V对孤独症的共病问题进行了说明：①孤独症合并智力障碍和语言障碍的情况很常见，也常出现不能用孤独症解释的精神病性症状；约有70%的孤独症合并一种神经发育障碍或精神障碍，40%的孤独症合并两种障碍。②若儿童既满足注意力缺陷多动障碍的诊断标准，又满足孤独症的诊断标准，应给出两个诊断；同样适用于合并发育性协调障碍、焦虑障碍、抑郁障碍和其他障碍的诊断。

（一）孤独症的鉴别

1.孤独症与智力障碍的鉴别

智力障碍是指人在18岁以前的发育过程中在不同环境下均出现认知和社会适应能力方面的障碍。对于5岁以下的儿童，由于智力测验不一定可靠，根据发育里程碑的相应时间落后于同龄儿童的情况，诊断为发育迟缓，当出现两个及两个以上维度的落后时，可诊断为全面发育迟缓。学界关于孤独症共患智力障碍比率的研究目前并不一致，如以往研究多指出70%左右的孤独症儿童共患智力障碍，但根据美国孤独症和发育障碍监测网络2016年的数据分析，约有33%的孤独症儿童共患智力障碍，24%的孤独症儿童处于临界范围。由于孤独症儿童和智力障碍儿童都会存在不同程度的认知功能和社会适应功能缺陷，这些缺陷是归因于孤独症或智力障碍，还是两者共患情况，目前仍旧是临床诊断的重点、难点。在鉴别过程中，需要结合认知能力评估、社会交往与沟通能力发展及刻板行为等方面的表现进行判断。如，孤独症儿童和智力障碍儿童在沟通交往中会出现不同程度的困难，但智力障碍儿童更偏重于由语言理解能力弱导致的表达能力受影响，而孤独症儿童的语言障碍在于"语用学障碍"，他们无法根据特定情景运用适合的语言，容易出现重复、无意义的语言（杨育林、代英，2022）。

2.孤独症与注意力缺陷多动障碍的鉴别

孤独症与注意力缺陷多动障碍同属于神经发育障碍，注意力缺陷多动障碍主要表现为与儿童发育水平不相匹配的注意力不集中、多动/冲动的症状，亚型包括注意缺陷型、多动冲动型和联合型。孤独症共病多动症的情况较为常见，研究发现在孤独症个体中有30%～50%存在注意力缺陷多动障碍（Rao PA, Landa RJ, 2014）。

相较于只存在孤独症的儿童而言，同时具有孤独症和注意力缺陷多动症状的儿童面临更加复杂的神经发育障碍，这样的儿童需要接受专门针对注意力缺陷多动情况的干预。在鉴别过程中，研究发现孤独症儿童与注意力缺陷多动障碍儿童均存在人际关系方面的困难，但是与注意力缺陷多动障碍儿童相比，孤独症儿童的认知共情能力的损伤更为严重。此外，孤独症儿童与注意力缺陷多动障碍儿童在调控感觉、认知与运动系统等方面均存在困难，但是孤独症儿童的困难主要表现在情绪控制方面，而注意力缺陷多动障碍儿童的困难多表现在反应抑制、工作记忆方面（王月，2020）。

（二）孤独症的共病问题

1. 言语障碍

孤独症儿童通常伴有言语障碍，这与脑部语言中枢功能异常有关，也有部分孤独症儿童的言语障碍可能与构音器官功能异常有关。孤独症儿童挑食，只吃软的、稀的食物，造成咀嚼肌、舌肌的灵活性差，导致流涎、语言发音不清晰（高峰，贾美香，董静怡等，2020）。国内有学者发现孤独症患者首诊主诉通常以言语障碍为主，约占84%。国外的相关研究表明，25%～50%的典型孤独症儿童终生有失语症状或只能说极为有限的单词。孤独症儿童伴随言语障碍的表现主要包括无语言，语言出现的年龄晚，发音不清，声音障碍（音调单一、无节律、音响高低不等），流畅性障碍，语言表达障碍（重复问话、人称代词混淆、无意义地自言自语、语言表达不完整）等。

2. 焦虑和抑郁障碍

孤独症儿童相较于普通儿童更容易感受到焦虑，共病焦虑和抑郁障碍多同时重叠出现，多发生于儿童晚期和青少年期。在孤独症人群中，伴随焦虑障碍的比例介于20%～35%，远高于普通人群；高功能孤独症儿童的焦虑症状是普通儿童的3～4倍。研究者发现孤独症儿童、青少年的抑郁症发生率高，有研究推测有较高智商值的孤独症儿童、青少年更容易出现抑郁或焦虑。缺乏自尊、有学习问题和易被欺负的孤独症儿童更容易共病焦虑和抑郁障碍。孤独症儿童共病焦虑的可能原因是存在感觉高度过敏、社交暗示理解困难、心境调节能力弱和交往缺陷等。共病焦虑障碍的孤独症儿童会表现出更多的刻板行为、社交退缩、情感淡漠，此外睡眠问题、攻击行为等也与此相关。孤独症儿童共病抑郁障碍时，多表现为抑郁核心症状，即兴趣丧失和心境改变。

3. 癫痫

孤独症儿童癫痫的患病率大概是普通儿童的10倍～30倍。孤独症儿童患有癫痫与智力障碍存在关联，通常情况下智力障碍越严重，伴有癫痫的可能性就越大。癫痫发作和癫痫样活动的发生率在中度及重度智力障碍的孤独症儿童中最高，癫痫在没有明显智力障碍的孤独症儿童中发生率是 8%，在有智力障碍的孤独症儿童中发生率是 20%。研究表明孤独症儿童癫痫发作有两个高峰，一个是儿童早期，一个是青春期。相较于没有癫痫的孤独症儿童，伴随癫痫的孤独症儿童的智商、适应能力、行为表现和社会化水平更低下。

4. 胃肠道疾病

胃肠道问题在孤独症儿童中较为普遍，研究者发现孤独症儿童中有 70% 存在胃肠道问题，远高于其他神经发育障碍儿童 42% 和普通儿童 28% 的比率。孤独症儿童常见的胃肠道症状表现是腹部疼痛、便秘、由便秘引起的大便失禁、胃食管反流、腹胀、胃肠道炎症以及肠道神经系统异常。伴有胃肠道问题的孤独症儿童的焦虑程度更高，有更严重的感觉过敏问题，值得注意的是孤独症儿童某些行为的改变可能是由腹痛或其他不适引起的，如频繁清理喉咙、扮鬼脸、易怒、不顺从、睡眠问题等。

5. 睡眠障碍

睡眠问题在孤独症儿童中较为普遍且长期存在，由于孤独症儿童的自我调节能力较弱，睡眠障碍对于孤独症儿童的影响相较于普通儿童而言更加严重。孤独症儿童最常见的睡眠问题是失眠症，包括入睡困难和维持睡眠困难。其他常见的睡眠问题有与睡眠相关的呼吸问题、嗜睡、昼夜节律障碍等。

第三节 孤独症儿童的身心发展特征

孤独症儿童个体间的差异性较大，同时个体的不同能力也有很大的差异性，有的能力较为突出，但在其他方面需要较多的支持。尽管如此，孤独症儿童仍旧存在一些共性的特点。根据个体发展的主要领域，结合实际案例，本节从感知觉问题、动作发展、认知能力、语言发展、社会交往、行为表现等六个方面呈现孤独症儿童经常表现出来的一些特点。

一、感知觉问题

相较于普通儿童，孤独症儿童会存在一些特别的感觉体验，包括触觉敏感、听觉敏感、视觉敏感、味觉和嗅觉敏感或迟钝。例如，轻柔的触碰、过强的光线、嘈杂的声音、特别味道的食物、强烈的气味等都会让孤独症儿童产生不舒服，甚至是难以忍受的感觉。最新研究发现，孤独症儿童相较于普通儿童存在更高比例的"联觉",即感觉联通,一种感觉引起另一种感觉,如孤独症儿童在听到音乐之后能够联想到不同的视觉画面,这体现的是听视联觉。

二、动作发展

研究表明,大多数孤独症儿童可能会出现动作发展障碍,具体而言,在粗大动作、爬行和行走技能、完成常见的基本动作等方面都存在困难(袁玉萍,李菲菲,2021)。主要体现在粗大运动与精细动作方面。例如,一些孤独症儿童走路不稳、行动笨拙,不会拍球、运球,写字歪歪扭扭,不会使用剪刀裁剪等,这其实正是由于孤独症儿童在身体的平衡性、手眼协调以及精细动作控制方面存在困难。如跳绳,对于孤独症儿童来说实则是一项比较复杂的运动项目,涉及多个运动技能,比如手腕发力摇绳,手、眼、脚协调,双脚蹦跳,连续摇绳、蹦跳等,要掌握其中任何一项技能本身就已经比较困难,再加上需要将这些动作整合并一气呵成,对于孤独症儿童而言更是难上加难。

三、认知能力

孤独症儿童对知识的机械记忆比较好,也更偏向于视觉方式呈现的信息。一些孤独症儿童倾向于具体形象思维,他们的抽象思维能力落后,且对诸如幽默、隐喻、话外音、俗语等的理解和使用有困难。能观察到事物的细节,但是较难看清事情的本质或者全貌。孤独症儿童在认知调节方面存在一定的困难,具体表现在认知缺乏灵活性、自发性,注意力不集中、容易分心等。

四、语言发展

孤独症儿童的语言发展障碍情况分为完全无语言、有部分语言,以及有语言但无交际意图这三个类别。完全无语言的孤独症儿童没有口语,甚至连简单的单词都不会,可能会经常伴随尖叫或哭喊的行为。有部分语言的孤独症儿童占比最高,也最为常见,主要表现为语音语调异常、代词逆转、重复仿说、刻板回答问题,如教师提问"你喜欢这个故事吗",儿童重复说"你喜欢这个故事吗"。这类孤独症儿童难以掌握语法结构,表达时表现出"偷工减料"的特点,例如,只用一个词回答问题,也很少主动地发起提问。有语言但无交际意图的孤独症儿童的语言能力相对发达,但缺乏交际的功能,例如有的孤独症儿童喜欢滔滔不绝地讲述自己感兴趣的话题,但这个话题可能与当下的情景缺乏关联,别人也很难将他的话题打断。

五、社会交往

社会交往方面的缺陷是孤独症儿童的核心障碍之一，主要体现在孤独症儿童不能恰当地利用语言、表情及动作表达自己的想法，不能很好地与伙伴进行沟通交流，尤其是在发起和回应社会互动、维持眼神对视、分享物品和共同活动等方面存在困难（王淑荣，2015）。此外，孤独症儿童在对社会情境的认知上存在困难，普遍缺乏社会交往的技能，如轮流发言、做出当时社会情境要求的适切的行为等。

六、行为表现

研究者对如何理解孤独症儿童的行为进行了总结，孤独症儿童的很多行为不一定是问题行为。甄别行为是否需要进行特别处理时，需要考虑行为是否会伤害儿童自己、是否会伤害或干扰他人、是否会影响儿童正常生活或学习。例如，孤独症儿童常表现出的摇晃身体等刻板行为并不属于问题行为。孤独症儿童常见的问题行为包括破坏行为（如咬人、踢人、抓人、戳眼睛）、自伤行为（如撞头）、注意力缺陷行为（如东张西望、吸手指、动作杂乱无章）（苏雪云，朱霖丽，2021）。

第四节 孤独症儿童的融合教育

随着特殊教育的发展，目前我国形成了以普通学校随班就读为主体，以特殊教育学校为骨干，以送教上门及远程教育为补充的特殊教育发展格局。从世界范围内特殊教育及安置体系的发展趋势来看，孤独症儿童的教育经历了从隔离到融合的发展变化过程。

一、隔离式教育阶段

在 20 世纪中期以前，以英美为主的西方国家特殊教育的安置模式主要是以隔离的特殊教育学校、机构或特教班为主，孤独症儿童大多安置于隔离式环境，如福利院、专门托养机构等。在 18 世纪，莱佩（L'Epée）等特殊教育先驱创设了特殊教育机构，但它们并非真正意义上的学校教育，具有养护的色彩，被称为"隔离的特殊教育养护机构"。从 19 世纪末到 20 世纪中叶，多数寄宿制特殊教育养护机构转变为公立特殊教育学校，这意味着特殊教育成为公立教育体系中的一部分，残疾儿童接受教育的观念得到广泛的认同与实践。伴随着特殊教育学校的发展，大量公立学校中的特殊班级几乎同时出现并迅猛发展,到20世纪50、60年代数量达到顶峰,成为隔离式特殊教育最主要的实践与安置模式(邓猛,杜林,2019)。

二、逐步融合教育阶段

随着教育理念的变化,北欧国家兴起的"正常化"思想和"去机构化"运动对隔离的特殊教育体系提出质疑(邓猛,2004),美国的"回归主流"运动也促使北欧国家掀起"一体化教育"的思潮,主张为特殊儿童提供"最少受限制的教育环境",让每一个儿童都有平等受教育的权利,反对将他们安置在隔离的特教学校。在特殊儿童的教育安置方式上,德诺(Deno)在1970年提出了"瀑布式特殊教育服务体系",根据学生不同的残疾类型和教育需要,提供从最少限制环境(普通班)到最多限制环境(医院或养护机构)等7个层次的安置服务。他在1973年又进行了修改,提出了人们非常熟悉的"倒三角体系",包括普通学校全日制普通班、普通班与部分时间辅导教室、普通学校全日制特殊班、普通学校部分时间特殊班、隔离式特殊教育学校、家庭教育、医院或隔离式机构。

融合教育在我国的本土化发展模式就是"随班就读"。20世纪70年代末,为了普及九年制义务教育,东北地区的一些学校出现了让智力障碍儿童就近跟班学习的事例,例如在黑龙江省海伦县(后撤县建市)就出现了聋童、多残儿童在村小就读的实践探索。后来在北京、山东、江苏、浙江、上海、湖北等地都有探索。1987年12月30日原国家教委颁布的《关于印发"全日制弱智学校(班)教学计划"的通知》中也明确提到"在普及初等教育过程中,大多数轻度弱智儿童已经进入当地小学随班就读。这种形式有利于弱智儿童与正常儿童的交往,是解决轻度弱智儿童入学问题的可行办法"。这是目前查到的在教育部文件中第一次出现"随班就读"一词。1988年11月在全国第一次特殊教育工作会议上,原国家教委的报告中明确提出了"为了加快特殊教育发展的步伐,必须改革过去只举办特殊教育学校的单一模式,实行多种形式办学,要在办好特殊教育学校的同时,有计划地在一部分普通小学附设特殊教育班或吸收能够跟班学习的残疾儿童随班就读"(朴永馨,2004)。1994年,原国家教委发布了《关于开展残疾儿童少年随班就读工作的试行办法》,规定视力(包括盲和低视力)、听力语言(包括聋和重听)、智力(轻度,对于有条件的学校可以包括中度)等类别的残疾儿童少年可以随班就读,该政策将随班就读定为"发展和普及我国残疾儿童少年义务教育的一个主要办学形式"。

三、多元融合教育阶段

1993年1月,联合国教科文组织在我国黑龙江省哈尔滨市召开了"亚太地区有特殊需要的儿童、青少年政策、规划和组织研讨会",会议通过的《哈尔滨宣言》指出,要达到全民教育的目标,所有国家的教育应关注满足所有儿童的基本需要,倡导全纳教育理念。1994年,联合国教科文组织在西班牙萨拉曼卡市召开了"世界特殊教育大会",颁布了《萨拉曼卡宣言》,明确指出"有特殊教育需要的儿童应当可以进入普通学校学习"。这标志着融合教育已然成为全球特殊教育发展的趋势,孤独症儿童具有在普通学校接受优质教育的平等权利,孤独症儿童在普通学校接受教育已经成为主流趋势,形成多元融合的态势。

> 知识卡片:世界特殊教育大会与《萨拉曼卡宣言》
>
> 1994年6月7日—10日,联合国教科文组织在西班牙萨拉曼卡市召开"世界特殊教育大会:入学和质量",共有92个国家、25个国际组织和机构(世界银行、世界盲人联合会、欧洲特殊教育联合会等)的近400人出席会议。大会通过了《萨拉曼卡宣言:关于特殊需要教育的原则、方针和实践》和《特殊需要教育行动纲领》两份重要文件,表明国际社会落实融合教育的决心和承诺。下面是《萨拉曼卡宣言》部分内容的摘录:
>
> ● 每个儿童都有受教育的基本权利,必须获得可达到的并保持可接受的学习水平之机会;
>
> ● 每个儿童都有其独特的特性、兴趣、能力和学习需要;
>
> ● 教育制度的设计和教育计划的实施应该考虑到这些特性和需要的广泛差异;
>
> ● 有特殊教育需要的儿童必须有机会进入普通学校,而这些学校应以一种能满足其特殊需要的儿童中心教育学思想接纳他们;
>
> ● 以融合为导向的普通学校是反对歧视态度、创造受人欢迎的社区、建立全纳社会以及实现全民教育的最有效途径。此外,普通学校应向绝大多数儿童提供一种有效的教育,提高整个教育系统的效率并最终提高其成本效益。

有研究者总结了美国目前五类常见的孤独症儿童安置模式:普通班级、资源教室、特殊教育学校、寄宿制机构、家庭教育或者医院。随着融合教育的开展,普通班级和资源教室成为美国特殊儿童教育安置的主要模式(连福鑫,贺荟中,2011)。美国2021年孤独症儿童统计数据显示,6~21岁的孤独症儿童共计768179人,占所有残疾学生的12%。孤独症儿童的教育安置方式中,91.68%的孤独症儿童安置于普通班级,其中,超过80%的时间在普通班级的孤独症儿童占比40.77%,40%~79%的时间在普通班级的孤独症儿童占比17.76%,少于40%的时间在普通班级的孤独症儿童占比33.15%。此外,有6.58%的孤独症儿童安置于特殊教育学校,1.19%的孤独症儿童安置于私立学校,还有0.29%的孤独症儿童在寄宿制机构，0.26%的孤独症儿童在家或者医院。英国的孤独症儿童教育安置方式与美国的比较相似，孤独症儿童大多安置于普通学校，其他的孤独症儿童多数安置于特殊教育学校以及由英国孤独症协会等专业组织创办的自由学校；还有少数孤独症儿童在民办机构，如情绪行为障碍学校和重度学习障碍学校，以及专为孤独症孩子开办的寄宿学校。日本学龄孤独症儿童满6岁后，按照儿童精神相关专科医师及康复训练机构或地方政府相关评定鉴定机构的建议，根据孤独症儿童的智商及行为情况安置于普通班、特殊班、为障碍者专门设立的特殊班或地方政府等专门设立的特别支持养护学校（胡晓毅，范文静，2016）。

在我国，不同地区对孤独症儿童的融合教育进行了很多多元化的实践探索。例如，北京市海淀区根据不同孤独症儿童的特点，在"渐进式"融合教育理念的引领下探索了"生态支持，多元融合"的融合教育发展模式，如图1-1所示。依据孤独症儿童所需的支持程度以及区域和普通学校的支持条件，一些孤独症儿童在普通班级完全融合，或由巡回指导教师定期入班观察并提供个性化支持。对于需求程度更高的孤独症儿童，他们则部分时间在普通班级，部分时间在资源教室由资源教师进行一对一或者小组的个性化辅导，资源中心在孤独症儿童的融合教育过程中也发挥着重要的作用。对于存在情绪行为问题或严重无法适应普通课堂的孤独症儿童，他们则由特教助理在班级中提供直接支持，包括贴身陪伴、全天陪读、半天陪读等方式。对于在特教助理辅助下仍旧无法适应普通课堂的孤独症儿童，则采取半抽离或

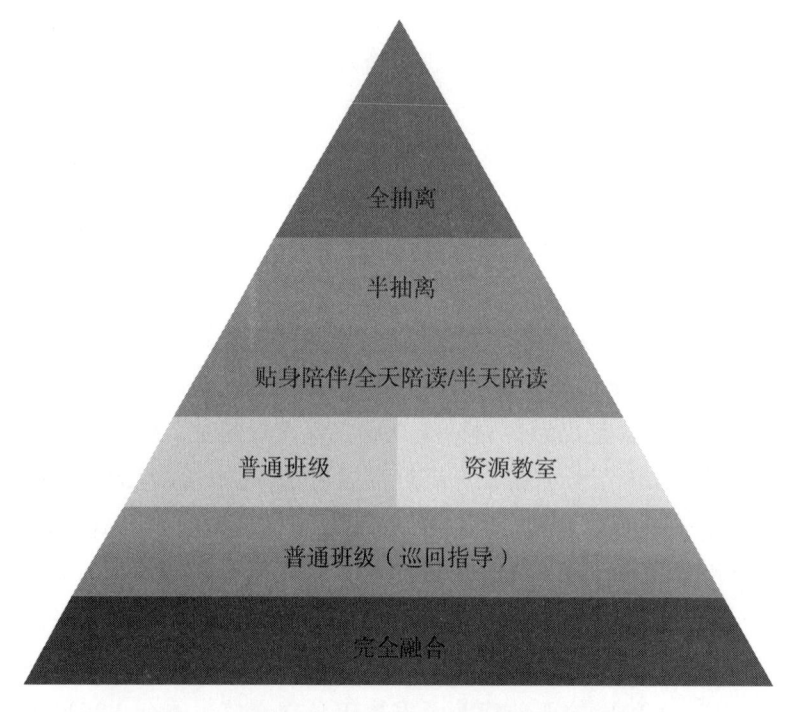

图 1-1 孤独症儿童融合教育多元融合教育模式

全抽离的方式。在该模式中，孤独症儿童的融合教育方式是灵活调整的，融合程度根据孤独症儿童的能力发展以及环境的支持程度进行动态调整。

第五节　孤独症儿童融合教育的现实挑战与对策

为客观了解孤独症儿童融合教育的基本情况，我们对孤独症儿童的教师和家长进行了问卷调查，全面了解学校及家庭对孤独症儿童的支持情况以及孤独症学生的发展质量。依据调研结果对孤独症儿童融合教育的现实挑战进行分析，并在此基础上提出推进孤独症儿童融合教育的对策建议。

一、孤独症儿童融合教育基本情况

（一）学校的支持现状

1. 调查对象基本信息

使用"孤独症儿童融合教育学校支持现状调查问卷"对北京市、河南省、安徽省、广东省、山西省、新疆维吾尔自治区的普通学校孤独症学生的292名教师进行调查，问卷包括教师的基本信息、学校的支持性环境以及孤独症儿童融合教育的困难之处与支持情况等内容。教师的基本信息内容如下表所示。

表1-2　教师基本信息

基本信息		数量	百分比（%）
资源教室	有资源教室	263	90.07
	无资源教室	29	9.93
教师身份	随班就读学科教师	113	38.70
	班主任	90	30.82
	资源教师	56	19.18
	融合教育主管领导	33	11.30
接受培训情况	接受过培训	143	48.97
	未接受过培训	149	51.03

由上表可知，在资源教室的设置上，263名教师（90.07%）表示学校建有资源教室，29名教师（9.93%）表示学校没有建立资源教室。所调查的教师中，有38.70%的教师为随班就读学科教师，30.82%的教师为班主任，19.18%的教师为资

源教师，11.30%的教师为融合教育主管领导。48.97%的教师接受过孤独症相关主题的培训，仍有51.03%的教师没有接受过这类培训。

2. 学校支持的基本情况

学校对孤独症学生的支持得分从高到低依次为：环境支持、教师支持、同伴支持、行政支持、学业支持、工具支持。这表明学校基本上能够接纳孤独症学生，营造了良好的融合氛围，教师和同伴也能够关注孤独症学生并提供相应的支持，但是在专业学具或设施设备方面，以及在孤独症学生的学业支持方面仍旧有待加强。这表明，普通学校对孤独症学生的总体支持情况较好，但由于其教师缺乏特殊教育的专业背景，很难根据孤独症学生的特点提供适宜的学业支持，且较难提供适合的教具、学具或其他相关专业设备等，例如沟通系统、结构化工具等。

3. 学校支持情况的影响因素

表1–3 资源教室对学校支持情况的影响

	n	教师支持	同伴支持	行政支持	环境支持	工具支持	学业支持	总体支持
有资源教室	263	4.46 ± 0.77	4.18 ± 0.83	4.17 ± 1.04	4.57 ± 0.81	3.81 ± 1.04	3.84 ± 1.09	4.17 ± 0.75
无资源教室	29	4.53 ± 0.59	4.52 ± 0.45	3.59 ± 0.82	4.63 ± 0.44	2.34 ± 1.08	3.59 ± 0.92	3.87 ± 0.51
t		-0.44	-2.15*	2.93**	-0.41	7.23**	1.20	2.16*

注：$*p < 0.05$，$**p < 0.01$

如上表所示，设有资源教室的普通学校对孤独症儿童的总体支持情况以及在行政支持、工具支持方面明显优于没有建立资源教室的学校。一方面是由于建有资源教室的学校具备融合教育工作的基础，学校管理层对孤独症儿童的重视程度较高；另一方面是由于建有资源教室的学校拥有更多的专业资源，能够为孤独症儿童的发展提供更加专业的指导。

表1–4 专业培训对学校支持情况的影响

	n	教师支持	同伴支持	行政支持	环境支持	工具支持	学业支持	总体支持
接受过培训	143	4.55 ± 0.74	4.24 ± 0.80	4.39 ± 1.06	4.62 ± 0.77	3.93 ± 0.98	4.16 ± 1.08	4.32 ± 0.72
未接受培训	149	4.40 ± 0.76	4.19 ± 0.82	3.84 ± 0.92	4.53 ± 0.80	3.42 ± 1.21	3.49 ± 0.96	3.97 ± 0.71
t		1.71	0.60	4.75**	0.94	3.97**	5.67**	4.04**

注：$*p < 0.05$，$**p < 0.01$

由上表可知，接受过孤独症专业培训的教师感知到学校对孤独症儿童的总体支持情况优于没有接受过培训的教师，尤其对行政支持、工具支持和学业支持维度存在显著影响。这是由于接受过培训的教师对于孤独症儿童更为了解，也掌握了相关的专业技能，对于学校关于孤独症儿童的做法更能够主动了解和参与，在课堂上能够为孤独症儿童提供针对性支持策略。

（二）孤独症儿童家庭的支持现状

1. 调查对象基本信息

使用"孤独症儿童家庭养育环境现状调查问卷"对181名普通中小学孤独症儿童的家长进行调查，正式问卷包括"孤独症儿童父母养育能力量表"和"孤独症学生家长感知支持情况调查"两个部分。孤独症儿童家长的基本信息内容如下表所示。

表1-5 家长基本信息

基本信息		数量	百分比（%）
家长身份	爸爸	32	17.68
	妈妈	144	79.56
	其他	5	2.76
孩子性别	男	132	72.93
	女	49	27.07
障碍程度	需要支持	80	44.2
	需要较多支持	80	44.2
	需要极大支持	21	11.6
培训情况	从未接受过培训	95	52.49
	接受过培训	86	47.51

由上表可知，接受本次调查的对象中，孤独症儿童的妈妈占比较高，达到79.56%；孤独症儿童中男孩占比较高，达到72.93%，女孩占比27.07%。在障碍程度上，需要支持的孤独症儿童占比44.2%，需要较多支持的孤独症儿童占比44.2%，需要极大支持的孤独症儿童占比11.6%。超过一半的孤独症儿童家长没有接受过关于孤独症的专业培训，达到52.49%。

2. 孤独症儿童家长的养育能力

孤独症儿童家长在"保持家庭稳定的信念"和"照顾能力"这两个维度的得分明显高于理论均值（M=3），表明家长具有较好的养育理念和照顾孤独症孩子的能力。例如，保持家庭稳定的养育信念包括"我接受了我孩子的障碍""我能克服我的负面感受和情绪""我很高兴自己能继续教育并照顾我的孩子"；家长的照顾能力包括"我的家庭成员帮助我照顾并教育我的孩子""我继续教育我的孩子，是希望他/她的情况有所改善""我对孩子的爱是我继续教育他/她的动力"等。

3. 孤独症儿童家长感知到的支持

孤独症儿童家长所感知到的支持水平由高到低依次为：学校支持、相关服务、政策支持、专业支持。家长所感知到的学校关注得分最高，这是因为家长最常接触到的主要关注支持来源即是学校。在学校支持维度，59.12%的家长表示学校对孤独症儿童是比较关心的，69.61%的家长表示学校教师会主动与自己沟通孩子的情况，51.93%的家长表示学校教师能够为自己提供家庭教育建议，43.64%的家长表示学校教师能够为孩子提供个性化的课程。在相关服务方面，61.32%的家长表示孤独症儿童能够获得体检、体质监测等健康服务；能够获得儿童咨询服务或者喘息服务的家长占比偏低，分别为46.4%和34.25%；参加专业机构或社区组织融合活动的家长占比仅为37.57%。在政策支持方面，41.43%的家长表示能够获得孤独症儿童康复训练补贴，47.51%的家长表示获得了特殊教育补助，43.09%的家长了解关于孤独症儿童入学、升学、转学相关政策。在专业支持方面，35.91%的家长表示能够获得专业的家庭指导，41.99%的家长表示能够获得参加孤独症专业培训的机会。

4. 孤独症儿童家庭支持的困难

家长们反映的问题主要体现在孩子发展问题、缺乏专业资源及指导、时间精力不足、心理压力大、经济压力大等五个方面。57.41%的家长指出自己在孩子的未来发展方面存在困惑，其中一半的家长提出对于孩子未来的发展出路不明晰。如："义务教育将要结束，对于孩子后续教育和今后的独立生活，是否能学到专业技能，是否能有工作等，很担心""社会的包容度有待提高，今后孩子的生活和独立生存能力堪忧"。除此之外，家长对于孤独症孩子在社会交往、青春期发展、注意力、性格养成、学习成绩等方面也都有较多困惑，还有家长专门提出，"担心孩子在学校受歧视、被霸凌"。33.33%的家长表示缺乏专业资源及指导，例如："特教教师资源欠缺，很难找到合适的陪读老师""专业指导缺乏，需要学习在不同阶段如何正确引导孩子融入集体、社会的方法"。20.37%的家长表示"时间精力不足"，例如："工作和教育孩子的时间冲突""缺少时间陪伴孩子"等。12.96%的家长表达了自己面临较大的心理压力、存在明显的焦虑情绪，例如："找不到行之有效的教育方法，看不到希望""教孩子时会控制不住脾气""心理压力大，因孩子在各方面能力欠缺，需要付出很多时间和精力，而且效果很有限"。此外，还有11.11%的家长表示经济压力大，有家长指出"没有其他家人的帮助，至少有一个人需要监护特殊孩子而基本不能工作，经济压力大""训练费用高"。

根据孤独症儿童融合教育学校支持、家庭支持等方面的调查，发现学校在理念上普遍能够接纳孤独症学生，但是由于普通学校教师缺乏特殊教育的专业背景，较难在学业方面为孤独症学生提供针对性的支持或者使用专业的辅助学具等。调查发现，建有资源教室的学校对孤独症学生的支持力度高于未建立资源教室的学校，这表明学校如果有专门进行孤独症儿童教育辅导的场地与专业师资，会为孤独症学生提供更多的支持。对于孤独症儿童家长感知到的专业支持、政策支持等方面不容乐观，因此，建议加大对家长的专业培训力度，扩大对家长的专业服务覆盖范围。

二、孤独症儿童融合教育的现实挑战

（一）孤独症儿童家庭"孤立无援"

家庭是孤独症儿童成长的第一支持者，对孤独症儿童的终身发展影响最大，家庭在孤独症儿童的养育、早期干预、家庭教育乃至成人后的照料中扮演最主要、最核心的角色。在我国历来注重血缘关系的文化影响下，家庭对于孤独症儿童的发展无疑占据最重要的地位。然而，调研发现，孤独症儿童家长现实中面临经济、心理、社会评价等多方面的压力，缺乏广泛的社会支持。部分孤独症儿童家长存在不承认、不接纳孤独症儿童的情况，不愿意主动寻求帮助，容易陷入孤立无援的状态。此外，孤独症儿童的专业资源跟不上，家长不了解获取专业资源的途径，孤独症儿童在学校的很多问题得不到妥善解决，家校矛盾频发。

（二）普通学校"浅尝辄止"

调研发现，普通学校已经基本形成接纳、包容的融合教育氛围，但是学校在对孤独症儿童的学业支持和专业资源支持等方面仍有待加强，且尚未形成适合孤独症儿童的评价体系，教师之间协同合作、专业共进的氛围尚未形成。在课程内容上，很多教师仍旧采取"一刀切"的方式。在教学方法上，教师仍旧采用传统的说教式、填鸭式教学，孤独症儿童面临"听不懂、学不会、跟不上"等困境。在评价方式上，教师或将孤独症儿童排除在班级评价体系之外，或使用同一把"尺子"衡量所有学生的情况，重学业评价、轻综合评价，忽视孤独症儿童全面发展、潜能发展的情况比比皆是。在专业设备上，学校购置的设备与孤独症儿童的需求不符，或购置之后被闲置。学校内部的专业支持不到位，学校教师缺乏有关孤独症儿童的专业知识或有效的教学策略，致使孤独症儿童难以接受适宜且优质的教育，在学习生活中面临重重困难。

（三）社会资源"缺乏整合"

调研发现，孤独症儿童家长表示缺乏政策支持、专业支持，这反映了直接针对家长的支持保障体系尚不健全，专业资源未完全覆盖孤独症儿童的家长，涉及孤独症儿童的很多难题仍旧难以得到有力破解，例如特教助理（陪读）的问题、专业师资的问题、职业教育的问题以及就业等相关问题。有关孤独症儿童的评估资源、教育资源、医疗资源、志愿者资源等未能得到有效整合，未能有效支持孤独症儿童及其家庭的发展。此外，孤独症儿童的康复机构近年来呈增长态势，但是缺少规范化的管理及康复资源的统筹与优化整合。社区在孤独症儿童融合发展与终身发展方面的重要支持作用尚未得到充分发挥，例如社区宣导有待增强、孤独症儿童社区服务有待完善等。

三、孤独症儿童融合教育高质量发展的对策

（一）系统构建完整的融合教育生态支持模式

孤独症儿童的发展是个体与环境互动的结果，当个体发展遇到困难时，需要通过环境的调整与支持为其减轻障碍。因此，为了引导孤独症儿童更好地适应学校、家庭及社会的学习生活，需要以系统观念为指导，构建完善的融合教育生态支持体系，形成自主化的运作机制，使多方资源有效流动，精准支持孤独症儿童的发展，帮助其最大限度参与社会融合。

（二）发挥特殊教育中心的专业纽带作用

根据当前我国特殊教育发展所处的阶段，特殊教育中心在区域融合教育发展过程中发挥着至关重要的核心纽带作用。因此，需要不断完善特教中心的建设，明确功能定位，并发挥融合教育管理、教育评估、巡回指导、师资培训、家庭指导、资源统筹等职能，整合多方资源，加强学校与家庭指导，为孤独症儿童提供针对性的支持。

（三）加强孤独症儿童的学校支持

完善学校融合教育制度，将孤独症儿童的融合教育工作纳入学校的整体工作方案。不断优化学校物理环境，充分发挥资源教室的支持性功能，营造包容接纳的融合教育氛围。课程是孤独症儿童融合教育的关键一环，课程融合是孤独症儿童融合教育最难实现的目标，因此更要加强课程与教学支持，根据孤独症儿童身心发展特点对普通学校课程进行调整改编，采取孤独症儿童易于接受的教学策略。

（四）重视孤独症儿童的家庭支持

家庭是孤独症儿童得到支持的最主要来源，在孤独症儿童养育、早期干预、家庭教育乃至成人后的照料中扮演最主要、最核心的角色。当前在孤独症干预领域主张以家庭支持取代传统被动的家庭参与和强调专业权威的亲职教育，对于孤独症儿

童的关注由"个人为中心"转至"以家庭为中心"[①]。因此，需要进一步强化对孤独症儿童家庭的支持，鼓励孤独症儿童的家长参与到融合教育活动中，例如改编课程、推进合作学习、营造融合教育环境等。加大孤独症儿童家长的培训力度，帮助家长疏解心理压力，为家长提供专业咨询与建议。

（五）整合孤独症儿童的社会资源

有效利用丰富的社会资源有利于帮助孤独症儿童更好地实现社会融合，增进社会各界对孤独症儿童的认识与了解。孤独症儿童的社会资源支持主要涉及社区支持、康复机构等专业组织或残联等社团组织，还包括社会工作者、社区志愿者等人员的支持，例如孤独症儿童可以参与评估、治疗、体能训练项目、辅助器具测试等。孤独症儿童还可以参与各项社会公益活动，不断增进生活体验，拓展兴趣范围，有更多机会提升认知与社会适应能力。

（六）完善孤独症儿童融合教育的保障支持机制

孤独症儿童的融合教育需要整个社会形成接纳差异、尊重差异的氛围，需要有强有力的法律法规的支持和政策制度的保障，以及教育行政部门和其他行政管理部门提供的行政支持。因此，推进孤独症儿童融合教育，需要建构完善的保障机制，不断健全特殊教育法律法规，细化落实各级特殊教育政策，切实为孤独症儿童享有高质量的融合教育提供坚实的保障。

本章小结

本章主要从孤独症谱系障碍的基本定义入手，明确了孤独症的诊断标准，总结了孤独症儿童的共病问题，分析了孤独症儿童在感知觉、动作发展、认知能力、语言发展、社会交往、行为表现等方面的特点。本章还分析了孤独症儿童教育从隔离走向融合经历的隔离为主、逐步融合、多元融合的三个阶段，结合实践调研，总结了当前孤独症儿童融合教育面临的家庭"孤立无援"、学校"浅尝辄止"、社会资源"有待整合"等问题与挑战。基于此，建议构建完整的融合教育生态支持系统，充分发挥特殊教育中心的专业纽带作用，深化孤独症儿童的学校支持，强化孤独症儿童的家庭支持，拓展孤独症儿童的社会资源，完善孤独症儿童融合教育的保障机制，从而促进孤独症儿童享受高质量的融合教育。

[①] 倪赤丹，苏敏. 孤独症儿童家庭支持网的"理想模型"及其构建——对深圳120个孤独症儿童家庭的实证分析 [J]. 社会工作，2012（09）：44-48.

第二章

孤独症儿童融合教育的生态支持模式

融合故事

  小志今年已经升入职业高中了，他在3岁时被诊断为孤独症。回想起小志刚到普通小学上一年级时的情景，他上课时一直哭闹不停，频繁地下座位，跟同学和老师基本没有互动，老师的很多要求他也听不懂，总而言之，他很难融入班级学习生活，情绪行为的问题愈加凸显。小志的家长最后提出申请，将小志转到一所特殊教育学校，在这所学校里，小志遇到了很多跟他"相似"的同学，学校的老师们也都非常友爱，对班里的9名同学都很是关怀。但是，在升入五年级后，小志开始变得"独特"起来，他上课时拒绝参与课堂，脸上没有了昔日的快乐笑容，甚至通过一些行为表达自己的不满。突然有一天，他告诉自己的妈妈："妈妈，我和他们不一样，我不想在这里上学。"小志自我意识的萌发使他的爸爸妈妈顿时手足无措，陷入深深的焦虑中，甚至对学校产生了怀疑，家校关系一度变得紧张起来。最后，学校和小志的妈妈向区特殊教育中心提出支持申请，希望能够让小志回到普通小学读书。

  区特殊教育中心对小志进行了综合能力的评估，还召开个案研讨会，组织特殊教育专家委员会共同为小志接受教育提供咨询建议，最终经过研讨，达成一致的意见。区特殊教育中心为小志制订系统的转学与支持方案，采取"渐进式"融合的方式，选择了距离较近的一所普通小学，由巡回指导教师带着小志前去"试学"，学校也给予了较多的支持。在五年级下学期，小志上午在这所普通小学接受融合教育，下午在区特殊教育中心学习一对一的个性化课程，包括认知发展课程、语言交往课程和艺术发展课程等。六年级时，小志已经可以全天独立在普通班级中学习生活。小学毕业后，小志通过区内"就近就便优先"的入学政策升入普通中学。教师为他融入班级提供了针对性的支持，如营造包容接纳的氛围、调整课程的难度等，而且，班级同学对他的接纳程度较高，他自己也具有较强的自我管理能力，情绪稳定，与同学友好相处，在部分学科上取得了良好的成绩。

在上述案例中，小志的求学之路可谓一波多折。他在 3 岁时被诊断为孤独症谱系障碍，上小学后表现出一系列不适应班级学习生活的行为，如哭闹、下座位、没有社交互动、不听从教师指令等。在特殊教育中心的支持下，小志成功地从特殊教育学校转入普通学校，在这一过程中，特殊教育中心提供了全面的教育评估，对小志所在的学校定期进行巡回指导，持续支持小志顺利地融入普通学校。在区域"就近就便优先"入学政策的支持下，小志还升入了心仪的普通中学，该学校针对小志的发展水平与需求进行了课程教学调整，促进小志获得最大限度的发展。

本章要点

1. 儿童发展生态系统观强调儿童的发展是个体与环境互动的结果。

2. 以特殊教育中心为核心纽带的孤独症儿童融合教育本土化生态支持模式，包括核心支持系统、协同支持系统和宏观支持系统。

3. 孤独症儿童融合教育生态支持模式以特殊教育中心为专业纽带，推动家校社协同育人，从宏观层面完善保障支持机制，推进孤独症儿童接受优质的融合教育。

第一节 儿童发展生态系统观

孤独症儿童接受融合教育的过程具有较强的复杂性和系统性,涉及多个领域,需要从多个学科、多个理论视角进行分析,儿童发展生态系统观详细阐明了儿童发展与环境之间的关系,有利于从多维度指导构建孤独症儿童融合教育的生态支持模式,促进孤独症儿童平等享有优质的教育。

一、生态系统观的由来

生态是指生物在自然环境中的一种生活状态,以及生物之间、生物与环境之间紧密相连的关系。生态(Ecology)的词根(Eco-)起源于希腊语,意为家园或者说在这个领域(家园)的环境。在中国的传统文化中也有一个类似概念,即"人闲桂花落,夜静春山空"中人和自然的和谐关系。20世纪初,随着社会科学的发展,关于这种关系的讨论也逐渐衍生为一门科学——生态学,因为有了前期的基础,生态学很快就成为一门初具理论体系的科学。迅速变身后,生态学的原理也逐渐为人们所探究且广泛应用于各个领域。在某种意义上,生态学的原理就是,当我们在面对一种现象、解决一个问题时,不能从单一的视角去看待它们,因此,生态学本质上研究的是一种关系,一种自然、生物、环境等各个要素相互影响和制约的关系。美国心理学家库尔特·勒温(Kurt Lewin)首先采用生态学的原理与方法研究心理的问题,提出了人的行为公式:$B=f(P, E)$,即行为是个人与环境的函数。其后,美国心理学家尤瑞·布朗芬布伦纳(Urie Bronfenbrenner)发展了勒温的这一观点,于1977年提出了生态化系统论的概念及方法论框架,并于1979年发表了《人类发展生态学》这一著作。

布朗芬布伦纳系统地将生态学的原理引入到人类行为的研究中。他指出,人类发展生态学是对不断成长的个体与其所处的变化的环境之间相互适应的过程进行研究的一门学科。他主张,第一,发展着的人不能被看作是环境对其任意施加影响的一块白板,而是一个不断成长,并时刻重新构建其所在环境的动态实体;第二,由于环境有影响作用,需要与发展主体相互适应,因此,人与环境之间的作用是双向的,呈一种互动关系;第三,与发展过程相联系的环境不仅是指单一的、即时的情景,还包括了各种情景之间的相互联系,以及这些情景所根植的更大的环境,这些不同层次、不同性质的环境相互交织在一起,构成了一个既有中心又向四处扩散的网络。

二、生态系统的结构与内容

(一) 生态系统的结构

布朗芬布伦纳指出，对儿童发展特点的研究要强调其发展的情景性，他将个体生活于其中并与之相互作用、不断变化的环境称为行为系统。这一生态环境是一套鸟巢式的结构，每一个层次都嵌在一个相邻的层次里面。这一结构分为4个层次，由内而外分别是：微观系统（microsystem）、中间系统（mesosystem）、外层系统（exo-system）和宏观系统（macrosystem），这4个层次对儿童的影响从直接到间接，形成了以儿童为中心的嵌套式生态系统。

(二) 生态系统的内容

微观系统指的是包括发展中个体在内的，对个体活动和交往产生直接影响的环境，在个体成长的早年间，微观系统主要包括家庭、学校、同伴关系、工作场所等。中间系统指的是微系统因素之间的联系或相互关系，如家庭和学校的关系、学校与工作单位的关系等。外层系统指的是儿童并未直接参与但能够对他们的发展产生影响的系统，例如，父母的工作环境、邻里社区环境等。宏观系统指的是各种较低层次的生态系统在整个文化或者亚文化水平上存在或可能存在的内容上或形式上的一致性，以及与此相联系并成为其基础的信念系统或意识形态，涵盖历史、文化、经济、法律等方面，尽管宏观系统不会对儿童产生直接的影响，却规定了如何看待儿童、如何对待儿童以及如何教育儿童等导向性的内容（谷禹，王玲，秦金亮，2012）。

三、生态系统观的实践应用

(一) 生态系统观的启发

生态系统观创新地阐述了个体与环境发展之间的相互关系，在社会学、心理学、教育学等多个领域都有诸多应用。首先，生态系统观为探讨儿童发展提供了重要的理论视角，尤其是探讨包括孤独症儿童在内的特殊儿童发展的问题时，生态系统观注重的是环境对孤独症儿童产生的影响，而非孤独症儿童自身的缺陷，强调通过外在环境的调整与改变支持孤独症儿童的发展。其次，生态系统观嵌套式的结构模型为孤独症儿童融合教育生态支持模式的建构提供了重要的参考，有利于厘清孤独症儿童融合教育各要素之间的关系，形成结构完整、行之有效的孤独症儿童融合教育生态支持模式。

(二) 生态系统观的本土化调整

生态系统观为孤独症儿童融合教育提供了理念引领，但由于孤独症儿童具有身心发展的特殊性，在对所有儿童普遍的支持之外，他们还需要更加专业、更加系统的生态支持体系。在我国特殊教育发展的现阶段，孤独症儿童接受融合教育成为主流趋势，而普通学校缺少特殊教育的专业人才，教师在推进融合教育过程中仍旧面临诸多困难，社会各界的资源有待统筹。特殊教育中心在当前的融合教育发展中发挥着核心纽带作用，专业支持与服务贯穿孤独症儿童融合教育的整体推进过程。因此，需要结合当前国情对生态系统观进行本土化调整，关注孤独症儿童所处的不同环境，以及不同环境之间的相互关系，为孤独症儿童的成长奠定重要基础。

第二节　孤独症儿童融合教育生态支持模式

基于孤独症儿童的身心发展特点，以及孤独症儿童融合教育面临的现实困境，根据生态支持系统观以及我国当前特殊教育发展所处的阶段，总结出以特殊教育中心为核心纽带的孤独症儿童融合教育本土化生态支持模式，包括核心支持系统、协同支持系统和宏观支持系统。

一、孤独症儿童融合教育支持系统的相关研究

熊絮茸将孤独症儿童的社会生态系统划分为以儿童为源的家庭内微观系统，以家庭为介质的中间生态系统，以发展为轴的外层生态系统，以及以社会支持为本的宏观系统，他总结并指出微观系统与其他系统通过物质、能量、信息交换，使得儿童的教育生态系统保持有序状态（熊絮茸，2014）。苏雪云总结了孤独症儿童的生态支持系统包括自我支持、家庭支持、学校支持、社区支持、社会支持等五大系统，并对各个系统包含的要素进行了分析（苏雪云，2017）。其他涉及孤独症儿童融合教育支持系统的研究主要涵盖家庭、学校和社会三个层面的内容。

（一）孤独症儿童家庭支持的研究

以往关于孤独症儿童家庭支持的研究不仅涵盖父母对孤独症儿童的支持，还包括家庭所接受的支持。研究者指出，家庭支持首先体现在为儿童争取融入普通学校的权利（Engelbrecht P, Oswald M, Swart E, 2005），此外，父母还可以参与到融合教育的活动中，例如改编课程、推进合作学习、营造融合教育环境等方面（Grove K A, Fisher D, 1999）。孤独症儿童还需要从父母那里获得情感支持、信息支持、工具性支持和问题解决支持等，例如：当孤独症儿童因为缺乏时间观念而不知道活动的

相关安排的时候，父母需要给予其信息方面的支持；孤独症儿童在做作业的时候也需要得到父母的信息和工具性支持（Mundhenke L, Hermansson L, 2010）。在家庭所获支持的研究方面，黄辛隐等关于孤独症儿童家庭支持需求的调查发现，大部分家长在孩子的成长和康复中遇到困难时，会出现紧张、焦虑、急于求成的心理；超过一半的孤独症家庭面临经济困难，希望增加家用补贴；在日常生活中，希望得到为孩子提供的日常看护及家庭服务；迫切需要专业人员给予家长有关孩子的教育建议（黄辛隐，张锐，邢延清，2009）。

（二）孤独症儿童学校支持的研究

学校支持分为行政支持、教师支持和同伴支持。行政支持包括行政制度、经费和精神奖励等方面；教师支持则从教师对随班就读工作的认识、教师本人的知识背景、教学支持、教师与家长间的沟通等方面来架构（朱佳妮，2004）。国外研究者编制了《学生感知的班级支持量表》，并以此对班级中的轻度残疾学生进行施测。该量表围绕课程支持、教学支持、物理支持和同伴支持展开。课程支持包括课程的调整、改编以及教师的具体策略等方面内容；教学支持指的是课程实施的方法以及教师为了让学生易于接受而采用的策略；物理支持是指班级中成人为学生提供的各种帮助；同伴支持指的是班级中的同伴所提供的帮助。由此，孤独症儿童的学校支持内容主要涉及人员的支持，如随班就读教师、资源教师、特教助理教师等；学业支持包括课程、教学、评价等方面的调整；同伴支持旨在建立自然情景下良好的同伴关系；行政支持是重要的支撑，如为教师提供培训讲座的机会等。

（三）孤独症儿童社会支持的研究

孤独症儿童的社会支持体系主要包括对孤独症的科学意识的培养，制度上保障教育康复的开展，提供物质支持与信息技术支持等，而社区支持系统包括特殊教育专家的支持和区特教中心的支持等（苏雪云，2017）。国外的非营利性组织在为孤独症儿童提供社会支持方面扮演重要角色，可以提供重要的支持和资源，能够与学校形成伙伴关系，更好地促进融合实践的发展。蒙德亨克（Mundhenke）指出，残疾学生与康复中心的健康专家保持联系非常必要，专家为他们提供了工具性支持，例如他们可以参与评估、治疗、体能训练项目、辅助器具测试等，以及获得信息支持和情感支持（Mundhenke L, 2010）。孤独症儿童社会支持的研究主要涉及孤独症儿童专业组织、特殊教育资源中心和康复机构等方面的专业支持，以及社会工作者、社区志愿者等人员的支持。

二、孤独症儿童融合教育生态支持的实践探索

（一）坚持需求导向，探索以特教中心为核心的专业指导模式

随着融合教育的推进，越来越多的孤独症儿童进入普通学校接受融合教育。在融合教育过程中，部分孤独症儿童在普通班级遭遇重重困境，然而，普通班级教师缺乏特殊教育相关专业知识与技能，难以满足孤独症儿童的差异需求，融合教育沦为形式。面对孤独症儿童融合教育面临的困境与发展需求，2002年，海淀区特殊教育管理中心作为专业的支持者、协调者与资源统筹者应运而生，负责随班就读学生的备案以及主管领导与教师培训等工作。在实践过程中，以区级特殊教育资源中心为引领，逐步搭建了"区级特殊教育资源中心—学区级融合教育资源中心—学校资源教室"的三级融合教育资源支持服务体系，不断完善融合教育工作机制，探索形成不同服务实体对孤独症儿童的专业指导模式。

其中，区级特殊教育资源中心辐射全区，提供指导，为孤独症儿童提供认知、适应行为等多方面的评估；组建特殊教育专家委员会，对孤独症儿童提出弹性适宜安置的建议。巡回指导教师入校观察、访谈，提供针对性的专业指导，同时为随班就读教师、资源教师、特教助理教师等提供专业培训，不断普及融合教育理念，提高教师的接纳度，加强教师关于孤独症儿童的专业知识与技能，推进教师通力合作，解决孤独症儿童融合教育进程中最困难的问题，助力孤独症儿童接受优质的融合教育。学区级融合教育资源中心服务学区，协调资源，协助普通学校解决孤独症儿童的适宜安置和融合教育教学问题。学校资源教室立足所在校，聚焦孤独症儿童个案，直接为孤独症儿童提供支持。以区级特殊教育资源中心为核心的专业指导模式，充分地整合利用了教育资源，为孤独症儿童的全面发展提供机制保障。

（二）坚持儿童中心，构建家庭—学校—社会三位一体的协同机制

孤独症儿童日常学习生活的主要场景为家庭、学校与社区。家庭教育是孤独症儿童接受教育的开端，受中国传统"家文化"的影响，家庭对于孤独症儿童的自理自立以及未来的成长发展至关重要。相较于普通儿童家长而言，孤独症儿童家长除了在知识、技能和意志品质方面进行家庭教育外，还承担了更多的行为干预、社会技能养成、语言发展、心理品质培养等方面的工作。同时，家长与学校教师之间的沟通与合作关系对孤独症儿童融合教育的质量有直接的影响，实践表明，坦诚面对、主动沟通的家长更容易和教师建立信任关系，两者更容易在教育孤独症儿童方面形成合力；相反，拒不接纳、拒绝沟通的家长则很难从学校教师那里获得更多的心理支持和个别化建议。此外，主动获取社会资源支持的家长有更多的机会引导孤独症儿童融入社会，例如参与社区活动和社会公益活动等。

（三）系统全面，形成全方位、多渠道的外层保障支持体系

成功的孤独症儿童融合教育案例从"个别"走向"普遍"的重要路径在于融合教育理念的普及，这有赖于社会观念的变化。"有教无类""因材施教"等传统的教育理念随着社会的进步以及新课程改革等被赋予了新的内涵，孤独症儿童的差异表现随之成为全体学生"大差异"的一部分。为切实保障孤独症儿童的受教育权，面向学校主管领导与教师组织《义务教育法》《残疾人保障法》《残疾人教育条例》等法律法规的培训工作，以真正实现"零拒绝""全接纳"。同时，积极制定本区域的政策文件，为孤独症儿童入学升学、经费投入、师资保障、专业指导等方面提供政策保障。此外，在孤独症儿童融合教育的推进过程中，区域教育行政部门的支持发挥着重要作用，其领导的重视与关注是孤独症儿童融合教育发展的有利条件。

三、孤独症儿童融合教育生态支持模式的结构

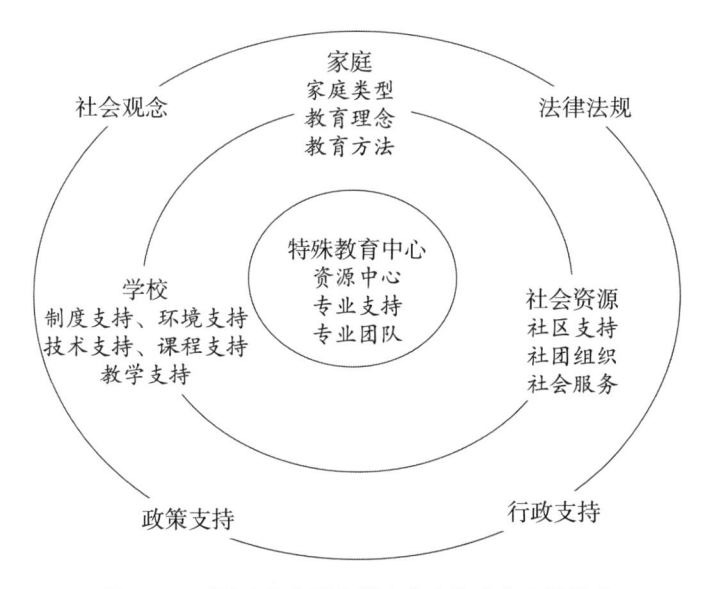

图 2-1　孤独症儿童融合教育本土化生态支持模式

综合以往关于孤独症儿童融合教育支持系统的相关研究与实践探索，发现当前阶段，特殊教育中心在孤独症儿童融合教育方面发挥着关键核心作用，保障孤独症儿童在"进得来"的基础上，"留得住""学得好"。孤独症儿童融合教育本土化生态支持模式借鉴了生态系统观"嵌套式"的结构，表明不同环境对于孤独症儿童发展的影响，主要体现在三个层面。核心支持系统主要包括特殊教育资源中心体系、特殊教育中心对孤独症儿童发展的专业指导，以及专业教师团队的培养。协同支持系统主要指的是学校、家庭、社会资源的支持，以及家校社的协同合作。其中，学校支持主要包括环境支持、制度支持、技术支持、课程支持和教学支持五大方面；

家庭支持主要包括家庭类型、家庭教育理念以及家庭教育方法；社会资源支持包括社区支持、社团组织的支持。宏观支持系统主要是指外层保障体系，即社会整体环境的支持，包含社会观念、法律法规、政策保障和行政支持等方面。

四、孤独症儿童融合教育生态支持模式的特点

（一）特殊教育中心处于关键核心地位

当前，融合教育在发展的过程中面临着较多挑战，特殊教育对象从传统七类扩大到包括孤独症儿童在内的"有特殊教育需要"的儿童、青少年，到普通学校就读的学生的障碍程度逐渐加重，这对普通学校的组织管理、教育教学、育人方式等方面提出新的要求。孤独症儿童家长的需求增多，从争取入学权利到追求教育高质量。然而，普通学校确实在回应孤独症儿童差异方面存在困难，需要建立专门机构负责区域融合教育工作。在此背景下，特教中心作为特殊教育"新样态"应运而生，对推进区域融合教育的高质量发展发挥着至关重要的作用。因此，将特殊教育中心置于孤独症儿童融合教育生态支持模式的核心位置，是基于当前融合教育发展形势的判断，也是对孤独症儿童融合教育生态支持模式的本土化探索与建构。

（二）强调不同主体全面参与、协同发展

孤独症儿童所处的家庭、学校、社会环境并非处于相互隔绝孤立的状态，而是存在很多互动。如果环境中所有主体能够充分参与并相互支持，这对于孤独症儿童发展的效果是成倍递增的。关注孤独症儿童成长、注重陪伴并为其长远发展提前谋划的家长，会主动与学校沟通，保持与学校教育的同频共振，听取学校教师的建议，积极获取社会不同层面的专业资源的支持。真心关爱孤独症儿童、支持孤独症儿童健康成长的学校会不断健全学校的融合教育管理制度，营造接纳的氛围，不断提升教师的专业水平，调整孤独症儿童的课程教学，加强与家长的沟通交流，从而促进孤独症儿童融合教育质量的提升。关注孤独症儿童成长的社区或单位会组织各项融合活动，积极吸纳孤独症儿童参与，为孤独症儿童提供社会支持与服务。当家庭、学校、社会都以孤独症儿童的长远发展为中心协同发力时，孤独症儿童融合教育将实现最优成效。

（三）突出支持的层次性与连续性

孤独症儿童融合教育生态支持模式包含三个层次，每一个层次均由不同的维度构成，不同维度的要素相互关联，并且发挥不同方面的作用，共同形成动态而连续的生态系统。在孤独症儿童的外层保障系统中，社会观念与法律法规、政策支持及

行政支持具有一定的统一性。随着经济社会的发展，关于孤独症儿童融合教育的法律法规不断健全，社会更加接纳差异、包容差异，随之而来的就是政策制度的连续出台。为落实各级政策要求，教育行政部门将投入更多的人力、物力、财力切实支持孤独症儿童融合教育的发展。

第三节 孤独症儿童融合教育生态支持模式的内容

孤独症儿童融合教育生态支持模式主要包括三个层面，以特殊教育中心为专业纽带，推动家校社协同育人，并从宏观层面建构完善的保障体系，共同推进孤独症儿童接受优质的融合教育。

一、特殊教育中心与孤独症儿童发展

（一）构建资源支持服务体系

建立"区级特殊教育资源中心—学区级融合教育资源中心—学校资源教室"的三级融合教育资源支持服务体系，为孤独症儿童接受优质的融合教育提供系统的专业支持。区特教中心负责区域融合教育的管理、指导与研究工作，负责开展融合教育教师培训，为包括孤独症儿童在内的特殊学生的父母提供教育咨询等。学区资源中心是在某一个学区、街道或乡镇设立的中间层级的资源中心，可以辐射某一个片区内的几所学校，统筹资源供给，提供教师培训，开展教研活动，协调解决学校面临的融合教育实际难题。资源教室的优势在于学校能够根据孤独症学生的实际需求，提供丰富的教育教学资源，支持学生更好地融入普通班级。学区资源中心与学校资源教室的建立需要经由区级特教中心审批通过，区级特教中心对于学区资源中心及学校资源教室具有指导与评估的职能。

（二）培养专业教师团队

教师是推进孤独症儿童融合教育的第一资源。随着融合教育的推进，每一名教师都可能教授包括孤独症儿童在内的有特殊教育需要的儿童。教师是孤独症学生的直接教育者，他们对待孤独症学生的态度，以及所具备的教育教学素养，直接影响孤独症学生受教育的效果。以往调研表明，在融合教育实践中遇到的最大困难在于专业师资的匮乏，为突破这一难题，需要建立一支由随班就读的班主任教师、学科教师、资源教师、特教助理、巡回指导教师等构成的专业师资队伍。

由于孤独症学生的身心发展具有一定的独特性，为了更好地帮助孤独症学生融

入学校学习生活，平等享有优质的教育，需要借助多种途径为教师提供支持，不断提升教师们的专业知识和技能。区级特教中心组织不同类别教师的专业培训，如随班就读教师全员通识培训、班主任培训、资源教师资格认证培训、资源教师进阶培训、巡回指导教师培训、行为指导教师培训等，构建以巡回指导教师为核心、资源教师为骨干、随班就读教师为主体、特教助理教师和行为指导教师为补充的多元协同融合教育教师专业团队，并定期基于特殊学生面临的实际问题开展教师研修，提供进阶式培训，从而不断提升教师的专业发展水平。

（三）加强融合教育专业指导

对孤独症学生的专业指导主要包括：筛查评估、科学安置、巡回指导、教育转衔及生涯指导等方面。筛查主要是指教师依据学生的行为表现初步判断是否存在特殊教育需求、是否存在孤独症的倾向。评估既是对孤独症学生进行适宜教育安置的前提，也是为学生制订适合教育方案的基础，评估形式灵活多样，不仅包括认知能力、适应行为等方面的正式评估，还包括通过访谈、观察进行思想品德、文化知识、情绪行为以及优势潜能等方面的非正式评估，评估可由医学、康复、心理、特殊教育方面的专家，教师与家长代表等共同参与。巡回指导一般由特教中心巡回指导教师依据普通学校教师提出的关于孤独症学生教育的困惑，入校进行现场观察、访谈，并结合孤独症学生在校表现提出针对性的专业建议。随着融合教育向学前及普通高中和职业高中阶段延伸，对孤独症学生的支持需要更加注重加强生涯规划方面的指导，尤其是通过升学指导、体验活动等加强义务教育阶段后的支持，制定并不断完善孤独症学生教育转衔制度，以保障孤独症学生学习的连续性。

二、家校社协同育人与孤独症儿童发展

（一）学校支持

学校是融合教育实践的"主场"。学前教育阶段是孤独症学生在游戏技能、听从集体指令、同伴交往、认知能力等方面发展的基础阶段；义务教育阶段是孤独症学生在道德品质、基础知识、性格养成、社会适应、身体素质、艺术素养、劳动习惯等多方面素质养成的关键阶段；高中及高等教育阶段则为孤独症学生融入社会、掌握一技之长奠定基础。学校支持的核心要素包括环境支持、制度支持、技术支持、课程支持及教学支持等方面。学校领导及教师对孤独症学生的了解及包容接纳态度是其他融合教育工作开展的基础。为规范开展孤独症学生融合教育，学校还会成立融合教育工作领导小组，将此项工作纳入学校总体发展规划或制定专门的融合教育制度。教师需要结合孤独症学生的身心发展规律，对课程教学给予适当的调

整，拒绝"一刀切"式的教育，注重教育教学的灵活性，推进科技赋能，帮助孤独症学生学到适合的知识，掌握适应社会的能力，实现适宜的发展。

（二）家庭支持

家庭是孤独症儿童在成长过程中最重要的"供给站"。不同的家庭类型对于亲子关系以及孤独症儿童的成长会产生不同程度的影响，需要尤为关注家长的家庭教育理念和教育方法。和谐的亲子关系有利于培养出情绪稳定的孩子，并且容易建立孤独症儿童的安全感和信任感。孤独症儿童的家庭教育不应拘泥于家庭之内，生活之中处处皆可开展教育，家长尤其要带领孤独症儿童多体验生活，在生活中教授语言表达、社会交往等具体技能，制订家庭教育计划，结合孤独症儿童的发展目标，有目的、有阶段、有计划地逐一推进。孤独症儿童身心发展的独特性要求父母不断精进自身的专业知识和技能，参加孤独症相关的专业培训，或阅读相关的著作等，增加对孤独症儿童的理解，掌握更加实用的技能，避免将孤独症儿童完全交给机构或其他人员。

（三）社会资源支持

社会资源具有广泛性、开放性等特点，是提升孤独症学生能力水平、促进学生身体健康、增强社会责任感、帮助孤独症学生顺利融入社会的重要资源。社会公共场馆，例如图书馆、博物馆、科技馆、美术馆、体育馆、青少年宫、儿童活动中心等都是重要的社会资源。此外，注重整合社会各方力量，例如医疗、卫生、心理学、社会学、康复等各领域的资源，借助高等院校、科研机构、研究会相关专家的支持，共同为孤独症学生规划适宜的发展道路，促进孤独症学生实现最大限度的发展。

（四）家校社协同育人

家庭、学校、社会的相互协作共同决定了孤独症学生融合教育的质量。在实践过程中，特教中心或学校综合采用理论培训、家长沙龙、专业咨询、体验活动、资源推送等多种方式提供指导，培养一批具备正向养育观念、专业养育知识和养育技能的孤独症学生家长，提升家长的家庭教育素养。普通学校不断建立健全家校合作机制，形成学校、家庭、社会三位一体的合力，共同推动孤独症学生融合教育的发展。第一，从组织机构入手，完善家长委员会的机制，建立家校联系制度，开展丰富多样的家庭教育指导活动。第二，创造条件，加强与家长的联系沟通，及时听取家长对融合教育工作的意见和建议，为孤独症学生提供支持和服务。第三，确保家长积极参与学校的重大决策，让家长委员会参与学校重大事项的监督管理，助推课堂教学改革。第四，充分调动家长委员会的积极性，在全校家长中形成关心、帮助孤独症学生的良好氛围，为融合教育提供多方面的支持。

三、融合教育保障体系与孤独症儿童发展

（一）文化观念

在文化观念层面，为包括孤独症儿童在内的特殊儿童提供支持服务的水平反映了一个社会文明的先进程度。学界对于孤独症儿童的认知已经从医学模式过渡到社会学模式，认为孤独症儿童所面临的障碍是个体与环境互动的结果，而不再仅强调孤独症儿童的缺陷与不足。社会大众受传统儒家文化中"扶危济困""弱有所扶""仁爱"等观念的影响，对孤独症儿童融合教育发展总体持积极关注的态度，尊重差异、因材施教、适宜融合已经成为孤独症儿童融合教育的主要呼声。2007年12月联合国大会通过决议，从2008年起，将每年的4月2日定为"世界孤独症日"，有利于增进对孤独症的研究，提高人们对孤独症人士的关注程度。

（二）法律法规

推进孤独症儿童融合教育需要"依法治教"。法律法规具有强制性与约束性，《宪法》《未成年人保护法》《教育法》《义务教育法》等法律都对保障残疾人受教育权利、禁止歧视残疾人等进行了规定。《残疾人教育条例》作为我国残疾人教育最高级别的法规，对残疾人教育事业的发展目标和理念进行了调整，强调应当提高残疾人教育质量，积极推进融合教育，优先采取普通教育方式，切实保障包括孤独症儿童在内的残疾儿童少年的受教育权利。

（三）政策保障

在政策层面，北京市海淀区先行先试，2003年在全国率先制定了《海淀区特殊教育发展规划》，明确提出"在中小学大面积推广随班就读工作，使海淀区成为普特融合教育的先进地区"。近年来，海淀区在调研了解区域孤独症儿童及融合教育基本情况的基础上，出台了《关于进一步加强融合教育工作的指导意见》《海淀区特殊教育提升计划（2019—2022年）》《海淀区"十四五"特殊教育发展提升行动方案》《海淀区残疾儿童少年义务教育入学实施方案》《北京市海淀区特殊教育专家委员会实施意见》《海淀区关于加强特殊教育需要儿童少年融合教育工作的指导意见》《海淀区普通学校资源教师和随班就读教师管理办法》《海淀区普通学校随班就读学生生均公用经费使用办法》《海淀区残疾学生和家庭经济困难学生区级资助管理办法》等系列政策文件，优先保障特殊儿童的受教育权利，完善融合教育政策制度保障。海淀区在全国率先提出"就近就便优先"入学的政策要求，为孤独症儿童入学、升学开辟"绿色通道"。系列政策文件还建立完善了融合教育工作流程，不断规范区域融合教育管理。

（四）行政支持

行政支持主要指的是地方政府及教育行政部门或其他行政部门对孤独症儿童融合教育的支持力度，具体体现在对孤独症儿童融合教育"人""财""物"等方面的投入。例如，海淀区在巡回指导教师、资源教师等专业人员的配备方面给予专门的保障和额外的支持。在经费投入方面，海淀区设立特殊教育质量提升项目，为普通学校开展孤独症儿童融合教育提供充足的经费支持，率先为资源教师发放特殊教育津贴，包括孤独症儿童在内的特殊学生的生均公用经费是普通学生的八倍，在学前至高中阶段均实施"四免多补"，学前阶段的孤独症儿童享受保育费减免和补助政策。同时，海淀区在学区设立融合教育资源中心，在普通学校设立资源教室，配备满足孤独症儿童需求的图书或其他设施设备。此外，海淀区将义务教育学校融合教育工作的开展情况纳入学校绩效考核指标体系，加强对普通学校孤独症儿童融合教育工作开展情况的评价督导。

本章小结

本章以儿童发展生态系统观为指引，探究了生态系统观的形成、主要观点，以及结构与内容，分析了生态系统观在孤独症儿童融合教育中的应用情况。结合当前孤独症儿童融合教育发展的实践挑战，考虑到特殊教育中心在我国融合教育发展过程中发挥的重要作用，构建了以特教中心为核心支持系统，以家庭、学校、社会资源为协同支持系统，以社会观念、法律法规、政策保障和行政支持为外层保障系统的孤独症儿童融合教育本土化生态支持模式。

第三章

孤独症儿童与资源中心

融合故事

涵涵，3岁时被诊断为孤独症。在区域融合教育"就近、就便、零拒绝"的政策下，涵涵进入一所离家近、有较丰富的特殊教育资源的融合教育学校。刚进入一年级的涵涵经常会在课上突然大喊大叫、跑出教室，甚至有时还会攻击其他小朋友。没过多久，刚刚有点适应学校生活的涵涵就经历了一次全体抵制。班上学生的家长以涵涵影响班级正常教学为由，拒绝让自己的孩子到校上课直到涵涵离开这个班级为止。这可急坏了班主任教师和校长，涵涵的父母更是万分苦恼。

彼时的高校长刚刚接触融合教育，这是学校融合教育工作开展以来的第一次冲突事件。基于事件的敏感性，高校长立即将此事上报至区教委，区教委立即响应，由区特殊教育主管部门——特殊教育指导中心全权负责。作为区级融合教育工作的指导、研究部门，区特教中心与学区、学校三方商讨，多次召开研讨会，充分发挥"区级特殊教育资源中心—学区级融合教育资源中心—学校资源教室"三级支持体系的作用。区特教中心通过巡回指导了解到事件的发生始末，组织区特殊教育专委会开展涵涵的教育安置研讨会、个案研讨会等，依据涵涵的能力水平与发展，随班就读是最优的安置方式，这为整个事件的解决提供了方向性的决策和指导。学区资源中心组织全班学生家长开展融合教育政策宣讲，增强家长的融合教育意识，为事件的圆满解决奠定了良好的基础。学校资源教室在高校长及其他主管领导、资源教师的组织下，与普通学生家长进行一对一沟通，深入了解家长诉求，并用专业知识解答家长的疑惑。此外，还为涵涵制订了更为完善的个别化教育计划和资源教室训练课方案，这不仅消除了普通学生家长的担忧、疑虑，更让涵涵的父母毫无后顾之忧，更加坚定了融合教育的方向。就这样，在三级服务实体的支持下，最终圆满地解决了这次"罢课"事件。这一天，班里所有同学如期到校上课，而在涵涵进班的那一刻，全体同学站起来鼓掌，欢迎涵涵回家！这时的涵涵第一次感受到了融合的力量，感受到了爱的包容与接纳！

孤独症学生涵涵被普通学生家长拒绝,甚至被要求离开班级,学校和家长对此束手无策。按照《义务教育法》规定,学校需要保障学生的受教育权利,但是面临普通学生家长"群起而攻之"的态势,需要综合多方的力量进行解决。"区级特殊教育资源中心—学区级融合教育资源中心—学校资源教室"三级支持体系的共同发力是每名特殊学生享受公平而有质量教育的重要保障。"区级特殊教育资源中心"承担着巡回指导,解决全区最困难的问题的职责。"学区级融合教育资源中心"负责资源协调,协助学校解决问题。"学校资源教室"则立足本校,对接特殊学生个案,直接解决学生问题。一有问题,立刻启动,三级资源中心的专业联动,共同解决了融合教育中的各种难题。

本章要点

1. 孤独症儿童的发展要有融合教育资源支持服务体系作为保障。

2. "区级特殊教育资源中心—学区级融合教育资源中心—学校资源教室"三级融合教育资源支持服务体系的建立与完善,可以有效促进孤独症儿童的社会融合。

第一节　资源中心的支持体系

在孤独症儿童的融合教育进程中，特殊教育资源中心发挥了重要的支撑作用，它是我国特殊教育特色发展的产物，是我国特殊教育支持保障体系的重要组成部分，是提高融合教育质量的必然途径，其目标就是全方位、全过程、全要素地为孤独症儿童提供专业支持与服务，为孤独症儿童家庭提供教育指导，帮助孤独症学生成长与发展，进而推进区域融合教育发展。

随着孤独症儿童出现率的提高，孤独症儿童多元化的类型、多样化的需求、个性化的发展目标让我们不得不审视：如何保障孤独症儿童的发展？如何支持孤独症儿童的发展？如何促进孤独症儿童的发展？基于发展的现实需求，特殊教育资源中心应运而生，可以说，特殊教育资源中心在孤独症儿童的教育发展进程中起着重要的支持保障作用。北京市海淀区三级资源中心的发展有着必然性、前沿性和普适性，是我国孤独症儿童资源中心支持保障体系的一个微观缩影，其历史发展也经历了从茫然到笃定、从兼做到专门、从职业到专业的阶段，本章着重介绍北京市海淀区"区级特殊教育资源中心—学区级融合教育资源中心—学校资源教室"的三级融合教育资源支持服务体系，以期为各地的资源中心建设提供可复制的样板。

一、区级特殊教育资源中心

区级特教中心的成立是融合教育发展的一个重要里程碑。特教中心兼具专业指导、监督评价、教育康复等作用，负责对普通学校进行巡回指导，为孤独症儿童及融合教育教师提供专业支持，为孤独症儿童家长提供专业指导，对不同学段的融合教育工作进行管理与评价，组织针对融合教育教师的专项培训，推行评价考核制度，规范不同类型融合教育教师的管理，对于促进孤独症儿童的教育发展与推进区域融合教育工作具有重要作用。

二、学区级融合教育资源中心

2017年开始，海淀区分别在北部、中部、南部地区建立学区级融合教育资源中心，服务学区内的孤独症学生、家长和教师。学区资源中心的建立契合了我国教育改革的发展趋势，配备专业人员专门负责组织、管理学区内融合教育的各项工作，在做好与区特教中心、学区内普通学校的沟通联系的同时，进一步将学区内的特殊教育资源有效整合利用，为孤独症儿童、家长、教师提供专业的教育支持与服务，扩大功能辐射范围，使学区内的每一位孤独症儿童受益。

三、学校资源教室

2005 年，海淀区的第一间资源教室在四季青小学（现改名为首都师范大学附属小学）建立，随着孤独症儿童在内的随班就读学生多元化需求的增多，资源教室覆盖到区域内所有的融合教育学校。对于资源教室的建设在不同的发展阶段有着不同的重点任务，从最初的"建立资源教室"到后来的"逐步覆盖到每所融合教育学校"，再到如今的"用好资源教室"，资源教室发挥的功能越来越追求规范性和有效性，而专业性的体现则直接关乎每位孤独症儿童的适性发展。

随着区级特教中心的独立、学区级资源中心的铺设和学校资源教室的覆盖，海淀区形成了"区级特殊教育资源中心—学区级融合教育资源中心—学校资源教室"三级融合教育资源支持服务体系，不仅为区域内的孤独症儿童、家长及教师提供了丰富的、优质的教育资源和专业支持，也对全国的融合教育工作起到了积极的推动作用，有效保障了专业资源的有效流动与共享。事实证明，北京市海淀区三级融合教育资源支持服务体系的建立在满足孤独症儿童个性化发展需求、推进区域特殊教育发展、提升融合教育质量中发挥着强有力的保障作用，其本土化的实践同样印证了特殊教育资源中心对孤独症儿童教育发展的重要支撑功能。

第二节　区级特殊教育资源中心的建设

当前，融合教育已成为国际特殊教育发展的主流趋势，随班就读是国际融合教育的重要组成部分，也是当前我国孤独症学生安置的主要形式之一。在普通学校随班就读的孤独症儿童在自我照顾、社会技能、学习发展、生活适应、健康与安全等方面需要一定的辅助与支持。我们所面临的现实困境是专职、专业的融合教育师资有限，班主任教师与任课教师的融合教育胜任力还有待提高，短期内无法给在普通学校随班就读的孤独症儿童提供全方位的特殊教育支持。而从区域全局角度来看，孤独症儿童的融合教育发展更需要有一个专门的机构、一批专业的人员、一系列固定的机制来统筹管理与指导，以及获得专业的、科学的支持。基于这样的时代背景与现实需求，区级特殊教育资源中心应运而生。

一、区级特殊教育资源中心的历史发展脉络

区级特殊教育资源中心的形成，是我国融合教育发展历程中的必然产物，在孤独症儿童生态支持系统中起到了最关键的作用，是最具专业性的核心支持系统。比如说北京市海淀区特殊教育研究与指导中心，它有效地整合集中了区域内优质的特教资源，不断优化资源配置，为包括孤独症儿童在内的所有特殊学生提供了专业支持与基础保障，是孤独症儿童成就精彩人生的依托、有力臂膀，更是区域融合教育可持续发展的重要保障。可以说，它的成立是时代发展的必然结果，更重要的是，它也是孤独症儿童日益增长的发展需要和家长、融合教育教师及学校的期盼，而它的成长与发展也是一路荆棘丛生、由寡及众、摸索前进！

（一）寥寥几人，兼做区域巡回

1. 四面八方汇集巡回小组

20世纪90年代，海淀区各普通中小学接收适龄儿童少年就近入学，其中包括一些轻度的智力残疾、听力残疾、视力残疾、肢体残疾的学生。但当时"随班就读""融合教育"等概念尚未普及，学校对残疾学生或特殊学生知之甚少。融合教育工作的开展仅限于普通学校内，且大多处于自发状态，但已有学校开始为特殊学生制订个别化教育计划。普通学校与特殊教育学校"各自为营"，往来甚少；特殊教育学校的骨干示范作用难以发挥，普通学校的随班就读工作缺乏支持。区内没有具体负责融合教育此项工作的部门与单位，没有对融合教育工作的经费投入，更没有形成规范的管理办法，也就是无专门机构人员、无专项经费、无制度规范。

进入21世纪以来，伴随着特殊学生家长需求的提升，特殊学生（多是传统意义上的智力残疾儿童）逐步进入到各地的普通中小学校。对于这部分学生，如何引导他们真正融入普通班级中学习知识并获得发展？这便需要有特殊教育专业的干部教师对他们进行额外的指导与支持。当时，区教委特殊教育视导员和北京市海淀区培智中心的一名专业特殊教育教师，加之几名致力于孤独症学生随班就读工作的普通学校干部教师组成海淀区巡回小组，到学校解决融合教育面临的问题，这便是最初的巡回指导工作模式。此外，每年定期组织培训，但当时培训对象及培训内容单一，培训频次较少，参与学校的范围比较局限。

2. 走进普通学校开展巡回指导

当时，这样一支由区级行政干部、特殊教育干部教师、普通教育干部教师组成的"民间"巡回小组，开启了海淀区最初的巡回指导工作模式。他们定期走进普通学校开展巡回指导工作，为随班就读的特殊学生提供专业支持与学习指导，为随班就读教师开展教育教学方面的专业培训，促进了海淀区随班就读工作的发展。

（二）专设机构，统管融合教育

在日常的巡回工作中，最初的几人已经无法满足日益增多的有特殊教育需要学生的发展需求和区域整体随班就读工作需要。

1. 成立特殊教育管理中心

2002年，海淀区率先成立了第一个专门负责区域融合教育工作的机构——海淀区特殊教育管理中心，它隶属于海淀区培智中心学校（现更名为北京市健翔学校），这标志着区域融合教育工作被正式纳入政府管理与工作范畴。同年，发布《海淀区特殊教育发展规划》，"融合教育"的概念在海淀区首次被提出，要求学校提供适当的教育环境，使所有的特殊学生有机会进入普通学校学习。然而，"随班就读""融合教育"的相关理念与知识仍旧鲜为人知，海淀特教管理中心需要不断向上级领导及普通学校普及、宣传这一理念。

2. 形成区域融合教育工作机制

在区级特殊教育管理中心的积极推进下，海淀区建立了各项工作机制以发展融合教育，如年年有培训、年年有评选、月月有例会。在例会制度方面，由教育行政部门牵头组织教委负责特殊教育的主管主任、行政业务科室、特教学校和普通学校的校长每月召开一次行政例会，共同研讨融合教育工作。建立协同工作机制，由特教学校委派兼职巡回指导教师，邀请海淀教委特殊教育视导员，进入普通学校进行融合教育理念的普及与宣导，协同针对特殊学生的表现为学校教师提供具体指导。建立培训教研制度，组织开展随班就读教师培训，培养普通学校融合教育种子教师，定期开展融合教育教研。制定危机应急干预制度，解决随班就读学生的突发事件，做好家校矛盾沟通工作，形成家校共育的生态机制。

（三）财政保障，融合教育全面推进

1. 用脚步丈量海淀，调研融合教育

在对区域融合教育工作进行指导的过程中，特教管理中心发现普通学校教师对融合教育的认识及其掌握的特殊教育知识和技能、学校领导的支持、孤独症学生家长的态度等直接影响融合教育工作的开展与成效。为了更好地在未来开展融合教育实践和研究工作，需要从整体上了解海淀区孤独症学生在普通班级中的融合现状。2010年始，海淀区特殊教育管理中心的先行教师"用脚步丈量海淀"，笔者走访了全区82所开展融合教育的普通小学，调查了211名教师、62名校级领导干部以及140名特殊学生家长。对普通中小学的校级领导干部、教师及特殊学生家长进行调研，发现教师对融合教育知识与技能知之较少，大多数领导与教师对融合教育持中立与模棱两可的态度。本次调研为融合教育的推进提供了重要的实践依据。

2. 专业人员支持，专门经费保障

2011年起，海淀区特殊教育管理中心开始拥有独立办公经费20万，3名正式在编人员成为专职的巡回指导教师，负责推进全区的融合教育工作，开始搭建区级融合教育支持保障体系。例如，协助区教委制定特殊教育与融合教育相关政策，负责全区特殊教育数据的统计与上报工作、随班就读学生的备案管理，开展师资培训、巡回指导、家长咨询、学生评估、教育安置、康复训练、课题研究等多项工作，探索区域融合教育的发展路径。此外，海淀区教委每年投入专门经费建设资源教室，每个资源教室投入60万元，平均每年在普通中小学建设资源教室6个，为学校的融合教育发展提供了基础支撑。

3. 培养融合教育"种子学校"与"资源教师"

有了专门经费与专门人员的支持，海淀区特殊教育管理中心开始在全区培养融合教育"种子学校"，开启"以点带面"、以"星星之火"点燃融合教育的新格局。与此同时，特殊教育管理中心牵头组织培养了国内首批持证上岗的资源教师，服务于普通学校资源教室，为特殊需要学生提供专业的教学辅助与支持，不断提升资源教室运作的规范性。

4. 出台融合教育相关政策

2015年，为加强融合教育指导，海淀区出台了《北京市海淀区教育委员会关于进一步加强融合教育工作的指导意见》。该文件在融合教育理念、健全特殊教育体系、规范融合教育管理、特殊教育师资培训、资源教室运作、特殊教育预警机制、个别化教育服务等诸多方面进行了具体规定，规范了区域融合教育发展。

（四）独立机构，融合教育创新发展

2016年11月8日，北京市海淀区特殊教育研究与指导中心（简称"海淀特教中心"或"特教中心"）正式揭牌成立，该中心为海淀区教委直属事业单位，拥有独立法人和编制，主要负责区域特殊教育教学、科研、教师培训、资源开发和康复训练的组织统筹；负责管理和指导区域融合教育工作，建立健全融合教育管理和服务机制。海淀区特殊教育研究与指导中心的独立标志着海淀区融合教育进入全面推进、创新引领的新阶段，也标志着我国区级特殊教育中心从以前从属于特殊教育学校的"一个学校，两块牌子"，不能充分发挥区域协调、组织管理、指导支持等功能的状态，转向独立运作、专业管理、融合发展的新局面。海淀特教中心的独立也是具有中国特色的特殊教育及融合教育发展道路的具体体现。

海淀特教中心秉持"融合、发展、引领、创新"的理念，坚持"适合的教育、个性的支持、全面的发展"，旨在完善区域融合教育支持体系，打造国内领先、国际一流的"海淀特教"品牌，使每一个特殊需要儿童、青少年享受优质均衡的教育。海

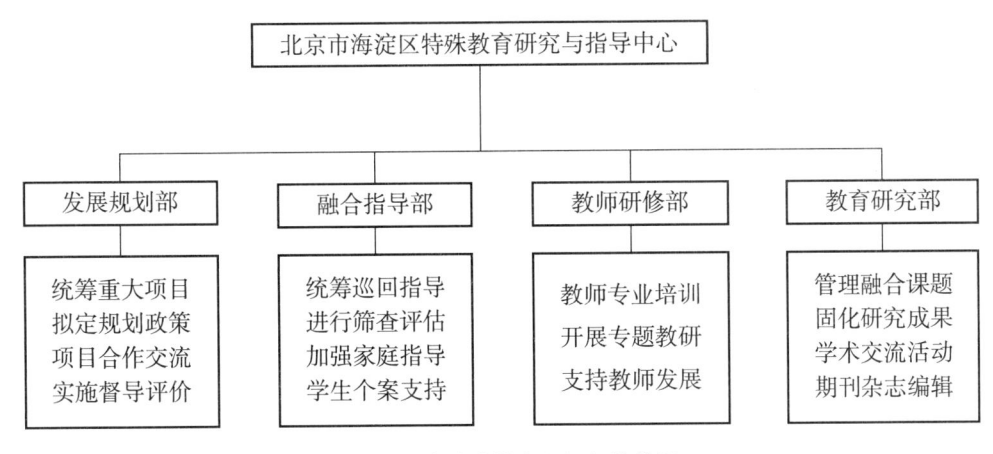

```
                北京市海淀区特殊教育研究与指导中心
                              │
    ┌─────────────┬───────────┴───────────┬─────────────┐
 发展规划部      融合指导部            教师研修部       教育研究部
┌─────────┐   ┌─────────┐           ┌─────────┐    ┌─────────┐
│统筹重大项目│  │统筹巡回指导│          │教师专业培训│   │管理融合课题│
│拟定规划政策│  │进行筛查评估│          │开展专题教研│   │固化研究成果│
│项目合作交流│  │加强家庭指导│          │支持教师发展│   │学术交流活动│
│实施督导评价│  │学生个案支持│          │          │    │期刊杂志编辑│
└─────────┘   └─────────┘           └─────────┘    └─────────┘
```

图 3-1　海淀特教中心组织结构图

淀特教中心拥有完善的组织架构，设有发展规划部、融合指导部、教师研修部和教育研究部四个部门。发展规划部统筹组织融合教育的重大项目活动，拟定区域融合教育发展规划与相关政策，开展区域内外的合作交流项目，对融合教育工作实施督导评价等。融合指导部负责区域融合教育的巡回指导、筛查评估、个案支持、家庭教育指导等相关工作，为区域融合教育发展提供专业支持。教师研修部负责组织开展教师专业培训，开展专题教研，以专业引领支持教师发展。教育研究部负责融合教育课题研究、课题成果的固化与推广，组织开展学术交流活动，进行期刊编辑等工作。

二、区级特殊教育资源中心的职能

（一）提升区域融合师资水平

在区域融合教育发展进程中，具有特殊教育专业背景的融合教育教师屈指可数，面对融合教育教师对特教知识与技能的强烈学习需求，特教中心扮演着融合师资培训支持者的角色，根据教师需求开设各类融合教育相关课程，定期开展培训课程。通过专题培训后，教师在教学实践中仍旧面临许多困惑与难题，特教中心成立了区域融合教育研修工作室，组织校际研讨和外出学习，举行各类教学研讨展示活动，如资源教室训练课、融合教育课堂教学等系列展评活动，给融合教育教师提供展示提升的平台。此外，特教中心作为研究指导机构还提供各类教科研机会，组建了融合教育课题基地校，带领各校教学领导与教师共同参与融合教育相关课题研究，提升教师的科研能力，解决教师的教学困扰。

（二）指导破解融合实践难题

在孤独症学生走进普校后，与之相关的校园接纳、课程教学、行为管理、社会交往等问题都让普校教师感到棘手。目前我国普校教师缺乏特教专业背景，缺乏对融合教育政策与理念的认识，融合教育工作开展经验不足，因此特教中心还承担着提供巡回指导的功能，帮助学校、教师、孤独症学生及其家长解决融合教育中的各类困惑。面向学校，巡回指导教师主要进行随班就读政策的宣传与咨询，协助指导学校规划融合教育工作，如资源教室的建设与运行、资源教师的培养、课程的调整安排、融合活动的开展以及家校关系的协调等。对于融合教育教师来说，他们更为关注的是在课堂上怎么做到照顾集体的同时兼顾随班就读的孤独症学生个体。巡回指导教师则针对教育教学中遇到的诸多问题展开交流指导，指导教师如何进行班级管理、如何开展小组合作、如何实施分层教学、如何兼顾个别化教学、如何调整教学材料展现方式、如何调整教学评价和考试方式等。面向孤独症学生，巡回指导教师则是进行观察评估、协助制订个别化教育计划、协助学习活动和康复训练等指导。对家长则是进行教育咨询与家庭心理疏导等指导工作，帮助家长调整心态、情绪疏导以及提供家庭教育策略。通过巡回指导，及时解决融合教育教学中的疑难问题，保障孤独症儿童融合教育有序地推进。

（三）直接为学生提供特殊教育专业服务

普通学校缺乏专业的评估技术，常将孤独症学生视为"差生"，认为他们不认真、不听话、好动、不长记性、自我、缺乏教养、意志薄弱等，并用常规教学评价标准去要求他，用常规教学手段去教育他，结果屡屡受挫。这是教师对孤独症儿童存在认知偏差，不了解孤独症学生特殊的学习方式与风格导致的。特教中心组织多领域人员形成评估和教育工作团队，帮助融合教育学校针对孤独症学生提供教育评估、教育咨询建议与专业支持辅助。当学校发现疑似孤独症学生时，特教中心会下校观察与交流访谈，根据情况建议是否对学生做相关评估，包括智力、动作、语言、注意力、社会适应性等方面的评估，为日后开展个别化教育计划提供科学依据，并且决定是否需要为确诊为孤独症的学生安排普通课程之外的康复训练课。如若学校暂无资源教室（师）或资源教师暂时无法胜任，特教中心可提供教育康复训练服务，包括感统训练、动作训练、语言与言语训练、认知训练、注意力训练、精细训练、情绪调整和心理治疗等，旨在提升孤独症学生在认知、动作、语言、情绪行为与生活适应等方面必备的基础能力。通过筛查评估与康复训练，不少教师与家长都表示孤独症学生的基础能力得到了改善，能更加有效地融入普通学校环境。

（四）统筹资源与加强融合教育宣导

融合是教育的一个生态系统，长效发展离不开健全的支持保障体系，特教中心在融合教育支持保障体系构建中起到了关键性的统筹资源作用。特教中心的职能覆盖了专业指导、行政管理、资源支持等方方面面，在构建融合教育支持保障体系中占有重要位置。总而言之，特教中心的关键作用，一是推动区域融合教育相关政策的发展，为融合教育实践提供政策保障；二是架构"教育行政部门—特教中心—学区—学校"的线性工作流程，同时又多渠道地获得融合教育相关的社会资源，建立起网状的支持体系；三是将这些社会资源带到孤独症学生的身边，同时面向广大社会宣导融合教育，将融合教育理念渗透到人们心中。

三、区级特教中心运作模式

（一）融合教育政策的宣导与落实

作为区级特殊教育研究指导部门，特教中心有责任、有义务推动区域特殊教育、融合教育政策的设计与落实。以海淀特教中心为例，面对残疾学生数量大、类型多与程度重的挑战，海淀特教中心在区教育两委的支持下积极推动教育政策的出台，以规范区域内融合教育相关工作。结合区情，海淀区先后出台了《海淀区普通学校资源教师和随班就读教师管理办法》《海淀区普通学校随班就读学生生均公用经费使用办法》《海淀区普通学校资源教师特殊教育津贴发放和管理办法》《北京市海淀区教育委员会关于进一步加强融合教育工作的指导意见》《北京市海淀区教育委员会关于 2020 年义务教育阶段入学工作的实施意见》《海淀区特殊教育提升计划（2019—2022 年）》《海淀区"十四五"特殊教育发展提升行动方案》《海淀区特教助理及其他陪读人员管理办法》等，这些政策文件的出台，使融合教育各项工作的开展有章可循。

（二）推进与完善专业巡回指导

一直以来，海淀区致力于探索随班就读巡回指导实践模式，通过健全组织结构、规范工作机制、优化师资队伍，构建了网络式的巡回指导模式，并以巡回指导为工作核心，带动随班就读等其他相关工作，全面为孤独症学生、家长和学校提供专业化的支持服务。

特教中心以巡回指导为核心工作，整合区内教育、心理、医学等专业资源，辐射到全区中小学、幼儿园。巡回指导主要针对中小学、幼儿园中的融合教育行政支持、资源教室建设与运作以及融合班级管理与教学，开展评估、教育、康复、培训、咨询、验收等工作。在行政支持方面，一般为政策咨询、资源建设、管理建议、家校协调等巡回指导工作；在资源教室方面，一是资源教室的建设与运作指导，二是培训与指导资源教师开展各项融合教育相关工作；在融合班级中则是给班主任和任课教师提供班级管理、课堂教学的方法与策略。在巡回指导过程中，资源教室发挥着重要的协调与协同作用。一方面，资源教室是行政支持与班级需求之间的协调纽带，另一方面，资源教室还要与融合班级协同合作，进而完成融合教育相关事宜。北京市海淀区率先在我国开启了融合教育巡回指导的探索实践，指导学校开展融合教育工作、建设与运作资源教室，为孤独症学生进行筛查评估、制订与实施个别化教育计划，跟进孤独症学生的康复训练，指导教师进行班级管理与教学调整，同时也为家庭提供教育咨询等服务。2017年，海淀区从指导对象、指导内容、工作流程、工作机制和工作评价等方面探索出系统的巡回指导模式和"渐进式"融合教育模式，支持孤独症学生逐步融入班级，使随班就读的孤独症学生100%实现班级融合，成效显著。

海淀区以"渐进式融合教育"为工作思路，接收个案后便委派巡回指导教师下校观察，开展个别化研讨、个案评估，随后采用渐进式融合的方式为孤独症学生选择最佳的教育安置形式，同时为学生制订与实施个别化教育计划、家庭教育与康复计划，全程做好跟进反馈工作。这种双管齐下的方式，让孤独症学生、学校与家长都有时间与空间做好准备，以迎接真正的融合教育。

（三）提供孤独症学生的适性支持

作为区级特殊教育资源中心，海淀特教中心承担了为区内随班就读的孤独症学生提供支持与服务的工作。为3～6岁的适龄孤独症幼儿提供早期干预与康复训练；为义务教育阶段的孤独症儿童提供筛查评估、转介转衔、康复训练、生涯指导等一站式服务，采用"一生一案"模式，真正做到一名孤独症学生一份个别化教育计划、一本成长档案。同时，海淀特教中心打造特殊教育课程资源云平台，在普通班级的常规课程之外，建立了特殊教育支持性课程体系，开发丰富的课程资源，为孤独症学生提供针对性的认知、适应、运动、艺术、劳动等课程，为孤独症学生成长有效赋能，让每一名孤独症学生享有人生尊严、彰显自身价值。

（四）夯实特殊教育教师的专业技能

特殊教育教师是教师队伍中的多面手群体，教育对象、教育策略等方面的特殊性赋予了教师更多的责任，除了具有作为教师所必备的师德素养外，特教教师更要有服务支持中重度孤独症学生的专业能力，有与时俱进、紧跟时势的敏锐洞察力，有将特殊教育教学问题转化成研究课题的科研能力，有指导孤独症学生家长的能力。为此，海淀特教中心始终坚持把特教教师的专业发展作为推动区域特殊教育高质量发展的关键，把好特殊教育教师的入门关，开拓特殊教育教师的发展通道，夯实特殊教育教师的基本功和专业技能基础。开创性地开展新任教师特殊教育学科课程培训班、特色学科培训，夯实新任教师教育教学基本功，强化特殊教育师资培养培训，加强特殊教育骨干教师培养，持续开展特殊教育教师必修课和选修课培训，为特殊教育教师的专业发展助力，将特殊教育教师打造成海淀区特殊教育的高精尖人才，成为海淀区教育的骨干力量。

（五）提高融合教育教师的综合素养

教育的发展离不开教师，强教必先强师。2011年，海淀区开展了第一期资源教师上岗资格培训，中国农业科学院附属小学、永泰小学等多所学校的52名教师取得海淀区资源教师上岗资格证书。近几年，在特教中心的推动下，多名资源教师走上了国际舞台，向世界展示了海淀区融合教育的特色和资源教师的专业风采。对于特教中心来说，资源教师的培养仅是海淀区融合教育师资团队建设的一部分。自2016年开始，随着孤独症学生个性化发展需求的增多，学生行为指导教师应运而生，成为融合教育教师团队的新兴成员。特教中心为区域内有情绪行为问题的孤独症学生提供专业评估与干预，助力孤独症学生向好成长，首创开办应用行为分析师培训班，组建学生行为指导教师队伍，覆盖率达90%。此外，海淀特教中心坚持以专业赋能，创新培训模式，优化培训课程设计，积极开展各级各类特色专题培训，形成了涵盖巡回指导教师、学生行为指导教师、资源教师、随班就读教师、特教助理教师等多元化的融合教育教师团队新体系。

（六）提升孤独症儿童教科研质量

海淀特教中心坚持科研引领，立足实践深入研究，创新研究指导实践，以课题研究为突破口，带领区域内50余所学校参与国家级与市级重点课题的研究工作，建立课题研究工作机制，以研究为引领，突破融合教育重点、难点问题，如区域融合教育支持保障体系、个别化教育计划制订实施、孤独症儿童教育教学等，切实推动学校融合教育内涵式发展和协同创新式发展。

（七）促进区域融合教育协同发展

海淀特教中心在实践中不断总结经验、互相交流，互相切磋，提高水平。与海南、河北、河南、湖北、上海、江苏、浙江、辽宁等地的教育同仁以及乃至日本、美国等国家的众多海外学者相互交流学习。2017年，海淀区主办了以"融合·支持"为主题的融合教育国际研讨会，来自美国、英国、俄罗斯等国家，以及我国香港、台湾等地的共计30余位著名专家学者，与区内外近400名教师汇聚一堂，海淀区融合教育实践经验在会上被系统呈现，获得了与会专家和教师的高度认可。自2018年至今，陆续开启了与河北保定、湖北丹江口、河北赤城、内蒙古哈布尔等地的"教育共帮共扶共发展"项目，实现共享同进，把自己的经验分享给全国各地，实现特殊教育同步发展，特别是在老少边穷和基础偏弱地区。

四、特教中心推进融合教育发展的特色亮点

整体来说，海淀特教中心在推动区域融合教育发展方面起到了关键作用，始

终坚持以学生为中心的思想，在充分调研了解孤独症学生、家长、教师需求的基础上，明确功能定位，不断加强制度建设，逐步发展为集"特殊教育研究中心、融合教育指导中心、特教资源中心、教师发展中心、评估转衔中心、儿童发展中心"为一体的综合型特教中心，在融合教育方面先行先试，形成了"政策先行、率先发展、多元支持、生态融合"的特点，助力每一名孤独症学生都能享受公平而有质量的教育，实现了"八个率先"。

（一）率先推动建立三级支持保障体系

构建"1+2+3+4+N"的专业服务网络，覆盖全区所有的普通学校。构建三级专业资源支持体系，建立资源中心/资源教室评估制度，规范学区级融合教育资源中心及资源教室的建设与运作。当前，学区级融合教育资源中心的覆盖率达50%，学校资源教室的覆盖率达76%，数量居北京市首位，成为融合教育发展的蓝本。

（二）率先构建巡回指导模式

走进中小学校、幼儿园提供巡回指导，解决家校矛盾冲突、提供支持性建议，实现学段全覆盖。让每一名学生都被看见，让每一名学生都能获得成功。在特教中心的支持下，某孤独症学生顺利升入大学并独立就业，某高二的孤独症学生在国际地理奥林匹克竞赛中获得金奖。

（三）率先组建特殊教育专家委员会

2008年，海淀区依托特殊教育专家委员会为孤独症学生提供支持。面对突发的家校危机事件，特教中心邀请北京师范大学韦小满教授走进学校，专家的权威研判为学校和家庭提供了针对性指导，缓解了家校矛盾冲突，增强了家校间的信任关系。专家委员会制度的先行探索切实保障了孤独症儿童在普通学校健康成长。

（四）率先建立就近就便优先的入学升学机制

建立特殊学生入学升学联动机制，明确就近就便、优先保障原则，为特殊儿童开辟入学升学"绿色通道"。切实保障所有特殊儿童都能得到适合的安置，解决了特殊儿童"没学上"的难题。

（五）率先探索评估转衔机制

科学评估是落实"一人一案"的必要前提，特教中心为孤独症学生提供认知能力、适应行为等方面的综合性教育评估，破解孤独症学生的转衔难题，保障孤独症学生优先升入融合教育资源校。

（六）率先为学生提供"普惠式"课程服务

"有学上"满足了学生平等的受教育权利，"上好学"就需要深入进行课程融合，然而，课程是推进融合教育最难但也是最关键的环节。早在 2014 年，海淀特教中心就开始每年为孤独症学生免费提供每周 3 课时的支持性课程，全体在岗资源教师每周为孤独症学生提供不少于 10 课时的支持性课程，共计为孤独症学生提供"普惠式"支持性课程达 21 万课时。探索出中重度孤独症学生"渐进式"融合教育模式，打造了六大领域支持性课程体系，探索了特色化、本土化教学策略，研究成果获得北京市优秀课程成果一等奖和北京市基础教育教学成果二等奖。

（七）率先打造多元协同的融合教育教师梯队

首创建立资源教师资格认证，严把专业"入口关"，实现资源教师持证上岗，创新探索资源教师"初阶—中阶—高阶"的培养课程，打造专家型资源教师队伍，累计 500 余名教师取得上岗资格，形成了"学—训—研—督"一体化培养机制，研发培训课程累计 3000 余课时，培养教师超过 14 万人次。

（八）率先构建智慧化特殊教育服务平台

以学生发展、教师支持、统筹管理为基调，创新建设现代化、新型化的四大特殊教育服务平台。"海淀区特殊教育需要学生大数据管理中心"实时动态存储、管理学生、教师、资源等信息；"教师管理与考核平台"实现了资源教师上岗登记、绩效考核等工作管理的功能；"特殊教育课程资源云平台"成为特殊学生的线上学习平台；"特殊教育教师网络培训与研修平台"为特殊教育教师与融合教育教师提供在线专题培训与研修，提升其综合素养。

海淀区特殊教育资源中心用自身的实践探索出一种独具特色的工作模式：积极推动特殊教育和融合教育政策的出台，不断完善巡回指导模式，为孤独症学生的适性发展、高质量融合提供专业支持，培养各类专业师资并构建融合教育教师团队，借助科研课题打造区域研究共同体，共享优质资源，助力区域间融合教育的协同发展。

第三节　学区级融合教育资源中心的建设

学区级融合教育资源中心的建立一方面高度契合了我国"学区化管理"的时代教育背景，另一方面让更多的包括孤独症儿童在内的有特殊教育需要的儿童能够就近就便地享受到整合的、优质的特殊教育资源与服务，是完善特殊教育资源中心支持网络的必要举措。

一、学区级融合教育资源中心的历史发展脉络

学区级融合教育资源中心（简称"学区资源中心"或"资源中心"）可以为区内多所学校提供融合教育专业服务。学区资源中心的建设旨在通过调配社会各领域的专业资源，如言语治疗、物理治疗、行为矫正、教育康复、心理辅导等相关资源，为学区内普通中小学开展融合教育提供专业支持。学区资源中心的建设对孤独症学生、家长、教师等都具有重要的意义：有利于集中和统筹社会各领域的专业资源，合理调配资源，促进学区内融合教育协调均衡发展；有利于及时解决学区内普通学校融合教育发展面临的实际问题，切实提高孤独症学生的受教育质量。学区融合教育资源中心工作由学区主任统筹，副主任主管，同时结合学区实际需求配备专职资源教师，资源教师享受特殊教育津贴待遇。

（一）需求多元，第一批学区资源中心建成

从2015年11月开始，海淀区进行学区制改革，将所有中小学划分到17个学区，自此海淀区基础教育形成了三级管理。海淀区以中小学学区化改革为契机，结合区域融合教育发展现状及特殊学生的现实需求，开始依托学区建设学区级融合教育资源中心，以促进完善"区级特殊教育资源中心—学区级融合教育资源中心—学校资源教室"的三级融合教育资源支持服务体系，提升融合教育质量。2016年，海淀区分别在北部温苏学区、中部海淀学区、南部羊坊店学区建立学区资源中心，分别服务学区内包括孤独症学生在内的特殊学生及其家长和教师。三个学区资源中心的建立，贯通北部—中部—南部地区，充分整合一体性特殊教育资源，在地理上形成工作辐射点，成为区特教中心与学区内融合教育学校的纽带，起着承上启下的联结作用。

三个学区资源中心自建成并投入使用以来，以科学、规范为工作准则，成立资源中心工作小组，注重教师能力建设，大力加强特殊教育专业队伍的建设。整合、调配、使用好学区内的特殊教育资源，加强与区特教中心的联系，及时上报学区内的特殊教育学生分布状况和基本情况，进行科学性的数据统计和分析，为学区内的学校提供优质的融合教育服务。同时在专业指导和教育科研方面也充分发挥了资源中心应有的功能作用：对学区内及区特教中心适配的孤独症学生进行基本的教育评估、专业指导和康复训练，并指导学校教师为孤独症学生制订个别化教育计划和训练计划，指导家长制订家庭支持计划，开展家庭教育和训练；此外，资源中心在学区内定期进行政策宣导和教育科研活动，为学区内的融合教育教师开展融合教育理论与技能的咨询、培训和教学研修。

（二）主动作为，积极助力学区融合教育发展

海淀区的部分学区管理中心并未建立学区资源中心，但是学区内逐年成倍增长的孤独症学生的出现，让这部分学区管理中心也积极投入到融合教育工作中，成立融合教育指导工作小组，依托区特教中心及学区内融合教育发展优质校为孤独症学生提供专业支持。例如，2019年，北京市海淀区西三旗学区管理中心成立了西三旗学区融合教育指导中心，特聘海淀特教中心主任为专家组成员，并组建了由学区主任、学区内各校校长担任组长的工作指导团队，分别选取一所幼儿园、小学、中学为融合教育发展基地校，聘请各基地校负责人为工作组主持人，资源教师为核心组成员。按南北片区选取资源学校，形成工作微循环。同时，该学区管理中心定期组织开展融合教育培训、教育科研活动，努力给予学校、教师专业化支持，提高育人质量。特邀特殊教育专家走进学区，从宏观上分析融合教育现状及发展前景，提升资源教师、随班就读班主任教师的融合教育思想；邀请区域内的资深资源教师做专题培训，从实际出发，落实区域内孤独症学生的筛查与评估工作；聘请专业教师走进幼儿园做巡回指导实践活动，落实"一人一案"。组织学区内的班主任教师参加海淀特教中心组织的"融合教育班主任教师通识课程"轮训，教师对孤独症学生的了解、接纳与关怀的专业水平得以稳步提升。

（三）扩大覆盖，多方联动共提育人质量

在学区资源中心的发展进程中，海淀区始终明确并坚定学区资源中心的建设目标在于坚持就近就便、教育过程最优化、教育成效最大化的原则，让学区内的所有孤独症学生享受优质资源服务。2019年，在已有学区资源中心布局的基础上，海淀区分别在永定路学区、北太平庄学区、中关村学区、青龙桥学区和上庄西北旺学区新建5个学区资源中心。2023年，依托融合教育优质校建立四季青学区资源中心。至此，海淀区建成9个学区资源中心，覆盖率达53%。同时，海淀区坚持"建好并要用好"的原则，不断追求学区资源中心的标准化、规范化建设，先后制定了《海淀区学区级资源中心项目管理制度》《北京市海淀区学区融合教育资源中心/资源教室建设方案》《资源中心、资源教室管理工作手册》等文件，不断加强制度建设，明确资源中心的职责和任务，保障区域内孤独症学生、家长及教师的权利，保证学区资源中心各项工作的开展有章可循。学区资源中心建成并投入使用后，海淀区注重经验总结，强化服务建设，通过线上或线下形式的持续督导与管理，确保学区资源中心的建设与运作形成严格的长效机制，以成为海淀融合教育特色，为今后的学区资源中心建设与运作提供可借鉴的宝贵经验。

二、学区级融合教育资源中心的职能

学区级融合教育资源中心作为联结区级指导部门与学校资源教室的纽带，做

好管理和指导工作，要充分发挥学区资源中心的服务实体功能，利用区域内的特殊教育资源为孤独症学生、家长、教师提供科学的教育支持与服务，扩大功能辐射范围，使每位孤独症学生受益。在融合教育服务实体体系化的发展进程中，学区融合教育资源中心的建设与职能发挥也愈发完善、精准。

（一）业务管理与专业指导

成立学区资源中心工作小组，做好学区内融合教育工作的管理与指导，做到上传下达，加强与区特教中心的业务联系，加强对学区内普通学校资源教室的行政管理与业务指导。精确统计学区内所有孤独症学生的数据、资源教师及学生行为指导教师的数据，调研学区内资源教师及融合教育教师的专业需求、调研学区内家长的困惑与需求，及时将学区内融合教育的需求、经验汇总上报区特教中心。在每年的入学升学季，统筹做好学区内孤独症学生的入学升学工作。

（二）组织教师培训与教研

学区资源中心积极组织学区内的资源教师、融合教育教师开展课题研究，组成教研小组，聚焦学区内融合教育工作管理与指导过程中遇到的实际问题，进行专业研讨，提高指导水平。为学区内的融合教育教师开展融合教育理论与技能培训，定期参加由特教中心组织的巡回指导教师教学研修。同时，加强自身建设，中心人员积极参加市级、区级培训，不断提升专业水平。

（三）协助学校提供个案支持

学区资源中心协助学校资源教师、融合教育教师为孤独症学生制订IEP，进行有针对性的康复训练和补救教学。对于学区内未建资源教室的学校，学区资源中心要开放资源为该校孤独症学生提供直接支持。

（四）开展教育咨询与融合宣导

学区资源中心为学区内的孤独症学生、家长及教师提供特殊教育咨询，协助家长制订家庭教育计划，指导家长开展家庭教育和训练。学区资源中心可依托学区内的资源教室组织开展特殊教育及融合教育宣导活动，为相关人员提供政策咨询。积极参加区级及区级以上范围的交流展示活动。

三、学区级融合教育资源中心的运作模式

（一）学区级融合教育资源中心的工作制度

1. 小组分工制度。学区级融合教育资源中心成立领导小组，建立"学区主任主

管，融合教育资源中心专人负责，各部门分工保障，重大问题行政集体决策"的管理机制。建立学区资源中心建设与运行的规章制度与措施，保证中心各项工作的顺利实施。

2. 服务制度。要对学区内的孤独症学生、教师、家长等提供科学支持与服务，包括对学区内孤独症学生的分布情况进行统计分析，汇总相关服务需求，有针对性地开展教育研究。对学区内的教师情况进行调研分析，了解教师们对于融合教育及特殊教育的需求，以便提高培训的实效性；对学区内的家长情况进行调研，了解家长们的困惑与需求，开展家长咨询与服务。

3. 教研制度。学区级融合教育资源中心要承担起对学区内的融合教育教师进行专业培养的任务，普及专业知识，提高学区内教师的特殊教育专业素养。此外，要定期组织融合教育教研活动，开展主题研究，以研促教。

4. 评估督导制度。学区级融合教育资源中心要定期接受上级主管部门的评估督导，建立完善的评估督导机制，在各项工作自评的基础上接受评估。通过评估找出问题，改正问题，提高专业水平。

（二）学区级融合教育资源中心的工作流程

1. 统计数据，调查分析。统计学区内所有孤独症学生的数据、调研学区内资源教师及融合教育教师的专业需求、调研学区内家长的困惑与需求。将统计的数据进行整理分析，以供日后工作参考。

2. 提供个性化的康复训练和教育教学。协助学区内的学校资源教师、融合教育教师为孤独症学生制订个别化教育计划，进行有针对性的康复训练和补救教学或心理健康支持，充分发挥孤独症学生的优势潜能，促进其身心的全面发展。

3. 专业培训，提供支持。为学区内的融合教育教师开展融合教育理论与技能的咨询、培训或研习，定期组织教学研修。同时，加强自身建设，积极参加市级、区级培训，不断提升专业水平。

4. 组织教研，课题研究。组织学区内的资源教师、融合教育教师开展课题研究，聚焦学区内融合教育工作开展过程中出现的重点、难点问题，进行专业研讨，提高指导水平。

5. 家庭指导，社区资源整合。为孤独症学生家长提供特殊教育咨询，指导家长开展家庭教育和训练。整合社区资源，充分发挥社区职能，服务孤独症学生家庭。

6. 政策咨询，教育宣导。每学期至少组织开展一次学区内的特殊教育及融合教育宣导活动，为教师、家长等人员提供升学入学、财政补贴等方面的政策咨询，进一步扩大融合教育覆盖面。

四、学区级融合教育资源中心的作用分析

学区资源中心的建设与运作极大地发挥出了辐射支持的功能,主要体现在以下几个方面。

一是学区资源中心从需求出发有效整合了区域内的优质融合教育资源,提高了学生、家长及教师获取资源的便利性,更有利于教育公平和教育均衡发展。

二是学区资源中心为区域内的所有孤独症学生与家长提供了针对性的、科学性的专业指导与服务,使学生获得了最适合的发展。以北京市海淀区上庄西北旺学区资源中心(海淀区红英小学)为例,该中心地处海淀区北部地区,该学区的资源教室少,孤独症学生人数多且分散,因此,学区资源中心作为区域内的融合教育中心,整合了学区所有的教育资源。在资源中心的全力运作下,孤独症学生每周按时到资源中心接受康复训练和补救教学,或学区内的资源教师定期走进融合教育学校为孤独症学生提供支持与服务,学区成为真正的区域"资源中心"。同时,北京市海淀区永定路学区资源中心积极组织区域内的资源教师,分片分时段地进校为孤独症学生提供康复训练课程,切实发挥了资源中心的功能作用。

三是学区资源中心积极探索资源教师自身专业化成长之路,为资源教师搭建专业平台,促进其专业成长,使每一位资源教师努力成为专家型教师。以北京市海淀区中关村学区资源中心为例,该中心制定了融合教育干部教师研讨机制,分层组建研修队伍,自上而下划分为学区级融合教育资源中心执行团队、各融合教育学校主管领导团队、资源教师团队和随班就读教师团队,让各融合教育学校的校长乃至教师都成为资深的融合教育专家。

学区级融合教育资源中心作为融合教育实践的新生事物,在保障孤独症儿童适性发展,促进教育高质量发展,提升育人质量上发挥出巨大的作用。

第四节 资源教室的建设与运作

就读于融合教育学校中的孤独症儿童往往存在一些令人困扰的学业或适应行为问题,资源教室不仅能够为孤独症儿童提供个别化的专业支持,还能有效保障孤独症儿童的融合教育进程。可以说,资源教室的建设是融合教育支持保障体系的重要内容。普通学校配置资源教室的优势在于学校能够根据孤独症儿童的实际需求,提供丰富的教育教学资源,使孤独症儿童能借助学校为其提供的资源进行有针对性的学习。本节主要介绍资源教室的建设与运作,分析资源教室对孤独症儿童发展的重要促进作用。

一、资源教室的发展历史

资源教室是在普通学校建立的集课程、教材、专业图书以及学具、教具、康复器材和辅助技术于一体的专用教室。目的是满足具有显著个别差异的儿童的特殊教育需求。资源教室需要有固定的专业场地，要安全、无障碍、清洁卫生，不建议与会议室、多功能教室、图书馆、阅览室等共用；需要有固定设施，配备专门的办公、康复训练和教学设施、设备等；需要有固定资源，如图书资源、音像资源、教育心理专业资源、特殊教育专业资源等。资源教室还需承担固定任务，如制订资源教室运作方案、工作计划、工作程序和工作内容等。同时，学校应建设配备无障碍设施设备，为特殊学生在校的学习生活提供无障碍支持服务。海淀区资源教室的发展经历了尝试性的初起阶段、实践性的探索阶段和标准化的规范阶段。在这一历程中，海淀区的资源教室不断壮大，发挥了重要的作用，成为孤独症儿童融合教育资源支持服务体系中不可或缺的一部分。

（一）初起阶段

2005年，海淀区四季青中心小学（现为首都师范大学附属小学）建立了第一间资源教室，标志着海淀区的资源教室的诞生，也标志着海淀区孤独症学生融合教育资源支持服务体系开启构建，更标志着海淀区融合教育实体建设的起步发展。

（二）探索阶段

在近10年的时间里，海淀区新增70间资源教室，在不断地实践探索过程中，资源教室逐渐趋于规范。构建了基于硬件验收和全面评估的资源教室评价机制，为资源教室培养了一批批专业人员——资源教师，也为海淀区的孤独症学生、家长、融合教育教师提供了一定的支持与服务。

（三）大发展阶段

随后，海淀区结合区域融合教育发展现状，制订区级实施方案、总结工作流程、沉淀工作经验，不断固化成果，形成《北京市海淀区学区融合教育资源中心/资源教室建设方案》《资源中心、资源教室管理工作手册》《资源教室建设方案与课程指导》等，一切建设和运作均有章可循、标准规范。

经过不断探索，不断标准化、规范化的建设过程，海淀区的资源教室才呈现出今日应有的色彩，成为海淀区融合教育发展历程中不可或缺的一部分。

二、资源教室的重要价值

（一）资源教室是促进孤独症儿童发展的专业场所

近些年来普通学校随班就读质量越来越被学者所质疑，随班就读仅流于形式，学生在班级中处于从属地位，其发展质量如何并不是学校实际考虑的重点[①]。究其原因，在于目前随班就读的学生人数过多，尤以孤独症儿童为主，随班就读教师难以做到既教好普通学生，又同时兼顾孤独症学生的需要；加上随班就读教师受专业水平的限制，对孤独症学生的身心发展特征和发展需要难以全面把握，容易造成孤独症学生"随班混读"，导致其"学无所获"。在这种情况下，利用资源教室的优势，以个别化教育计划为指导，直接为随班就读学生提供有效的教育教学，能够提升他们的总体素质[②]。

（二）资源教室的建设有利于完善融合教育资源支持服务体系

资源教室是联系普通教育与特殊教育的桥梁，也是融合教育支持保障体系的关键环节。三级融合教育资源支持服务体系的建立，形成了上下联动的沟通机制。资源教室负责人将孤独症学生的需求及初筛结果报送至区级特教中心，区级特教中心提供教育评估，并向学校资源教师提出教育发展建议；随之，资源教师在资源教室中为孤独症学生提供个别化的教育教学服务。在此过程中，资源教室发挥了重要作用，为孤独症学生及其家长和教师提供了专业支持、情感支持、信息支持以及工具支持等诸多支持。

（三）资源教室的建设有利于提升融合教育质量

随着国家和地方关于融合教育政策的推行，社会各界对融合教育质量的呼声越来越高。在资源教室的建设与运作上，必须配有专职资源教师，他们经过持续而专业的特殊教育培训，具备较为丰富的专业知识与技能，致力于孤独症学生的教育发展、学校融合教育等工作。资源教室是孤独症学生家庭、学校与特教中心沟通的重要纽带，为各主体的公平对话搭建了平台。无论是设施设备、专业的人力资源的提供，还是合作平台的打造，都为融合教育质量的提升奠定了重要基础。

三、资源教室的职能

资源教室在运作过程中，主要通过为孤独症学生提供特殊教育服务、为教师提供支持性服务和为家长提供指导咨询服务这三个方面来实现其职能的最优化、最全化。

---

① 邓猛，景时.从随班就读到同班就读：关于全纳教育本土化理论的思考[J].中国特殊教育，2013，（08）：3-9.
② 徐美贞，杨希洁.资源教室在随班就读中的作用[J].中国特殊教育，2005，（3）：13-18.

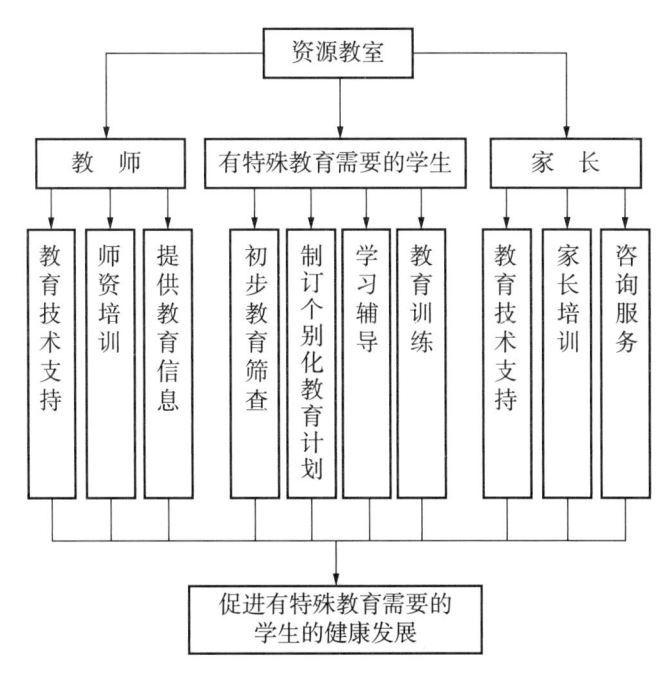

图 3-2 资源教室的职能

（一）为孤独症儿童提供个别化教育支持与服务

1. 基于需求的调研筛查

资源教室的所有工作都要从孤独症学生的需求出发，而若想了解孤独症学生的特殊需求，就需对其进行筛查评估。孤独症学生的筛查应具有全面性，从整体把握其特殊需要和优势潜能，具体包括：首先，对初入学的孤独症学生进行初步调查，包括障碍程度、学习能力和适应能力等方面，还可向家长了解其他相关情况，为该学生建立成长档案。其次，班主任教师或任课教师根据日常学习生活中对孤独症学生的观察，将该生的情况提供给资源教师，资源教师对其进行初步筛查，以更好地根据该生的需要提供相应的教育教学和支持。

2. 个别化的教育教学

根据筛查的结果，确定孤独症学生的特殊需要和优势潜能，在此基础上组织学校教师共同为孤独症学生制订个别化教育计划，其中一项重要的目标是通过个别化或小组教学或康复提高学生的技能，开发学生的潜能。具体而言，资源教室的教育课程主要包括六大领域的内容，分别是感知运动领域、生活自理领域、认知发展领域、沟通交往领域、社会适应领域、潜能发展领域。孤独症学生在学习上会存在诸多困难，时常难以跟上教师正常的授课进度。基于此种情况，资源教师可依照任课教师为孤独症学生制订的个别化教育计划或学习目标，为学生进行学习辅导，这不仅包括不同学科知识的辅导，还包括不同学习策略的辅导。此外，资源教师还可以进入课堂，观察特殊需要学生在课堂中的表现，并与任课教师进行合作教学，为学生提供直接的学习辅助。而其支持形式既有一对一的个别指导，也有一对多的团体指导。

3. 有效落实"一生一案"

资源教室要负责对孤独症学生的档案进行专门管理。资源教师要为每一位在资源教室接受服务的随班就读孤独症学生建立个人档案，包括个人与父母（监护人）的基本信息、筛查评估结果、个别化教育计划、资源教室服务记录、过程性评价资料等多方面的档案材料，作为了解孤独症学生长远发展的重要依据。同时，资源教室也作为学校特殊教育的数据中心，收集了所有孤独症儿童、融合教育教师等方面的数据。

（二）为孤独症儿童的任课教师或家长提供专业培训

由于普通学校教师缺乏特殊教育的专业背景，对孤独症学生的发展特点认识不足，对专业的管理和教学方法掌握不够，而且与资源教师相比，他们接受特殊教育专业培训的机会相对较少。因此，资源教室可发挥校本特殊教育专业培训的功能，让教师认同融合教育的理念，了解并运用特殊教育的基础知识和专业技能。其中，基础知识包括孤独症学生的发展特点、特殊教育基本理论等内容；专业技能包括基础筛查、个别化教育计划制订、行为管理策略、课程与教学调整等诸多方面。除此之外，资源教室还可以进行孤独症学生家长的培训，帮助家长树立正确的教育观念，并为家长提供孤独症学生家庭教育的技术与策略。

（三）咨询辅导功能

资源教室拥有特殊教育与融合教育的专业书籍及期刊，这其中既包含基础理论，又不乏实践案例，可以为普通教育教师提供丰富的参考资料。资源教师本身也可以向普通教育教师介绍成熟的融合教育实践经验，如班级融合环境的营造、座位的调整、助学伙伴的安排，以及课程内容与教学方法的调整等。当教师在教育孤独症学生的过程中遇到困惑，或者需要资源教室的专业支持时，还可以及时与资源教师沟通交流，寻求帮助。此外，资源教师可以经常与孤独症学生家长沟通交流，了解他们的困难之处，给出家庭教育的建议，并提供具体的帮助。资源教师还可以为学生提供心理辅导。资源教室设有心理辅导区域，如沙盘区、游戏区等，便于了解学生的心理发展特点，并通过多种途径增强学生的信心，促进他们保持健康良好的心理状态。资源教室也可以为家长提供指导、咨询服务，帮助家长舒缓心理压力，提升家长培养学生的自信心。

四、资源教室的运作模式

（一）资源教室的建设

北京市海淀区结合区域化特色制定了《北京市海淀区学区融合教育资源中心/资源教室建设方案》，对资源教室建设做出了本土化的指导性方案。具体内容包括以下五个方面。

1. 场地要求

资源教室一般要建在具有 5 名及 5 名以上随班就读学生和特殊教育需要学生的学校。资源教室一般位于教学楼一层，位置相对安静、进出方便，其面积应不小于 60 平方米，若由多个房间组成，应安排在一起。

2. 人员配备

在人员配备方面，资源教室应设立专门的组织机构。由学校校长统筹，主管融合教育工作的校长主管，并设有特殊教育专业背景的专职负责人一名，同时根据特殊教育需要学生的人数配备专职、兼职资源教师。资源教室必须确保有专用的场地。资源教室的面积大小应该考虑学生人数、服务的对象和需要提供的功能。

3. 基本要求

目前，许多学校的资源教室都是由原来的教室或其他现有的房屋改造而来。选用的教室必须满足以下基本要求。

安全：作为资源教室的房屋必须安全。除了建筑本身的安全外，室内设施、通道都要有安全保障，避免有障碍的儿童在资源教室内出现安全事故。

无障碍：最好有无障碍设施，可以让有各类障碍的学生方便出入。如有斜坡道、盲道或引导标识，便于有肢体残疾、视觉障碍、听觉障碍以及其他障碍的儿童进出资源教室，参与其中的活动。

清洁卫生：资源教室应该始终保持良好的清洁卫生状态，应该具备适当的清洁设施，便于处理突发性事件（如儿童出现大小便失禁造成的清洁问题）；地面、设备和用品用具必须做到清洁和必要的消毒，便于儿童开展地面活动和集体活动。

原则上，资源教室不能与会议室、多功能教室、专用教室、图书馆、阅览室等共用。场地确定后就不再轻易变更用途，保持其稳定性。

4. 区域划分

在具体的区域划分上，资源教室可划分为办公接待区、教育评估区、教育训练区、教师研修区等。

办公接待区，主要用于资源教师处理日常工作事务及开展相关管理工作，接待学区内的特殊教育需要学生、教师、家长等。

教育评估区，主要用于存放学生档案资料及教育教学训练计划、教师工作计划，教具、学具、图书音像等资料，以及对学生进行特殊教育诊断、学习需求测查、各类功能性评估等。

教育训练区，主要用于以个别化或小组形式对学区或学校内学生进行学科学习辅导，以及相关的认知、情绪、社交发展方面的训练，包括动作训练、感觉统合训练、视功能训练、言语语言康复训练等。

教师研修区，主要用于学校内融合教育教师、资源教师、班主任及学科教师进行融合教育理论与技能的研修或培训等。

在不影响资源教室基本功能的情况下，资源教室的各功能区域可以根据实际需求相互兼容。有条件的学校还可以适当拓展其他功能区域。

5. 规范管理

在资源教室的制度建设方面，主要有教室管理制度、设备管理和使用制度、资源管理制度、档案管理制度、学生管理制度。要做好资源中心/资源教室的管理工作，就要权责明确，并制定严格的相关管理制度，主动接受市区教委、特教中心的检查督导及专业指导。资源教室建成后，要设立单独的、醒目的"资源教室"门牌。场地如与学校心理辅导教室共用，可以挂"资源教室"和"心理辅导室"两个门牌。

（二）资源教室的运作

资源教室的运作流程由相互关联的五个运作环节组成，通过每一个环节的科学运作达到为孤独症学生提供有效教育支持的目的。运作环节包括：

1. 成立领导小组

成立以学校校长为核心的资源教室领导小组。学校校长全面负责资源教室工作，主管校长负责具体相关工作，学校教学处、教科研室协助指挥开展资源教师工作。资源教室应安排一名业务负责人，统筹管理资源教室相关工作，学校电教组教师负责资源教室相关设备的维护与资产管理。此外，资源教室还要根据学校或片区内孤独症学生的数量安排相应数量的专职或兼职资源教师。

2. 制订资源教室方案的实施计划

成立领导小组后，要组织相关领导、教师开展资源教室工作研讨会，共同商讨出资源教室方案的实施计划，制定实施资源教室方案的组织和管理制度、选择资源教室方案的实施模式、明确资源教室方案的目标等，为后续方案的实施提供可操作性的蓝本。

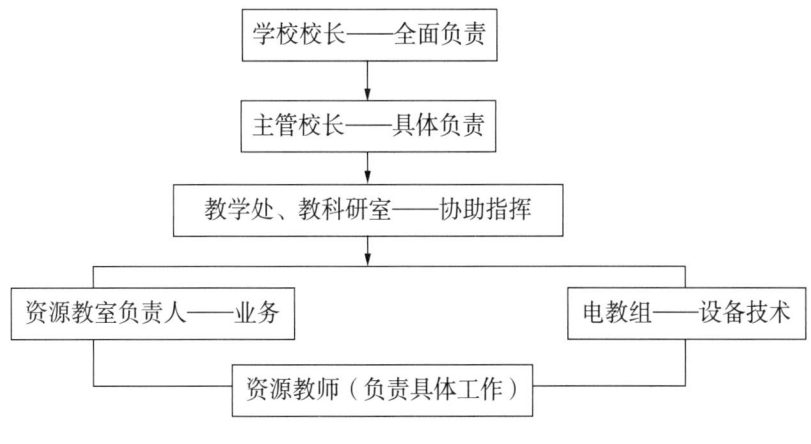

```
         ┌─────────────────────┐
         │  学校校长——全面负责  │
         └──────────┬──────────┘
                    │
         ┌──────────┴──────────┐
         │  主管校长——具体负责  │
         └──────────┬──────────┘
                    │
      ┌─────────────┴─────────────┐
      │ 教学处、教科研室——协助指挥 │
      └─────────────┬─────────────┘
          ┌─────────┴─────────┐
┌─────────┴─────────┐  ┌──────┴──────────┐
│ 资源教室负责人——业务 │  │ 电教组——设备技术 │
└─────────┬─────────┘  └──────┬──────────┘
          └─────────┬─────────┘
         ┌──────────┴──────────────┐
         │ 资源教师（负责具体工作） │
         └─────────────────────────┘
```

图 3-3　资源教室的组织架构

3. 对学生进行教育诊断，确定服务对象

资源教师要全面了解在校的孤独症学生，对学生进行教育方面的评估与诊断。诊断工作主要通过课堂观察、使用评估工具等确认观察结果，全面进行教育和心理评估等一系列步骤实施。

对接受过学前特殊教育的儿童，应向家长索取儿童的障碍类别与程度的医学检测结果、体检表、接受学前教育的学业评估材料。对未接受过学前特殊教育且没有进行过医学检测的儿童，应审阅其入学登记的有关材料，向其家长说明需要给儿童做测查评估的必要性。测评的内容和方法因被测对象的情况不同而有所不同，但都要进行障碍类别和障碍程度的检测、学习能力测查、社会适应能力测查、家庭基本情况调查等。

4. 建立个案资料，制订个别化教育计划

确定资源教室的服务对象后，要为其建立个案档案，包括但不限于个人基本情况、医学和教育诊断的结果、个别化教育计划、个别化康复计划、过程性记录、教育评价结果等。

个案的档案管理是一项非常重要且严格的工作，要严格按照有关规定存储和保管档案。对孤独症学生的智力检测结果要严格保密，同时需要做好以下几个方面：

（1）编订档案检索目录、制定使用制度（特别强调要登记使用）。

（2）将档案妥善放置，如准备专用档案柜等，由资源教师专人管理。

（3）档案要长期伴随该个案学生各学段的学习生活，因此一定要按手续严格做好接收与转出工作。

5. 实施个别化教育计划

制订好孤独症学生的个别化教育计划后，要将其落实到教育教学中。

（1）要将个别化教育计划落实到班级教学中：通过教师讲解、提问、做作业等

教学环节将个别化教育计划中的教学目标落实到班级课堂教学中。

（2）要将个别化教育计划落实到小组教学中：将个别化教育计划中的教学目标放在小组教学中，可以更好地照顾到学生的个别需要。

（3）要将个别化教育计划落实到个别补救教学中：采取"一对一"的教学形式直接补救学生的个别需求。

（4）要将个别化教育计划落实到家庭社区教育中：将个别化教育计划中的教学目标与学生的日常社会生活结合起来，在家庭和社会自然环境中进行亲子活动和情景教学。

6. 评价资源教室方案

要及时对资源教室方案进行评价和调整，以便更好地发挥资源教室的功能。此外，一定要确保资源教室活动的安全和个人隐私的保密。要严格管理，杜绝外人进入资源教室；教学训练与康复训练要有资源教师参加辅导或陪伴，杜绝一切事故。学生在资源教室活动训练时不得随意外出。每次参加活动、训练人数不宜过多。加强监控，随时检查训练器材、学具、玩具的安全性，定期维修、更换，保持完好，领导要经常检查、巡视，及时发现并解决问题。

（三）资源教室评估机制的建立

评估是与资源教室运作并行的同等重要的工作。资源教室的评估是对资源教室作价值判断。要使资源教室的功能得以充分发挥，评估是有力和有效的手段，旨在促进资源教室工作的不断完善。

1. 评估的目的

客观、及时地评估资源教室工作，可以充分利用评估的导向作用和激励作用，加强资源教室的科学评估，促进资源教室建设逐步完善，使其在促进孤独症学生健康发展、提高融合教育质量上发挥更大作用。

2. 评估的内容

北京市海淀区在对资源教室的探索实践过程中，建立了资源教室建设硬件验收与全面评估的制度。资源教室硬件验收与全面评估的内容包括资源教室的规划与应用、管理机制、教学资源、专业人员、课程与教学这五个方面。

（1）环境规划与应用评估。旨在检查资源教室的资金使用、建设的合规性。评估指标主要包括场地专用、面积达标、功能区划分合理、办公设备及器材配置到位且合理，例如资源教室是否设置学习训练区域、资源评估区域、办公接待区域等三个基本区域，或在此基础上是否设置特色活动区域；此外，资源教室建设评审报告、合同等相关清单须齐全合理。

（2）管理机制评估。旨在检查学校对于资源教室工作和特殊学生融合教育工作的管理和支持情况。评估指标包括融合教育主管领导和具体工作人员明确、经费使用合理、运作正常高效、管理制度和工作流程健全、学期工作计划详尽等；此外，资源教室管理须涵盖对特殊学生提供转介、咨询服务，制订个别化教育计划，建立学生档案等方面。

（3）教学资源评估。依据《普通学校特殊教育资源教室建设指南》，参照资源教室配备目录设置评估的具体指标，对资源教室的配置和使用特殊教育教学资源的情况进行评估检查，主要包括配备测评工具、图书音像、玩教具、康复设备等相关资源。例如，小学资源教室须配备感觉统合训练器材，中学资源教室须配备职业劳动训练器材。

（4）专业人员评估。旨在检查资源教师的配置及其他人员的配备和工作情况。校内人员主要包括专职、兼职资源教师，在全校推进融合教育理念，有计划地开展教研活动，切实履行资源教师的职责；其他人员涉及家长和专业人员，评估内容涵盖对家长开展家庭教育指导服务的情况，以及引进心理学、特殊教育等领域的专家参与到学生的个别化需要服务中的情况。

（5）课程与教学评估。根据资源教室教育课程实施评价表，通过现场观摩资源教师上课的方式，对资源教师开展一对一、小组训练课教学的能力进行评价。课程与教学评估主要涵盖教学设计、教学过程、教师素质及教学效果等方面，由专家根据资源教师的授课情况进行打分，体现评估的科学性与标准化。

资源教室评估机制的建立，促进了对资源教室的规范化、标准化管理，以及资源教师的专业化发展，使资源教室的功能发挥得更加有效，真正为孤独症学生的发展提供了坚实的实体保障。

资源教室是融合教育资源支持服务体系的重要内容。普通学校配置资源教室的优势在于学校能够根据孤独症学生的实际需求，提供丰富的教育教学资源，使其能借以进行有针对性的学习，对于孤独症学生的发展来说具有重要的价值与意义。

本章小结

本章围绕孤独症儿童的融合教育支持保障体系展开，资源中心作为孤独症儿童发展的核心支持系统，发挥着重要功能。北京市海淀区"区级特殊教育资源中心—学区级融合教育资源中心—学校资源教室"的三级融合教育资源支持服务体系的实践，印证了孤独症儿童的发展需要三级融合教育资源支持服务体系的有力保障，其中既要有区级特教中心的整体统筹管理，也要有学区资源中心的协助协调，更离不开学校资源教室的直接推动，三级支持体系共同发力，确保孤独症儿童能够全面且适宜地发展。

第四章

孤独症儿童融合教育的专业支持

融合故事

玲玲是一名一年级的小朋友，聪明可爱。但是刚刚入学时，玲玲的同伴关系比较紧张。玲玲在课堂上"东倒西歪"，小动作不断；体育课上，和小伙伴一起做游戏时，玲玲会突然冲向某一个小朋友，或推或操，让小伙伴觉得"莫名其妙"；课间休息时，玲玲将消毒纸巾塞进了同班男孩的嘴里；最为严重的一次，她将卫生间的洗手液洒在班级的地上玩，不知情的班主任老师进门后一下子就摔倒在地，把腰给扭伤了……诸如此类的事件越积越多，引起了其他家长的极大不满。为此，学校资源教师第一时间介入，进班观察，和班主任老师沟通，对玲玲的学习任务进行调整、在班队会上引导其他小朋友正确看待玲玲的"行为"……但是却没有取得明显效果。

为了能够更好地给予玲玲支持，保证在学校的学习和生活，资源教师主动向区级特教中心提出专业指导的申请，特教中心教师针对玲玲进行了全面评估，玲玲家长同时带领玲玲前往医院进行诊断性评估，发现玲玲具有孤独症谱系倾向。依据评估结果召开个案研讨会，建议对玲玲采取"渐进式"融合的教育安置方式，并为玲玲配备特教助理教师。在为玲玲提供支持的初期，她半天在资源教室学习，半天在普通班级学习。最终全天在班级学习。学校及班级也定期组织融合活动，增强玲玲的归属感和成就感。在六一儿童节前夕，玲玲和同学们一起参加了一年级学生的入队仪式，成为光荣的少先队员。特教中心的巡回指导教师定期下校给予指导。经过各方的努力，玲玲终于"长大"啦！现在的她，不仅能够在课堂中安坐，约束好自己的行为，在班级义卖活动中，还可以向同学们介绍自己精心制作的"扭扭蛋"，受到了全班同学的欢迎。

本章要点

1. 科学的评估有利于帮助孤独症儿童的家长为孩子选择适宜的教育安置方式，使孩子接受最适合自身的教育，获得健康的成长。

2. 专业、系统、全面的支持是孤独症儿童享有幸福童年的重要保障。

3. 做好孤独症儿童的学段衔接与终身发展支持，助力每一名孤独症儿童享有美好的人生，最大限度实现人生价值。

融合教育的高质量发展，融合机会的增多，让越来越多的孤独症儿童能够与普通儿童一起在融合环境下接受教育，进而相互理解，共同进步。但是大部分的孤独症儿童进入普通学校后，需要一段适应过程。初期，很多孤独症儿童由于自身能力不足，会出现哭闹、上课离座等情绪或问题行为，或者找不到自己的班级，听不懂集体指令，这种"不同的表现方式"无形中为其融合增加了难度，严重影响了他们的受教育质量。因此，我们需要专业地为孤独症儿童提供融合教育支持。

第一节　孤独症儿童的评估

随着融合教育理念深入人心，各级领导对特殊教育事业的支持，"零拒绝""全覆盖""就近就便"等入学政策的落地和实施，越来越多的孤独症学生进入普通学校接受教育。但是大部分的孤独症儿童在进入学校的初期都会因为无法适应校园的学习和集体生活，出现一定的情绪和行为问题，给学校管理、教师的教育教学工作带来空前的挑战。为了更好地应对这一挑战，让孤独症儿童能够顺利融入普通班级，需要全面地了解孤独症儿童的能力发展基础。因此，有必要对孤独症学生进行标准或非标准化的评估，了解孤独症儿童与同龄儿童的差异，以及孤独症学生自身各个方面能力的发展情况，从而帮助专业人员以及教师、家长以此为依据找到孤独症学生的教育起点，为其制订个性化的、系统化的课程方案、干预方案以及教学方案，支持学生发挥自身优势，补偿缺陷，最终实现全面发展。

一、孤独症儿童评估的重要意义

一直以来，海淀区始终坚持以"保障每一名残疾儿童、少年都能在公平、包容的环境中接受适宜的教育"为理念，秉承"零拒绝""全覆盖""就近就便"等原则，不断健全融合教育机制。为了让更多的孤独症儿童能够得到适性安置，让学校能够了解学生，让家长能够得到专业支持，海淀区多级联动，对孤独症儿童进行专业化评估，在充分了解其能力的基础上，为其提供相关的资源支持。

（一）精准评估，确保孤独症儿童得到适宜安置

孤独症儿童的入学是每一个孤独症家庭的大事，选择去特殊教育学校还是去普通学校就读成为家长的一大难题。如何寻求入学支持，如何才能了解孩子的能力发展，如何才能扬长避短，让孩子适性发展，成为真正的"更好的自己"，这成为孤独症儿童在入学问题上的"一大卡点"。对于学校来说，一年级的新生中有多少孤独症儿童，每个孤独症儿童的能力发展如何，如何能够最大化地为孤独症儿童提供专业支持也成了摆在学校面前的"一大难题"。为此，海淀区积极作为，多级联动，在海淀区教育两委的支持下，特教中心提前部署，积极谋划，线上线下开启报名途径、发布入学指南、提供教育评估。通过对孤独症学生进行一对一的教育评估，对评估结果进行分析和审定，为孤独症学生提出适宜的教育安置建议，指导家长为孤独症学生选择适合的教育环境，进而在保障包括孤独症学生在内的每个特殊学生都在适合的环境下接受教育的同时，还能建立其能力档案，并将数

据与学区、学校共享，及时跟进入学状态，并在儿童今后接受融合教育的过程中提供参考和指南。

（二）科学制策，为孤独症儿童提供针对性支持

幼年至童年阶段是孤独症儿童成长的关键期，在这一阶段对孤独症儿童进行有效的干预，开发其潜能，不仅能促进孤独症儿童顺利融入集体学习生活，对于其终身发展也具有深远影响。因此，特教中心会为已入学的孤独症学生提供教育评估，了解其各项能力发展水平，指导资源教师为其制订适合的个性化干预方案，建立成长档案，并为其提供科学的、有针对性的教育支持。与此同时，特教中心还会在评估后指导家长，为家长答疑解惑，引导家长用积极的心态、科学的方法在家庭中给予孩子支持，帮助家长理解和支持学校，促进家校形成良好的教育合力。

二、孤独症儿童教育评估类型

具体来说，针对孤独症儿童提供的教育评估可以分为两大类，一类是以为学生选择适宜的安置环境为主要目的开展的安置评估，分为入学评估、转学评估和升学评估，另一类则是为孤独症儿童提供适宜支持的综合性教育评估。

（一）选择安置性评估

入学评估、转学评估及升学评估都为孤独症儿童的教育安置提供指导性意见，依据评估结果为孤独症学生选择更有利于其发展的最少受限制的教育环境，确定学生更适合普通学校还是特殊教育学校，在普通学校接受完全融合还是渐进式的融合教育，这些教育安置方式的选择有赖于科学的评估和严谨细致的分析。

1. 入学评估

入学评估主要是针对即将进入小学的孤独症儿童开展的评估。海淀区会在每年的3月～5月中旬开展包含孤独症儿童在内的特殊儿童的入学评估，家长通过线上报名、电话咨询的方式向特教中心提出申请，特教中心评估小组协调相关教师，对特殊儿童进行评估。特教中心的老师会根据儿童的年龄对其进行一对一的认知能力评估和动作技能评估，认知能力包括但不限于注意力、视觉观察力、数感能力、逻辑推理能力、空间想象能力、记忆能力、语言表达能力等；动作技能包括但不限于粗大运动能力、精细肌肉运动能力、平衡能力、协调能力等。同时通过对行为习惯的观察记录，了解孤独症儿童的安坐能力、服从指令的能力等。最后在充分了解家长的入学需求以及家庭结构、家庭经济状况、家庭教养方式以及家长对学生教育的长远目标等基础上，给出初步的教育安置建议。之后，评估小组将评估结果提交特殊教育专家委员会审定，并召开组内会议，逐一对学生的情况进行分析和研讨，结合家

长意愿给出初步的教育安置建议,之后在进行二次访谈时将安置建议反馈给家长。

2. 转学评估

转学评估主要涉及在普通学校和特教学校之间转学的孤独症学生。在每学期的期末时间段内开展,孤独症学生在转学之前,其家长向特教中心提交转学及评估申请,特教中心在了解情况后,安排专业的教育评估,同时对家长、学校班主任教师进行访谈,评估内容包括但不限于孤独症学生目前在校的观察记录情况,在此基础上评估其学业水平、情绪行为、社交互动状态等。与此同时,对学生及家长进行访谈,了解学生自身及家长对其未来发展的期待,结合评估结果和多方面的反馈,分析其当前的发展水平、能力优势和劣势、适应能力、社交互动状态等,最终结合家长和学校需求给出转学建议。转介制度的确立,打通了普通学校和特殊教育学校之间的藩篱,以评估为桥梁,更好地促进孤独症学生在合适的教育场所,接受更适宜的教育。

3. 升学评估

升学评估主要是针对六年级或初三年级孤独症学生开展的评估。在小升初阶段,部分孤独症学生因为之前融合教育的效果不理想,家长提出在初中阶段转入特教学校的需求,并向特教中心提出升学评估的申请,特教中心教师对孤独症学生进行综合评估之后,结合家长的意愿提出升学的建议。在这一阶段除了对学生的认知能力水平进行评估外,还会针对孤独症儿童的语言表达能力、情绪控制能力等进行重点评估。

在初中毕业之前还有针对初三年级的孤独症学生开展的规划类评估,部分孤独症学生在去普通职业高中和去特教职业高中之间摇摆不定,最佳的方式依然是通过综合评估,为他们提出升学的建议。特教中心会针对孤独症学生的认知能力、兴趣特长、多任务处理能力等方面进行评估,进而帮助他们尽早完成规划。

(二)支持性教育评估

支持性教育评估更偏向于以评估结果为依据对孤独症儿童做出教育教学方面的调整,包括指导随班就读教师对课程内容、教学方法、评价方式等方面做出有效性调整,有效整合学校融合教育资源,背后的逻辑是做好随班就读学生的专业支持和保障工作。在教育评估结束后,以评估结果为依据,根据评估目的的不同,有针对性、有侧重点地为孤独症学生的家长、教师提供专业的教育教学建议、转衔评定建议等个性化的指导方案。

三、孤独症儿童的三级筛查评估机制

对于孤独症儿童的评估需遵循一定的标准和程序,以海淀区为例,面对区内学校众多、孤独症学生基数大、专业评估需求高的情况,特教中心推动建立了三级筛查评估机制。同时，打造了一支具备评估资质的专业评估团队，为孤独症儿童提供认知、适应行为、动作发展等多方面的综合能力评估。

图 4-1　三级筛查评估机制

（一）班主任、任课教师观察发现

孤独症学生大多数时间是在普通班级接受教育，班主任教师及任课教师最常接触学生，也能够最直接地发现学生的问题。班主任及任课教师通过常态化的课堂观察，查阅自己的教学日志，或与孤独症学生家长进行沟通，了解学生差异表现的特点和原因。当教师能够及时调整课程教学，在引导学生融入班级时即可在班级内部解决问题，提供针对性支持。当教师面临较大挑战时，可以申请由资源教师入班进行筛查指导。同时，班主任和任课教师还可以填写《融合教育学生初筛量表》，对学生的日常表现进行记录。

（二）资源教师入班观察记录

资源教师接到随班就读教师的申请后，入班对学生进行初筛，针对个别有明显特殊教育需要的学生（包括孤独症学生）进行课堂观察。同时，通过访谈随班就读教师和家长，详细了解学生在学校及家庭中的表现，最终筛选出本校（园）中有特殊教育需要的学生，与随班就读教师加强沟通协作并提供个别化教育支持。

（三）特教中心教师开展筛查评估

当资源教师难以确定学生的特殊需要或是否存在孤独症倾向时，可向特教中心提出进一步评估的申请。

1. 巡回指导教师入校筛查

特教中心巡回指导教师根据资源教师的申请，进入学校现场对学生进行观察，并与其家长或班主任教师、任课教师进行一对一的开放式访谈，从而从各个侧面了解学生在家和在校的生活、学习情况以及社会交往、性格特征和各种行为表现。在跟家校人员的访谈过程中，也能了解学生所在学校的教师的特殊教育专业化程度、该校融合教育的接纳程度以及家长的教育理念、教养方式等情况，判断学生是否存在孤独症倾向。在综合考量多重因素后，将筛查结果反馈至学校融合教育主管领导，共同商议关于学生的诊断或评估事宜，确保对学生隐私的保护。

2. 孤独症儿童综合能力评估

仅有医学诊断无法帮助孤独症学生更好地融合，也不能给予班主任及任课教师适合的教育建议。因此，需要借助综合教育评估全面了解孤独症学生的能力发展水平。海淀区目前开展的评估主要是针对认知能力、适应行为能力及动作发展能力为主的评估。评估方式除了操作性测验之外，还包括观察与访谈，从而以更加生态化的视角分析孤独症学生的发展情况。

（1）认知能力评估

在认知评估方面，借助韦氏智力评估量表，针对学生的言语理解、工作记忆、加工速度、知觉推理等能力进行评估。同时，评估人员观察学生在自然情境下表现出来的情绪、行为、注意力的状态，结合测验结果，综合分析孤独症学生言语理解、逻辑推理、抽象思维、记忆力、注意力等不同方面认知能力的发展水平，从而为孤独症学生提供学业指导、行为干预、教学技巧、班级管理等方面针对性的专业建议，共同沟通协商解决学校、家长、学生正在面临的融合教育难题。认知能力评估体现了精准性与全面性的特点，可以实现孤独症学生与同龄人的横向比较，还可以识别学生的优势和弱势能力，同样可以关注孤独症儿童自身在不同阶段的发展水平。

（2）适应行为评估

适应行为评估从概念技能、社会技能和应用技能三方面评估孤独症学生的适应技能，包括沟通、社区应用、学习功能、居家与学校生活、健康与安全、休闲、自我照顾、自我管理、社交以及动作技巧等领域。适应行为评估量表主要由熟悉孤独症学生的教师或家长填写。通过评估，可以了解孤独症儿童在语言表达、社交沟通、情绪行为、自我管理等方面的真实能力，从而为制订个别化的教育方案提供依据，同时便于预测孤独症儿童未来的发展可能性，从而为他们提供更好的支持和服务。

（3）动作发展能力评估

动作发展与儿童的语言、认知及社会发展能力相关，已有研究表明，大部分的孤独症学生都存在着一定的基本动作控制障碍、熟练运动姿势执行困难等，表现在基本动作、大动作、精细动作、协调性等几个方面。因此，特教中心会借助全人疗愈的动作发展量表，结合具体运动项目，针对学生的感知觉、本体觉、触压觉、大动作、精细动作、视动协调等方面进行综合评估。根据评估结果，了解孤独症儿童的动作能力发展水平，从而为他们制订个性化的运动训练方案，更好地促进他们的动作能力发展。在训练过程中，也可以定期进行评估来监测孤独症儿童动作能力的进步情况，进而及时调整训练方案，以寻求最佳的训练效果。

【案例】

董同学的评估报告及分析

董同学，男，就读于海淀区某小学六年级，爱好画画、弹钢琴。4个月大时离开妈妈在大连生活，主要由保姆带。1岁左右时由爷爷奶奶带在身边抚养。2岁半时上某大学附属幼儿园，生活自理能力及语言发展正常，情绪不稳定，爱哭。4岁时幼儿园老师初步怀疑孤独症，后由医生确认为孤独症，特教中心为其做教育评估。

从评估结果来看，董同学的言语理解水平整体低于同龄儿童；在空间知觉、视觉处理速度、视动协调和非言语抽象思维方面的能力都非常强，但在对事物的本质缺陷、细节的缺失辨别方面的能力很差；听觉信息的注意力、短时记忆能力、信息储存和加工能力相对较弱。综合评估结果、行为观察与访谈后，根据董同学的实际情况老师们得出以下结论：该生的非言语推理能力接近同龄儿童的平均水平，视觉—动作协调能力是优势领域；简单视觉扫描与追踪的能力需提升；亟须提升知识储备量；在注意力持久性、集中性和对自我控制方面的能力较弱；该生善于用视觉通道进行学习。

特教中心为董同学量身定制了有关注意力、生活适应、社会沟通、绘本、美术、音乐的课程，培养其在记忆力、观察力、生活技能、社交以及表达与沟通方面的能力，发挥其空间知觉的优势能力，开发音乐潜能。除了个性化的课程之外，对其家庭和学校也给出了积极的建议。在各方的积极努力下，董同学以特长生的资格顺利升入中央音乐学院附属中学。

第二节 孤独症儿童的适宜安置

对孤独症儿童进行适宜安置，是指综合考虑其家庭情况、家长意愿、家庭经济情况等，结合当前学校教育的实际特点，将学生安置在最适宜的学校接受教育。适宜的环境对于孤独症儿童来说意义重大，这一举措的主要目的是通过专业的支持，帮助他们学习社会规则、发展社会模仿和人际交往能力，从而更好地融入社会。衡量孤独症儿童适宜安置的标准是什么？在当前融合教育的背景下，哪些孤独症儿童适合去普通学校，哪些孤独症儿童适合去特殊教育学校，当出现争议时如何解决？面对诸如此类的问题，海淀区提出"适宜融合"的理念，即根据孤独症儿童的基本情况去选择接受教育的环境。

一、孤独症儿童的教育安置类型

孤独症儿童的个体差异大、障碍类型复杂程度高，因此在教育安置模式的选择上，就需要做到以学生发展为本。为此，海淀区在充分调研了解的基础上，结合区内资源分布，提出多种安置模式，为孤独症儿童提供适切的安置方式，保障孤独症儿童"上好学"。具体来说，包含普通学校就读、特教学校就读、送教上门及远程教育等。

（一）普通学校就读

在普通学校随班就读的孤独症儿童，其培养目标不仅是掌握生活自理、社会适应等能力，还应掌握普通学校学科课程，提升其基础知识掌握水平，发展关键能力。孤独症儿童进入普通学校后可以申请随班就读备案，学校启动融合教育服务，由资源教师、特教助理等专业教师为其提供个性化的支持，并建立成长档案。特教中心开展融合教育巡回指导，定期到学校进行课堂观察、教师访谈等专题调研与指导，了解孤独症儿童的教育需求，为学校教师提供专业支持，促进学校融合教育质量提升。

在普通学校中，孤独症儿童的教育安置也有不同的方式，具体可以分为以下方式：

1. 完全融合

障碍程度较轻的孤独症儿童进入普通学校后，只需要较少的环境支持就能实现有效融合。在进入学校的初期，班主任积极营造包容互助的班级环境，通过开展主题班会等教育活动，以及为他们安排"阳光伙伴"等方法，引导班级同伴关注孤独症儿童的优势方面，帮助孤独症儿童参加小组互动学习，参与同伴沟通与交流，逐渐实现完全融合。任课教师在课堂上实施差异教学，引导孤独症儿童基本跟随课堂学习活动。在完全融合模式下，对普通学校的教师要求较高，尤其是班主任教师及学科教师。他们不仅需要具备扎实的普通教育课堂管理及学科教学的能力，还需要具备一定的特殊教育知识和技能，让普通学生和孤独症学生都能受益。

2."渐进式"融合

有部分孤独症儿童进入普通学校后会出现环境适应问题，如打人、摔东西、乱跑、哭闹等明显行为问题。为了帮助他们更好地融入班级，经特殊教育专家委员会评估后可以对这类孤独症儿童采取"渐进式"融合模式。"渐进式"融合教育模式是指通过"特教资源中心＋资源教室＋普通班级"相结合的安置与支持方式，使难以适应普通班级环境的孤独症儿童逐步融入普通班级的动态过程（王红霞，2019）。"渐进式"融合支持的物理环境包括区级特教中心、学区融合教育资源中心、学校资源教室。孤独症儿童的"渐进式"融合支持的参与人员有特教中心巡回指导教师，学区资源中心和学校资源教室的资源教师、班主任、任课教师等。为了有效提升学生的课堂学习质量，必要时可由家长聘请特教助理辅助学生参与课堂学习。如果学校对孤独症学生开展抽离式的课程支持，需要得到家长的同意，并定期开展个案研讨，实施以个别化教育计划为指导的课程支持。孤独症儿童"渐进式"融合教育模式如图4-2所示。

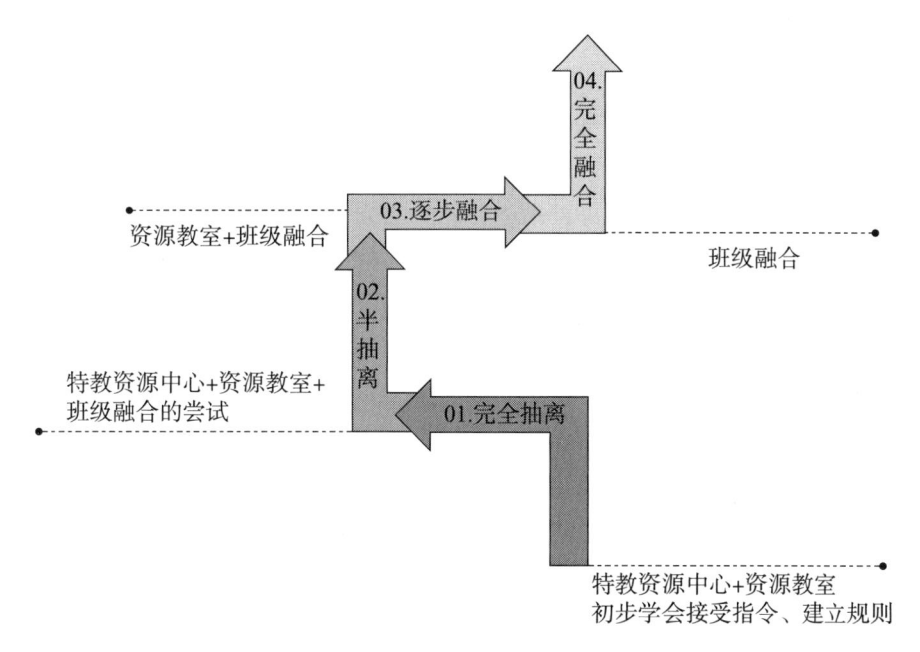

图 4-2 孤独症儿童"渐进式"融合教育模式

（1）完全抽离阶段

当孤独症儿童出现严重的情绪行为问题，完全无法适应普通班级学习生活时，可以经过学校主管领导、班主任教师、资源教师、家长以及特殊教育专家委员会共同研讨之后，对孤独症儿童采取"全部抽离"的教育方式。例如，孤独症儿童进入特教资源中心、资源教室接受个别辅导，重点培养其理解并听从集体指令的能力；使其建立规则意识，稳定极端情绪；制止其问题行为，甚至对问题行为采取专业的方法进行系统的干预。

（2）半抽离阶段

"半抽离"指的是采取"特教资源中心＋资源教室＋班级融合"的安置方式，

帮助孤独症儿童尝试融入普通班级。例如，让孤独症儿童参加班级的集体活动，如出游、班队会、艺术节等活动，在普通班级参加音乐、美术、体育等学科的学习，而语文、数学、英语等挑战性较大的科目仍旧在资源教室中进行专门的补救。这一阶段的重点目标为在建立集体规则意识的基础上进行班级部分时间融合的尝试，从而为孤独症儿童逐步融入班级奠定基础。

（3）逐步融合阶段

当孤独症学生经过前两个阶段的融合，规则意识逐步建立，情绪行为问题得以缓解，可以增加他们对普通课程的参与时间，孤独症学生可以在普通班级接受全部学科的学习，少部分时间在资源教室接受补救教学、个别化训练或参与小组活动。在最理想的状态下，资源教室课程不仅可以支持孤独症学生关键能力的发展，还与普通班级课程教学有所链接，从而实现学科间融合，更好地帮助他们在普通班级进行融合。

（4）完全融合阶段

经过前期几个阶段后，孤独症学生已经可以适应普通学校的生活，并进入班级学习。必要时，孤独症学生可以申请巡回指导教师或资源教师入班支持，或申请特教助理教师的支持。如巡回指导教师或资源教师为普通班级教师提供行为管理及教学调整的建议，特教助理教师对孤独症学生进行辅助，及时应对突发行为，提升社交能力，支持他们更好地参与班级学习生活。

这种模式是一种暂时性的教育模式，不同阶段安置方式的调整都需要依据孤独症学生的个别需要和进步情况，通过对其适应情况进行全面评估，才能够对孤独症学生进行适宜的安置。需要注意的是，不论是在特教中心开展密集训练，还是在资源教室进行针对性辅导，都不能只考虑对孤独症学生的能力进行提升，而需要以他们的长远发展为方向引领。

【案例】

豆豆的"渐进式"融合教育之路

豆豆，男孩，3岁时确诊患有孤独症谱系障碍，6岁时入小学一年级。入校初期，他上课时会随意离开座位到教室前方或者离开教室出去玩，经常出现自言自语行为，有时还会大哭大叫，这些行为严重干扰课堂教学秩序，给任课教师和同学造成困扰。

面对这种情况，学校向特教中心提出申请，希望特教中心能给予专业的支持。特教中心启动渐进式融合模式，首先巡回指导教师对豆豆进行能力评估，对他的父母进行访谈，了解孩子成长史以及医院诊断、康复训练经历等。随后召开个案研讨会，参与人员包括学校融合教育主管领导、资源教师、班主任，共同讨论豆豆的特点和教育需求，通过对他优势项、弱势项的分析，找出影响其发展的因素。通过综合分析豆豆的现有能力，特教中心提出支持性建议。随后豆豆开始在特教中心接受密集的个别化辅导，课程包括动作课、注意力课、社交课。

经过一个学期的集中训练，豆豆能够主动向老师问好，能够听从简单指令拿取物品等，在一对一教学的情况下能够安静就座学习 30 分钟。豆豆回归学校后，学校资源教师在资源教室继续开展一对一的个性化课程支持。同时，豆豆开始在特教助理教师的支持下进入普通课堂学习。豆豆先从最感兴趣的音乐课开始进入课堂，从每天一节课到全天进入课堂。经历了一个学期的资源教室课程支持后，在特教助理教师的辅助下，豆豆最终回归到了自己的班级中，其课堂参与程度明显提升。

（二）特殊教育学校就读

全日制特殊教育学校同普通学校一样采用的是班级授课制，进入特殊教育学校学习的孤独症学生按照年龄进行分班。在部分地区还成立了孤独症儿童特殊教育学校，如福建省福州市星语学校、山东省青岛市晨星实验学校等。在集体课堂上，任课教师根据个别化教育计划，实施分层教学，从教学内容、作业设计等方面给予孤独症学生不同的支持策略和方法，让每个学生在课堂上都有收获。特教学校依据全国培智学校课程标准实施课程，遵循育人为本的教育理念，体现了个别化教育的鲜明特色。孤独症儿童教育的总目标是尊重差异，发掘潜能，促进功能及智能发展，推进孤独症儿童的社会化进程，提升其生活实践能力，最终将他们培养成为自立自强、适应生活、服务社会的公民。

课程目标的具体实施根据学段要求完成，在低年级段（一、二、三年级）围绕基础认知、生活自理等重点课程，在相应的课程中引导孤独症学生学会照顾自我、关心他人，养成良好的学习和生活习惯。在中年级段（四、五、六年级）以认知发展和运用社区能力为主要课程，在相应的课程中要求学生能积极适应周边的日常生活环境及其相应的社会生活要求，逐渐成为承担家务、参与社区的重要成员。在高年级段（七、八、九年级）以职业技能和社会适应为主要课程，在相应的课程中了解自己的权利与义务，逐步成为适应社会的公民。在每学期末，特教学校召开孤独症学生个案研讨会，与家长一起总结孤独症学生个别化教育计划实施成效并研讨制定下一个阶段的个别化教育计划，和家长沟通确立学生的发展目标，家校合力共同为孤独症学生的成长做出规划。

为推进特殊教育学校的孤独症儿童能够拥有参与普通教育的机会，真正促进普特融合，还对孤独症儿童采取"双学籍"的方式，即孤独症儿童在特教学校就读的同时，拥有普通学校的学籍。必要时，可在两所学校之间进行灵活转衔，这就需要建立完善的保障机制，保障孤独症儿童得到最适宜的安置。

（三）送教上门和远程教育

送教上门是一种针对程度较重且无法到校学习的学生采用的补充性教学模式，在我国由来已久，是实现教育公平的重要途径。传统意义上的送教上门是指特殊教育学校的教师到学生家中，对重度、极重度、多重障碍的学生进行教育教学和康复训练。为提升送教上门的质量，优化送教上门方式，在传统送教上门方式的基础上，探索通过智能化平台、运用信息化技术等手段进行远程教育，增强学生的学习兴趣和信心，提升教学的实效性。

二、孤独症儿童的教育安置工作流程

海淀区为积极推进区内适龄孤独症儿童的入学工作，建立了区特教中心—学区—学校三级联动的入学联动模式。区级特教中心秉持"就近就便""应融尽融"的原则，对每一名即将入学的孤独症儿童进行科学的评估，给出专业的入学咨询意见，为他们选择更符合自身实际情况、更有利的教育成长环境，切实保障孤独症儿童平等的受教育权。

孤独症儿童的入学安置尤其是小学一年级的入学安置是教育安置中最关键的一环。每年从4月开始，区特教中心开始面向适龄孤独症儿童开展入学评估，特殊教育专家委员会对评估结果进行评定后，提出适合孤独症儿童的教育安置建议。对于轻度或中度的孤独症儿童，建议他们在普通学校随班就读，对于程度较重的孤独症儿童，如认知水平、语言理解与表达能力和适应能力明显低于同龄儿童的孤独症儿童，建议他们在特殊教育学校就读。具体安置流程可参见下表。

表 4-1 孤独症儿童小学一年级入学安置工作流程

步骤	时间	负责部门	内容
第一步： 入学评估与安置建议	每年 4 月	区特教中心	开展语言理解与表达能力、认知能力、运动能力的初步评估，特殊教育专家委员会评定后提出普通学校随班就读或特教学校就读的安置建议。
第二步： 填报入学信息 （申请缓学的学生需要到学区报到再填报入学信息）	每年 5 月	北京市义务教育入学服务平台	按照北京市公布的网上入学平台填报入学信息，审核合格后等待到学校报到。
第三步： 学校报到	每年 6 月	各学校	按照各学校公布的入学报到时间提交信息采集表及其他入学资料。

（一）申请入学评估

每年区级特教中心会组织即将升入小学的孤独症儿童参加入学评估，包括观察、访谈等非标准化评估及标准化评估，采用线上与线下相结合的形式，分为初次评估和现场评估。初评以线上视频的形式进行，特教中心组织教师对孤独症儿童的关键能力进行测评，测评项目包括运动、语言理解与表达、基础认知等，测试者要和家长进行访谈，详细了解学生的生长发育史、教育康复史、家长期望等基本情况，与家长共同商讨孤独症儿童的入学安置问题。现场评估项目包括韦氏幼儿（或儿童）智力测验、适应行为评估等，对孤独症儿童开展认知及适应行为的综合评估，全面分析孤独症儿童的优势项、弱势项，为教育安置方式及今后的学习提供教育支持建议。

（二）特殊教育专家委员会的会商认定

特殊教育专家委员会由长期从事特殊儿童少年教育、心理、医学、康复、就业等工作的专家、巡回指导教师组成。特殊教育专家委员会受教育行政部门委托，对孤独症儿童的评估结果进行评定，评定过程主要是由特殊教育专家委员会成员审阅孤独症儿童的初次评估、现场评估报告以及家长提交的基础信息表，听取评估人员关于孤独症儿童个案的口头描述，观看孤独症儿童个案的相关视频资料等，从而对孤独症儿童的身体状况、接受教育的能力及地区特殊教育发展的基础情况进行全面地分析，并提出适宜的教育安置建议。

（三）提出安置建议

评定后，特殊教育专家委员会向家长提出孤独症儿童前往普通学校就读或特殊教育学校就读的建议，或更加多元灵活的安置方式，如"普通班级就读＋资源教室"等，并提出具体的教育支持策略，如入学后为孤独症儿童配备特教助理教师。特殊教育专家委员会提出的教育安置建议体现了以孤独症学生能力发展为核心，以家长需求为依据，以团队决策为支撑的特点，具有很强的专业性、指导性和权威性。

（四）填报入学信息

评估后特教中心将孤独症儿童基本信息及评估结果与学区进行对接，实现特教中心与学区双向联动，保障每一个孤独症儿童得到适性安置。例如，每年5月份，北京市开放义务教育入学服务平台，适龄孤独症儿童的家长按照要求直接在网上平台系统填报入学信息，审核通过后自行打印信息采集表，等待学校通知审核材料。延迟入学的学生需要到所属学区报到后，再在网上平台填写入学信息。

（五）学校就读

孤独症儿童家长按照各学校公布的时间去学校登记报到，报到时除携带学校所要求的入学资料之外，还可以携带孤独症儿童的评估结果或医院诊断证明。学校对入学资料进行审核，并提前对孤独症儿童的编班事宜、教师配备及入学后的支持等进行考量。

三、孤独症儿童教育安置争议的解决

孤独症儿童的教育安置争议主要发生在入学前和就学中，特殊教育专家委员会在孤独症儿童教育安置争议的解决中发挥着关键作用。

（一）特殊教育专家委员会的重要职能

特殊教育专家委员会是专门负责特殊儿童少年教育评估安置建议的专业组织。特殊教育专家委员会设秘书处和专家组，秘书处设在区特教中心，由特教中心全面主持特殊教育专家委员会的运作和日常事务。专家组成员由长期从事特殊儿童少年教育、心理、医学、康复、就业等工作的专家，巡回指导教师和特殊学生家长代表组成。专家委员会定期开展专题研讨，为家长赋权，为学校赋能，及时反馈区域特殊教育相关情况，整合社区、学校、家庭教育需要，以问题为导向，制订和调整教育方案，为主管部门提供决策参考，保障政策的科学性和实效性。

（二）孤独症儿童入学前教育安置争议的解决

入学前，当孤独症儿童家长对安置建议有不同意见时，特教中心会启动特殊教育专家委员会工作机制。特教中心进一步安排针对性评估，评估人员依据评估结果与家长进行进一步沟通，如果与家长仍未就入学安置建议达成共识，将会启动特殊教育专家委员会进行复议。复议的形式是召开孤独症儿童个案研讨会，专家向家长详细解读评估结果，分析儿童的能力特点，结合特殊教育学校的培养目标与课程设置和家长共同讨论儿童未来的学习成长目标。同时，从普通学校培养目标和课程设置、学校环境、班级及教师设置等方面，提出孤独症儿童将要面临的挑战，以适性安置为目标，再次提出安置建议。

（三）孤独症儿童就学中教育安置争议的解决

就学过程中，孤独症儿童的教育安置争议问题也时有发生。在融合教育实际推进过程中，当孤独症儿童在班级中出现严重的情绪行为问题，给其他普通儿童的人身安全及对教师的课堂教学带来明显挑战时，往往容易出现诸多矛盾冲突。例如，普通学生家长联名要求学校让孤独症学生退学或转入特殊教育学校等事件层出不

穷，这对于教育的和谐稳定造成不利影响。面对此类争议事件，需要及时启动安置争议解决程序，如图4-3所示。

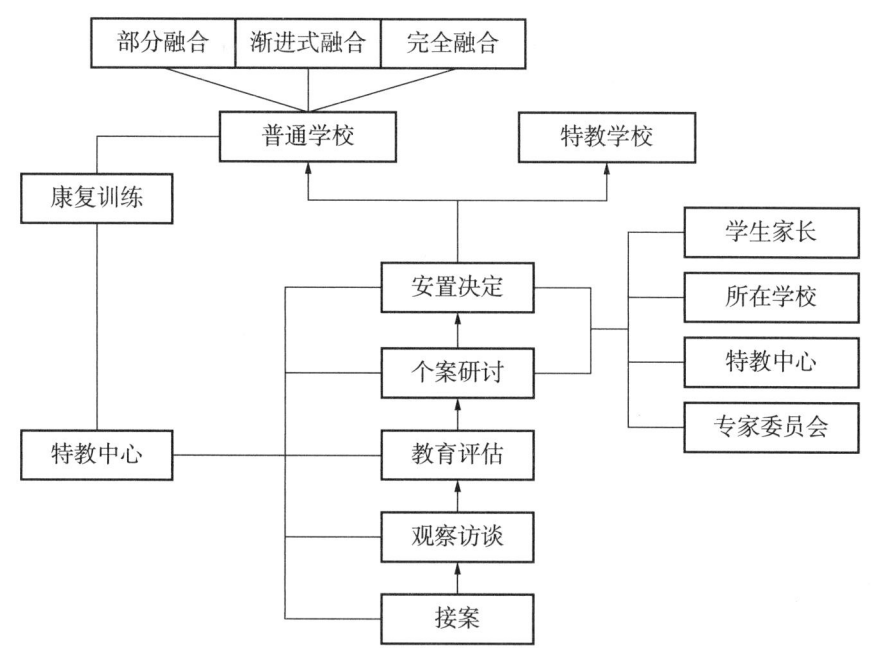

图 4-3 孤独症儿童教育安置争议解决机制

普通学校遇到关于孤独症儿童教育安置的矛盾冲突问题时可以向特教中心提出支持申请，特教中心作为特殊教育专家委员会的秘书处，对学校需求及孤独症儿童的相关信息进行登记，经综合分析做出基本判断，并提出解决方案。接案途径包括学校拨打电话咨询、填报微信小程序等。为了对孤独症儿童个案有直观的了解，特教中心巡回指导教师需要深入课堂，对孤独症儿童的常态表现进行观察，并对孤独症儿童的教师、家长进行访谈。对孤独症儿童进行认知能力、适应行为、动作能力等方面的评估，之后组织特殊教育专家、孤独症儿童家长、学校班主任教师、资源教师、学校领导等召开教育安置研讨会，面对面沟通，为家长提出最适宜的灵活安置方案，以便为孤独症儿童提供精准的教育服务。经过研讨会讨论后，家长与学校达成一致，特殊教育专家委员会提出安置意见，做出最终的安置决定。

无论是怎样的安置方式，都需要依据孤独症儿童的实际能力去选择对其长远发展有效的教育形式。同时，政府应加大特殊教育经费支持，着重关注普通学校的特殊教育资源的配置情况。加强对融合教育理念、政策、法律法规的宣传，加强对孤独症儿童家庭的引导与帮助，疏通孤独症儿童家庭获取社会支持的渠道，以满足孤独症儿童家庭的教育需求。

拓展阅读

特殊教育专家委员会的组建与职能

北京市海淀区教育委员会于2020年5月7日发布了《关于印发海淀区特殊教育专家委员会实施意见的通知》（海教发〔2020〕7号），积极探索和实践融合教育背景下特殊教育专家委员会的组织与运行，从组织架构、核心职能、运作机制、工作要求等方面明确规定具体的实施路径。下面以海淀区为例，对特殊教育专家委员会的核心职能进行说明。

1. 对学生开展评估及教育鉴定与安置

对适龄特殊学生开展入学评估，对其身体状况、接受教育的能力进行全面评估，并提出适性的教育安置建议。对提出转学需求的学生开展转学评估，根据评估结果提出转学建议。转学需求学生既包括普通学校随班就读转入特教学校就读的学生，也包括原在特教学校就读想转入普通学校随班就读的特殊学生。

2. 面向学校教师、家长的咨询

为向特殊学生提供教育支持服务，学校教师或家长可以随时向特殊教育专家委员会申请教育支持。特殊教育专家委员会通过评估与访谈、入校观察与指导，为学校资源教师、班主任、任课教师提出课堂教学支持策略，其中评估结果是对特殊学生教育安置的重要依据。

3. 课题研究与教师培训

特殊教育专家委员会将教师、家长提出的现实问题统整并转化为研究课题，指导教师开展有针对性的课题研究，切实解决融合教育教学中的重点、难点问题，为一线教师提供教育教学策略和方法。开展教师专业能力调研，对教师开展进阶式专业培训，加强融合教育师资队伍建设，为融合教育提供队伍保障。

4. 教育督导评价

特殊教育专家委员会定期到学校开展融合教育督导和评价，通过查阅相关档案，以领导与教师访谈、听现场课等多种形式对学校融合教育环境建设、资源教室运行、随班就读学生课程设置与实施等进行全面督导，推动学校融合教育质量提升。发挥协调功能，解决特殊儿童在入学、转学、就业中出现的问题，促进融合教育均衡发展。

第三节 孤独症儿童的专业巡回指导

孤独症学生在普通学校学习生活的过程中会遇到不同方面的困难，巡回指导是支持孤独症学生在普通学校接受适性教育的关键，也是融合教育支持保障体系的重要环节，更是融合教育高质量发展的重要保障。巡回指导工作的主要目的是为普通学校教师、包含孤独症学生在内的所有特殊学生和家长提供指导与服务，为普通学校开展融合教育提供支持与指导，并与区域内其他各部门协调与配合，推动融合教育稳步发展，形成专业发展共同体。

在融合教育的起步阶段，巡回指导教师的工作更像是"救火员""消防员"。由于普通学校教师对孤独症学生不了解，家校矛盾屡见不鲜。在实际教学过程中，教师会发现他们的独特之处，比如孤独症学生的自身障碍导致对于他人指令不关注、对规则不理解，甚至突然出现情绪行为问题，如尖叫、拍头等。种种问题使融合教育的发展遇到了较大困难。在这样的背景和需求下，巡回指导教师的工作就显得尤其重要。

一、专业巡回指导的内涵

普通学校由于缺乏特教专业教师，孤独症学生难以深度参与班级的学习活动，需要巡回指导教师为普通学校提供专业支持。"谁去巡回及指导谁""怎么巡回及做什么""如何管理评价""如何提供保障"等具体运行问题都有待解决。早在 2002 年，北京市海淀区便在全国开启了融合教育巡回指导的先河，海淀区教委特殊教育视导员及特教学校兼职巡回指导教师进入普通学校宣导融合教育理念，并为学校领导及教师提供针对性指导。一直以来，海淀区致力于探索融合教育巡回指导实践模式，通过健全组织结构、规范工作机制、优化师资队伍，构建了支持网络式的巡回指导模式，并以巡回指导为工作核心，带动融合教育其他相关工作，全面为孤独症学生、家长和学校提供专业化的支持服务。

巡回指导主要针对的是普通中小学、幼儿园中的特殊儿童在接受融合教育过程中面临的实际需求，特教中心巡回指导教师定期走进普通学校对学生、教师、学校领导、家长提供针对性的指导建议，帮助特殊学生更好地融入普通班级。巡回指导教师可以充分利用专业资源，定期或不定期地为特殊学生及其家长和承担随班就读工作的普通学校教师提供指导、咨询与帮助，是联结特殊教育资源与普通学校发展的桥梁。巡回指导的内容主要涵盖政策理念宣导、资源教室建设与运作指导、融合班级管理与教学指导、家庭教育咨询指导等方面。在政策理念宣导方面，巡回指导教师会提供融合教育政策咨询、资源建设建议、管理建议、家校协作建议等。在资源教室建设运作方面，巡回指导教师主要对资源教室在建设与运作过程中面临的难题进行针对性指导，如指导资源教师开展各项融合教育相关工作。面向融合班级，巡回指导教师为班主任和任课教师提供孤独症儿童班级管理、个别化教育计划的制订与实施、课堂教学方法与策略等方面的建议。

二、专业巡回指导的作用

（一）促进普特学生融合发展

特殊学生在接受普通教育的同时需要特教专业支持，尤其是对于孤独症学生而言，他们的特殊教育需求更加广泛和持续。巡回指导教师将特教专业支持融入学生的日常教育中，通过科学全面的教育评估，指导学校随班就读教师和资源教师制订个别化教育计划，灵活调整教育安置形式，定期观察与指导，或直接提供康复训练，从而满足学生的个别化教育需求。巡回指导促进了随班就读教师对融合教育的参与，引导普通学生对孤独症学生的接纳与关注，提升了孤独症学生的班级融合质量。

（二）推进普通学校开展融合教育

在开展巡回指导工作的初期，主要是直接面向学生提供筛查评估与咨询，直接服务于学生个案；面向教师进行课堂教学指导；面向学校开展融合教育政策宣导及资源教室的相关指导。随着巡回指导工作的深入推进，学校及教师逐步探索出具有校本特色的融合教育实践模式。学校增强主动开展融合教育的动力，进行普特融通的课程资源统整，教师主动提高自身专业水平，创新教学组织方式与教育策略，最终实现区域融合教育的共同发展。

以海淀区为例，在近 20 年的巡回指导工作中，区内各学校逐渐取得了各具特色的融合教育校本实践成果，如永泰小学的"融梦"课程，农大附中的"农人"理念，中关村一小的向日葵文化等，都体现了普通学校开展融合教育的内生动力，为孤独症儿童的深度融合发展创造了良好条件。

（三）促进区域特殊教育的格局调整

巡回指导工作机制的形成，标志着巡回指导工作进入常态阶段。普通中小学、幼儿园对巡回指导工作的认可与需求，进一步推动区域特教中心的建设。区特教中心受教育行政部门委托对区域融合教育工作进行管理与指导，促使区域融合教育研究与实践工作得以推进。同时，巡回指导机制的形成也有利于完善"区特教中心—学区资源中心—学校资源教室"的特殊教育专业支持体系，推进区域特殊教育发展格局的不断优化，将融合教育专业资源覆盖至每一所普通学校的孤独症学生。

（四）促进融合教育的社会生态发展

随着巡回指导的不断深入，社会宣传力度及影响力不断提升，借助媒体的宣传，普通学校孤独症学生的融合教育受到越来越多的关注。《人民日报》先后两次对海淀区巡回指导工作成果进行报道；教育部官网刊发融合教育的相关经验及做法；孤独症学生画展逐渐在全社会引发关注。不同的活动既展示了巡回指导工作的动态和成效经验，又宣导了融合理念，有利于增强全社会的融合意识，推动全社会对孤独症学生的了解、接纳，提升对他们的包容度。

三、巡回指导的工作流程

海淀区经过多年的探索，以"渐进式"融合教育为工作思路，研究总结了融合教育巡回指导的工作机制，主要包括"接案—下校观察—个案评估—个案研讨—教育安置—制订计划—计划实施与追踪"七大流程，如图4-4所示。

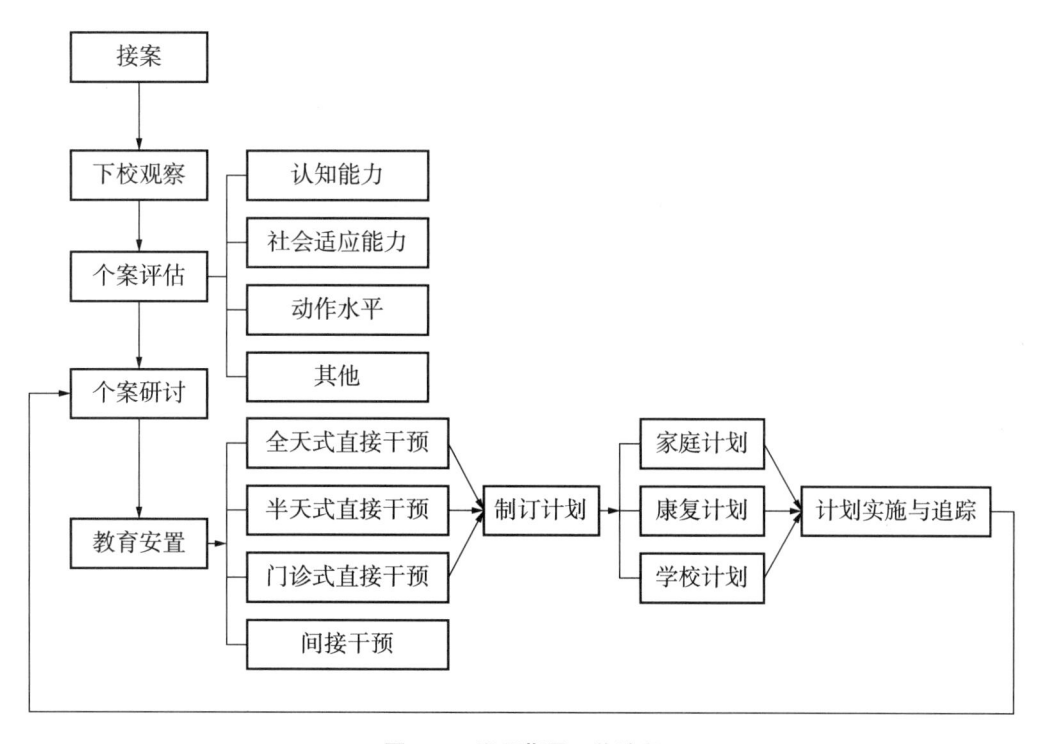

图 4-4 巡回指导工作流程

（一）接案

在融合教育开展的初期阶段，特殊学生进入普通学校就读时，家长由于对相关政策不了解担心被学校拒绝，并不会主动与学校沟通学生的特殊教育需要情况。尤其是孤独症儿童的家长，以"潜水"的心态将儿童送入普通学校，希望"不被发现"。但是在集体的学校生活中，孤独症儿童由于自身的障碍及需求，在一段时间后就会被任课教师发现。当教师无法给予学生支持并陷入困境时，就会将这样的情况反馈给学校。随着融合教育的逐步推进，大多数学校会有专门的资源教师负责校内的融合教育工作。在接到班主任教师的反馈后，一般情况下，资源教师会进班观察，并针对学生给予个性化的教育支持。但是当个案情况较为严重，或家校沟通不畅时，学校会与巡回指导教师联系，寻求支持。随着融合教育的开展，社会、学校、教师及家长对于融合教育的接纳度越来越高，越来越多的家长也会根据儿童在幼儿园或学校教师的反馈，或通过自己的观察发现儿童的"不同"，进而主动找到巡回指导教师寻求专业的支持。

（二）下校观察

在接案后，巡回指导教师会首先对有特殊教育需要学生的情况进行初步了解、登记基本信息，并与学校取得联系。随后，巡回指导教师会进入到班级中对目标学生进行观察。在观察过程中，为避免"标签"效应，巡回指导教师并不会实际参与到课程中，而是尽可能减少干扰，以观察到学生的实际情况。观察的场域包含课堂、集体活动等。此外，巡回指导教师还可以对学生的班主任教师、学科教师、学校领导等进行访谈，详细了解当前存在的主要问题，并对原因进行分析。同时，巡回指导教师还需要与家长沟通，对家长进行访谈，详细了解学生的生长发育情况、学习经历、家庭环境及教育方法等，必要时可进行家访。

（三）个案评估

经过观察后，巡回指导教师会依据学生表现，考虑是否需要对学生进行专业评估，如有需要，巡回指导教师会与学校负责教师进行沟通，建议对学生进行综合能力的评估。若学生存在某种障碍倾向，巡回指导教师则建议家长带学生前往医院进行诊断。如家长提出申请综合性教育评估，则由特教中心组织专业评估人员对学生的认知、动作、社会适应及其他能力进行综合评估，针对评估结果进行综合分析。

（四）个案研讨

在前期访谈、观察以及标准化评估的基础上，巡回指导教师会组织学校领导、资源教师或学校融合教育相关负责人、任课教师、特教助理教师及学生家长等人开展个案研讨会，还可以申请特殊教育专家委员会成员介入。通过研讨的形式，让学校、家长都能全面地了解孤独症学生的情况，就学生的学习特征和能力，以及培养目标和需要的教育支持方案和家长进行讨论，为家长提供专业分析。为了能更好地给予孤独症学生个性化的服务，确保其接受教育更加科学化、规范化、优质化，特教中心面向家长和学校提出对孤独症学生进行随班就读备案管理的建议，作为后续灵活的教育安置方式及教育支持的重要依据。

（五）教育安置

研讨会的各方在形成一致的教育目标后，结合特殊教育专家委员会提出的安置意见，对孤独症儿童提出安置建议。采用"渐进式"融合模式，通过全天式直接干预、半天式直接干预、门诊式直接干预及间接干预等方式，逐步实现孤独症学生完全融入到普通班级中。

（六）制订计划

依据孤独症学生的评估结果，在巡回教师的指导下，制订孤独症学生的家庭计划、康复计划和学校个别化教育计划，在学校个别化教育计划中，基于其能力制订长期和短期目标，提出支持策略，适当调整课程，提供学习建议；为其制订学科计划，确定学科的学期目标及单元目标等，确定目标达成情况的评价方式。

（七）计划实施与追踪

巡回指导工作是为包括孤独症学生在内的每一名有特殊教育需要的学生服务，但是，特殊学生教育目标的达成并不是一蹴而就的，尤其是对于孤独症学生而言，他们需要较长时间的专业支持。因此，在融合教育推进过程中，需要充分发挥学校资源教师及学科教师的作用，通过线上线下相结合的方式，完成对孤独症学生的教育支持、追踪指导与教育评价。

第四节 孤独症儿童的转衔与终身发展

孤独症儿童的终身发展需要家长、教育者乃至全社会的关注与关心。在孤独症儿童的发展过程中，主要包括四个比较重要的转衔：一是在小一入学阶段，这是孤独症学生从幼儿园游戏化阶段进入小学正规式教育阶段的关键期，在这一阶段，孤独症学生开始正式步入集体生活，接收成长所需要的知识，养成良好习惯和建立行为常规。二是小升初的转衔，这是孤独症学生开始调整自己已有的行为习惯，适应初中集体生活与学习的关键阶段。三是孤独症儿童在普通学校与特教学校之间进行转学，孤独症儿童因为不适应某种学习环境，转而进入另外一种更加融合或更加个别化的受教育环境。四是从学校进入社会，这是孤独症学生开启成人生活、独立走向社会最为关键的一步。这四种转衔将孤独症儿童受教育的各个阶段连接起来，为其终身发展打通通道。

每一次的转衔，不仅意味着生命的成长，更意味着教育环境、方式和内容的变化，这对于孤独症儿童来说可谓是一次"脱胎换骨"的"重生"，其挑战性不言而喻。为此，海淀区在大力发展义务教育阶段的融合教育时，始终关注孤独症儿童的成长历程，并在每一个关键期开展有针对性的专业支持。

一、孤独症儿童的幼小衔接

孤独症儿童的身份第一次发生关键转变，就是从儿童转为学生。在儿童早期，其变化和发展是最快且最为复杂的。这期间，家庭教育和学前教育是儿童获取外部经验，身心获得发展的关键途径。但 3～6 岁的儿童的发展变化较快，因此这个时期大部分孤独症儿童的症状很难被发现。部分家长在养育的过程中发现了孩子的"不同"，但是他们内心恐慌，加上对孤独症不了解，受"贵人语迟"等传统教育观念的影响，导致这些孤独症儿童并没有得到及时而专业的教育和早期干预，在很大程度上影响了他们在这一阶段的发展，很多关键能力没有得到培养。尽管随着社会政策的宣导，很多家长明确了孩子的情况，开始寻求专业的干预和教育，带领孩子进行了早期的康复训练，但依旧面临着如融合幼儿园数量较少、机构层次良莠不齐、医院干预费用较高等问题。诸如此类的种种问题，使得大部分的孩子是在医院、康复机构、家庭这样的单一环境下成长起来的。单一的环境无法给孤独症儿童带来较多的环境刺激，同时其人际关系较为单一，学习内容和学习方式简单，多为一对一进行，难以在融合的环境中进行泛化，也会对孤独症儿童在今后升入小学适应集体学习生活造成一定的困扰。为此，海淀区在区级特教中心的统筹下，在每年的 3 月份就开展小一入学工作，依托区域内的普通学校、特教学校、特殊教育专家委员会等多方资源，构建了区域融合教育幼小转衔服务体系。

二、孤独症儿童小升初的转衔

当孤独症儿童顺利完成小学阶段的学习后，升学的选择问题就再一次摆在了教师和家长面前。如何选择一所适合孤独症学生发展的初中校？如何能保证普通学校对于区域内具备就读能力水平的适龄特殊儿童"零拒绝"？海淀区制定了《海淀区随班就读学生小升初实施方案》，规定适龄特殊儿童应免试就近入学，流程如下。

（一）调研与初中入学工作布置会

区特教中心使用《六年级随班就读学生升学调研表》对各学校资源教师进行调

研。资源教师通过课堂观察学生、访谈教师、访谈家长及访谈学生，充分了解学生的现状及升学意向，并认真填写调研表。通过调研，区特教中心不仅了解孤独症学生的基本信息，还从学业水平、课堂表现、情绪行为、人际交往、生活适应、家庭教育、有效教育策略等多方面分析学生。针对资源教师提到的程度较重的孤独症学生，特教中心巡回指导教师会入校深入了解学生的情况，通过进班听课、访谈测试学生，访谈班主任及特教助理教师，多方面了解学生，为学生后续升学提供有针对性的指导。

区特教中心为确保包括孤独症学生在内的随班就读学生初中入学工作的顺利进行，为每一位学生提供精准的服务，组织各学区、小学召开小学随班就读学生初中入学工作布置会。解读《随班就读学生小升初实施方案》，指导学区及学校开展相关工作。特教中心与各初中校联系，向学校宣传融合教育理念，促进学校稳步对接随班就读学生的初中入学工作。

【案例】

海淀区就近就便优先入学政策保障孤独症学生接受适宜的教育

根据《海淀区残疾儿童少年义务教育入学实施方案》，在特教中心组织的入学政策宣讲下，越来越多的孤独症学生家长了解到"就近就便"的升学政策，纷纷选择随班就读优先派位的入学方式。《海淀区随班就读学生小升初实施方案》中就近就便优先入学政策从2019年开始实施，到2023年，选择这种方式升学的学生人数从76名增加到104名，呈逐年增加态势。越来越多的中学愿意接收随班就读学生，学校为了更好地为学生提供支持与服务，还专门安排教师参加特教中心组织的融合教育专业培训。孤独症学生是就近就便优先入学政策的直接受益者，在融合教育资源校中，有专业背景的资源教师为他们提供个性化的辅助，同时学校的教师比较接纳和包容，在课堂教学上也会根据孤独症学生的特点进行针对性的调整，为孤独症学生更好地适应学校及社会生活提供指导与帮助。

（二）评估为精准转衔提供依据

升学阶段的一个关键问题是，孤独症学生面临着新的发展需求。学习环境的变化、任务难度的变化、同伴社交关系的变化等，都使孤独症学生面对新的挑战。更为重要的是，学生是否适宜在普通中学就读，这也是很多家长极为忧虑的一件事。特教中心可以通过专业的教育评估，为孤独症学生确定他的转衔目标、转衔支持策略以及支持主体，极大地保证学生实现成功转衔。

（三）家长申请，学校与中心的沟通协调

对于即将从小学升入中学的孤独症学生，家长原则上在小学所对应的片区内选择 3 所学校填报升学意向，由区教委统筹安排就近就便优先入学。家长可以选择区域内建有资源教室或配有资源教师的学校，在这些学校，学生可以获得更加专业的支持。家长也可以从片区内选择离家相对较近的学校，一方面便于接送孩子上下学，另一方面还便于培养学生的生活适应能力。

特教中心根据家长填报的意向学校，与各初中校取得联系，把每一位随班就读孤独症学生的升学调研表发给学校。初中校一方面可以知晓本校接收的随班就读孤独症学生信息，另一方面在研读升学调研表后，可以提前详细了解随班就读学生的具体情况。学校在分班时会避免把随班就读孤独症学生分到同一个班级，在选派随班就读孤独症学生的班主任时会倾向于让有教育孤独症学生经验的、经过融合教育通识培训的教师担任。班主任通过学生升学调研表，在接手班级前提前了解学生，做好班级工作计划，营造良好的融合教育氛围。

当孤独症学生确定即将升入的中学后，小学和中学可以联合组织小升初转衔研讨会，小学阶段的资源教师或班主任教师可以总结介绍孤独症学生个案小学阶段的主要表现、评估结果、优势能力与主要困难；初中阶段的资源教师或融合教育主管领导可以对初中阶段的教育教学方式、学科教育的特点、融合教育资源等进行介绍。小升初转衔研讨会使家长在第一时间了解初中校的情况，表达自己的诉求，有利于更好地促进家校合作；同时使初中校提前了解孤独症学生的情况，便于在分班或者制订新一学期教育教学计划时未雨绸缪，与家长共同研讨孤独症学生未来的发展方向。

三、孤独症儿童的普特转学管理

普特转学有两种情况，一种情况是随班就读孤独症学生从普通学校转入特教学校就读，另一种情况是特教学校的孤独症学生转入普通学校随班就读。

（一）从普通学校转入特教学校

1. 从普通学校转入特教学校的背景

孤独症儿童的家长在早期发现孩子的问题时，往往都比较焦虑，带孩子到处寻医问药，辗转于各个康复训练机构，花费了大量的财力和精力。有的孩子取得了一定发展，也有的孩子由于程度较重，即使参加了一些训练，但孩子的能力水平仍远远落后于同龄儿童。社会上的训练机构良莠不齐，有的教师的专业能力不足以满足学生的需求，可能也会造成学生的进步幅度小。当孤独症儿童面临小学入学时，即使孩子的障碍程度较重，家长也会首选普通学校。家长希望孤独症儿童与普通儿童一起在学校里学习与生活，不仅同步学习知识，还可以模仿普通儿童的语言和行为，学会与他人正确的交往方式。但部分孤独症儿童在普通学校随班就读的过程中，由于障碍程度重，或出现严重情绪行为问题，不能适应普通学校的学习生活，家长可能会考虑让孩子转入特教学校学习。学籍管理制度规定，起始年级和毕业年级的学生不能办理转学，其他年级学生的转学时间为每个学期末的最后一两周。

2. 从普通学校转入特教学校的流程

家长可以在适合的时间向学生所在的普通学校提出转学申请，并与特教中心联系，提出转学诉求。特教中心教师会与学生家长沟通，详细了解孤独症学生的情况，并预约好时间让家长带孩子到特教中心做教育评估。特教中心根据学生的评估结果，全面分析学生的能力水平，经特殊教育专家委员会评定后，给出转学建议。如果学生的能力水平偏弱，或具有严重的情绪行为问题，确实不适合在普通学校就读，将提出孤独症学生由普通学校转入特教学校的建议。对于需要转入特教学校的六年级随班就读孤独症学生，家长在5月份填报孩子小升初的升学意愿时，可以按照就近就便的升学政策，填写特教学校。特教中心会以优先派位入学的方式，通过招办把学生派位到特教学校。

3. 从普通学校转入特教学校的衔接

孤独症学生从普通学校转入特教学校的过程中，普通学校需要为特教学校提供学生基本情况的介绍，如学生的认知水平、课堂表现、情绪行为问题的描述（表现、频次）、自理及生活适应情况，还要整理学生的成长档案（作业、作品、视频等），转交给特教学校，便于特教学校全面了解孤独症学生。特教学校在接收孤独症学生前需主动向普通学校了解学生在校的情况，在为学生办理转学相关手续后，根据孤独症学生的实际年龄将其安排到相应的班级。班主任教师对孤独症学生进行一段时间的观察与了解后，组织任课教师及家长一起为学生制订个别化教育计划。

（二）从特教学校转入普通学校

1. 从特教学校转入普通学校的背景

当前，特教学校主要接收的学生为中重度特殊学生，以促进社会适应为目标，学习内容包括生活数学、生活语文、生活适应等，内容难度明显低于普通学校。因此，对于轻中度的孤独症学生来说，特教学校的教学不能完全满足其发展需求，这时家长可能会产生把孩子转到普通学校的想法。

2. 从特教学校转入普通学校的流程

此时，家长需要分别向特教学校和特教中心提出申请。特教中心会走进特教学校，对孤独症学生进行课堂观察、访谈教师、访谈家长，并对该生进行认知及适应能力等方面的综合评估，全面科学地分析学生的整体能力水平。邀请特殊教育专家委员会对学生的评估结果进行评定,如果学生的能力能够达到普通学校随班就读要求,且没有明显的情绪行为问题,特教中心将根据学生的家庭住址,与所对应片区内的普通学校沟通转学事宜,召开个案研讨会,详细介绍孤独症学生的情况,并指导家长办理转学手续。转学成功后,特教中心巡回指导教师还会定期走进普通学校,对该生进行跟踪指导,为普通学校提供专业支持。

3. 从特教学校转入普通学校的衔接

孤独症学生从特教学校转入普通学校的过程中,普通学校在接到家长提出的申请后,需要家长提交学生的基本情况介绍及相关档案材料,学生基本情况包括学生的认知能力、指令执行情况、课堂参与情况、与同学的人际关系情况、生活适应能力、学业表现等,档案包括学生的作业、试卷、本学年的个别化教育计划、作品、视频等,便于普通学校教师全面了解该生的总体发展水平。学校为孤独症学生办理转学手续后,优先把学生安置到有融合教育经验的优秀班主任所在班级中,同时指导家长为学生办理随班就读备案,巡回指导教师及资源教师为孤独症学生融入班级以及资源教室课程的设置提出指导性建议。

成长过程中的转衔,标志着个体的成长从一个阶段进入到另一个新的阶段,意味着人生迈入了一个新的重要时期。新阶段通常对个体提出了新的、更加高的要求,个体面临新的挑战。孤独症儿童在转衔过程中会遇到比其他普通儿童更多的挑战,在很多方面都需要特殊的专业支持。

【案例】

我要转学到普校

小凯是一名孤独症谱系障碍的学生,智力发展水平轻度落后,在刚刚进入普通学校一年级时,就表现出各种不适应学校的行为。他在课堂上不能听从教师的集体指令参与学习活动,即使教师对他发出一对一的指令他也不能执行,还会下座位走来走去,甚至有时还会跑出教室,很是让老师头疼。学校经过研究决定让小凯的妈妈来陪读,但由于妈妈对孩子比较溺爱,依然不能改变孩子的问题行为,最后家长决定把孩子转到特教学校就读。特教学校的老师一般都是特殊教育专业研究生或本科学历。小凯来到特教学校后,老师首先为他做了全面的评估,并与家长一起为他制订个别化教育计划。特教学校的班额较少,学生人数一般为6至8人,每个班两个班主任,教师对学生的关注度很高,且学习内容相对简单,学生没有学习压力。因此小凯很快适应了学校的生活,他还参加了很多课外活动,自身得到了很好的发展。随着年级的升高,小凯在班上成为佼佼者。五年级的一天,小凯一本正经地对妈妈说:"妈妈,我和他们不一样,我要去普通学校上学!"小凯的爸爸妈妈于是向特教学校和特教中心提出了转学申请,希望能够让小凯转入普通小学读书。区特殊教育中心对小凯进行了综合能力的评估,特殊教育专家委员会对评估结果进行审定,并为小凯制订转学支持方案,并在小凯进入普通小学后,定期入校进行巡回指导,直至小凯在特教助理教师的辅助下完全适应普通班级的学习生活。

四、孤独症学生的职业转衔

随着融合教育理念的深入和推广,越来越多的孤独症学生进入到普通学校、普通班级接受随班就读。小学阶段重点关注孤独症学生的基础能力和技能,包括认知能力、感知觉能力、运动能力、语言沟通能力、生活自理能力和社会交往能力以及与个体发展相关的学科知识等。然而在升入初中后,孤独症学生随着身心的发展,其更多面临的是学习与生活适应问题、青春期生理及心理问题以及未来职业就业发展问题等,尤其生涯规划问题,对于初三孤独症学生的家庭来说是急需解决的头等大事。如何帮助孤独症学生更好地过渡到职业教育阶段,以及更好地实现就业,是职业转衔期需要解决的重要问题。

(一)孤独症学生职业转衔的重要性

在得知孩子确诊孤独症时,很多家长的感觉就像是"天都塌了"。但这只是开始,此后每一次的康复训练、每一次与社会生活的融合、每一个阶段的成长,对于家长和孩子来说,都是一次脱胎换骨的过程。当孤独症学生从学校离开后,他们究竟何去何从,更成了无解的难题。在实际工作中,我们发现,很多家长在孤独症学生进入中学后,最担心的问题就是未来,他们还能去哪里?他们都能做什么?他们的未来在哪里?为了让这些孩子能有一张"社会生活的入场券",能够真正融入社会,海淀特教中心始终坚持在做好孤独症学生转衔工作的同时,科学地对孤独症学生的职业生涯规划进行辅导,为孤独症学生提供不同类型的职业体验活动,让他们在职业体验活动中掌握保证其未来接受职业教育、就业等的先备技能,帮助他们在初中阶段不焦虑、不疑惑,让他们未来能够更好地接受适合的职业教育,对职业发展有方向、有目标,更好地融入社会,平等享有人生出彩的机会。

(二)孤独症学生的职业体验活动

1. 职业体验活动的目标

职业体验活动的设计旨在通过引导孤独症学生基于兴趣爱好、优势潜能参与职业体验活动,培养其休闲身心能力,使其掌握自我调适技能,以文化体验带动职业技能习得,具有休闲性、实践性、生活性等特征。具体而言,主要包括两个方面的目标:一是帮助孤独症学生认识自我,发现自身优势,建立积极向上的生活观;二是整合优质资源，帮助孤独症学生选择并接受适合自己的高中教育或职业教育等，做好生涯规划准备。

2. 职业体验活动设计理念

（1）以文化体验为载体

职业体验活动关注孤独症学生的实际体验，以丰富的文化活动为出发点，例如茶文化课程、音乐课程等，引导他们在活动中有所感悟，帮助他们在放松身心的同时，提高艺术文化素养。

（2）以基础能力为本位

孤独症学生的障碍程度具有多样性，因而个体间的能力发展水平也具有差异性。职业体验活动的设计初衷聚焦学生基本能力的培养，如在职业体验活动中发展社会交往能力，提高理解能力和语言表达能力等，引导孤独症学生掌握常用的礼貌用语，提升适应能力等。

（3）以职业发展为导向

在职业体验中，引导孤独症学生及其家长关注未来的职业发展，基于其兴趣及潜能，不断拓展职业兴趣，初步培养职业素养，强化职业技能，提高其就业能力。

（三）孤独症学生职业先备能力的分析

对于孤独症学生的职业教育，需要综合考虑孤独症学生的认知能力、社会适应能力、职业兴趣及优势潜能，在对孤独症学生职业先备能力进行分析的过程中，要使用正向积极的眼光，可以重点关注以下问题：

- 孤独症学生喜欢什么？
- 孤独症学生能参与什么？
- 孤独症学生能操作什么？
- 孤独症学生能接受什么？
- 孤独症学生能挑战什么？
- 孤独症学生能完成什么？
- 孤独症学生能创造什么？

尽管孤独症学生职业转衔课程现在处于探索阶段，但是会基于孤独症学生职业先备能力的分析。如海淀区开设"音声合美"艺术课程，结合孤独症儿童色彩感知和听觉敏感的特点，尝试将孤独症学生的培养与开发潜能相结合，帮助孤独症学生及家长在其今后的发展中做好生涯规划。

（四）孤独症学生职业转衔教学方式

根据不同年级的孤独症学生的特点，采取体验式—发展式—准备式三段教育教学模式，循序渐进地开发孤独症学生的职业兴趣，提升孤独症学生的职业技能，为孤独症学生接受系统的职业教育，实现顺利就业奠定基础。

1. 体验式教育教学模式

针对升入初中的孤独症学生，可从区域层面开设与其未来就业相联系的兴趣体验课程，让学生能够在体验中找到自己的兴趣和优势，以活动体验带动技能提升。

（1）课程内容：茶艺、插花、手工制作、微景观制作、烘焙、厨艺、家政、衣物护理等

（2）课程时间：一年

（3）课程目标：激发学生兴趣，找到职业发展方向

（4）课程原则：以课程体验为宗旨、以基础能力为本位、以职业发展为导向

2. 发展式教育教学模式

孤独症学生在前一阶段建立的职业兴趣的基础上，继续深入学习并进入实习场地，真实接触不同的职业，锚定未来就业方向。

（1）课程内容：进入相关单位、场所、基地等进行实操学习

（2）课程时间：一年

（3）课程目标：学习实操技术、掌握与兴趣职业相关的技能

（4）课程原则：以沉浸式学习为主，帮助学生锚定职业方向

3. 准备式教育教学模式

基于前两个阶段的体验与学习实践，在学校资源教师或区特教中心巡回指导教师的指导下，孤独症学生申请相关职业教育学校，做好职业转衔工作。

（1）课程内容：基础能力准备、职业技能、面试技巧等

（2）课程时间：一年

（3）课程目标：为升学做好准备工作，毕业后顺利进入职业院校

（4）课程原则：以学生顺利进入适宜的职业学校接受适宜的教育为目标

【案例】

2015年6月，北京海淀区召开"初中随班就读孤独症学生转衔教育研讨会"。来自北京市教育系统、特殊教育系统、残联系统以及北京师范大学、教育部下属的中国教育科学研究院、中关村中学分校等多家机构的官员、学者、教师十余人围坐一桌，商量小语人生的下一步何去何从。

北京市海淀区特殊教育研究与指导中心主任、健翔学校校长王红霞是这场转衔研讨会的重要推手之一，她从事特殊教育已经27年。她说，这场研讨会是北京特教系统探索融合教育发展的必然之举，并非为了小语一人而开，而是为以小语为代表的特殊群体的融合教育需求探路。

小语进入北京市环境与艺术学校后，前期在金属工艺课上，由于小语能力不足、任课教师欠缺经验等多种原因，家校理念冲突、矛盾激化升级。特教中心团队特地安排了一位资源教师（类似就业辅导员的角色）予以支持，有针对性地增加辅助，减轻课业难度；在长达数月的时间里，这位老师专职帮助小语进行该课程的融合。

2018年，小语以双免（免面试、免笔试）方式被北京电子科技职业学院提前录取，成为一名大专生。这所学院是北京市排名前列的高职院校，2019年入选国家"双高计划"高水平学校建设单位，为A档十所院校之一。2021年10月，大专毕业的小语进入一家公益机构见习，岗位是行政助理。现在，见习期结束，小语在一家新媒体公司做微信公众号编辑工作，这是他独立融入社会，拥有自信人生的关键一环。

五、孤独症儿童的终身教育

（一）终身教育的理念

20世纪60~70年代，在联合国教科文组织的倡导下，"终身教育"成为一种国际思潮。终身教育的理念主张人在一生中都应该进行教育，而不仅仅是在儿童期和青少年时期。终身教育的理念打破了传统教育在时间和空间上的限制，反对将教育仅局限于学校，而是要扩展到整个社会（黄志成，2003）。终身教育是对孤独症儿童人生的一个完整描绘，孤独症儿童终身发展体系的构建，意味着他们可以和普通儿童一样。尽管在日常生活、学习和就业等方面存在各种障碍，但是他们依旧能够拥有一个完整人生，实现可持续发展。

（二）孤独症儿童终身教育的实现途径

1. 挖掘孤独症儿童的优势潜能

儿童的潜能是无限的，孤独症儿童也是如此。但是，孤独症学生的潜能受到其自身障碍的限制，很难被发现。尽管已有研究证实，孤独症儿童在对色彩的感知、细节的把控上有可能存在着超于常人的能力，但是，并不是所有的孤独症儿童都具备这样的特点。对于积极向上且具有无限可能的孤独症学生来说，潜能开发对其终身发展具有深远的影响，因此也就要求家长和教师能够始终坚持将孤独症学生的能力培养作为首要前提，以学生为中心，充分、有效地发挥学生自身的能力和特质。

2. 创造享受学历教育的机会

在完成基础教育之后，根据其自身能力的发展水平，有条件、有意愿的孤独症学生可以通过成人自考、开放大学、社区学院等途径，进一步提升其学历水平。还有一部分孤独症学生可以通过高考或其他的招生方式进入普通高校就读。

3. 开展对孤独症儿童的社区教育

社区是推进孤独症儿童终身教育的重要实践基地。基于公平普惠的原则，不断扩大社区教育的服务范围，通过与学校教育、家庭教育相融合，依据各年龄段孤独症学生的学习需求，提供相应的教育服务，提供平等、优质的学习机会，如推进职业技能体验进社区、开设社区健康大讲堂、开展科普教育、组织手工制作活动等，将社区打造成终身学习的体验基地。

4. 加强孤独症儿童职业技能培训

充分发挥社会资源的力量，依托各类职业技能培训基地为孤独症儿童提供职业技能训练。根据孤独症儿童的职业兴趣、优势潜能，以推进多种方式就业为目的，选择适合的职业技能类型，加强职业技能的针对性培养，促使孤独症儿童拥有一技之长。

5. 信息技术赋能孤独症儿童终身发展

随着信息技术及人工智能的发展，信息的获得方式发生了重要的转变，孤独症儿童的终身教育也应紧密跟随时代发展的潮流，充分借助多媒体教育和智慧空间，充分利用公共知识和技能资源，形成孤独症儿童随时随地皆可学习的终身教育网络。

本章小结

本章主要从对孤独症儿童的专业指导入手，着重从孤独症儿童的筛查与评估、安置方式、巡回指导、转衔及终身发展等方面进行了较为详尽的分析、阐述。就具体的工作流程、人员分工、支持体系建设等进行了介绍。首先，关于孤独症儿童的筛查与评估，主要是介绍了常见的能用来确定孤独症儿童的优势和需求的评估工具，希望可以帮助读者在了解相关评估工具的基础上，为孤独症儿童提供适宜的安置建议。其次，介绍了孤独症儿童不同的安置方式，借此强调对于孤独症儿童的支持不能仅仅是在学校这一单一场域，需要联合医疗、社区等形成支持保障体系。再次，还介绍了巡回指导工作。在多年实践基础上，结合当前融合教育推进过程中需面对的现实问题，明确巡回指导教师的专业技能及工作内容。最后，为孤独症儿童的终身发展提供一些新思路。

拓展阅读

孤独症学生随班就读的备案

（一）随班就读备案的意义与价值

孤独症学生进入普校后会涉及随班就读备案的办理。随班就读备案并非给孤独症学生贴上"特殊"的标签，而是推进区域融合教育工作规范化管理的重要保障，也是学校和教师为孤独症学生提供专业支持的重要途径，既是让学校担负起相应的责任，同时也是给学校赋能。学校需要对备案学生的信息进行保密，当学生备案后，也需要给予学生相应的资源和支持。在海淀区，对于备案的孤独症学生，他们会有相应的资助政策、"就近就便"优先入学政策、个别化教育计划、更多的专业资源等。

进行随班就读备案的孤独症学生可以得到区特教中心和学校的相关专业支持。学校在"双减"背景下，对备案的孤独症学生开展"一生一案"工作，教师、专家、家长、巡回指导教师和其他相关人员根据学生的情况组织个案研讨会，共同研讨孤独症学生的个别化教育计划，调整普通班级课程教学内容，必要时可允许特教助理教师入班提供辅助。对于建有资源教室的学校，孤独症学生可以申请资源教室的支持性课程，学校资源教师为学生每周安排教育康复训练。对于尚未建有资源教室的学校，孤独症学生向学区融合教育资源中心或区级特殊教育中心申请专业支持，获得支持性课程服务。特教中心每学期也会组织巡回指导教师下校，入班对备案学生进行巡回指导。此外，学生还可获得社会资源等方面的支持，在考试、升学等环节也可申请合理便利服务。通过个性化方案将资源教室课程与普通学校课程有机结合，将资源教室课程更加无痕地融入学校课程，处处皆课程、处处皆融合，让孤独症学生的求学道路无障碍，让全员融合因有爱而无碍。

（二）办理随班就读备案的工作流程

随班就读备案是由孤独症学生家长主动提出申请办理。对于孤独症学生坚持应融尽融、应备尽备的原则，除六年级外，小学其他学段的孤独症学生都可以按规定申请或者撤销随班就读备案。以海淀区为例，孤独症学生家长需要将《随班就读备案申请》、残疾证或三甲医院的诊断证明原件及复印件提交给学校的资源教师或负责学籍管理的教师，由教师持上述材料在指定时间前往区特教中心对该生进行随班就读备案。

第五章

孤独症儿童融合教育教师的团队建设

融合故事

小泽，一名孤独症学生，现在就读于普通小学五年级。还记得刚刚迈入小学一年级的小泽总是表现出这样的行为：大家正在好好听课，他突然大哭起来，之后又钻到了课桌底下；他在课上没有一次能够参与到课堂活动中……现在的小泽已经成为一名五年级的学生，从最初的不适应、不参与、不融入到现在的安坐、互动、承担班级任务、为同学服务，等等，这些变化离不开由班主任教师、学科教师、资源教师、特教助理教师、巡回指导教师组成的融合教育教师团队的共同努力和支持。正是无数个融合教育支持团队一直以来的付出与支持，才让那些跟小泽一样的孤独症学生有向好的未来和发展。

本章要点

1. 高质量的教育离不开高质量的教师，高质量的融合教育更需要有爱心、耐心、责任心和特殊教育专业技能的教师队伍。

2. 融合教育教师是立教之本、兴教之源，是孤独症儿童发展的第一资源。

3. 融合教育教师队伍以"一个都不能少"的理想信念、关注关怀的仁爱之心、因材施教的育人智慧、扎实技能的专业态度，展现了新时代新征程上中国特有的教育精神。

第一节　融合教育教师的多元化

当前，越来越多的孤独症儿童进入普通教育学校的普通班级学习、生活。他们在接受融合教育的过程中，需要多元化的融合教育教师团队提供专业的支持与引导。在我国，一直以来人们口中的融合教育教师就是普通教育学校中的随班就读教师。但凡班级里出现孤独症学生，这个班的班主任、所有学科教师都统称为融合教育教师。然而，随着融合教育理念的深入和发展，融合教育教师的概念不再局限于传统意义上的随班就读教师，已拓宽至巡回指导教师、资源教师、行为指导教师和特教助理教师等。这样的变化不仅补充了融合教育教师的概念内涵，拓宽了融合教育教师的概念外延，完善了融合教育教师团队的结构，更能为孤独症儿童提供针对性的指导，促进孤独症儿童适性发展，是孤独症儿童生态支持系统中最重要的资源。虽然各类融合教育教师的定位、功能不同，但他们面临着相同的问题，有着相同的目标，分别在自己的岗位上发挥着举足轻重的作用，为孤独症学生高质量的学习生活提供专业化、针对性的支持。

北京市海淀区在孤独症儿童教育的理论研究与实践探索中，总结出了孤独症学生融合教育教师团队服务支持模式，不断创新构建了"以巡回指导教师和行为指导教师为指导，以资源教师为骨干，以随班就读教师为主体，以特教助理教师为辅助"的多层次、多学科、多场域、多方式融合教育教师团队协作模式，共同致力于孤独症学生的融合教育，构筑孤独症儿童融合教育生态支持系统。

一、巡回指导教师：孤独症学生融合教育的核心支持者

（一）巡回指导教师的含义

巡回指导教师以巡回教学的方式对一个地区的若干学校、家庭、医院中的孤独症学生进行定期或专项辅导，同时为学校教师、孤独症学生家长提供指导。巡回指导教师主要负责对普通教育学校中的孤独症学生进行筛查与评估，对学生进行个案支持与辅导；为随班就读教师与资源教师提供课堂教学的建议，组织专业培训与教研活动；为学校整体融合教育工作的开展提供引领与督导。

巡回指导教师的工作面向随班就读学生、教师、学校和家长四个主体。对学生进行课堂观察、筛查评估和康复训练，参与个别化教育计划的制订与实施。对教师进行指导并协助解决教育教学、康复训练中的困难与问题，组织相关培训及教研活动。为普通教育学校资源教师提供指导与服务，承担区域内资源教室的督导验收工

作。为家长提供家庭教育咨询、培训。在巡回指导工作中，巡回指导教师要逐步形成"渐进式融合教育"的巡回指导思路。渐进式融合是一种由抽离到融合逐渐过渡的教育安置形式，包括全天式直接干预、半天式直接干预、门诊式直接干预和间接干预四个阶段。随着海淀区融合教育的发展，通过建立并完善巡回指导机制，融合教育工作的开展稳步推进。

（二）巡回指导教师的能力结构

巡回指导教师是推动孤独症学生高质量学习的核心人物，需具备更加多元、专业的能力结构和素养。

1. 扎实的教育理论基础。巡回指导教师具有系统的特殊教育专业背景，或具有多年的特殊教育相关工作经验，对普通教育学校的特点有所了解，能够承担指导区域内普通教育学校融合教育工作的职责。因此，巡回指导教师要有扎实的特殊教育理论基础，要了解孤独症学生的身心特点和教育规律，掌握特殊教育的基本教学原则和教学方法，充分利用课余时间学习先进、前沿的理论知识，做孤独症学生融合教育之路的专家、顾问。

2. 精湛的专业指导能力。巡回指导教师要有指导教师开展融合教育的能力，能够指导资源教师开展资源教室相关工作，指导随班就读教师开展融合教育课堂教学和班级管理等，可以通过深入普通课堂进行观察与记录、对孤独症学生本人和班主任教师进行访谈，了解学生的特殊教育需要，针对学生的特点为教师提供政策参照、课堂教学、行为干预、社会交往等多方面的指导建议；巡回指导教师还要具备指导孤独症学生的能力，可在需要时对学生进行专业的评估，或者依据评估结果指导或参与学生个别化教育计划的制订，为学生在普通教育学校接受融合教育提供专业参考。此外，巡回指导教师要有指导融合教育学校开展融合教育工作的能力，有指导孤独症学生家长开展家庭教育的能力。总之，巡回指导教师需要不断精进专业素养，提升对学校、对教师、对学生、对家长的专业指导能力。

3. 灵活的应急干预能力。作为巡回指导教师，要具备灵活的应急干预能力，能够有效预防、规避、监控融合教育学校内可能诱发孤独症学生突发问题行为的事件，能够积极应对并处理区域内关于孤独症学生的突发事件，协助学区、融合教育学校解决问题，建立良好的校园生态环境。

4. 创新的教育科研能力。巡回指导教师要具备教育教学的能力，能够为区域内有需要的孤独症学生提供康复训练，充分调动和发挥学生的主动性；遵循孤独症学生的身心发展特点和特殊教育教学规律，为每一位孤独症学生提供合适的教育，最大限度地开发潜能、补偿缺陷，促进学生全面发展，为学生更好地适应社会和融入社会奠定基础。同时，巡回指导教师要有将教育实践问题转换成研究问题进行研究的能力，能够不断提升科研素养，成为研究型巡回指导教师，为开展孤独症学生的教育教学不断更新理论支撑。

5. 良好的沟通协调能力。巡回指导教师要面对的工作对象是多元的、多层次的，既有普通学校的领导、资源教师、普通班级教师、特教助理教师，也有孤独症学生家长和特殊教育领域内的专家等。这就要求巡回指导教师要有良好的沟通能力，能够与其工作对象进行有效沟通，并产生良好的沟通效果。此外，巡回指导教师还需要有统筹的协调能力。不同利益主体的立场与关注焦点不同，如孤独症学生家长、普通学生家长、普通班级教师之间可能由于学生问题行为对课堂带来的干扰而产生分歧与矛盾，这是融合教育中常见的问题。此时，巡回指导教师需综合考量问题的原因，协调不同主体之间的关系，用专业的力量及时化解矛盾冲突。

6. 突出的组织管理能力。巡回指导教师不仅需要统筹管理区域特殊教育和融合教育工作，组织培训、教研活动等，而且需要统筹科研院校、社会机构、医院、社区等多方资源，为区域内融合教育服务，从而提高巡回指导工作的效率。巡回指导教师还参与组织孤独症学生的评估安置会议或个案研讨会，召集学生家长、学校融合教育主管领导、资源教师、班主任教师、特教助理教师等参加会议，准备研讨相关的资料，推进研讨会的进展。此外，巡回指导教师还负责全区随班就读学生备案、数据管理，以及资源教室评估等方面的工作，这要求巡回指导教师具备常规管理等方面的能力，制订相关工作计划，监控计划完成情况，并对结果进行评估等。

（三）巡回指导教师的工作职责

针对孤独症学生，巡回指导教师的工作职责主要包括但不限于巡回指导、筛查与评估、数据管理与备案、业务指导与管理、组织教师培训与研修、开展教育教学等。

第一，定期入校巡回指导。巡回指导是指教师定期或不定期前往区域内不同学校，根据学校教师或领导在孤独症学生融合教育工作推进中遇到的困难提供的针对性的指导。巡回指导教师要向班主任了解孤独症学生的学校表现、突出问题、助教的陪读情况、教育困惑、期待解决的问题，并给予困惑解答和具体建议；为孤独症学生家长提供家庭教育建议，促进家长和学校的彼此理解与合作。

第二，班级筛查与教育评估。海淀区目前已基本建立三级筛查机制，巡回指导教师在学校资源教师对有需要的孤独症学生初筛之后，进入课堂观察，对学生和教师进行访谈，筛查出有特殊教育需要的学生，并给班主任和资源教师提供针对性的建议。同时，具有评估资质的巡回指导教师对提出评估申请的孤独症学生进行认知或适应行为等方面的教育评估，并以此为依据提供个别化教育支持。

第三，管理特殊教育数据与备案。巡回指导教师需要对全区的特殊教育学校数据及融合教育数据，尤其是孤独症学生数据进行动态分类管理，同时，负责全区随班就读学生的备案工作。

第四，业务指导与管理。巡回指导教师要定期对区域内学区资源中心、资源教室进行业务指导与管理，并开展督导评价工作。此外，巡回指导教师作为孤独症学生融合教育教师团队的核心，要对其他融合教育教师的工作进行指导与支持，帮助融合教育教师开展工作。

第五，组织教师培训与研修。巡回指导教师要在全区范围内开展各类教师的专业培训，成立区级融合教育研修工作室，开展研修活动，研究孤独症学生教育教学问题，保证培训与研修活动辐射全区融合教育教师。

第六，开展孤独症学生教育教学。巡回指导教师要对孤独症学生进行教育教学与干预，将教学与研究相结合，探索孤独症学生个别化课程的内容体系与教学实施策略，并为区内资源教师的个别化教学提供示范与借鉴。

可以说，巡回指导教师是学校紧急而严重的融合教育问题的疏导员，更以"智库"的身份为普通教育学校解决教学安置、班级融合、家校冲突等问题。当然，作为区域特殊教育资源的焦点，海淀教育特教中心还经常安排巡回指导教师在区域范围内宣讲融合教育政策与理念，为融合教育教师提供最前沿的政策与最先进的理念，进一步推动区域融合教育发展。

二、资源教师：孤独症儿童融合教育的专业支持者

（一）资源教师的含义

资源教师是普通教育学校的特殊教育专业人员，提供筛查评量、教学、咨询等服务，一般由接受过特殊教育专业培训、具备特殊教育专业基本素养的教师担任。资源教师作为联结特殊教育和普通教育工作的"纽带"，需要具备良好的专业态度与信念、专业知识、教学技能、沟通合作能力，以及反思能力等。

资源教师是融合教育的中坚力量，是生力军，更是融合教育发展的直接推动者。资源教师是整合特殊教育和普通教育资源的桥梁、媒介，也是普通教育学校中孤独症学生的支持者，不仅决定了学校资源教室功能的发挥，更决定着整个学校融合教育质量的提升。资源教师是资源教室方案的主要负责人，除了需具备应有的特殊教育基本能力及专业素养外，还应善尽职责，充分运用教育资源，管理公共关系，落实资源教室方案，以提升特殊教育的服务质量。

（二）资源教师的能力结构

资源教师是融合教育学校的专业"顾问"，其能力结构主要由以下几个部分组成。

1. 丰富的特殊教育专业知识。资源教师是普通教育学校内对特殊教育最为了解的专业人员。因此，资源教师应该了解并熟悉孤独症学生的身心发展特点及行为特征、孤独症学生班级管理的策略、融合课程与教学方法的调整、融合环境的创建、

资源教室建设与运作等方面的专业知识。这是资源教师为融合教育教师提供指导，为孤独症学生提供康复训练、学业补救或心理辅导的重要基础。

2. 扎实的教育教学技能。资源教师既要承担普通班的学科教学，也要针对随班就读学生开展资源教学。随班就读学生不能有效适应普通教育的教学内容、教学方式是普遍现象，资源教师需提供个别化的资源教学，帮助他们更好地接受普通教育。资源教师特别是专职资源教师可选择性地承担普通班的学科教学工作。通过承担普通班的学科教学，资源教师可始终熟悉普通教育课程的教学目标、教学内容、教学方法和进度等，更好地为随班就读学生选择、调整或重新设计适合其学习能力和学习特点的教育内容。

3. 专业的筛查评估能力。资源教师要具备专业的筛查评估能力，为孤独症学生提供教育筛查与评估服务。资源教师可通过进班观察、访谈等对孤独症学生进行初筛，对于确有评估需要的学生，取得评估资质的资源教师可直接对其进行教育评估，如果资源教师没有相关资质，则需将学生转介。转介流程详见本书第四章。

4. 较强的沟通合作能力。资源教师需要具备良好的沟通合作能力，与学校融合教育教师、学校融合教育主管领导、区级特殊教育中心保持长期联系。一方面，资源教师要和融合教育教师及时交流，发现问题，了解需求，并以专业的知识与技能为他们提出适用的解决方案。另一方面，资源教师还可以将学校融合教育发展的愿景向学校领导反映，提高学校行政支持力度。此外，资源教师与区级特教中心及时沟通，有利于获得特教中心的专业支持，从而提升学校融合教育发展的专业化水平。

5. 良好的反思能力。反思与总结是推动资源教师个人发展的关键。无论是专业知识或技能的培训，课堂观察学生表现，资源教室教学实践，还是与各利益主体的沟通，资源教师都需要对其中重要的环节进行总结与反思。这就要求资源教师在日常工作中多积累文本及视频资料，或通过写日志、观察记录等方式收集资料，从而促进专业素养的持久提升。[①]

（三）资源教师的工作职责

针对孤独症学生，资源教师的工作职责主要包括但不限于管理与运作资源教室、教育观察与初筛、制订并实施个别化教育计划、开展工作指导与教育支持等。

第一，管理与运作资源教室。资源教师是资源教室工作的执行者，需完善资源教室的硬件建设、环境布置与制度规范，合理设计资源教室的工作区域，统筹管理校内孤独症学生的融合教育档案，负责孤独症学生数据的上报与动态管理。

---

① 江小英，牛爽爽，邓猛. 北京市普通中小学融合教育基本情况调查报告[J]. 现代特殊教育（高教），2016，7：22-27.

第二，开展教育观察与初筛。班主任教师在日常教学中发现有特殊教育需要的学生，报送至资源教师。资源教师则要入班观察学生，对学生进行简单的测试，并对班主任教师和学生家长进行访谈，从而综合了解学生的基本情况与特殊需要。拥有资质的资源教师可对学生的具体表现进行综合评估。

第三，制订并实施孤独症学生个别化教育计划。资源教师要为孤独症学生制订个别化教育计划，并为其提供针对性的资源教室课程。

第四，开展工作指导与教育支持。资源教师要指导随班就读教师开展孤独症学生的融合教育课堂教学，并为孤独症学生家长提供家庭教育指导。

【案例】

小之，是一名孤独症谱系学生，韦氏智力评分仅为49，目前就读于普通小学二年级。他每天下午要到学校资源教室上课。为了上好小之的数学课，让他真正学到知识，提升认知能力，资源教师李老师积极向多位有经验的数学学科教师请教，并与小之的其他课程教师进行研讨。经过长时间的研讨与反思，李老师最终定下了小之数学课的基调：选内容、小步子、生活化。选内容就是基于普通学校数学课课程标准与培智学校生活数学课程标准，结合小之的现有能力水平重新构建专属于小之的数学知识结构体系；小步子就是鉴于小之的基础认知水平和学习能力，不求快但求稳，每天一个小知识点，按部就班，通过量的长期积累最终达到质的飞跃；生活化就是教学内容一定要契合小之的日常生活，要教他能在生活中用得到的数学知识，能"活"起来的知识。原则已定，接下来就是实施了。李老师邀请到先前参与研讨的数学教师进行数学知识点的构建，最终确定了具有针对性的、小之专属的数学知识体系，并通过前测，了解了小之的能力，确定教学的起点与目标。就这样，小之的数学课终于可以进行了，李老师也舒了一口气。

没有现成的教材和教学内容是对孤独症学生开展课程教学的难点，但教学要有依可循，有标准可抓。因此教师应基于学生水平与能力，从其所必备的知识能力出发，对原有教材进行重构，确定适合学生的教学内容，并实施针对性的学科补救教学，帮助孤独症学生成长。生活化、基础化和必需化是孤独症学生学习掌握知识的基本原则，将孤独症学生的社会生活、学校生活和家庭生活相互贯通，将义务教育课程标准与孤独症学生身心发展特点相融合是融合教育教师制胜的有力抓手。

三、学生行为指导教师：孤独症儿童行为问题的干预者

（一）学生行为指导教师的含义

学生行为指导教师是融合教育教师团队中的新兴成员。随着孤独症谱系障碍

学生、情绪行为障碍学生、注意力缺陷多动障碍学生的增多，普通教育学校普遍反映难以有效应对学生的情绪行为问题，这需要一批有着先进干预技术的学生行为指导教师。学生行为指导教师需取得中国行为分析教师（CNABA）的结业证书，或进阶取得国际认证助理行为分析师（BCaBA）的资质，并具有良好的职业道德与操守，掌握行为分析的专业知识，具备行为干预的专业技能，能够提供专业咨询与指导。

行为指导教师不仅发挥着"分析师"的功能，对学生进行观察、访谈之后，基于记录及数据进行深入分析，以全面了解学生问题行为发生的前因后果，从而制订进一步的干预措施。同时，行为指导教师也发挥着"干预师"的作用，利用科学专业的行为分析技术，帮助孤独症学生减少问题行为，培养适当行为。当班级中的学生表现出问题行为时，行为指导教师会及时地进入班级课堂，对学生进行课堂观察，并使用特定的方法记录，提出科学的、专业的干预指导措施，以减少学生的问题行为，让其能够更好地融入普通课堂，适应普通教育学校生活。

（二）学生行为指导教师的能力结构

作为学生行为指导教师，尤其在针对孤独症学生的问题行为方面，需要具备以下能力结构：

1. 良好的职业道德与操守。学生行为指导教师在进行学生行为介入时需征求家长同意，与家长签订知情同意书，并承诺对学生的隐私信息保密，确保干预报告只为研究所用。此外，学生行为指导教师在为学生制订行为干预方案之前，必须使用科学的方法收集充足的背景资料，全面分析学生问题行为的功能及原因，确保干预方案的科学性与有效性。

2. 丰富的专业知识。学生行为指导教师需掌握行为分析的专业知识，包括问题行为的观察、问题行为的测量与数据收集、问题行为功能的分析、问题行为的干预等。学生行为指导教师要不断进行理论学习，丰富专业知识，搭建关于行为分析的概念框架与知识网络，奠定为学生提供行为干预与指导的知识基础。

3. 行之有效的专业技能。当学生出现较为严重的问题行为时，学生行为指导教师要利用自身专业技能进行有效的干预，可以通过直接观察，访谈学生、教师与家长，了解行为发生的状态，如频率、强度、持续时间等情况；综合学生的认知能力、所处环境、家庭教养方式、学生生理及心理需求等各方面因素，根据功能分析的"前提—行为—后果"（A-B-C）原则，判断行为发生的原因和功能，从而制订系统、科学的行为干预方案，包括行为干预的目标、干预团队的组建、行为干预的实施策略、行为干预效果评价等多方面的内容。依据干预方案，行为指导教师通过控制前提、改变行为、改变后果等方式对学生的行为进行干预，增强学生的自我管理能力，使干预效果得以维持。

【案例】

东东是一名孤独症谱系障碍学生，伴随情绪和行为障碍，他总是喜欢"吐口水"。行为指导教师张老师在认真分析东东"吐口水"行为出现原因的基础上，为东东制订了针对性的干预措施。首先，在课堂上选取东东感兴趣的强化物作为奖励。张老师在和家长的沟通中发现，东东喜欢球类，尤其喜欢乒乓球。因此，张老师给他制订了这样的强化规则：如果能够坚持5分钟不吐口水，就奖励3分钟玩乒乓球的时间；如果能够坚持10分钟不吐口水，就奖励5分钟玩乒乓球的时间……以此类推，坚持的时间越长，给予他强化物的时间就越长。同时，张老师还制订了小小的"惩罚措施"，如果东东出现"吐口水"的行为，则要做10个仰卧起坐或者30个蹲跳，这样不仅可以训练他的大肌肉群，还能转移他对吐口水行为的注意力，从而逐渐消退其不良行为。经过将近三个月的行为矫正，东东"吐口水"的行为逐渐消失了，课上"小喷壶"不再吐口水了，每次见到老师、同学还特别热情地打招呼。就这样，张老师与"小喷壶"的"斗争"终于告一段落！

行为指导教师在面对孤独症学生各式各样的问题时，要仔细分析问题行为产生的原因，用尝试改变环境、改变方式、改变结果等方式进行针对性的行为引导；还要给予正确的反馈，如有效使用学生喜欢的强化物、正确给予学生厌恶的刺激；更要给予心理疏导来稳定学生的情绪，引导学生使用正确的方式发泄不良情绪，如玩玩具、读书等，帮助其形成良好的行为习惯。

（三）学生行为指导教师的工作职责

针对孤独症学生，学生行为指导教师的工作职责主要包括但不限于孤独症学生行为评估、干预与指导等。

第一，评估学生行为的功能。学生行为指导教师观察孤独症学生在课堂上的行为表现，系统记录学生问题行为发生的前事情景，学生问题行为的表现、强度、持续时间、频率等，以及学生行为发生之后的后果等数据。行为指导教师还可使用结构化的访谈表，通过教师访谈、家长访谈，详细了解学生的行为表现及发生的生态环境，从而综合考虑学生自身能力以及周围环境等多种因素，明确孤独症学生行为的功能。

第二，制订干预方案并进行干预。学生行为指导教师需根据对学生行为表现的了解，以及对行为功能的分析，制订针对性的行为干预方案，包括学生个案的基本信息、学生问题行为的界定、行为功能的分析、行为干预的目标、干预团队的组建、干预的步骤、采取的策略，以及干预效果的评价方式等，并根据干预方案对孤独症学生的不当行为表现进行干预。

第三，指导教师与家长对孤独症学生行为进行干预。对于一些不是特别严重的问题行为，行为指导教师不需要直接面向学生，只需向教师和家长提供学生问题行为干预的指导建议，由教师或家长对学生的问题行为进行介入。

总之，学生行为指导教师是预防与消除学生问题行为的专业人员，需要具备系统多元的专业结构，为学生的适性发展提供专业支持。

四、随班就读教师：孤独症儿童融合教育的直接实践者

（一）随班就读教师的含义

随班就读是指在普通教育学校对孤独症学生实施教育的一种形式，是我国融合教育初级阶段的具体表现。而直接接触孤独症学生，堪称融合教育的实践者的便是承担随班就读工作的随班就读教师。随班就读教师是指班级有随班就读备案或其他特殊教育需要学生的班主任和任课教师。他们需要具备尊重差异、接纳包容等融合教育理念，掌握孤独症学生身心发展特点等特殊教育相关知识，具备融合教育教学的能力，并能够主动寻求资源教师、家长或其他社会资源的支持。主要职责包括：初步发现有特殊教育需要的孤独症学生，营造包容、和谐的班级融合氛围，调整融合教育课堂教学的内容与方法，与学校资源教师或孤独症学生家长沟通交流等。

作为随班就读教师，必须要做到：

1. 爱岗敬业，有仁爱之心

随班就读教师要热爱特殊教育事业，热爱随班就读工作，具有高尚的师德，有奉献精神，对孤独症学生有爱心、耐心和信心，在随班就读工作中做出优异成绩。

2. 钻研创新，有专业素养

随班就读教师要具有钻研和创新精神，能创造性地开展工作，掌握随班就读教育教学的基本原则和方法，明确对随班就读学生的教育目标，掌握残疾儿童身心发展的一般特点，能正确理解、灵活掌握和处理教材，能够制订和实施个别教育计划，具备初步鉴别残疾儿童的能力。

（二）随班就读教师的能力结构

在孤独症儿童的融合教育中，随班就读教师是关键角色。具备融合教育理念与专业技能的随班就读教师是保证孤独症学生接受高质量教育的前提和基础。因此，随班就读教师不仅需要具备普通教育的相关知识，而且需要掌握特殊教育专业技能。

1. 掌握特殊教育和融合教育相关基础理论

作为融合教育教师，随班就读教师必须学习并掌握特殊教育理论，了解孤独症学生身心特点和教育规律，掌握特殊教育基本教学原则和教学方法，充分利用课余时间学习先进、前沿的理论知识，做不迷茫、不困惑、不"抓耳挠腮"的随班就读教师。

2. 具备制订和实施孤独症学生个别化教育计划的能力

随班就读教师要充分了解孤独症学生在班级尤其是学科学习中的现有知识水平及相关能力水平，深入分析孤独症学生在本学科的优势点和弱势点，制订适宜的学科学期目标，提出对教材适当的处理建议和有针对性的教学措施，做好每学期的教学效果评估。随班就读教师要定期参与孤独症学生的个案研讨会，及时与班主任、其他学科教师沟通联系，共同商讨针对性的、专业的教育教学策略。

3. 具备适时调整融合课堂教学的能力

随班就读教师在课堂教学中要充分肯定、激励和帮助孤独症学生，并及时为他们提供展示学习成果的机会。随班就读教师还要针对孤独症学生的实际需要与特点，在教学目标、内容、方法、手段，以及作业与评价等方面，对孤独症学生提出针对性要求。

4. 具备科学干预的能力

随班就读教师在面对孤独症学生的问题行为表现时，一定要保持客观的态度，不让个人主观的偏见影响到对孤独症学生问题行为的认识，同时，还要意识到孤独症学生出现问题行为在某种程度上来说是障碍使然，是不得已而为之。因此，教师不能简单武断地下结论，不能将这些问题行为归结为孤独症学生的缺点。在应对和干预孤独症学生的问题行为时，随班就读教师要坚持预防与干预相结合，一方面要做好预防工作，在行为管理理念的指导下，尽量避免学生问题行为的发生，尽可能消除引起问题行为的内因和外因，创设积极的环境；另一方面，要采取一些科学的、针对性的干预措施进行问题行为矫正，如精心安排孤独症学生的学习任务与环境，充分发挥其主观能动性，让学生积极参与到课堂教学中，其注意力就会更加集中，出现问题行为的可能性就越小。教师要恰当使用态势语言，当学生出现问题行为时，可以用一个手势、眼神等提示他，来降低其问题行为出现的频次和程度。更为重要的是，教师要寻找好的替代行为。当学生有问题行为时，教师要进行功能行为分析，分析问题行为出现的原因等，并激励学生做出良好的替代行为，如跑腿做事、帮老师分发教学用具等，从而减少问题行为的产生。而当学生出现替代性的适当行为时，教师一定要及时反馈，给予表扬、肯定，从而强化适当行为，减少问题行为的出现。

5. 具备指导家庭教育的能力

孤独症学生家长与学校之间相互尊重、信任的互动关系是融合教育顺利开展下去的奠基石[1]。因此，融合教育教师要注重与孤独症学生家长的良性沟通合作，

---

[1] Soodak L C, Erwin E J, Winton P, et al. Implementing inclusive early childhood education [J]. Topics in Early Childhood Special Education, 2002, 22 (2): 91-102.

做孤独症学生家庭教育的指导者，掌握必备的家校沟通策略，定期与孤独症学生家长沟通反馈学生的学习情况、能力水平与目标达成情况等；与其他教师一起合作为家长提供家庭教育指导意见；积极组织参与班级家长会、学校开放日等。总之，随班就读教师要与孤独症学生家长建立合作共赢的互动模式，在沟通内容上实现相互理解，在沟通方式上实现互帮互助，真正实现家校双向共生，助力孤独症学生发展。

（三）随班就读教师的工作职责

针对孤独症学生，随班就读教师的工作职责主要包括以下几个方面：

1. 学习特殊教育和融合教育相关基础理论

随班就读教师必须要学习并掌握特殊教育理论，了解特殊学生身心特点和教育规律，掌握特殊教育基本教学原则和教学方法，充分利用课余时间学习先进、前沿的理论知识，做高素养的融合教育教师。

2. 积极参与制订和实施孤独症学生的个别化教育计划

随班就读教师要充分了解特殊学生在本学科学习中的现有知识水平及相关能力水平，深入分析特殊学生在本学科的优势点和弱势点，制订适宜的学科学期目标，提出对教材适当的处理建议和有针对性的教学措施，做好每学期的教学效果评估。随班就读教师要定期参与特殊需要学生的个案研讨会，及时与班主任、其他学科老师沟通联系，共同商讨教育教学策略。

3. 要积极调整融合课堂教学，保证孤独症学生参与课堂

融合教育教师在课堂教学中要充分肯定、激励和帮助随班就读学生，并即时为他们提供展示学习成果的机会，要针对随班就读学生的实际需要，在教学目标、内容、方法、手段，以及作业与评价等方面，体现出对随班就读学生的要求。

4. 为孤独症学生寻求同伴支持

有效的同伴支持使特殊儿童有更多的时间和机会与年龄相近的普通儿童直接接触，能极大地促进特殊儿童的学习兴趣，提高特殊儿童在学科学习和社会交往方面的技能，同时提高普通儿童对特殊儿童的接纳度。为孤独症学生寻求同伴支持不仅能减轻随班就读老师的工作负担，还将极大地提高随班就读的成效。融合教育教师要积极帮助特殊学生寻求同伴支持，为随班就读学生建立学科学习和学校生活的帮扶小组，并且提供恰当的辅助工具。

5. 积极参与培训、研究

作为融合教育教师，我们要积极参加校级、区级、市级相关特殊教育培训，并主动开展孤独症个案研究，做一名学习型、研究型的融合教育教师。

五、特教助理教师：孤独症儿童融合教育的学习支持者

（一）特教助理教师的含义

随着社会的发展和进步，社会对孤独症学生的关注也从"重入学率"向"重教学质量"转变。融合教育观念的普及和深入，让越来越多的孤独症学生进入普通教育学校的普通班级随班就读，然而这些孤独症学生的情绪行为问题、社交障碍给班级融合带来了极大挑战，其中班级管理问题和差异教学问题尤为突出。由于普通教育学校的班额较大，任课教师无法同时兼顾所有学生的需求，尤其是孤独症学生的特殊教育需求。班级教师难以提供一对一支持，对于孤独症学生的学习需求"无暇过问"，导致随班就读学生出现"随班混读"现象，学生难以在班级教学中学有所获，随班就读的质量令人担忧。为了使有特殊教育需求的学生尽早与学校班级融合，自有孤独症儿童选择进入融合教育学校就读以来，"陪读制度"就出现了，陪读人员一般是家长本人或家长出资雇佣的人员。但是不论是家长还是社会人员，他们都缺乏特殊教育相关知识，不了解学校和学生特点，陪读质量参差不齐，仅能为孤独症学生提供"保姆式"陪读服务。为了协助和支持孤独症学生适应融合环境，享受高质量的融合教育，"特教助理教师"应运而生。国际上[①]对特教助理教师普遍采用"专业辅助人员"（paraprofessional）、"支持教师"（support teacher）、"教师助手"（teacher assistant /aides）等术语。特教助理教师是指在普通班级中，直接为孤独症学生在课堂参与、社会交往等方面提供支持服务的专业人员，是介于普通班级教师和专业人员之间的辅助型或支持型教师。他们的人事关系不隶属于普通教育学校，他们也不直接从事教学，但可以逐步融入学校，或成为学校的特教专业人员。特教助理教师的角色限定了其职责以辅助支持特殊需要学生为主，同时加强与家长的沟通交流，以及与教师间的协同合作。

在多年的探索实践中，特教助理教师的发展大致经历了三个阶段：从由家人陪读到家政保姆陪读，再到专业助理教师。从零散走向系统，从无序走向规范，从陪伴走向专业，从隔离走向融合。第一阶段，孤独症学生难以适应普通班级的要求而出现不同的问题行为时，为使学校接纳学生，让学生享有融合的环境，家长会选择自己到学校陪伴学生并控制学生的行为。第二阶段，家长由于自身工作原因，难以亲自入校陪读时，在家政市场聘请保姆，由其到校负责孤独症学生的安全与生活，保证"不出事"即可。第三阶段，随着融合教育的普及，孤独症学生受教育的权利得到保证，家长的意识不断提升，不仅关注学生"融进去"，还要能够"融得好"，信息资源畅通的家长了解到特教助理教师的存在，通过特殊教育专业机构聘请与匹

---

① Bourke P E. Professional development and teacher aides in inclusiveeducation contexts: where to from here? [J]. International Journal of Inclusive Education, 2009 (8): 817-827.

配助理教师。无论是家人陪读还是保姆陪读，其弊端有四：一是家长或保姆在身边时，学生心理上有依赖，而且照顾者干预过多，剥夺了学生自主决定的机会，使学生并不能真正"融合"进班级；二是家长每天在班级里陪坐，对教师形成无形的压力，干扰教师的课堂教学；三是对普通学生产生心理影响，他们会把特殊孩子视为另类，拉开彼此间距离，不利于营造接纳与支持的环境；四是家长做陪读，可能会减少家庭经济来源，对家庭关系产生不利影响。当前国际上，特教助理教师已被视为融合教育教师专业团队中的重要一员。

（二）特教助理教师的能力结构

特教助理教师是孤独症学生在学校中的直接伴随者，然而这并不意味着特教助理教师就是陪伴式"保姆"，他们更需要多元的知识与技能加持，其能力结构也赋予了其多面手的角色。

1. 具备特殊教育专业知识

特教助理教师要全面掌握关于孤独症学生及特殊教育专业知识，其中包括基本原理类知识、实践操作类知识等，例如不同类别的孤独症学生的心理发展阶段、特殊教育基本原理、融合教育实施策略、学生情绪行为的管理技术、社交促进技巧等，从而更好地为孤独症学生提供辅助支持。

2. 具备个别化辅助支持的技能

特教助理教师要引导辅助学生养成良好的行为习惯；帮助学生遵守班级规则；辅助学生参与课堂教学；辅助学生完成各科作业；帮助学生参与同伴活动与集体活动等；对孤独症学生出现的紧急情况进行应急处理，确保其人身安全。

3. 具有沟通协作能力

特教助理教师不仅需要与孤独症学生家长及时沟通、建立良好的合作关系，还需要与班级教师做好沟通协调。他们不仅需要与学校的资源教师进行专业交流，而且必要时要向巡回指导教师寻求支持，从而促进多方通力合作，共同为孤独症学生营造良好的融合环境。

（三）特教助理教师的工作职责

特教助理教师的工作职责，主要包括个别辅导、应急处理、协同合作等方面。个别辅导是指特教助理教师一对一、有针对性地对学生进行辅导，表现在如下六个方面：第一，辅助学生养成良好的行为习惯；第二，帮助学生遵守班级规则；第三，辅助学生参与课堂教学；第四，辅助学生完成各科作业；第五，帮助学生参与同伴活动与集体活动等。培养孤独症学生与同伴交往的技巧，教授他们在集体活动中应表现的行为，促进自然融合；第六，管理学生的行为，执行系统的行为规范。

针对学生出现的问题行为，能够使用行为分析与干预的技巧进行应对。当孤独症学生出现严重的情绪行为问题时，特教助理教师应及时介入，阻断危险，确保孤独症学生以及普通学生的人身安全。特教助理教师需要及时与家长、教师沟通协作，共同为孤独症学生制订阶段性发展目标，向家长反馈孤独症学生的日常表现，提供家庭干预的建议；还需要与随班就读教师、资源教师和巡回指导教师建立良好的合作关系，加强多方协调合作。

特教助理教师的角色功能定位为融合教育的辅助者。在融合教育的实施过程中，对于有些存在严重情绪与行为问题的学生，随班就读教师做不到只照顾这些学生，而巡回指导教师与资源教师无法全天在场，这就需要特教助理教师提供持续的、及时的支持与陪伴。在融合教育学校中，特教助理教师能够陪伴并保护孤独症学生，为其撑起"保护伞"，但这并不意味着特教助理教师的身份局限于"陪伴者"。陪读并不是陪着读，特教助理教师要利用特殊教育专业知识与技能为孤独症学生提供持续性的支持服务，帮助孤独症学生改善行为与学业表现，必要时可以为普通班级教师提供协助，让学生适应并参与班级的生活与学习。

第二节 融合教育教师团队的专业化成长

当前，孤独症学生的个体差异大，需求多元，施教难度大，孤独症儿童教育仍然是融合教育教师教育教学的一大难题。如何培养出高质量、高素养、高水平的融合教育教师团队以适应孤独症儿童的融合发展，北京市海淀区摸索出一条独特的针对孤独症儿童教育的融合教育教师团队专业化成长路径。

一、融合教育教师团队培养的总体路径

（一）立足需求，构建课程

创新培训课程体系，全面提升课程支持水平。立足海淀区教师的真正需求，聚焦理念与技能，构建出系列培训课程：资源教师上岗资格课程、进阶培养课程、云实习主题课程，融合教育教师在线培训课程，班主任教师融合教育系列培训课程，幼儿园融合教育种子教师培训课程等高端精品课程。建成海淀区特殊教育课程资源云平台，以课程建设服务培训，不断推进师资培养高质量发展。

（二）分类培训，建立梯队

创新教师培养模式，开展特殊教育师资培养培训。多措并举，分层分类培训

师资。一是通过开展新任教师和骨干教师的特殊教育学科培训及特殊教育教师专业必修、选修课程培训，不断筑牢特殊教育教师专业之基；二是开展义务教育阶段和学前阶段融合教育教师衔接式培训，提高融合教育师资的专业能力，提升教科研素养。

（三）形成"学—训—研—督"一体化培养机制

一是依托骨干教师队伍，成立资源教师和行为指导教师的两大研修工作室，开展研修活动，发挥专业优势，切实提高教师的专业水平。二是开展资源教师分片教研、跟岗实习，从理论讲授到课堂观摩，从集体备课、说课，到独立上课，让资源教师的专业技能得到"跨越式"发展。三是"云"教研助力骨干、新任教师双培养，在资源教师的云实习活动中，以骨干带动培养新任资源教师，以线上教研交流、实地参观学习，不断提升教师的综合素养。

对于不同类别的融合教育教师的分类培训，海淀区 2011 年在国内首次实现资源教师"持证上岗"，开创行为指导教师培养先河，组织随班就读教师全员培训，探究特教助理教师培养路径，推进了陪读人员专业化进程。

二、巡回指导教师的专业能力提升

巡回指导教师培养目标的重点在于提升其"指导力"，使其精准把握学校、教师、孤独症儿童及其家长的需要，科学地制订支持方案，运用专业知识与技能提供符合需要的指导建议。因此，巡回指导教师需要熟练掌握领域内的理论知识和研究方法，具备专业的实践技能，具有良好的综合素质。

（一）巡回指导教师的培养内容

1. 特殊教育理论知识

巡回指导教师需要首先具备扎实的特殊教育理论知识，包括国内外融合教育理论研究、资源中心/资源教室理论研究、孤独症理论研究、教育康复理论研究等方面的内容，从而在专业方面能够引领其他融合教育教师的发展。

2. 孤独症学生的筛查与评估

巡回指导教师需要熟悉孤独症学生筛查与评估、学生干预技术等实践技能，帮助学校解决融合教育的难题。

3. 孤独症个案研究

巡回指导教师同时还是一名区域教研员，应具备专业的科研意识与科研素养，所以需要精通常用的研究方法，如问卷调查、个案研究、行动研究等，并需要掌握学术研究的规范，从而将实践经验更好地升华为理论成果。

不仅如此，巡回指导教师作为一个"多面手"，需要具有较高的综合素质，包括师德人文素养、沟通技巧、访谈技巧、咨询策略、组织能力、办公技能等，从而确保实现自身全面发展。

（二）巡回指导教师的培养路径

为提升巡回指导教师的综合素质，海淀区采用专项培训、实践反思、教育研究、师徒结对等方式进行培养。

1. 专项培训，提升专业素养

巡回指导教师要定期参加不同主题的专项培训，如学前融合教育、学生行为分析、韦氏智力评估、孤独症儿童发展、感统训练、绘本教学等相关培训。这些专项培训往往具有较强的系统性与延续性，从而使巡回指导教师既有深厚的特教专业功底，又有擅长领域，做到"既全且专""一专多能"。特教中心积极促进巡回指导教师入校实践，积累融合教育案例，总结教育教学策略，提升指导能力。鼓励巡回指导教师在课题研究和教研培训中承担任务，加强自我学习与提升。

2. 结对培养，发展专业内涵

海淀区巡回指导教师队伍的年龄层次合理，其中既有具有多年巡回指导工作经验的"老教师"，又有承担中心多项事务的"中坚力量"，还有入职时间较短的"新教师"。新任巡回指导教师尽管具有系统的特殊教育专业背景，但是缺乏实践经验，难以完全胜任巡回指导的工作，在个案支持、学生筛查、沟通协调、个别化教学等方面都需要引领。海淀特教中心打造"青蓝结对"工程，采用师徒结对的方式，让"老教师"带"新教师"，老教师对新教师面临的困惑，以及在工作上出现的问题进行针对性指导，实现"内涵式"发展，从而提升新任巡回指导教师的工作能力。老教师手把手指导新任巡回指导教师对学生进行科学的教育评估；指导新教师上好特殊学生的公开课；面对面传授入校时与学校领导和普通教育教师沟通的礼仪和技巧，进行课堂观察与访谈的内容与策略；分享自己巡回指导的工作经验，帮助新教师明确方向，提炼技巧，提升能力。

3. 开展沙龙和论坛研讨，鼓励教师自主发展

面向巡回指导教师开展沙龙、教育教学论坛等，使其共研在巡回指导工作与教育教学实践中积累的问题，探讨解决的方法策略，不断提升巡回指导教师的专业能力。如海淀区定期组织巡回指导教师开展青年教师沙龙、团员教师沙龙、"一卷一行"教学研究活动等，为巡回指导教师提供交流学习研讨的平台，促进巡回指导教师基础化、专业化发展。

4. 教育研究引领教师成长

建立巡回指导教师参与课题研究和教研活动的常规培养机制，鼓励巡回指导教师在课题研究中承担任务，在教研活动中担任组织者与引领者。海淀特教中心承担了国家教育科学规划教育部重点及一般课题、北京市教育科学规划重点课题、北京市教委委托课题、北京市海淀区教育科学规划课题等不同层级的研究课题。研究主题新颖且具有较强的实践应用价值，与巡回指导教师的日常工作紧密结合。课题研究将工作经验凝聚升华为理论，有利于塑造"研究型"巡回指导教师。此外，海淀区建立了学校本位融合教育教研组、资源教师教研组、学生行为指导教师教研组和个案支持教研组，海淀区依据巡回指导教师的职责分工与专长将其分别分配到不同教研组中。例如，在个案支持教研组中，巡回指导教师针对某一个典型案例进行深入的分析，针对基本信息、评估结果、个案支持方案、个别化教育计划、课堂教学调整、额外支持服务、个案支持效果等多个方面进行共同研讨这一举措不仅提高了巡回指导教师分析个案、支持个案的能力，还有利于用研究的精神在实践中解决问题。

三、资源教师的专业化成长

孤独症儿童进入普通教育学校后，需要专业的、专门的人员为其提供支持，资源教师的配备必不可少。资源教师作为普通学校中从事孤独症学生辅导工作的专职教师，在支持孤独症儿童、推进普通教育学校融合教育工作中发挥重要作用。然而，面对孤独症群体，仅仅依靠教育经验是不够的，资源教师需要掌握特殊教育专业技能，但就目前而言，大多数资源教师缺乏特殊教育专业背景，缺乏教育孤独症学生的技能，资源教师队伍欠缺专业性与稳定性。基于此，北京市海淀区结合区域融合教育发展现状，通过从"上岗"到"进阶发展"，再到"专业研修"的梯度式专业发展模式，让资源教师在专业上不断成长，具备针对孤独症学生的专业胜任力。

（一）资源教师上岗资格认证

自 2011 年起，海淀区开启了资源教师的培养探索。通过多年的实践与积淀，海淀区最终形成了以理论培训（Theoretical Training）、教育实习（Educational Practice）、考核评估（Assessment）等环节为基础的资源教师资格认证 TEA 模式（图 5-1）。在国内特教教师资格认证尚未完善的今天，该成果弥补了国内关于资源教师资格认证的空白。

（1）构建理论培训课程体系，提升专业知识素养。经过调研与长期探索，海淀区形成了"两大领域、三大模块"的培训课程体系，培训课程分为理论知识和专业技能两部分，基本满足了资源教师的专业成长需求。培训课程内容包括特殊教育学、心理学与教育实践三个模块，这是资源教师资格认证的基础，确保资源教师集中掌握特殊教育与融合教育的基础理论与常用策略，提升资源教师的专业素养。

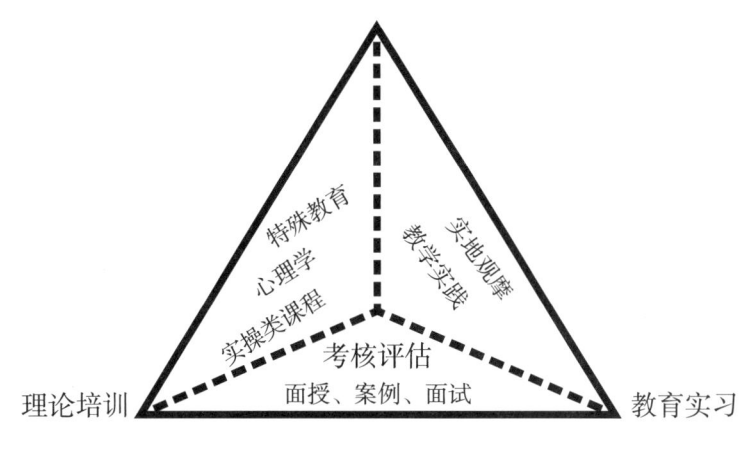

图 5-1　资源教师资格认证 TEA 模式

（2）形成教育实习路径，巩固发展专业技能。美国特殊学生委员会（The Council for Exceptional Children, CEC）在 2003 年将特殊教育教师资格认证划分为特殊教育内容标准、领域经验和实践标准、评估系统标准三个部分。参考这个模式，海淀区在资源教师资格认证过程中，设置了 24 课时的教育实习环节，组织参与培训的教师前往普通中小学资源教室进行现场观摩，自行设计资源教室课程，并加以实施。这是资源教师资格认证的有效途径，要求资源教师提前适应资源教室与学校的融合教育工作，通过观摩示范课、实地教学、及时指导等方式将专业知识转化为专业技能，突破理论培训的局限性，促使资源教师直接体验工作职责与特点，进一步提升专业实践技能。

（3）加大考核评估力度，确定资源教师资格。在资源教师接受系统培训，并参与教育实习之后，负责资格认证的专家根据《资源教师任职标准》，对他们所掌握的知识与能力进行考核评估。考核评估由面授参与情况、案例撰写和面试考核三项构成，系统考察资源教师在专业态度、专业知识、专业技能、沟通能力、心理素质、问题解决能力等方面的水平，以确定是否授予资源教师资格。这是资源教师资格认证的重要保证，检验资源教师在理论培训与教育实习环节的学习效果，考核评估的结果决定了资源教师资格证书的取得情况。

以上三个环节互为补充，相互关联，共同构成稳定的、立体化的资源教师资格认证 TEA 模式。该模式回答了培养什么样的资源教师、如何培养资源教师，以及培养效果如何的问题，对于国内资源教师培养具有重要借鉴价值。

（二）资源教师的进阶式培养

资源教师在学校融合教育工作中具有关键作用，资源教师上岗资质培训让资源教师成为普通教育学校中的专业教师，但这仅仅是第一步，将资源教师打造成高、精、尖的特殊教育专家，培养成普通教育学校的智库才是区特教中心孜孜追求的目标。在这一方面，海淀特教中心做了很多努力。

在不断的实践探索、理论研究中，海淀特教中心创立了资源教师进阶式培训课程，为资源教师提供持续发展的平台与机会。初阶培训，让资源教师通过课程学习，初步了解特殊教育、融合教育与资源教室的基本政策与基础理论，掌握一些必备的专业基础技能，成为一名合格的资源教师；中阶培训，帮助资源教师掌握特殊需要儿童的标准化筛查、诊断与评估，以及常见的教育康复策略，成为一名技能型资源教师；高阶培训，帮助资源教师熟练掌握特殊需要儿童的评估与教育策略，能够胜任指导特殊需要儿童家长、学校融合教育教师的工作，成为一名专家型资源教师。

从"专业小白"到"合格教师"，再到"技能型教师""专家型教师"，进阶式培训让资源教师真正成为普通教育学校中的特殊教育专家，切实地为孤独症学生服务，为学校的融合教育工作助力。

（三）资源教师的专业研修

资源教师是资源教室建设与运作的核心人物，是学校融合教育工作的主要推动者，每个资源教室需配备专职或兼职资源教师。然而资源教师多是普通教育专业背景出身，虽然实现了持证上岗，但是仍无法满足孤独症儿童的多元化需要，专业能力有待提升。资源教师专业技能的提升有赖于综合采用理论培训、实地观摩、跟岗学习、入校指导、主题教研等继续教育方式。为此，北京市海淀区成立资源教师研修工作室，为资源教师综合素养的全面提升提供研修发展的平台，从而进一步提升其教育教学能力与教育科研能力，提高育人质量，切实达到以教促研、以研促教的目标。研修室的成立，旨在分析研究海淀区资源教师专业发展的现状、需求及问题，探索与实践主题教研的模式，促进资源教师的专业成长，指导随班就读教师改进教学方式，提高教书育人能力。此外，研修活动能够让资源教师更好地服务于孤独症学生，深入研究和切实满足孤独症学生的个性化需要，提高学生的综合素质；服务于融合教育学校，提高教育教学质量，引领课程教学改革。

通过这样全方位的培养，我们的资源教师最终成长为能教学、能教研、会教育、会指导的"多面手"，成为推动海淀区融合教育发展的中坚力量。

四、行为指导教师的专业化成长

（一）行为指导教师的专业化培养

行为指导教师的培养旨在加强普通教育学校资源教师、特殊教育教师对学生问题行为干预的能力，将应用行为分析的理论与技术充分应用到实践中，有效解决学生的行为问题，促进学生参与课堂，从而提升特殊教育和融合教育的质量。

经过实践探索，海淀区形成了系统的行为指导教师培养课程体系，分为中国行为分析教师（CNABA）和国际认证助理行为分析师（BCaBA）培训课程，这两类资质存在递进关系，只有通过CNABA高阶考核的教师才有资格申报学习BCaBA培训课程。中国行为分析教师培训课程包括初阶课程、中阶课程和高阶课程，分别涵盖行为分析基础知识、行为干预策略、功能性行为评估、数据收集、学生评估、个别化团体课设计等主题内容。国际认证助理行为分析师课程包括行为分析基本概念与原理、功能性行为评估的方法、学生行为的干预策略、行为分析与干预的实践应用、行为分析教师伦理准则等进阶课程。总体而言，行为指导教师的专业化培训涵盖了行为分析的基本理论、职业技能、职业伦理准则等方面的内容。

1. 基本理论

了解行为干预的基础原理是对行为指导教师的基本要求，行为分析的基础知识是对行为指导教师培训的首要内容，旨在阐释行为分析的基本概念，明确行为分析与干预时的原则，梳理行为分析的主要脉络等，从而为行为指导教师的专业发展奠定专业知识的基础。行为分析的基础知识主要包括应用行为分析的简介、历史演变、基础概念、基本原则、理论基础与原理、基本思想与特点、行为评估的要点、行为干预的流程、行为干预策略等。行为分析基础知识的教授主要以专题讲座的形式开展，由专家进行现场授课或在线视频讲解，具有较强的系统性与高效性。

2. 职业技能

行为评估与干预的技能是对行为指导教师进行培训的核心，旨在让行为指导教师能够独立开展学生问题行为的评估与干预，熟练行为干预的流程，包括行为功能评估、制订干预方案、实施干预、评估效果等，并为随班就读教师或特教助理教师提供指导。行为功能的分析需要行为指导教师将理论知识付诸实践，结合学生个案行为的表现，掌握行为功能分析的方式与路径，以实证数据为支撑，通过观察学生的行为表现，访谈教师、家长等相关人员，对所收集的数据进行分析，对学生的行为进行评估，从而科学全面地了解学生问题行为背后的原因。之后，行为指导教师要依据学生问题行为的功能，诸如获取物品、获得关注、逃避任务、自我刺激等，制订问题行为的干预方案，确定干预的策略，如强化、惩罚、消退、行为塑造、非后效强化等，进而追踪学生的行为变化情况，了解行为干预的效果及调整方向。行为评估与干预技能的课程培训主要采用实地督导、视频督导、个案分析等方式，注重学员的实际操作与教师督导相结合。

3. 职业伦理准则

行为指导教师的工作对象是存在问题行为的特殊学生，在对学生的问题行为进行评估与干预的过程中必然会涉及学生及其家庭的信息，并且需要采用策略对学生的问题行为进行改变，这要求行为指导教师必须遵守基本的伦理准则。行为指导教师需坚守保密、知情同意等原则，对特殊学生及其家长的基本信息、访谈录音、观察记录、个案记录与分析等相关资料，未经家长同意不得外传或泄漏；在对学生实施行为干预之前，需要制订详细的干预方案，并由家长阅读，家长同意的情况下签署知情同意书。此外，行为指导教师必须与学生建立稳定的干预关系，非特殊情况不得随意中断干预进程，并且需要在干预结束一段时间后对学生进行追踪了解，以保持干预的效果。职业伦理准则的课程培训主要采用学员观看在线课程与自主阅读专业书籍相结合的方式，如《行为分析师执业伦理与规范》。

（二）行为指导教师的专业研修

在培养行为指导教师的同时，海淀区建立了融合教育骨干教师交流制度，鼓励资源教师、行为指导教师跨校任教，合作开展教学研究。成立行为指导教师研修工作室，研修室的成立旨在培养一批融合教育骨干教师。创新培训形式，为行为指导教师的专业成长搭建平台，为普通教育学校孤独症学生的班级融合提供支持；逐步探索建立跨校指导机制，研修室组织课堂教学观摩和案例汇报，行为指导教师不断积累个案经验，提高专业指导能力。通过行为指导教师研修工作室研修活动的开展，行为指导教师们能够有组织、有抓手地开展跨校指导的工作，真正成为有特殊需要学生的指导者，成为融合教育的指导者。

五、随班就读教师的全员化、通识性培养

融合教育倡导所有儿童在邻近的普通教育学校接受公平而高质量的教育。普通中小学教师是直接教授随班就读孤独症学生的人员，是融合教育的重要践行者，其专业素养对融合教育的理念落实与质量提升起到关键作用。

（一）随班就读教师的培养内容

对于数量庞大的随班就读教师群体，海淀区积极探索，形成随班就读教师培养的内容体系，主要涵盖融合理念、专业知识和专业技能三个层面。首先，着眼于教育公平、多元差异、接纳包容等融合教育理念的宣导。其次，将专业知识细化为融合教育政策、孤独症学生特点、融合教育策略等不同的专题，让随班就读教师系统了解融合教育的基础知识与政策导向。最后，对随班就读教师常涉及的差异教学的设计、个别化教育计划的制订与实施、针对不同类别孤独症学生的干预技能等方面进行培训。

1. 融合教育理念

树立正确的融合教育理念是随班就读教师需要首先具备的，这是开展融合教育工作的"指明灯"与"导航仪"，避免融合教育"走样"与"偏航"，保证融合教育

沿着科学合理的轨迹发展。融合教育理念的培养主要包括向随班就读教师宣导教育公平的原则及正确的残疾观，让随班就读教师理解学生的多样化和差异性，接纳不同，并通过为学生提供全方位的支持，帮助学生更好地参与融合，而非停留在补偿缺陷、改变学生、让学生适应班级教学的传统观念上。

2. 融合教育专业知识

专业知识涵盖了"融合教育的政策""课堂中的特殊需要学生""融合教育实践策略"三个主题。融合教育政策囊括了从国际公约到国家、北京市，以及海淀区等不同层级的政策。由专家从宏观视角对各级文件进行解读与分析，从政策法规层面强调残疾学生的受教育权利，实现教育公平。在特殊需要学生主题上，专家或巡回指导教师从班级学生的差异表现出发，总结孤独症学生的身心发展特点，尤其在生理、认知、社会性、情绪行为等方面的表现。在融合教育实践策略主题上，特教中心或学校资源教师帮助教师掌握创建融合环境、课堂，实施融合教育教学的策略，开展家校合作的策略，以及可以对特殊学生采用的支持策略等，从而为随班就读教师有效促进特殊学生融合奠定知识基础。

3. 融合教育专业技能

对随班就读教师专业技能的培养主要聚焦于差异教学、个别化教育计划和不同孤独症学生的干预等主题上，旨在让随班就读教师掌握具体可操作的技能。差异教学主题立足普通课堂，立足孤独症学生的差异需要，由专家教授讲解差异教学的步骤与策略，例如开展小组合作学习、设置分层目标、使用不同的支持材料；通过案例解析的方式帮助随班就读教师更好地理解和运用差异教学的方法。随班就读教师需要参与制订与实施特殊学生的个别化教育计划，海淀特教中心一方面组织个别化教育计划专题讲座，教授随班就读教师制订的流程与实施的方法，以及评估效果的途径等；另一方面通过教研和课题的方式，以资源教师或课题负责人为召集者，带动随班就读教师参与具体的个别化教育计划制订与实施的过程，从而切实提高专业技能。此外，随班就读教师在调查中表示希望得到关于特殊学生情绪行为管理、个别辅导、心理辅导等方面的培训。为此，除了关于特殊学生及干预的专题培训之外，巡回指导教师还在入校指导的过程中为随班就读教师更直观地示范使用行为干预的方法，并为特殊学生提供个别指导。

（二）随班就读教师的培养路径

北京市海淀区在随班就读教师培养的实践探索中，首创三级联动机制，提高教师培训成效，充分发挥现有的学区制度，建立了"区特教中心——学区管理中心——普通教育学校"三级联动机制。区特教中心统筹管理教师培训，为教师提供课程、资源、平台等支持；学区管理中心作为联结特教中心与学校的纽带，起到监督保障的作用；普通教育学校集中组织教师参与培训、开展合作学习。三级共同发力，推动各类培训高质量落地。通过"开展全员通识培训＋走进学校系列培训＋组织校本培训＋定期专业指导＋进行教育教学研究"等多层次、多维度的路径，海淀区力图培养一支专业化的随班就读教师队伍，提升随班就读教师的融合教育专业素养。

1. 开展全员通识培训

针对随班就读教师的培训以通识培训为主，这需要广泛全面的参与。理论培训具有范围广、效率高、易操作等特点，有利于向随班就读就教师普及基本的融合教育知识与技能。全员培训主要是面对全区随班就读教师，采用专家讲授的方式，即以讲座为主，辅之以案例讲解与分析。培训的主题包括融合教育的理论与实践、融合教育政策、班主任融合教育系列培训（如新一年级班主任专题、孤独症谱系障碍专题等）等多个主题。

2. 走进学校系列培训

为了扩大随班就读教师的培养范围，让更多教师有机会参加融合教育的学习，2015 年，海淀特教中心对随班就读教师的培训模式进行了调整，在全员培训的基础上，将培训课程送进学区、学校、幼儿园，以"学区协作体"的形式，加强与各学区、各学校的联系，形成"学校联动"的效应，让老师们足不出校就能得到理念的升华与专业的渗透。随着融合教育在全区的推广，学区和学校"变被动为主动"，积极与区特教中心取得联系，寻求专家的指导与帮助，专业发展的意愿更加强烈。

3. 组织校本培训

校本培训具有适切性、灵活性与即时性等特点。每所学校融合教育发展的基础不同、特殊学生的情况也各不相同，只有开展校本培训才能精准地满足随班就读教师的需求，做到"自学校中来，到学校中去"，解决本校随班就读教师面临的实际问题，而不是由特教中心"一把尺子"决定所有随班就读教师接受培训的主题。开展校本培训，不再是特教中心的"一厢情愿"，而是学校的"自觉自愿"。当然，这需要一定的条件，如学校领导的支持，需要具有一定资历的融合教育主管领导或资源教师，需要学校所有随班就读教师对融合教育工作的认同。例如，清河中学作为全区的融合教育示范校，具有多年的融合教育经验，从校长到主管主任历来重视融合教育发展，形成校本的融合教育发展特色，注重创新校内融合教育发展模式，重视校内融合教育理念宣导与策略教授。学校融合教育主管主任和资源教师常规性地对随班就读教师展开培训，有针对性地帮助教师提升融合教育专业知识与技能，从而为本校孤独症学生提供高质量的教学与服务。

4. 定期专业指导

随班就读教师通过参加理论培训掌握了融合教育的基本理念、政策要求与实践策略，但是在实际面临问题时仍旧存在束手无策的情况，缺乏融合教育的实践技巧。此外，教师在需求调查中反映对巡回指导的需求仅次于领导支持，表明随班就读教师对专业指导的需求是比较高的。为随班就读教师提供专业指导是提升其专业素养的重要途径，有利于针对性地解决随班就读教师面临的实际问题。巡回指导主要由特教中心教师入校，进行课堂观察，访谈学生与教师，了解特殊学生在融合过程中的困难，帮助教师分析原因并针对性地给出解决策略。对于障碍程度较重的特殊学生，单凭随班就读教师难以有效应对，需要巡回指导教师定期多次入校，资源教师也需要参与其中，为随班就读教师提供专业支持与辅助，共同为学生制订个别化教育计划，指导随班就读教师予以实施，从而保证随班就读教师面临困难时，不会"孤立无援"，而是"一呼百应"。此外，巡回指导教师综合了解随班就读教师在推进融合教育过程中面临的问题，提出诸如家校沟通、获取领导支持、班级环境改变、课堂教学策略等方面具体的建议，"手把手"地教授融合教育的技能，提升其融合教育素养。

5. 进行教育教学研究

海淀区高度重视随班就读教师反思能力与研究能力的培养，构建了以"课题研究＋校本教研＋征文评选"为支柱的教育研究体系，旨在提高教师在实践中发现问题、反思问题、解决问题的自主性，深化教师所掌握的基本知识与技能。一是课题研究，引导随班就读教师参与课题，对孤独症学生进行行为研究，在教学实践中开展研究，探索出最佳的实践方式，总结出对孤独症学生进行教学或提供支持的规律。随班就读教师可以自主申请市区级课题，作为负责人统筹研究特殊学生融合教育主题的相关课题。二是校本教研，促成随班就读教师组成融合教育教研组，由学校主管领导和资源教师牵头，组织学校所有随班就读教师就孤独症学生的特殊需要、融合的困难、家校沟通的问题、教师的困惑等多方面的内容进行讨论，以集体智慧与专业的引领，帮助随班就读教师解决某一实际问题，提高随班就读教师课堂教学的实践水平。三是征文评选，举办面向全区随班就读教师的特殊（融合）教育优秀论文、案例、课例评选，目的在于推动全区特殊教育与融合教育教学实践研究与交流，展示随班就读教师的教学实践成果，为其专业成长提供展示平台。征文评选活动激励随班就读教师在实际教学中发现特殊学生存在的问题，学会总结分析，从而提升研究能力，成为"研究型"随班就读教师，形成一定的研究成果；征文评选活动也可以促进教师创新性发展，总结独特的问题，实现突破性与引领性发展。

六、特教助理教师的专业化成长

（一）特教助理教师的培养

特教助理教师主要在普通学校工作，工作内容是为特殊学生提供教育教学和学校生活上的辅助，加强与教师的沟通，注重与家长的反馈，接受特教中心的指导。因此，特教助理要面对巡回指导教师、融合教育学校领导、资源教师、任课教师、学生家长等多方主体，是联结家庭与学校、家庭与特教中心、学校与特教中心的桥梁。特教助理教师的职责也决定了对特教助理教师的培养目标在于提高其专业水平，了解特殊学生的需求，使其能有效解决特殊学生的课堂突发状况，干预其行为问题，为特殊学生参与课堂学习提供支持辅助，促进特殊学生与普通学生同伴交往，提升其与教师、家长沟通交流的能力。

特教助理教师的工作不同于"保姆式"陪读，对特教助理教师的培养需要关注提升其特殊教育的专业素养，培养内容主要包括基础知识、操作技能与职业道德三个方面，其中实际操作技能的培养尤为重要，如表5-1所示。

表5-1 特教助理教师的培养内容

培养领域	具体内容
基础知识	认识孤独症，认识行为问题，了解应用行为分析、特教助理的职责、融合教育的实践策略等
操作技能	与学生建立关系的策略、正强化与负强化、差别强化、惩罚、确认学生动机、提示策略与提示撤销、功能性行为评估、代币系统、行为测量、预防问题行为的策略、行为塑造、工作分析、行为链锁、行为契约、自我管理、设计个别化课程、促进社交的技巧、课堂辅助策略、家校沟通技巧等
职业道德	特教助理教师应遵守的准则，如保密原则、文明礼仪等

（二）特教助理教师的培养路径

特教助理教师直接面向学生，对特教助理教师培养的形式也需要契合其工作的方式，采用理论与实践结合、教研与指导结合、研讨与自我发展结合等多种形式，力图最大程度地培养出满足学生特殊需要的特教助理教师。

1. 专题培训，提升基础能力

海淀特教中心让经验丰富的巡回指导教师或领域内的专家就某一个知识点做专题知识讲座，帮助特教助理教师通过借鉴前人经验构建自身的知识体系，丰富特殊教育学、心理学等相关理论知识，更新思想观念，具备融合教育理念，了解特殊学生的身心发展特点，接纳学生、尊重学生、爱护学生，不断提升专业知识水平。专题讲座有利于集中一段时间，帮助特教助理教师掌握有关融合教育的理念与知识，例如融合教育的内涵及其对特教助理教师提出的要求等。专题讲座还有利于在短时间内教给特教助理教师直接支持特殊学生的策略与技能，例如孤独症学生的发展特点与干预技术，如社交干预、言语沟通技能等；帮助特教助理教师掌握辅助支持特殊学生的方法，如行为管理的方法，包括强化的时机与策略、提示的方法、行为契约的概念与方法等。

2. 主题教研，提升专业水平

特教助理教师在入校实际工作中，不仅需要对特殊学生提供支持，还需要及时记录学生表现，与学生家长和教师及时进行反馈与沟通。这就要求特教助理不仅要做好特殊学生的课堂辅助工作，还要成为一个"思考者"，不断反思工作的方法与成效，思考更好地与教师和家长沟通的技巧。海淀特教中心从最初便注重将特教助理教师培养成"反思型"教师，每周组织一次特教助理教师的教研活动，做到"有主题、有成效"，帮助特教助理教师在日常工作过程中培养问题意识、研究精神。在教研活动中，每位特教助理教师分享个人在工作中的所思所想，包括在工作中面对学生、家长时遇到的困难、学生的一周进步情况，或者自己的思想困惑；帮助特教助理教师提高思想认识水平，总结教育教学辅助策略，逐步提高业务能力，同时也提升了特教助理教师团队的凝聚力。例如，特教助理教师可以在教研活动中，分享自己辅助的特殊学生出现的棘手问题，如学生不能表达如厕需求、学生的问题行为不受控制等。其他特教助理教师以及参与教研的巡回指导教师共同对特教助理教师分享的问题进行研讨，并提出可行性建议。

3. 总结反思，促进专业成长

每个学期结束后，海淀特教中心要求特教助理教师对工作进行全面总结，包括为特殊学生提供支持的内容和策略、采取的措施和效果、发展目标和家庭建议等，汇总辅助支持特殊学生的所有材料。由特教助理教师和特教中心巡回指导教师、学生家长，以及随班就读教师一起召开学生个案研讨会，综合分析学生的教育教学需求，呈现一学期内支持特殊学生的过程及成效，讨论学生的成长目标和方向，向家长提供家庭教育策略。在个案研讨过程中，特教助理教师通过前期总结和后期对工作的反思，在专业水平上不断提升，与普通教育学校教师、学生家长沟通的能力也得到增强；巡回指导教师、家长、随班就读教师充分参与讨论，对特教助理教师的工作方向提出建议，促进其专业成长。

第三节　融合教育教师团队的成员协作

在接受融合教育的过程中，孤独症学生往往会有各种各样的"特殊"表现，如学业成绩不理想、问题行为突出、缺乏正确的社交技能等。处理孤独症学生的这些表现，不能单纯地依靠班主任老师或资源教师，而需要整个融合教育教师团队的协作。融合教育工作的顺利开展不是由某一类教师唱"独角戏"，而是所有融合教育教师的"大合唱"，需要学校内外各类融合教育教师的协作与合力。

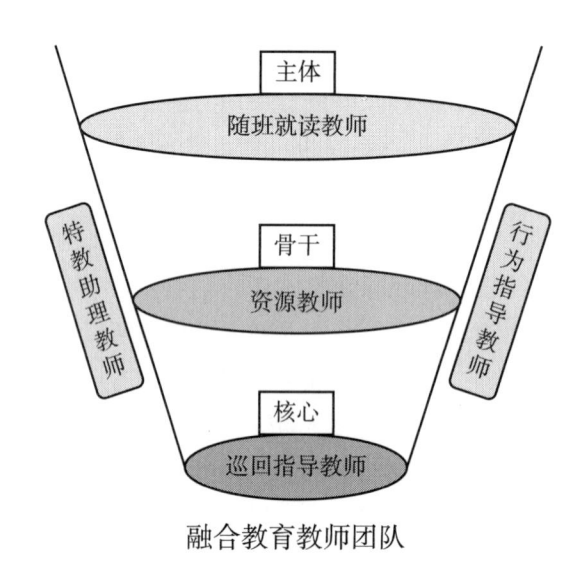

图 5-2 融合教育教师团队结构图

一、学校内的教师协作

在学校场景中，孤独症学生的融合教育应该是在随班就读教师、资源教师和特教助理教师三方的协作下进行。孤独症学生进入普通班级后，因其障碍特质或表现，他们是无法由单一的随班就读教师进行教育和支持的。这时，随班就读教师与学校内特教相关专业人员如资源教师、特教助理教师等进行合作，为孤独症学生提供完整、适宜的教育与评估，以提升孤独症学生在普通班就读的教育品质。[①] 部分孤独症学生只需要随班就读教师在班级内提供较少的支持与调整即可；然而对于在班级环境中接受来自随班就读教师的第一级支持后未能取得良好效果的孤独症学生，随班就读教师则需要与资源教师协作研讨支持方案，并为这些学生开设个性化的资源教室课程；在获得集体教学和资源教室课程支持后，仍存在严重的情绪行为问题、社会交往问题或无法正常参与课堂的孤独症学生，需要特教助理教师的专门化辅助，同时，随班就读教师要为这些孤独症学生的家长提出家庭教育指导意见。总之，在学校场景中，随班就读教师、资源教师和特教助理教师三者应协作共育、

---

① 王佳.融合教育背景下资源教师与随班就读教师合作现状的调查研究 [D]. 四川师范大学.

互为支撑，共同为孤独症学生创设包容、友爱、安全、专业的融合教育环境，让孤独症学生得到最大限度的发展。

（一）随班就读教师与资源教师的合作

随班就读教师与资源教师的合作是学校融合场景中最常见的合作形式。第一，随班就读教师向资源教师咨询，资源教师对特殊教育教学中的具体问题给予指导。资源教师应当有一定的特殊教育背景，或者参加过有关特殊教育的培训，具有特殊教育的专业知识。关于孤独症学生的行为表现、个别化教育计划的制订、教学方法等，随班就读教师可以向资源教师进行咨询。第二，随班就读教师与资源教师一起制订和实施个别化教育计划。随班就读教师与资源教师负责了解孤独症学生的基本情况、课程设置等，针对孤独症学生的情况，建立相应的目标，确定相应的教学方法与内容。随班就读教师与资源教师分别在班级中、资源教室中进行教学，对于学生的学业、行为等变化，可以相互沟通，及时调整计划，共同完成教学目标。第三，随班就读教师与资源教师一起对随班就读学生进行个别化辅导。资源教室是对学生进行抽离式教学的场所，随班就读教师要充分利用资源教室的资源（玩具、图书、多媒体资源等），根据个别化教育计划对学生进行有针对性的指导，包括个别训练、小组训练，以及心理方面的辅导。第四，随班就读教师与资源教师共同参加培训、教育教学研究和教育科研活动。资源教师对随班就读教师进行培训与辅导，通过这样的方式，增进随班就读教师对特殊教育的了解，提高其对孤独症学生的接纳度。学校定期举办特殊教育专题研讨会，随班就读教师提出自己目前的困惑，资源教师给出相应的策略。第五，随班就读教师与资源教师开展协同教学。资源教师与随班就读教师一起走进课堂，进行协同教学。进入课堂前，双方教师一起制订教学计划，明确实施方案。资源教师在课堂上，观察学生行为情绪等问题，课后双方及时地进行相互反馈与协调，提出适应的建议。综上所述，资源教师与随班就读教师的合作内容包括专业知识的传递、解决共同的难题、相互沟通，以及提供辅导咨询等。

（二）随班就读教师与特教助理教师的合作

对于需要强化支持的孤独症学生，他们除了需要随班就读教师和资源教师的合作支持外，还需要特教助理教师的支持。学校的特教助理教师主要帮助孤独症学生建立日常行为习惯，参与普通课堂学习，参与社会互动等，直到学生能够更好地融入学校生活，特教助理教师便可逐步撤回支持。在融合教育课堂中，随班就读教师与特教助理教师之间的合作体现在日常课堂教学、学生管理等方面。随班就读教师主要负责组织孤独症学生的教学活动，通过多感官、情境、直观教学等策略促进孤独症学生在课堂上的参与，并对学生进行课堂提问和及时评价。特殊教育助理教师则需要在随班就读教师实施课堂教学和管理时，给予孤独症学生必要的辅助支持，以保证课堂教学顺利实施，保证孤独症学生更好地参与到融合课堂中来，实现真正的融合。

（三）资源教师与特教助理教师的合作

资源教师和特教助理教师的合作是孤独症学生适性发展的关键，双方的紧密合作、协同教学将直接关乎着孤独症学生的融合质量。资源教师专门负责学校所有孤独症学生的融合教育，而特教助理教师主要负责需要强化支持的孤独症学生的班级融合援助。作为学校中具有特殊教育背景的专业人员，两者的职责分工明确，但同时在一些工作中存在重叠，需要及时沟通和协作。特教助理教师在进入学校协助孤独症学生之前，应与学校资源教师建立联系，充分了解学校的综合教育环境、学生情况、教师情况等，了解学生需要的支持内容。此外，资源教师作为学校综合教育的"协调人"，需要积极跟踪和了解特教助理教师的入学援助情况，包括与上课教师的沟通与合作、孤独症学生的学业和行为表现、学生的社会状况等。当特教助理教师遇到困难时，协助他们。当孤独症学生表现出严重的情绪和行为问题时，特教助理教师和资源教师应共同分析孤独症学生的问题，制订系统的解决方案，帮助学生稳定情绪，更好地融入普通课堂。此外，资源教师和特教助理教师可以专业地分析孤独症学生面临的问题和迫切需要的支持，并共同参与制订学生的个性化教育计划，最大限度地提高孤独症学生的发展实效。

二、校外的教师协作

在校内，时常会有学校融合教育教师无法解决的难题，这时，就需要区域巡回指导教师、随班就读教师和行为指导教师的三方协作，共同为孤独症学生的发展问题及家庭教育指导出谋划策。

（一）巡回指导教师与随班就读教师的合作

学校融合教育的师资力量主要以资源教师、随班就读教师和学校主管领导为主。当学校遇到孤独症学生融合教育的难题，资源教师也无法处理时，可向区级特殊教育中心申请评估与指导。特教中心派出巡回指导教师前往学校进行观察与指导，在学生评估、教育安置建议、课程教学调整、学生行为管理、个别化教育计划制订与实施等方面与学校教师进行沟通合作，必要时可邀请领域内的专家一同前往提出指导建议。

首先，学校随班就读教师根据一段时间的观察，发现孤独症学生的特殊需要，上报申请专业指导。在学校主管领导的协调下，资源教师入班对孤独症学生进行观察与记录，并对随班就读教师进行访谈，综合了解学生的课堂参与度、特殊行为表现、社交表现、学业水平等，并将相关信息收集汇总，判断是否需要巡回指导教师介入，必要时向巡回指导教师申请入校指导，将汇总的信息提交给巡回指导教师作为参考。

其次，巡回指导教师进入到学校现场后，会深入课堂和课间活动直接观察孤独症学生在自然情境中的表现，必要时还会与学生进行单独的互动以进一步了解其认知、动作、社交等方面的情况。而后，巡回指导教师与随班就读教师和资源教师进行深入访谈，了解该生在学校的日常表现及出现不良表现的可能原因，随班就读教师和资源教师应如实坦诚地与巡回指导教师进行沟通。有条件的情况下，巡回指导教师还会对家长和同学进行访谈以了解更多的信息。通过观察、互动与访谈，巡回指导教师可以对该生进行较为周全的教育评估，并且对学校教育和家庭教育提出科学建议。这一系列的评估活动，需要学校主管领导或资源教师进行统筹协调，才能在不扰乱正常教学活动的情况下顺利实施。

再次，筛查评估结束后，巡回指导教师需将评估结果与教育建议进行整理汇总，提交给学校融合教育主管领导，由学校主管领导召集随班就读教师与家长进行意见反馈。部分学生需要到医院进行相关诊断，或到区级特殊教育中心进行认知、适应行为、动作等方面的综合评估。将全面了解到的孤独症学生的特殊教育需要，作为制订个别化教育计划，以及进行课程教学调整的依据。当学生确定需要特殊教育服务后，巡回指导教师根据其表现和教师的专业支持需求，不定期地到学校进行指导工作。在这一阶段，巡回指导教师的主要任务包括：指导随班就读教师解决教学和日常管理中遇到的问题；指导资源教师在资源教室中的教学与管理；指导学校主管领导顺利推进学校融合教育工作；指导家长在家庭教育中的教育方法和理念等。此外，巡回指导教师还会定期参加各学校主管领导组织的孤独症学生个案研讨会，商讨学生个别化教育计划的制订、实施与过程监督；与学校融合教育教师团队共同制订与实施个别化教育计划。

（二）行为指导教师与随班就读教师的合作

一些孤独症学生，有时会出现严重且持续性的情绪行为问题，这就需要行为指导教师与随班就读教师合作进行干预。作为融合教育的实践者，随班就读教师往往最先发现孤独症学生的情绪与行为问题。一旦发现学生的行为问题干扰到班级的课堂教学和管理时，随班就读教师就要立即向学校融合教育主管领导汇报。这时，融合教育主管领导则要安排本校或协调安排区域内的行为指导教师及时介入，与融合教育教师共同分析孤独症学生问题行为产生的前因后果，并提出科学的、针对性的干预措施。行为指导教师与随班就读教师之间的合作主要体现在以下几个方面：

1.合作干预。通过访谈，行为指导教师和随班就读教师了解到孤独症学生问题行为发生的情境和原因,分析问题行为的功能,在此基础上,制订出针对性的行为干预计划,并通过主题班会、研讨会的形式与所有任课教师、班级学生等探讨出如何创造一个包容友好的班级整合环境,有效规避孤独症学生问题行为的发生。

2. 合作指导。行为指导教师和随班就读教师共同建立起家庭教育指导的工作机制,帮助家长能够在家庭环境中干预孤独症学生的问题行为,以促进家庭良好亲子关系的构建。可以说,行为指导教师只有与随班就读教师紧密合作,才能形成共识,运用专业方法解决孤独症学生的问题行为,培养学生的积极合作行为。

本章小结

融合教育教师是孤独症学生高质量融合教育的关键人物,一方面,教师能够直接支持孤独症学生的学习、生活,促进孤独症学生的发展与成长;另一方面,教师能够运用自身的专业力量指导孤独症学生家长,帮助他们纾困解难。而各类融合教育教师间的协作支持更是对孤独症学生的发展与特殊教育质量的提高有着重要意义。融合教育教师团队的协作模式,真正地还原融合教育的本色,诠释融合教育的真谛。相信在各方教师的协作下,孤独症学生将得到全面适性的发展。

第六章

融合教育学校中的孤独症儿童

融合故事

学校全局工作驱动融合教育

北京市清河中学将"融尊重、融真爱、融专业"的"三融"理念贯穿到学校的全部工作中。学校从全局出发，以深度推进落实学校融合教育委员会制度为抓手，坚持零拒绝、全平等、家校共育、多元联动的支持举措，全方位统筹规划融合教育。

学校将融合教育纳入整体规划工作中，领导班子分工明确、多管齐下，共同保障融合教育的顺利开展。校领导重视融合教育，建立健全多项融合教育管理制度并带头实践，注重融合教育教师队伍的专业化和梯队建设，选拔校内多个学科的优秀老师积极参与市区各级各类的资源教师专题教育培训，累计涉及八个学科的十四名教师取得资源教师上岗证书。学校遴选出四名教师作为专、兼职的资源老师，在融合教育主管的领导下全面落实资源教室的建设和运作工作，组织、引导随班就读教师与家长共同参与，探索出促进随班就读学生高质量融合发展的特设课程和一般课程相结合的融合课程。学校积极参与全国、教育部、北京市等多项融合教育课题研究，借助研究逐一解决融合教育推进中的现实问题，积极回应家长、教师、学生在融合教育中的切实需求，依托融合手册、家长沙龙、纪念日（世界孤独症日、残疾人日）活动等形式开展融合教育政策宣讲和主题宣传，精心设计促进普特融合的学生活动。此外，全体教师积极学习融合教育专业知识与技能，主动探索实践融合教育。学校学生的文明素养得到普遍提升，近百名不同类别的"特需"学生顺利毕业后升入职教、普高或直接参与社会工作，有的已经成长为优秀青年。

本章要点

1. 学校要营造融合教育氛围、建立融合教育制度、建设融合教育环境。

2. 学校建立了融合教育机制，就是"防患于未然"，等待巡回指导教师下校"救火"，不如学校自己"防火"。

第一节　融合教育学校的环境支持

融合教育的愿景是让有特殊教育需要的儿童能够与普通儿童在同一环境中共同进行有效的学习。目前，越来越多的孤独症儿童进入普通教育学校随班就读，但因专业师资缺乏、升学压力等问题，使得"随班混读""随班就坐"现象仍然存在。究其根源，是接纳孤独症儿童的学校并未做好相应的准备。因此，推动孤独症儿童融合教育发展，离不开融合教育环境的构建。

一、学校的融合教育氛围

（一）一个都不能少的校园文化

共同的价值观是发展的基石，学校只有统一认识，建立共识，才能凝聚力量，推动融合教育顺利开展。随着海淀区融合教育工作的推进，形成了一批"十佳先进集体"。北医幼儿园构建出了"以生命为主线，以爱为核心"的爱文化。北京交通大学附属小学坚持"问题比答案更重要，过程比结果更重要，成长比成功更重要"的教育信条，"积极期待、有效帮助和智慧陪伴"的教育方向，形成"关注差异、尊重差异、弥合差异"的校园文化。永泰小学围绕"一切为了师生的幸福成长"的办学宗旨，确立了"让每一个孩子融梦绽放"的融合教育育人目标。把融合教育的育人基因无声根植于学校的发展脉络之中，努力为每个孩子创造有爱的教育氛围；坚持以"大融合"幸福教育观为指导，努力为每个孩子创建温馨的幸福班级。中国农业大学附属中学立足"质量立校、管理固校、特色强校"，立德树人，以"农·人"情怀办教育，充分尊重每一个学生的现实基础和发展需求，尊重学生的个体差异，遵从学生的身心成长规律，做教育的"春耕、夏耘、秋收、冬藏"。

（二）保证公平的校园文化

融合教育旨在实现教育平等。教师应该关心爱护每一个孩子，一视同仁。每一个孩子都有优点和缺点，我们要善于发现孩子的优点，让孩子感受到教师对他的关爱。因为师爱是开启学生心灵的钥匙，是促进学生乐于接受教育的强大力量，当他们感受到教师的这种爱，他们有可能开始弥补缺点。

从具体实践来看，学校可以借助信息化手段创新融合教育的宣传途径，突出对孤独症学生优势潜能的认知，创造各种条件，帮助孤独症学生融入集体的学习生活；

借助全国爱耳日、世界孤独症日、全国助残日等重要节日，借助智慧平台举办融合活动，实现融合教育力量的最大化彰显。此外，还可以建立虚拟融合校园，孤独症学生可以随时查看校园的分布，熟悉教学楼、餐厅、操场、活动教室等的位置，模拟在不同场景下参与活动与对话交流，还可以模拟交友。这样做一方面增加孤独症学生对于校园的认知，另一方面可以锻炼孤独症学生的社会交往能力，同时还可以增强自信心，也有利于增加普通学生对孤独症学生的了解，营造孤独症学生与普通学生共同成长的良好氛围。

（三）和谐包容的校园文化

教师面对的学生是一个个有个性、有思想、有追求的主体，要因时而施，因人而异，因事而别，真正做到尊重学生的人格，尊重、理解他们的意见和想法。

在教学时，教师要随时调整教学方法，做到"教学相长"。设身处地地为学生着想，站在学生的位置来观察、分析和认识问题，推心置腹地教诲，用尊重他人的行为影响学生。宽容地对待学生的错误，允许犯错的学生讲"条件"，给学生留有改错的余地。班主任还可以结合班级学生的能力特点，安排不同的任务分工，给孤独症儿童更多与同伴互动的机会，为集体贡献力量；引导普通学生看到孤独症儿童的努力和进步。此外，班主任还可以利用班级展示平台，如"小小讲堂"，在降低难度的基础上，给孤独症儿童展示的机会，让普通学生看到孤独症儿童的闪光点，增强普通学生对其的喜爱度，促进同伴交往。对于有一定社交和学习能力的孤独症儿童，可以组织他们参与开心伙伴、助学小组等活动，最好选择孤独症儿童喜欢的同学为其伙伴，但同时要尊重普通学生的意愿。助学伙伴可以带着孤独症儿童一起游戏，为其创编简单的试卷等，教师对取得进步的孤独症儿童和提供帮助的普通儿童给予鼓励和表扬，争取营造出全班友好互助的和谐氛围。在此过程中，教师及时与助学伙伴沟通，帮助其解决困难，提升助人能力，使普通儿童在助人的同时自身也有收获。

学校可以在日常校园活动中倡导"尊重生命、关注差异，让每一个生命独特绽放"的教育理念，让"关爱每一个人"的融合理念深植师生心中。学校也可以定期召开家长会，如新生家长会，由校长介绍学校理念和融合教育工作，给予孤独症儿童家长支持的同时，帮助普通学生家长了解和支持学校的融合教育工作。学校可以定期开展活动，如在世界孤独症日开展相关宣传活动，呼吁师生了解和关爱孤独症儿童。可以通过观看科普视频或微电影等方式，帮助师生科学地认识孤独症的典型特征；还可以号召同学们拍摄相关主题的微电影、制作手抄报、绘画等，促进普通学生更深入地走近和关爱孤独症儿童；还可以结合孤独症儿童的特长，举办校级孤独症儿童画展、个人音乐会等，给孤独症学生创造展示机会的同时，帮助普通学生看到孤独症儿童身上的闪光点。

（四）群体互助的校园文化

学校校长所持有的教育理念，会对普通儿童接纳孤独症儿童的程度产生直接影响，教师和普通儿童家长对孤独症儿童的态度和行为倾向，直接影响普通儿童对孤独症儿童的接纳水平。因此，构建群体互助的校园文化对于孤独症儿童融合教育而言至关重要。

孤独症儿童在发展过程中，学校和家庭环境对其来说都至关重要。良好的家校关系，教师与家长之间、家长与家长之间的信任，不仅有利于孤独症学生的成长，而且有利于促进普通学生的社会性发展。当班主任和孤独症学生家长形成了良性关系后，班主任作为"桥梁"，能够更好地与普通学生的家长进行交流。特教助理教师的身份与角色同样不可忽视。特教助理教师的角色限定了其职责以辅助支持孤独症学生为主，同时加强与家长的沟通交流，以及与教师间的协同合作，其专业水平直接影响着孤独症学生在普通学校的融合质量，以及学校教师间协同育人的质量。已有研究表明，凡是有同伴助学的孤独症学生在社交、语言、学业上都取得了较大的进步。因此，为孤独症学生寻找一名有爱心、善交际的助学伙伴非常重要。教导助学伙伴与孤独症学生聊天，带着孤独症学生熟悉环境，为孤独症学生示范自理、社交技能，提醒孤独症学生参与课堂学习等活动。在孤独症学生取得进步的同时，孤独症学生也帮助同伴学会了善良、互助和尊重，促进了良好班风的形成。

二、学校的融合教育物理环境

全面推进无障碍环境建设，是落实"以学生为中心"发展思想和教育理念的具体体现。贯彻实施"无障碍"理念，建设无障碍环境是打造智慧校园的重要基础与支撑，不仅为有特殊教育需要的学生融入校园生活提供权益保障，也为普通学生便利学习提供必要的保障。

（一）坚持通用设计理念

通用设计环境是指任何人，无论是否存在身体缺陷，身体缺陷的部位怎样，都可以利用的环境。建设通用设计环境，有利于全校师生的身心陶冶和健康发展。在20世纪90年代，通用设计的概念被广泛运用开来。无障碍环境的设计体现出了人们对特殊群体的关注和照顾，是为了满足特殊群体最基本的对物质环境的要求。通用设计环境面向的是所有人群，是所有人都通用的环境，包括残障人士和非残障人士。在我国的某些地方已经有通用设计环境设施，如北京联合大学特殊教育学院、南京特殊教育师范学院等。通用设计环境设施面向所有学生和教师，无论是各类无障碍设施的建设，如盲道、扶手、厕所等，还是各种标识标志，都与普通人使用的设施结合起来，成为一个有机的整体，同时避免出现"残疾人专用"这类具有区别对待意义的词汇。

（二）构建无障碍环境

融合教育学校应注重搭建打造融合型、多元化、便捷通用的校园环境。物理环境的无障碍是无障碍环境建设的前提，校园物理空间的无障碍遵循"最少受限制环境"原则（孙涛，2019）。无障碍环境是指各种生活层面的环境处于无障碍状况下，包括交通、建筑、学习、工作、社区等各方面，其内涵包括软件（他人态度、教材等）及硬件（建筑物、公共设备）。常见的校园无障碍物理环境建设通常包括对地面、楼梯、房间等的设计与改造，比如搭建无障碍电梯、修建无障碍厕所、张贴提示性图片等。随着信息化时代的到来，学校要借助高科技，在教室、食堂、宿舍等地为特需学生提供无障碍的物理环境，比如采用人脸识别技术、智能门锁、自动感应水龙头、安全抓手等为特需学生参与普通校园的生活提供更多便利。

孤独症学生狭窄的兴趣点导致他们常常关注物体非本质的特征，往往因为物体的某一特征而对此爱不释手。如单纯喜欢光滑或粗糙的表面，喜欢香香甜甜的气味，在感知物体的过程中产生快乐和依赖。因此，资源教室的无障碍环境，不论是教室灯光、铃声音量、门牌位置，还是教室内的分区、教具学具的摆放、环境布置，决定了孤独症学生是否方便且乐于来到资源教室中接受教育支持和训练，以及孤独症学生在资源教室是否有安全保障。对此，学校和资源教师在规划设计资源教室的时候需要充分考虑，还应该定期检查和巡视教室设施或器材，避免出现隐患，及时维修、更换相应设施或配件。

（三）完善配套基础设施

基础设施是融合学校建设的基础保障，为融合学校各种功能的运转提供基础支撑。基础设施建设为孤独症儿童教育教学、教育管理、教学资源建设等提供了支持，主要涉及教学资源供给、校园服务升级与校园管理三个方面，为融合教育智慧校园的建设提供了借鉴意义。

首先，转变传统教学资源供给方式，通过数字化方式智能地为学生提供具有针对性和选择性的个性化学习资源库。孤独症学生个体间的差异较大，融合教育学校的智慧校园应以新型信息技术和数字资源为支撑，通过追踪孤独症学生及其教师的数据，实现智能分析、人性化服务和个性化的支持，充分体现智能化的特点。

其次，在校园服务方面，借助信息化技术手段创新校园生活服务、校园安全服务、运维保障服务和虚拟校园等公共服务体系，实现环境无障碍与信息的无障碍。融合教育智慧校园信息化工作应与学校的各项常规工作充分融合，如在机制与组织机构建设、信息化平台资源、信息化业务流程以及与外部环境（如智慧城市）的融合等方面（胡钦太，2014）。部分孤独症学生对于危险和伤害缺乏规避和求救的能力，因此校园中要设置明显、清楚的无障碍标识，用以提醒孤独症学生无障碍设施的位置及使用；危险报警系统、灯光、文字等的提醒都可以帮助特需学生及时获得提示或帮助。在教室、餐厅、图书馆、活动教室等地方根据特需学生的需要提供可调节的座位及更大的空间。

最后，加强对教学、科研、办公等方面的全方位管理。从实施层面来看，具体包括移动网、物联网、服务器、存储资源等，例如，建设智能感知系统中的智能门锁、智能电控系统等，实现对门禁、灯光、多媒体设备等的智能化控制，方便孤独症学生根据自己对于光的感知随时调整灯光。特殊教育有共性，更有特性。对于普通教育学校的孤独症学生群体而言，他们有的存在认知上的困难，学习新知识较慢，以具体形象思维为主，注意力稳定性弱；有的在言语表达方面存在困难；有的不知道如何与同伴和教师进行合适的交往；还有的在学习品质上与普通学生存在差异。同时，孤独症学生有不同方面的潜能，或在某一方面具备一定的天赋。基于孤独症学生的身心发展特点，在教育孤独症学生的过程中，需要更加多样化的教学手段、更加无障碍的教育环境、更加形式多样的教学材料、更加吸引学生注意的呈现方式、更加多感官的刺激、更加全面的数据分析与管理等，以此建设通达性的融合教育学校。

第二节　融合教育学校的制度支持

"办人民满意的教育"是每所学校、每位老师的基本职责之一。随着人们对教育公平与教育质量的普遍要求和孤独症谱系障碍发生率的上升，海淀区近乎所有的中小学、幼儿园都开始主动接纳孤独症学生。努力做好融合教育工作，制定完善的融合教育工作制度，才能为每一位有特殊教育需要的学生提供高质量、个性化的教育服务，实现适宜融合的教育目标。

一、校内融合教育组织与管理

围绕孤独症学生建立融合教育工作领导小组在学校实施融合教育过程中起着首要作用。领导小组的成员要涉及学校的各个方面，包括校长和学校其他领导、资源教师、家长，还应有巡回指导教师或对学校非常了解的融合顾问，他们能对学校提出建设性的意见。学校方面需明确融合教育工作的主管领导，做好融合教育相关政策、信息的上传下达工作；需要培养并储备资源教师，为有特殊需要的学生提供专业的支持。此外，学校应安排具有一定特殊教育素养、富有仁爱之心和责任心的优秀教师，担任特殊需要儿童的班主任和任课教师。鼓励各校、各园探索通过购买服务的方式引入社工、康复治疗师、特教助理教师等专业人员，承担特需儿童少年的照顾、康复训练、辅助教学等工作。这些教师应团结协作、互相信任。全校所有教职工均要参与融合教育工作，增强对融合教育的信心。

二、完善的融合教育工作制度

在制定并完善学校的融合教育发展规划过程中，应将孤独症儿童融合教育纳入学校整体发展规划，或制定专门的融合教育管理制度，如孤独症儿童个案管理制度、资源教室管理制度、孤独症儿童特教助理管理制度、融合教育教研制度或其他制度。发展规划和管理制度的制定与落实需要首先明确学校的发展愿景和目标，即在包容、公平的融合文化背景下，在学校发展的总体战略下，通过广泛的沟通达成一致。在将发展规划付诸实施的同时，要对照发展规划中提出的标准，评价学校的发展情况，并且进行记录（邓猛，2016）。

三、全体参与的融合教育机制

融合教育师资团队建立后，需要建立工作机制，以海淀区探索出的工作机制为例。当一个班级里面出现疑似特殊需要学生时，第一步，班主任向学校反映学生的异常表现。第二步，资源教师进行校级初筛。如果初筛结果不明确，则进入第三步，学校申请区级特教中心入校筛查。如果筛查结果显示确有特殊教育需要，第四步则是班主任与家长沟通。经家长同意后，学校申请区级评估。第五步，学校根据评估建议建立校级支持方案，明确分工。具体涉及：班主任负责班级融合环境的营造，通过班级文化建设、班队会活动营造团结有爱的融合氛围；任课教师负责课堂教学的实施，对课堂教学进行调整，让孤独症学生能够部分参与到课程学习中；资源教师需要为班主任和任课教师提供专业支持，给予具体指导，如班队会活动如何设计、教学目标如何调整，从而为孤独症学生提供直接的支持和资源教室课程。

以海淀区一名孤独症学生进入普通教育学校接受教育为例。首先，班主任应与家长进行沟通，经家长同意后填写随班就读备案申请表并提供医院诊断证明书。之后，班主任将材料交至分管融合教育工作的教学主任，教学主任安排资源教师去特教中心对该生进行备案。与此同时，资源教师还可以向特殊教育资源中心申请教育评估，评估后特教中心会向学校反馈评估结果。根据特教中心教师的建议和评估结果，学校教学主任组织资源教师、班主任、任课教师和家长召开个案研讨会，并从以下角度明确工作：一是资源教师每周为学生提供两节个别化教育课程，课程内容主要为社交互动方面；二是班主任召开一次班会活动，通过关于对优势、劣势的讨论明确每个人都需要他人的支持，为后续阳光伙伴的选择做铺垫；三是集体课上任课教师尽可能给学生提供一些视觉支持，基于学生的优势，学科老师要重点关注学生的课程进展；四是家长要配合学校，做好学生的家庭时间规划，帮助学生建立常规。

四、全校落实的融合教育模式

融合校园的建立，需要学校领导者规划并建立全校参与的学校组织架构。全校性积极行为支持基于三级预防架构，包括初级、次级和三级预防阶段。初级预防面对全校学生，为学生提供全方位的环境支持和学习支持，比如建立校规，营造良好的学习氛围，教师引导学生树立正确的价值观并引领其在人际交往、学业成就等方面取得成功、获得成就感，同时持续监控学生的表现，鼓励学生的正向发展。次级预防是对初级预防中未达到要求的学生进行额外的积极行为支持，这部分人群约占学生总数的15%。在学校范围内，对行为问题发生率较高的学生采取行为管理、情绪管理、课程补救等措施，一方面能帮助学生养成正确的学习习惯和社交行为，另一方面可以预防这些学生出现更严重的问题，发展出更多的问题行为。三级预防的对象是在次级预防中仍然无法实现预期目标的学生，这些学生被称为高危人群，约占学生总数的5%。在次级预防干预中，针对干预对象进行资料收集和分析，判断是否需要个别化的积极行为支持。一旦确定，就要针对学生的行为问题和特殊需要制订个别化的教育计划，包括行为功能评定、个体行为与学业追踪、积极替代行为的教导等，实施计划时还需要全校行政人员、教师、家长和社区等参与。

五、孤独症儿童的个案管理

"一生一案"能够快速明确哪些学生是持有残疾证的学生，哪些学生是备案的随班就读学生，哪些学生有特殊教育需要但未备案。在此基础上，一方面，学校可以根据学生的需求做好资源匹配，明确哪些学生需要资源教室课程，哪些学生需要申请区级资源支持，哪些学生只需要班级的调整；另一方面，当特殊需要学生发生紧急情况时，学校能够快速定位并掌握学生的相关信息，为后续家校沟通做准备。"一生一案"的建立始于个案的评估。北京市海淀区学院路学区探索出"生态化评估方式"。一方面，评估关注儿童个体，如个人喜好、优势、健康状况、心理发展状况，还涉及所处的学校、家庭、社区环境，以及个体与环境作用所构成的动态生活系统，如生活节奏、生活圈。另一方面，评估跨越多个时间点，不仅要评估儿童

"目前"的表现水平，还尝试分析儿童是如何达到目前水准的，以及未来可达到的水准（长期、短期发展目标）。在综合各方信息和建议的基础上，提出长期的发展性目标以及短期的阶段性目标。

北京大学医学部幼儿园已将融合教育模式全面纳入幼儿园管理组织和运行流程之中。一是管理组织架构。从园长到每一位职工，全员参与，相互密切沟通联系，纵向上将融合教育工作从园长到老师深度贯穿，横向上做好各部门之间的沟通和联系。二是招生工作安排。面向孤独症儿童进行面对面咨询招生，接收的孤独症儿童与普通儿童一起纳入全园新生管理系统。三是同步编入班级。四是采取"渐进式融合模式"开展阶段性融合。

第三节　融合教育学校的科技创新

随着大数据的蓬勃发展，人工智能（artificial intelligence, AI）在许多学科中的重要性与日俱增，从而诞生出人工智能+教育的新型模式（许家靓，2022）。有学者指出，人工智能技术能够支撑数据库的扩充，为学生带来所需的教学内容，弥补传统课堂情景狭窄、教学内容单一等不足（聂琳，2022）。融合校园要共享现代科技成果，建立包括校园融合概况、专业发展、社区资源、政策法规四方面的资源中心。校园融合概况中要将校训、校规、校纪等内容包括进去并共享学校的融合发展方案。专业发展中应该包括专业资源和融合教研数据库，专业资源包括专业图书与资料等，融合教研数据库中要包括个案成长档案、协同教学会议记录、同伴支持记录等。社区资源库要包括社区合作的方案与政策、合作单位的合作方案、社区融合的活动策划方案等。政策法规的普及与宣传是其中重要的一环，要及时呈现学校的发展成果与融合教育的政策新动态。这些都需要通过计算机技术将学校的资源与社区、家庭、特殊教育学校共享。

一、教育管理中的高科技

随着互联网、物联网、大数据、云计算等技术的发展，教育也乘上信息技术的列车，智慧教育飞速发展。现代科技的发展成为特殊教育发展的一大资源，包括计算机技术等在内的现代信息技术手段越来越多地应用在特殊教育中。目前，现代信息技术手段在校园的利用主要体现在网站的应用与维护方面，主要服务于校内人员，较少关注资源的共享。数字化校园的发展首先应围绕学校信息管理系统的建设，如在智慧校园管理平台上将"智慧教育、教学管理、教务管理、校园安全、师生联系、家校沟通和教育资源共享"融为一体，作为学校日常教学办公和学校管理的统一平台。通过无纸化和信息化，实现智慧办公、远程办公和移动办公。学校数据共享、资料全面、系统多维权限，能够有效提升学校信息化建设、提高教师的工作效率、提升学生校园安全。信息化教育还可以帮助学校运用线上线下相结合的教学方式，在特殊情况下发挥出关键的作用。"个性化学习""分层教学""因材施教""课程调整""通用设计"等教学概念，在智慧云平台中就能得以体现。

二、教育教学中的科技应用

智慧教育是智能化时代的产物，其真谛就是通过构建技术融合的学习环境，让教师能够施展高效的教学方法，让学习者能够获得适宜的个性化服务和美好的发展体验（祝智庭，2012）。"智慧课堂"的构建是信息技术和教育的双向融合。"智慧课堂"的构建依据建构主义理论，运用"互联网+"的思维方式和物联网、大数据、云计算等新一代信息技术，达到课前、课中、课后全过程的智能与高效。融合教育的智慧课堂同样应追求孤独症学生有效学习、深度学习，帮助学生实现从"识记""领会"走向"运用""分析""综合""评价"，由此推动教师的教学方法由"灌输式"向"探究式"转变，如在课程设计中将信息技术融入课堂教学，具体形式可见于在学习生字词时将字音、字形融为一体，学习劳动技能时的教学视频、语言康复课上的电子语言沟通板等，促进孤独症学生充分参与。随着信息技术的发展与应用，已有学校将智能电子产品引入课堂，学生借助 iPad 学习，或为存在语言发展障碍的孤独症学生提供"电子语言沟通板"。智能电子产品的应用一方面可以将课堂上提问回答的形式改为学生在线作答的形式，教师通过后台软件详细把握学生对于知识的掌握情况，以开展后续的针对性教学；另一方面，电子沟通板的使用降低了教学具的消耗，减少了教师制作教学工具的压力，兼顾了过程性、全面性与个性的共同发展，有助于打造真正的生态化教学。

三、家校社联动中的信息技术

在家庭中对孤独症儿童干预什么、怎么干预是令很多家长感到困惑的问题。尽管家长了解了孤独症儿童干预的目标，但是对于采用何种材料、具体如何操作仍旧一筹莫展。基于此，区域学校可以通过干预课程的示范，引导家长明确家庭干预尤其是桌面干预的操作策略，并且通过提供丰富的资源课程，帮助家长掌握促进孤独症儿童不同领域的关键能力发展的方法。此外，还可以加强对孤独症儿童家庭干预的督导，通过入户指导或线上视频督导等方式，对家长提出针对性的指导性建议。

微信沟通已成为家校合作的重要媒介，微信群的建立不仅可以帮助家长获取专业资源，而且可以让教师们及时了解学生的情况，还能够协同家长对孩子的学习过程进行跟踪反馈，极大提高了孤独症学生的学习实效性。针对路途遥远、行动不便的孤独症学生，网络端"云课程"平台的建立和线上资源库的使用，使得学生在家也能学有所获，不仅学生可以根据自己的节奏和能力情况进行自主学习，自主调整学习进度，而且家长可以根据孩子的实际情况进行学习规划并对学习成果进行监控和调适。

本章小结

随着融合教育的发展，"零拒绝""应融尽融"等思想逐渐为学校、社会知晓并认可，越来越多的特殊儿童进入普通教育学校。本章从"融合教育学校"角度出发，从制度建设、环境支持、科技创新三个方面展开详细论述。首先，学校应努力形成"全员意识""全体参与""全校落实""全域资源""系统课程"的制度；其次，学校要努力打造"公平""包容""互助"的校园文化，建设无障碍的、通用的基础设施；最后，学校应在教育管理、教育教学和家校社联动中融入信息技术。

第七章

孤独症儿童的融合教育课程与教学

融合故事

　　天天，是一名孤独症谱系障碍孩子，刚上小学一年级，班主任教师就发现他好像和其他同学有点儿不一样。在课堂上，天天总是走神，看着某个方向自言自语，或者敲打文具盒，偶尔还会发出与课堂无关的声音，有时候又会突然复述同学回答的问题，或反复询问奇怪的问题。此外，天天无法完成任何需要使用笔完成的任务，好像并不明白老师对写字或绘画的要求。课间，天天不会主动找伙伴玩耍，也不参与到同学们的集体游戏中，偶尔会触碰一下同学身体，大多数时间都坐在自己座位上。班主任教师非常疑惑，天天对学习有兴趣吗？在这个集体中，他能学习到知识吗？他将如何在小学六年中成长发展呢？面对这些困惑，班主任教师向区特教中心的巡回指导教师提出了咨询：在融合教育学校中，什么样的课程才是适宜孤独症儿童的？巡回指导教师从孤独症学生的个别化教育计划开始介绍，到学科课程的调整、活动课程的融入和支持性课程的补充，同时还给班主任教师传达了教学调整的理念以及发展性评价的方法。巡回指导教师从"一人一案"到落实课程调整、教学调整和评价调整等不同方面给予班主任教师以指导，使其帮助天天在学校课程中有所收获。

本章要点

　　1.个别化不是搞特殊化，而是在集体教育中找到适合特殊学生的"火花"。

　　2.融合教育课程的调整，需紧紧围绕孤独症学生的学习需求来进行，包括学科课程的调整、活动课程的融入和支持性课程的补充。

　　3.支持性课程是为促进孤独症学生的能力发展而专门设计的个性化学习内容，是学科课程和活动课程的补充，对促进孤独症学生的能力发展具有关键作用。

　　4.融合教育课堂教学的有效性，要从课堂生态的角度去审视教师、学生、课程和环境的有机融合。教学调整的核心是：眼中有生，心中有术，脑中有慧。

　　5.要以发展的眼光去看待孤独症学生的成长。

第一节　孤独症儿童的个别化教育计划

一、个别化教育计划的概述

个别化教育计划（Individualized Education Program, IEP）是一份由学校和家长共同制定的针对学生个别需要的书面教育协定，它既是特殊儿童教育身心全面发展的一个总体构想，又是针对他们进行教育教学工作的指南性文件[1][2]。20世纪70年代以来，随着特殊教育的发展，特殊教育的质量水平逐步提升。由于特殊儿童个体间差异显著，需要根据个体的独特性进行针对性教育才能促进其发展，因此"个性化"成为个别化教育计划的基础。个别化教育计划作为实施个别化教育的重要内容，在美国、英国、加拿大等国被列入法律条文，成为提升特殊教育质量的有效方式。

个别化教育计划是为了落实针对学生个体的个别化教学而编拟的最为适合其发展的教育服务文件，是该生在一定期限内的学习内容[3]。本书中的个别化教育计划是指为了落实孤独症学生的个性化课程与教学，由多学科专业人员及教师共同制定的最适合其发展的个性化教育服务方案，包括学生评估、安置形式、相关服务、教育建议、长短期目标、教学调整等内容。同时，IEP也是教师在一段时间内做计划、设计教学活动、安排教学环境、实施教学、开展评量的重要依据。[4]

二、融合教育个别化教育计划的结构与内容

针对融合教育环境下的孤独症学生，个别化教育计划文本共包括四大部分，第一部分是基本情况，第二部分是学年目标，第三部分是学科计划，第四部分是资源教室支持性课程计划，每个部分又各自有特定的项目，其本文结构如图7-1所示。

---

[1] 刘春玲，江琴娣. 特殊教育概论 [M]. 华东师范大学出版社，2008.
[2] 肖非. 关于个别化教育计划几个问题的思考 [J]. 中国特殊教育，2005（2）：8-12.
[3] 张文京. 弱智儿童个别化教育与教学 [M]. 重庆：重庆出版社，2005
[4] 张文京. 弱智儿童个别化教育与教学 [M]. 重庆：重庆出版社，2005：05.

```
能力现状 ┐
学期目标 ├─ 资源教室              基本信息 ┐
单元/主题目标 ┤  支持性课程计划    基本情况 ┤ 家庭环境
学期小结 ┘                              ├ 能力表现
              IEP的内容                  └ 教育安置

学业现状分析 ┐
学期目标    ├                           学习能力目标 ┐
课程教学调整 ┤ 学科计划      学年目标 ┤ 适应能力目标
单元/主题目标 ┤                        └ IEP小组签名
学期小结   ┘
```

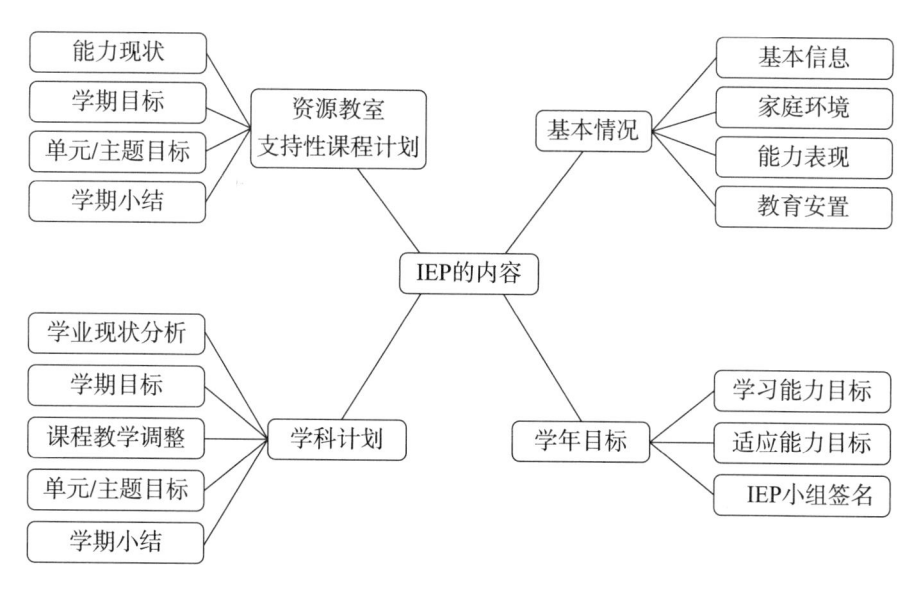

图 7-1 融合教育个别化教育计划的文本结构图（部分展示）

（一）基本情况

基本情况包括孤独症学生的基本信息、家庭环境、能力表现和教育安置。制订个别化教育计划时首先要了解孤独症学生的个人情况，其家庭中家长的教养方式也需要了解并纳入教育计划考虑之中，因为孤独症学生家庭中监护人的教养态度、方法以及对孩子的发展期待直接影响着该生的成长发展质量。

其次，制订个别化教育计划时需要对学生有全面、客观、准确的评估，掌握学生现阶段的能力表现。首先由最了解孤独症学生的班主任教师和资源教师采用"融合教育学生初步筛查检核表"对疑似孤独症学生的种种行为进行检核研判，再邀请巡回指导教师下校观察、访谈和分析，最终对初步的筛查情况进行总结，分析该生的特殊行为并提出教育建议。只有通过医院的权威评估与诊断才能确定该生是否有孤独症。此外，在学校教育生活中，教师与学生接触最多，教师对孤独症学生的优势能力和特殊行为的客观描述和原因分析，有助于教师准确地制订长远期教育目标与支持策略。

最后，经过全面评估与教育分析后，需要组织个案研讨会对孤独症学生的教育安置进行决定，决定孤独症儿童是在普通班级、资源教室还是以其他多元安置的方式接受教育；对在当前教育安置下的融合教育课程设置、额外的相关支持，甚至对升学、转学衔接等方面提出建议。

（二）学年目标

学年目标是指孤独症学生在这一学年中需要达到的长期目标及实际表现。一般由班主任在学期初制订，学期末评价。学年目标包括学习能力和适应能力两大方向的目标。学习能力主要指各学科中需要提升的基础学习能力，如识字、阅读、表达、计算等。适应能力主要指学校班级生活中需要提升的综合能力，如沟通、社交、注意力、生活自理、情绪行为管理等。学年目标是各学科教师、资源教师和家长协同制订短期目标的主要依据，也是学校提供教育支持的主要依据，各方要保持目标的一致性，因此对于学年目标必须要学校领导、班主任、学科教师、资源教师和家长达成一致。为保障各方权益，在 IEP 中设计了小组成员签字一栏，以示各方都知情且认同。

（三）学科计划

在普通中小学中，孤独症学生要和普通学生一起在教室中接受各学科的教学，如何在学科的课堂教学中落实 IEP 计划，这是重中之重，也是考验教师教育智慧的关键。在学年目标的引领下，针对对于学生来说有必要进行课程调整的学科，制订学科个别化教学计划。需完成孤独症学生的学业现状分析、学期目标、课程教学调整、教学策略、评价方式、单元/主题目标、学期小结等不同方面内容的填写。学期目标是每学期初填写，单元/主题目标是将学期目标分解在每一个月、单元或者主题下，是可操作性的教学目标。同时，在与该目标相对应的位置还设计了目标达成情况的填写项目。这是为了及时记录、及时反馈、及时调整下阶段的目标。这种设计，使得教学目标的阶段性、灵活性得以体现。最后，教师在每学期末对该生进行一次阶段性评价。

（四）资源教室支持性课程计划

这一部分的内容是为有在资源教室接受支持性课程教学需要的孤独症学生所设计的。资源教室支持性课程计划由资源教师填写，包括能力现状、学期目标、单元/主题教学目标和学期小结四个内容。与学科教学计划不同的是，资源教室课没有固定的课程与教材，为了保持孤独症学生接受的教学内容具有连贯性，避免因更换教师而带来课程断层现象，要求教师对资源教室支持性课程进行系统设计，并对每节课的课程内容与学生表现都要简要记录。

三、融合教育个别化教育计划的实施模式

一个融合教育个别化教育计划完整的实施包括准备阶段、制订阶段、实施阶段和评估阶段四个部分，形成循环式的实践模式（如图 7-2）。

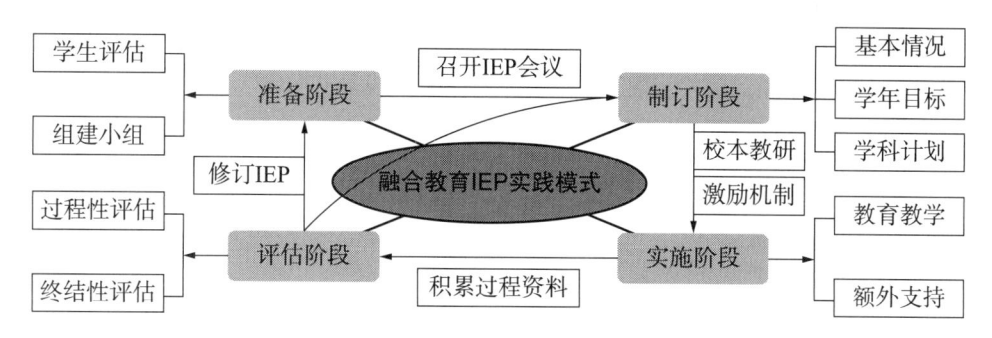

图 7-2 融合教育 IEP 实践模式图

（一）准备阶段

当学校一接收孤独症学生，就要开始着手准备 IEP 工作了。首先是搜集学生信息，进行行为观察和作业分析。通常评估会有几种不同的渠道：一是医院诊断评估。家长觉察孩子与其他同龄人的差异，到医院寻求医生帮助，由权威的医生进行诊断评估，开具了评估报告。医院的评估报告或诊断书是具有权威性的。二是入学评估，在小学一年级入学前，特教中心巡回指导教师对有特殊教育需求倾向的孩子进行综合能力评估，为教师快速了解学生情况提供了非常翔实的资料。三是入学后的筛查，当教师发现自己班级中有学生与同龄人有明显差异时，会报告学校融合教育主管领导或资源教师。资源教师协同班主任，借助"融合教育学生初步筛查检核表"对学生进行初步的研判。如果学生有孤独症倾向，学校会邀请特教中心巡回指导教师下校筛查，并为学校提出教育建议。巡回指导教师的筛查指导建议，可为制定学生的 IEP 提供专业依据。四是入学后的综合评估，经筛查发现障碍程度比较严重的学生，可以到特教中心接受由专业教师进行的综合能力水平评估，评估结果可以为教师制订 IEP 提供非常专业、客观、科学的依据。准备阶段是判断学生是否需要制订个别化教育计划的重要工作阶段。

【案例】

对孤独症学生进行科学、系统、全面的筛查评估，其重要性不言而喻，这也为孤独症学生个别化教育计划的制订提供了参考和依据。为此，学校建立了"班主任—资源教师—专家"的三级筛查机制。第一级筛查由离学生最近的班主任和任课教师进行，一般是利用课堂观察、课间观察、作业分析、与家长沟通、"融合教育学生初筛量表"等途径来发现，并通过填写"特殊教育需求学生需求表"反馈给资源教师，资源教师根据情况进行进一步筛查或者提供支持。第二级筛查由资源教师进行，主要是利用课堂观察、课间观察、教师访谈、家长访谈、作业分析、《九大智能评价系统》《问题行为量表（CBCL）》《Conner's 儿童问卷》《特殊儿童二级筛查检核表》等进行筛查。第三级筛查是由医生诊断或区级特殊教育中心进行综合评估,主要包括认知评估、适应行为评估、动作评估、注意力评估等。

IEP 工作团队是 IEP 的制订者和执行者。团队成员包括学校融合教育主管领导、资源教师、孤独症学生班主任、任课教师、孤独症学生家长,有的团队还包括学生本人或特教助理教师。IEP 工作团队的职责主要包括召开 IEP 会议、研讨安置建议、制订个别化的教育教学和训练目标、执行 IEP、监督 IEP 的落实,以及对学生表现进行动态评估。

【案例】

融合教育工作团队最初的成员由学校融合教育主管领导、资源教师,以及相关班级的语文、数学、英语等学科的融合教育教师构成。但在实际执行的过程中我们发现,虽然融合教育主管领导和资源教师能够在班级管理或问题行为改善方面为融合教育教师提供一些支持,但在学科教学方面,如何结合学生情况对学科学习内容进行针对性地调整,对教师而言还是一大难题。因此,学校又邀请了学科主任、教研员加入 IEP 团队。在日常的教研活动中,学科主任和教研员可以为教师们在学科教学中如何更好实施 IEP 计划给予指导和帮助,有助于 IEP 计划在各学科的教学中得到更好的融合与推广。

(二)制订阶段

在准备阶段和制订阶段还需要召开 IEP 会议。在不同时间节点召开的 IEP 会议意义各不一样。在 IEP 制订之初召开 IEP 会议,IEP 工作团队根据学生的评估情况充分研讨学生的基本情况、行为表现、教育建议等;在日常教育教学中,学生若出现一些需要集中研讨的行为,团队成员则可根据需求组织个案研讨会;在每学期末召开一次个案研讨会,团队成员对学生的学期表现进行总结,并提出下一步教育计划;在学生升学转衔的关键时间点召开 IEP 会议,团队成员共同探讨学生的下一步教育安置方式。

通过 IEP 会议,IEP 工作团队成员会充分、客观、全面地了解孤独症学生的基本信息、家庭信息、潜能优势和特殊行为等情况,一起研讨安置建议和制订教育教学目标。针对孤独症学生的教育安置方式等争议问题,IEP 工作团队可以邀请特殊教育专家委员会介入提供指导。根据学校的评估,以及学校的融合教育资源与能力、家长的期望、学生的意愿等综合因素,各成员在 IEP 会议上就学生的安置方式达成一致决定。在 IEP 会议上,所有成员会对学生的教育建议达成共识,共同拟定学生一学年的教育目标。会上每一位任课教师都会发言,描述对孤独症学生在某一学科上的总体要求。这些要求,都要与学生发展的总体目标相一致。会后,各学科教师还将进一步细化短期目标,明确列出在每一个单元或每一个主题下需要学生掌握的具体知识点与能力、技巧等。

【案例】

为孤独症学生设计教学目标，需要更加关注孤独症学生的最近发展区，设计"跳一跳够得着"的目标。为此，我们使用"双对比"法来确定最近发展区。第一个对比，将语文、数学、英语、音乐、体育、劳动技术等国家义务教育课标要求与孤独症学生的评估结果进行对比，决定是否要对其进行教学上的调整，以及做出怎样的调整。如在孤独症学生的某一些课程或者课时中，降低教学目标中知识、技术的难度。第二个对比，将《培智学校义务教育课程标准（2016年版）》和孤独症学生的学习现状和能力进行对比，决定是否要为其进行教学上的调整，以及做出怎样的调整，如提高一些难度。综合"双对比"的结果，制订 IEP 中的学生目标，并将教学目标拆分，转化成小任务。这有助于老师了解孩子当前的学习状况，便于灵活地调整下一步学习目标；同时，随着一个个目标的实现，有助于提升孤独症学生及其家长的成就感和自信心，能够更加配合教师实现下一步的教学目标。例如，在给小豆进行语文的教学目标制订时，第一步是对比《语文课标（2012年版）》中第一学段（1～2年级）"认识常用汉字1600个左右"，第二步是对比《培智学校义务教育课程标准（2016年版）》中低年级段（1～3年级）"认读生活中常用汉字50～100个"，再结合了小豆认识23个字的学情，确定一年级的小豆的目标是"认读生活中常用汉字140个"。

（三）实施阶段

在学期初制订好 IEP 后，融合教育主管领导开始引领此项工作的开展，营造良好的融合教育氛围，开展孤独症学生也能参与其中的融合活动，让全校师生都能理解、包容和接纳孤独症学生。由于担任孤独症学生教育教学任务的班主任、任课教师和资源教师要付出比别的教师更多的时间与精力，融合教育主管领导还需要考虑相应的激励政策，如绩效倾斜、评优、现场展示等，以调动教师的工作积极性，激发融合教育工作的效能感。班主任主要负责孤独症学生的教育教学活动，与学科教师一同按照学年目标和个别化学科计划，共同做好孤独症学生在班级中的教育教学工作。教师如何将 IEP 的文本落实到课堂教学以及孤独症学生在校的学习生活中是一大难点问题，可以组织教师开展校本教研或校际交流，一方面充分发挥不同学科教师的优势能力，另一方面通过教研深入进行课堂实践。资源教师在完成资源教室支持性课程教学的同时，积极为班主任及任课教师提供个别化教育教学的策略指导，还要积极联系特教中心完成孤独症学生其他额外支持的工作。

（四）评估阶段

孤独症学生在 IEP 的执行过程中是否取得进步，意味着 IEP 制订得是否科学，执行得是否顺畅。因此，IEP 工作团队要实时评估学生的表现，通过学生的表现来调整修订 IEP 的内容，或反思执行过程中的策略方法是否得当。动态评估的过程，既让学生的进步表现可视化，又能够帮助教师不断提升专业技能。

对学生进行动态评估，并不只是通过测试卷来进行分析。对孤独症学生的成长，更建议采用档案袋的评价方式，积累学生成长中的过程性资料。例如，学生制作的手工、绘画作品、学生每一次的作业、学生参与集体活动的视频等，从这些过程性资料中可以发现学生的点滴进步。因为他们的进步并不会特别明显，但是通过资料分析，就会发现他们在精细动作、语言、认知等各方面都在渐渐进步。

对孤独症学生的评价，既要有过程性评价，也要有终结性评价。通常在每一个单元或主题教学后，需要对学生进行过程性评价。这个过程性评价是结合学生的单元/主题目标而开展的评价，是对学生这一阶段的表现和目标达成情况的综合描述。终结性评价是指在一学期和一学年结束时，教师对学生的表现和目标达成情况给予等级评定，同时也给出描述性的评语。有条件的学校，可以将此等级评定与学生的素质教育综合评价相结合，为孤独症学生制定个性化的评定标准。

教师除了对学生进行等级评定和对学生表现与目标达成情况进行描述，还可以通过量表测验孤独症学生的能力水平。例如，给学生实施注意力测验、认知水平测验、运动能力测验等，通过量化的数据来判断学生的表现情况。这对于下一阶段 IEP 目标的修订具有非常重要的作用，是下一轮制订 IEP 的重要依据，也是 IEP 实践模式循环推进的关键一环。

【案例】

通过学生作业分析、学业测验、访谈相关教师等方式对小源同学进行过程性评估，发现他在规则感、人际交往、管理情绪方面都有好转，各方面的能力有较大进步。

在 IT 课上，他从最初在教室里随意走动，到后来大部分时间都坐在位置上，并且能够认真完成作业，他操控电脑作画的能力也越发稳定。

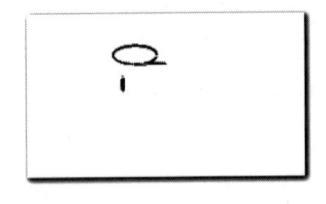

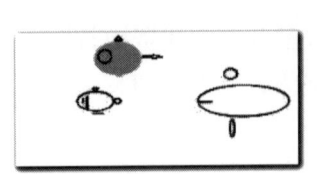

在书法课上，他运笔的笔画比以往流畅精巧，在书写结构上也能做到空间布局的匀称和谐。

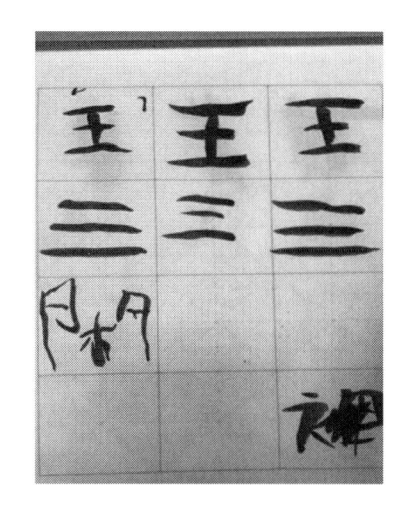

在数学方面，通过多感官教学，降低课程难度，小源在数感、空间观念和运算方面的能力都得以提升。数感方面：会正确读、写多位数，并能比较数的大小；学会认、读、写负数，能联系温度计比较两个负数的大小。空间观念方面：认识线段、射线和直线的特征，判断平面上两直线的位置关系；会用三角板和量角器测量角，区分各种角，认识到角与生活的密切联系；能根据路线图描述从一个地方到另一个地方的具体路线。运算能力方面：掌握除数是整十数除法的计算方法，了解整数四则运算的顺序。

四、融合教育个别化教育计划的实施建议

（一）明确 IEP 的关键内容

个别化教育计划应秉持"学生本位"的理念，突出优势潜能，综合考量孤独症学生所处的家庭、学校、社区等环境，并贯穿 IEP 文本制订与执行的各个环节。一是尽量简化 IEP 的内容，保留最主要、最核心的内容。明确融合教育环境中 IEP 的关键要素，结合学生学籍档案、家庭资料、成长档案等，充分利用信息管理平台，重点关注学生的障碍情况、家庭教育环境、能力发展水平、教育教学目标、策略和教育安置建议，将文本内容与教师学科教学明确关联，为教师教学提供参考。二是通过文本制订明确职责分工。建议将 IEP 设计为活页的形式，让家长、班主任和任课教师都参与到文本制订中来，各司其职，思考自己应尽之责。三是重视学生成长中的过程性资料的收集。建议以动态的方式制订阶段性目标，随时收集学生作业、作品和其他过程性资料，及时进行过程性评价，指导下一阶段目标的制订。同时避免教师在期末突击填写 IEP 文本的现象发生。四是充分利用信息技术制作电子版 IEP，将 IEP 与"一生一案"数据系统相结合，让 IEP 的制订电子化，建立学生电子化的成长档案库。

（二）重视学生的科学评估

在实践中发现，教师对个别化教育计划中有关学生评估内容的填写率很低，比如评估项目、评估记录和评估结果，在一半以上的个别化教育计划中这些内容都没有填写。一方面是因为教师并不重视孤独症学生的评估情况，缺乏了解学生评估情况的意识；另一方面是教师不具备专业评估的相关专业知识与技能和相关资质。对孤独症学生的专业评估应该由具备专业评估资质的人员来完成，如由医生或其他具有评估资质的人员等给出明确的诊断、评估或鉴定结果。评估诊断一定要科学化、合法化，不能由学校资源教师或班主任凭借经验而随意下结论，进而给学生贴上障碍的标签。通过查看一份科学的评估报告，不仅可以判断学生的障碍类型，还可以具体分析学生在不同方面的能力表现与水平，对学生的能力状态进行科学全面地描述。因此，学校资源教师应具有查看诊断评估报告的能力，并将诊断评估报告与孤独症学生的在校日常表现相联系，作为制订个别化教育计划的重要依据。当然，对学生的评估也不能只依赖量化的评估工具。教育教学和生活中的观察、访谈、作业分析也是非常重要的。如果仅借助一份数字形式的评估量表进行评估，容易使孤独症学生陷入"功能限制"的僵化局面。

（三）综合考虑能力发展与学科计划

以往个别化教育计划是在特殊教育学校中使用较多，对特殊教育学校的学生而言，更加强调长、短期能力目标的制订，对学科目标的要求较少。但在融合教育环境下，孤独症学生的障碍程度多是轻度或中度，在分科教学体系中，他们有能力接受部分学科知识，教师与家长也更加关注学科教学与学习效果，因此需要将孤独症学生的能力发展目标与学科计划相结合。如果在融合教育环境下，只制订学生能力发展的长期与短期目标，会使得学科教师认为自己与孤独症学生的基础能力培养无关，而孤独症学生也得不到应有的教学调整课程。为融合教育环境下的孤独症学生制订个别化教育计划，必须要与教育环境相适应，在长期目标的指引下，将短期目标转化为学科目标加以体现，在各学科教学中体现出对长期目标的分解，才能更好地将发展目标得以落实，也借此调动起各科各类教师在执行个别化教育计划中的积极主动性。

（四）加强教师专业培训和指导

专业培训对 IEP 的实施有显著影响，因此，应重视融合教育教师关于 IEP 的在职培训，让 IEP 的制订不再成为困扰他们的难题。第一，将融合教育纳入每一名教师的继续教育培训的必修课中，重点开展 IEP 专项培训，引导教师正确认识 IEP 的意义，从专业态度、专业知识和专业技能方面提升融合教育工作主管领导、资源教师、班主任及任课教师的 IEP 理论知识和实践能力。第二，加强巡回指导，为有需要的学校教师入校提供 IEP 专业支持。指导教师科学地制订 IEP，并将制订好的 IEP 在教育教学活动中落地；鼓励各校进一步探索适合本校融合生态的 IEP 实施模式，在实践中增强教师 IEP 制订与执行的能力。第三，IEP 的实施需要团队合作，高效有力的校内支持会促进 IEP 的执行。加强融合教育教师间的校际交流，以区级特殊教育中心为纽带，针对 IEP 的实施建立校际交流模式，形成融合教育学习共同体，促进教师的专业发展。

（五）形成家校社协同合力

融合教育倡导合作精神，合作意味着协商。因此，融合教育的开展离不开家长、学校、社会的共同支持，而家庭与学校的合作对融合教育的发展有着关键性的影响。强化特殊教育专家委员会、学校融合教育工作委员会、融合教育学校家委会的作用，引导家校沟通。已有研究表明，家长参与已经成为新世纪特殊教育发展的重要一环，而家庭教育在教育支持体系中的作用体现在与学校教育的配合以及全方位支持环境的塑造上。家长不仅要积极配合学校教育，承担家庭教育重任，在家庭中做好教育与训练；还要全面客观了解自己孩子的能力水平和学校表现。家长与学校在信息和教育目标方面要保持一致。教师不仅要对孤独症学生的能力进行全面分析，还要客观分析学校和自己班级的融合文化、同伴关系和班级氛围。家长是教师工作中的关键人物，教师对家长的认知影响着教师与家长沟通的态度与方式。教师要以坦诚的胸怀去尊重、去换位思考、去理解家长的需求，解决家长的教育难题，充分了解学生的基本情况和家庭教育教养情况。

第二节　孤独症儿童的融合教育课程调整

一、融合教育课程的内涵

（一）融合教育课程的定义

关于"课程"的定义有上百种，这里的课程是指功课及其进程，含有学习内容、计划、进度之义。李秉德（2001）认为，课程就是课堂教学、课外学习以及自学活动的内容纲要和目标体系，是教学和学生各种学习活动的总体规划及其过程。孤独症儿童的融合教育课程，是为实现孤独症儿童的发展目标而为其制定的各种学习活动的总体规划及过程，是孤独症儿童实现发展的学习"跑道"。

我国教育体系庞大，从不同角度有不同的课程分类方式。从学段来划分，当前我国把特殊教育作为基础教育中的单独一类，与学前教育、义务教育、高中教育构成基础教育的"三段一类"。融合教育课程并不是在学校中另起炉灶的新鲜事物，而是在基础教育阶段的普通教育课程中融入特殊教育课程的思想与方法，以孤独症儿童的发展需求为核心进行的综合调整与运用。这是一种普通学校基于学生个体在学习需求、学习风格以及文化背景等方面存在的差异而设计的有弹性的、相关的和可调整的综合课程体系（邓猛、李芳，2022）。在融合教育课程中，有的孤独症学生不能完全参与到学科课程和活动课程之中，他们需要额外学习一些关键的知识与技能，因此还需要支持性课程的补充。

（二）融合教育课程的调整

课程观的转变给融合教育的发展提供了契机与土壤。人们逐渐认识到，课程不是单纯的知识总和，也不是成人对儿童未来发展的一种设想与规划，更加强调儿童自身参与到学习活动中的体验与经验。课程不再是不可调整的权威，不再是按照成人所认为的需求为学生设计的"要学生学"的内容，课程已成为学生发展所需的"我要学"的充满生机与力量的教育经验。在过去"一刀切"的课程体系中，孤独症学生几乎无法在普通学校中完成学业，因为他们学不懂，也坐不住。为了让孤独症学生可以在普通学校中"坐得住""学得会""有发展"，实施融合教育课程是必然的趋势。

决定融合教育质量的关键在于课程与教学，融合的课程是融合教育最关键，也是最难的一环（邓猛、赵勇帅、王红霞，2021）。对融合教育课程进行调整，同时兼顾普通学生和孤独症学生各自的教育需求，这极有挑战性。孤独症学生在普通学校中接受融合教育，他是一名学生，依旧有着成为社会主义建设者与接班人的发展目标，需要和同班同学一样接受国家课程的学习，这也是我们期望看到的最佳的融合形式。但孤独症儿童的能力和行为差异，导致他们无法完全接受学科知识的集体学习。他们需要在课堂上学习课程调整后的部分文化知识，有必要参与到活动课程的体验、操作与互动，还需要关键必备能力的支持补充。因此，孤独症儿童需要融合教育课程的调整。课程的调整并不是在普通学校中做出另一套课程标准和课程体系，而是在已有课程的基础上朝着"双向融合"的目标调整。

融合教育课程是在普通学校中渗透实施的一种动态的课程模式；是区别于却又借鉴于特殊教育学校课程的；是为了孤独症学生在普通学校环境中更好地实现个人发展，而形成的普通学校课程与特教学校课程有机结合的课程态势。根据海淀区多年来的实践经验，融合教育课程是无法脱离普通学校课程体系而独立存在的，它是立足在普通学校课程体系中的调整态势。因此，海淀区结合孤独症儿童融合教育的实际做法，将融合教育课程的调整分为三种模式，即学科课程的调整、活动课程的融入和支持性课程的补充。这是在普通学校中为满足孤独症儿童的学习和能力发展需求而设计的一种个性化、可调整的综合课程体系。当然，这种调整模式只是融合教育课程发展中的阶段性产物，让所有课程都满足学生个体不同的学习需求，是我们继续追求的目标。

二、融合教育课程调整的内容

孤独症儿童融合教育的课程调整是基于普通学校的现有课程体系。义务教育是国家依法统一实施的所有适龄儿童、少年必须接受的教育，旨在保障每位适龄儿童、少年接受教育的权利。因此，融合教育课程的调整依然要符合各地的义务教育课程实施办法，要全面贯彻党的教育方针，落实立德树人的根本任务，遵循教育规律和学生身心发展规律，坚持育人为本、统筹规划、创新引领的基本原则，以国家课程为主体，以地方课程和校本课程为补充，培养德智体美劳全面发展的社会主义建设者和接班人。融合教育课程的调整包括学科课程调整、活动课程融入和支持性课程补充三种形式。这三种形式并非以"三选一"方式加以选择，而是根据孤独症儿童的需求，在尽可能班级融合的学科课程调整和各项活动课程融入的基础上，根据孤独症学生的能力发展需求开设支持性课程。

表7-1 融合教育课程调整的基本形式

课程调整的形式	主要内容
学科课程的调整	道德与法治、语文、数学、外语、历史、地理、物理、化学、生物
活动课程的融入	科学、信息科技、体育与健康、艺术、劳动、综合实践活动等
支持性课程的补充	感知运动、生活自理、认知发展、沟通交往、社会适应和潜能发展

（一）学科课程的调整

学科课程是分别从不同门类的科学中选出部分内容，彼此分离地安排各自的顺序、学习时数和期限，组成各类不同的学科。从学校诞生起就有了学科课程，这也是迄今为止传统且最占优势的课程类型。

我国主要将道德与法治、语文、数学、外语、历史、地理、物理、化学、生物判定为学科课程，它们以学科知识与技能为主要学习内容。并不是所有的孤独症儿童在融合教育的学科课程方面都需要个别化调整，可以做三个层次的划分。第一个层次，是不做任何或只做很小的调整。如高功能的孤独症儿童在智力水平和认知能力上与同龄人并无显著差异，他们就不需要接受个别化调整后的学科课程。他们可以和其他同学一样接受未调整的学科课程，只需要教师在教学策略或辅助工具上给予一些个别化支持，就可以满足其学习需求。第二个层次，是对学科课程进行部分调整。有的孤独症学生仅在某些学科上有特殊教育需求，而不是在所有学科上都存在学习困难，那么我们就只需要对部分学科进行个别化调整。例如，有的孤独症学生的语言和阅读理解能力明显落后同龄人，数学能力却超常，那么在语文学科上就需要进行个别化调整，教师可以重点关注学生的语言表达和沟通能力，对学生在阅读文章长度、文意理解难度等方面降低要求。同时，对该生的数学、科学或其他能跟上同龄人进度的学科则不需要进行调整，甚至可以提高数学学习难度。第三个层次，就是对大部分学科课程都需要进行调整。对于伴有智力障碍的孤独症学生来说，他们难以跟得上同龄人文化课程的学习进度。因此，教师们就需要对这类学生制订个别化教育计划，并对语文、数学、英语等各类文化课的目标、内容、呈现和评价方式进行调整，必要时提供额外的教学支持。

对学科课程进行调整，是去帮助孤独症学生发现自己的最近发展区，找到适合自己学习的最佳方式，为日后学习与生活奠定基础，成就自我。同时，在学科课程的调整上，教师也需要处理好统一与差异的辩证关系，既不能让普通学生陪着孤独症学生降低学习目标，又要在集体教学中照顾差异。融合教育所渗透出的尊重与接纳、照顾差异、通用设计等理念，能促进所有学生对生命与社会多样性有着更深层次的感悟与理解，这就是融合教育的双赢愿景。

（二）活动课程的融入

儿童通过在活动课程中的学习，获得经验，培养兴趣，解决问题，锻炼能力。科学、信息科技、体育与健康、艺术、劳动、综合实践活动等一般属于活动课程范畴，这些课程非常适合孤独症学生发展潜能和习得社会性知识。有的孤独症学生可以在美术或音乐学科上取得卓越成就，有的孤独症学生在信息技术上天赋禀异，还有的孤独症学生能在体育课中锻炼大运动能力以及释放不良情绪。因此，活动课程应该让孤独症学生应融尽融。

综合实践活动侧重跨学科研究性学习和社会实践，更有利于孤独症学生学会融入集体。主张一切学习都来自经验，倡导生活教育、自然教育、边做边学等思想，认为个人实践、直接体验才是最好的学习途径，提出课程的逻辑顺序要服从儿童的心理顺序。综合实践活动强调学生的丰富体验和感受，是一种经验性的学习。学生在参与实践活动中，主动获取直接体验，综合运用所学知识去解决问题，发挥主动性、创造性，增强社会生存能力，提升社会责任感。学生能够更加全面清晰地认知世界、自然、社会，以及感知社会中人与人、人与自然之间的关系，综合实践活动是促进学生社会性发展的良好途径。

孤独症学生恰好在社会性发展方面存在严重障碍，他们很难像普通学生那样通过书本和影像资料来认识这个纷繁复杂的世界，学习人类文明的经验传承，让他们记忆犹新的一定是他们亲身经历且有深刻体验的活动。那么,"最贴近真实生活经验"的活动对孤独症学生而言就显得尤为重要,在融合教育课程中是不容忽视的一个部分。不少孤独症孩子的家长或教师,多是关注孩子的学业水平发展,主张要么是多补文化课,要么就是大量地做康复训练,他们希望通过一名教师、一间教室和几本课本来改变孩子。其实不然,孤独症儿童恰恰需要的是走进真实的社会和真实的自然环境中。孤独症儿童在真实的活动课程中,因为获得了真实而深刻的经验感受,他的自主性语言迸发得更多,对情绪的体验与认识更快,沟通交流的表情更加自然,对文化习俗的认识更加生活化,脸上洋溢的笑容也更加灿烂迷人。

【案例】

小海是一名典型的孤独症学生,他几乎不会有主动性语言的发起。即使偶尔发起,也是说一些与当前场合情境不相符的内容,让旁人听不明白。在一次"放飞春天"的社团活动中,老师让学生们绘制风筝,学生们可以选择自己喜欢的颜色给风筝画上漂亮的衣服。小海对色彩很敏感,他非常喜欢这类活动,整堂课都在非常专注地给风筝涂色。最后,所有学生都制作完成了自己的风筝,小海也不例外,绘制了一幅色彩艳丽的飞机风筝。老师让同学们到操场去放飞自己的风筝。当特教助理教师辅助小海奔跑,将风筝放飞时,小海突然跑着跑着激动得跳了起来,他笑着欢呼:"哇!飞上天啦!"这一刻,主教教师和特教助理教师都非常感动。小海在课程中不仅感受到了春天的色彩、体验了放风筝的乐趣,而且他会主动用语言表达自己激动的心情,并且是那么自然地符合当前情境。

学校中的活动课程并不是专门为孤独症学生开设的,而是在学校开发的活动课程中融入"融合"的思想。学校要相信孤独症学生是有能力参与到这类课程当中的,并且还要思考,这类课程可以帮助孤独症学生发展什么能力,同时对普通学生又有什么益处。学校活动课程的内容相当丰富,如研究性学习、信息技术、劳动与职业体验、社区服务、社会实践、班团队活动、社团活动等。这类课程对孤独症学生融入社会具有重大意义,直接影响他们的个性、人格与社会能力的形成。在丰富多样的活动中,孤独症学生更容易参与到集体当中,有利于其进行人际互动,有利于其认识社会与他人,在自然情境中促进其社会性发展。而社会性能力的发展,对提高他们的独立生活能力、参与学校及社区活动以及改善个人生活体验都至关重要。[1]同时,普通学生在轻松娱乐的氛围中,更乐于接纳孤独症学生且发现孤独症学生的长处,发展助人为乐精神,认识个体差异这一概念。

---

[1] 邓猛、赵勇帅、王红霞,融合教育课程与教学[M].北京:北京师范大学出版社,2021:58.

【案例】

　　静静是一名初二的孤独症谱系障碍女生，青春期的她喜欢唱歌，音乐课是她最喜欢的学科。学校举办合唱比赛，她渴望当领唱，但由于行为、情绪、形象等各种原因，她无缘领唱，于是她会在排练中抢词，故意捣乱。此外，如果她喜欢某个同学，无论男女，都会主动拥抱上去。因此，同学们都不喜欢与她交往，看见她就离得远远的。爱唱歌的静静，就只能自己唱歌，用手机录音，然后通过微信转发给班主任、特教助理教师等关注她的人。直到一次研学旅行活动，让大家重新认识了她。刚开始，老师担心她无法独立跟随集体到另一个城市去研学旅行，不打算让她参加此次活动。通过家长的争取，班主任和校领导沟通后，抱着试试的态度让静静参加了。出乎意料的是，这一路之行，静静都特别遵守组织纪律，没有出现过情绪行为问题。同学们在愉快的氛围中，也开始和静静说话、开玩笑，路上还会照顾静静，帮忙背水拿东西，提醒静静紧跟团队等。这一路，大家相处得非常愉快。某天晚上，有一场学生的文艺演出活动。班主任给静静报名了一个独唱节目，静静一个人站在舞台上，一点儿也不怯场，完全沉浸在自己的歌唱中，她完整地演唱了一首中学生当前比较流行的歌曲。当静静演唱结束后，同学们顿时鸦雀无声，不一会儿又爆发出热烈的掌声。同学们由衷地为她鼓掌喝彩，静静也在这次研学旅行活动中找到了自信与集体归属感。

（三）支持性课程的补充

　　融合教育课程中最具特色的部分就是"私人订制"的支持性课程。支持性课程是以孤独症学生需求为中心，根据孤独症学生能力的发展水平和发展需求，为其单独开设的抽离式课程；是在学科课程和活动课程之外的，为提升孤独症学生在认知、运动、情绪、行为、语言等方面的基础能力所提供的额外的课程支持。支持性课程是融合教育背景下，对孤独症儿童特有的补充式课程。支持性课程一般有感知运动、生活自理、认知发展、沟通交往、社会适应和潜能发展等内容。一方面发展孤独症学生在运动、认知、语言、社交、情绪行为和生活适应等方面的关键能力，另一方面对孤独症学生学科课程的先备知识能力进行补救教学。针对孤独症学生的特长，还可以开设美术、音乐、舞蹈、器乐、瑜伽、体操、编程、乐高等潜能课程，以及烘焙、茶艺、插花、养殖等职业类课程。针对孤独症学生的心理健康，还有团体辅导、个别辅导或家庭辅导课程等。支持性课程一般采用一对一辅导的方式，有的时候也可以邀请几名普通学生开展小组教学。

　　在融合教育课程中，支持性课程是最具特色的，但如果教师将支持性课程看作是把孤独症学生抽离出班级课堂的手段，这是万万不可的。学科课程是融合教育课程的核心，融合教育的最终目的是融入班级，而不是抽离。支持性课程只是对学科课程和活动课程的补充，是孤独症学生在班级课堂中无法实现个人发展目标，为了使其更好地融入班级，而采取的一种补充教学的手段。抽离是为了更好地融合，在资源教室中开展的支持性课程要根据孤独症学生的需要而设定，其目的是帮助孤独症儿童实现班级融合。

三、融合教育课程调整的实施路径

融合教育课程的调整应充分考虑课程自身的特点和孤独症学生的实际需要，课程的调整首先要从孤独症学生的教育目标出发，其次要从课程的特点出发。[①] 所以，融合教育课程的实施一般可遵循以下的几个步骤：第一，全面评估与计划制订；第二，融合教育课程的编排；第三，融合教育教学的调整；第四，融合教育课程的评价。

（一）全面评估与计划制订

教师发现班级里的孤独症学生，最直观的就是从学业能力和情绪行为表现两方面来判断的。孤独症学生是否跟得上班级其他同学的学业进度，这一点教师们通常用学业测试结果就可以回答。如果学生能跟得上，并且也没有表现出过于影响他人的严重情绪行为问题，那么这名学生可能就不需要太大的课程调整，或者只需要教师在教学中略微采取一些调整即可。如果学生出现许多教师们不知道如何解决的问题，则需要由专业人士对学生进行综合能力评估。专业评估一般包括认知评估、适应行为评估、动作发展评估、语言发展评估和注意力评估等。同时还应综合参考教师在日常教学中观察所得的信息，结合学业测试、专业评估与观察评估三方面信息，来作为学生融合教育课程设计与实施的依据。

教师对自己所教授的学科课程标准非常熟悉，那么课标所要求的能力和教材所呈现的内容是否符合孤独症学生的学习需求，这需要教师对学科课程标准、学期课程目标与内容、单元目标与内容等进行具体分析，并将孤独症学生的能力评估结果和特殊教育需求进行匹配分析。这一过程就是对学科课程进行评估，判断学科课程中哪些内容适合孤独症学生学习，哪些内容需要删减，还有哪些内容需要补充等。针对孤独症学生，教师首先需要分析普通学校的学科课程标准。教师对课程标准的分析有利于其把握本学科目标与内容的脉络结构和总体要求，可以明确融合教育课程调整的逻辑框架与重点，保证融合教育课程调整的总进度与班级课程进度是一致的。在此基础上，教师结合孤独症学生的能力水平对其学习目

---

① 于素红. 普通学校随班就读学生的课程建设 [J]. 中国特殊教育，2005，（4）：56-59.

标与内容进行调整。同时，还可以借鉴《培智学校义务教育课程标准》；针对低年级学生可以参考《3—6岁儿童学习与发展指南》，更加充分地了解学生先备技能的薄弱之处。教师只有掌握了不同阶段课程标准的具体要求，才可以将其与孤独症学生的基础水平进行匹配，设计具体的学段课程目标，同时保证在同一课堂中科学地实现分层教学。

个别化教育计划是实施融合教育课程调整的指南。在制订个别化教育计划时，团队成员就要充分讨论，明确孤独症学生的长、短期发展目标，并且对其安置形式和课程设置进行研判。例如，在学业发展上，在计算能力、空间图形能力、识字能力、语言表达能力、阅读理解能力或写作能力等方面在这一学年（期）可以设置什么目标，在课堂行为、常规习惯、人际交往等方面又需要达到什么水平。进一步地完善学生融合教育课程的调整，如哪些课可以和同学一起学习且不做太大调整，哪些课可以在班级中学习但需要调整目标，需要增加哪些支持性课程在资源教室接受一对一教学，哪些综合实践活动能让所有学生都参加。各学科教师再继续细化对学科融合教育课程的调整，个别化教育计划为教师们在做整个班级课程计划的同时指明了融合教育课程调整的方向。

（二）融合教育课程的编排

当个别化教育计划制订后，负责教学工作的干部教师或资源教师需要为孤独症学生调整后的融合教育课程进行排课，即编制课程表。在编制课程表时，教师要根据孤独症学生的评估结果以及专家委员会的建议，以班级课程表的总体进度为蓝本，保留学生可以在班级中学习的科目，将学生不适合在班级中学习的时间安排在资源教室开设支持性课程。有的学校还会别出心裁，给孤独症学生安排同一学科的走班制融合方式，让孤独症学生到适合自己能力水平的年级中参与某学科的学习。例如，有学校让某初一孤独症学生到本校小学部四年级某班中担任数学课的小助教，一方面让该生在低年级中巩固学习相关知识内容，另一方面小助教的方式也让孤独症学生找到自我成就感。还有的孤独症学生因为需要加强大运动能力训练，学校会安排孤独症学生参加其他班级的体育课，以增加孤独症学生的体育课时量，同时增加孤独症学生融入集体的机会。

一般情况下，孤独症学生抽离出集体教学的课程要根据学生需求而定，尽量保证学生最大化的班级融合课程。需要注意的是，孤独症学生的融合教育课程安排不是固定不变的，融合教育课程应该是具有灵活性、动态性和阶段性的，根据学生的表现，在不同阶段安排不同的课程表。有的学生可能一个月就会换一次课程表，有的学生可能期中就换一次课程表，还有的学生可能一学期换一次，这都是根据学生的学习需求进行调整的。为孤独症学生单独设置个性化的课程表，对学校而言是一件比较繁杂的事情，因为很多教师都同时担任着多个班级的教学工作，同时还兼任着其他校内事务。学校需要做大量的协调工作，既要照顾到孤独症学生的个别需求，又要保证其所在班级的课程进度，同时要调动更多的师资力量来为孤独症学生服务。

【案例】

在开学前，学校召集各学科组教师召开了 IEP 会议，为小辉编制了第一周学习的课程表计划。基于专家评估成果、家长访谈以及小辉之前在学校的种种表现，老师们非常担心小辉无法适应班级教学的节奏，认为小辉会严重干扰其他学生的学习。小辉确实需要在一个融合的环境中成长，况且小辉初一时已经在特教中心接受了行为干预，在情绪行为自我管理能力上有了很大的进步。因此学校决定先让小辉暂时到资源教室接受一对一的语文、数学和英语课的学习，而其他课程（下表内标 * 的课程）都跟随行政班一起学习。此外，小辉需要大量的体育训练，学校又给他额外安排了一节到其他班级上的体育课；小辉在歌唱方面有天赋，学校也为其设置了在资源教室学习声乐的潜能课程，同时也让小辉去上一年级某班中的音乐课。这只是一周课程的暂时安排，所有人都不知道接下来会发生什么，但所有人都知道，这份课程表是会根据实际情况做出调整的。

小辉同学融合教育阶段课程安排（第 1 周）

星期	上午				下午		
	1	2	3	4	5	6	7
一	数学（资源）	英语（资源）	体育（二4班）	信息（*）	语文（资源）	体育（*）	美术（*）
二	数学（资源）	语文（资源）	英语（资源）	地理（*）	生物（*）	物理（*）	历史（*）
三	数学（资源）	英语（资源）	体育（*）	生物（*）	音乐（*）	语文（资源）	劳技（*）
四	数学（资源）	英语（资源）	音乐（资源）	历史	道法	语文（资源）	班会（*）
五	数学（资源）	道法（*）	英语（资源）	体育（*）	语文（资源）	音乐（一5班）	

课程实施一周后，老师们发现小辉的写字能力非常落后，会直接影响其他学科的学习，建议增设书法课。专家经评估发现，体育课时的安排不合理，需要再增加一节，保证每天有一节课体育课让小辉锻炼大运动能力，同时释放不良情绪。增设了书法课和调整了体育课时后，小辉的课程表发生了一些变化。学校编制了小辉的融合教育课程安排第二版。第二版课程表将实施三周，期间继续观察小辉的学习状态。

小辉同学融合教育阶段课程安排（第2-4周）

星期	上午				下午		
	1	2	3	4	5	6	7
一	数学（资源）	英语（资源）	语文（资源）	信息（*）	语文（*）	体育（*）	美术（*）
二	数学（资源）	体育（二2班）	英语（资源）	地理（*）	生物（*）	物理（*）	历史（*）
三	数学（资源）	英语（资源）	体育（*）	生物（*）	音乐（*）	语文（资源）	劳技（*）
四	体育（二1班）	英语（资源）	音乐（资源）	历史（*）	道法（*）	数学（资源）	班会（*）
五	书法（资源）	道法（*）	英语（资源）	体育（*）	数学（资源）	音乐（一5班）	

第二次调整后的融合教育课程安排明显更适合小辉的学习需求。她既可以在资源教室中逐渐熟悉语文、数学和英语学科的上课方式，还可以在班级中参与其他学科的学习和班会活动。同时，小辉每日的体育课时间得以保证，她还有了声乐、书法等潜能课程。小辉在这个课程安排下学习了半学期，期中后小辉的语文、英语课先逐步回归到行政班中学习，一学期后小辉的所有课程都回归到行政班中学习。

（三）融合教育教学的调整

有了阶段性的课程表后，各学科教师就要开始各自思考针对孤独症学生的教学调整与支持，这非常重要又极具挑战性。教学调整和支持是落实个别化教育计划的核心环节，可以充分结合孤独症学生的个别化教育计划中的学科计划展开工作，个别化教育计划是教师进行教学调整的指南性工具。教学调整和支持也是融合教育课程调整落地的重要一环，只有做好这项工作，孤独症学生才能真正在融合教育学校中获益，才能扎扎实实地学习本领，向好发展。对于随行政班上课的学科，教师可以针对孤独症学生的实际情况采用适当调整教学目标、内容、教学材料、评价标准等方式来进行，这是教师的教育情怀与教学智慧的彰显。除了教学调整外，可以给孤独症学生一些相关服务与支持，如使用辅具、沟通系统、提示板、行为契约板等。还可以为孤独症学生提供支持性的资源教室课程。

（四）融合教育课程的评价

融合教育课程的评价，可能很多人都会认为是对孤独症学生的学习效果进行评价。诚然，学生的学习效果是融合教育课程评价的重点，但不能忽视融合教育课程对普通学校其他方面所产生的影响。在融合教育课程中，孤独症学生感受到了什么？获得了什么？发展了什么？效果怎么样？与此同时，评价者还需要去考量，调整后的融合教育课程是否对普通学生的课程学习产生了负面影响。原则上，不主张以牺牲或降低普通学生的课程质量去刻意"迎合"孤独症学生的教育需求，融合教育关注所有学生的教育质量，所设计的融合教育课程要能实现差异性的教学，要对所有学生产生积极影响，实现教育的双赢。

融合教育课程的评价主体是多元的，除了教师评价作为课程评价的主力军之外，学生自我评价、同伴互评、家长意见、同行观察评议等都可以作为评价的主体之一，综合研判融合教育课程的效果。在评价方式和工具的选择上，以往人们常用标准化测验将学生的变化进行量化对比，这种方式可以非常客观地反映出学生在某些能力方面的变化，是一种科学客观的测量方式。但标准化测验一般需要有一段时间差才能比较准确地测出学生的变化数值，难以捕捉学生在学习过程中的细微变化，而在教育成长中学生留下的宝贵瞬间稍纵即逝，这些瞬间恰恰是评价活动中的重要资源。因此，除了使用标准化测验作为评价方式和工具之外，学校中常用的评价手段还有观察、访谈、团体活动、作业、学业测试和成长档案袋等。融合教育课程尤其重视学生成长中的过程性评价和增值性评价。学校不能把孤独症学生的表现与普通学生进行横向比较，而是排除所有不公平因素，就孤独症学生自身的成长变化进行评价，发现孤独症学生的进步之处，哪怕进步幅度小于同龄人，也要对学生的变化进行肯定。增值型评价尊重并承认学生发展的差异性，评价者要关注孤独症学生在学习过程中的细微变化，肯定学生的努力和进步，同时对学生的不良行为、情绪、习惯、态度等进行及时指导或纠正，让学生看到自己的进步轨迹。增值性评价强调评价者要有一双"发现的眼睛"，挖掘学生潜能和特长，着眼其未来的发展。

第三节　孤独症儿童的支持性课程设计

孤独症儿童面临着社交、沟通、刻板行为等多方面的挑战，尤其是情绪与行为问题，是融合教育中最为棘手的问题之一。孤独症儿童往往在社交互动上表现出困难，缺乏眼神接触、面部表情和肢体语言的交流，甚至会出现重复性的动作和行为，如贴墙走路、不断地拍手、摇摆身体、发出奇怪的声音等。这些问题不仅影响他们与他人的交往和互动，也会对他们的学习、日常生活和社会适应造成不利影响。有的孤独症儿童会表现出严重的情绪与行为问题，导致他们无法适应普通班级的学习和生活。当班集体中的学科课程和活动课程对孤独症儿童来说是非常大的挑战时，就需要对其采用"渐进式"的融合教育方式，他们需要先到特殊教育资源中心或资源教室接受支持性课程的教育教学。这种个性化的支持性课程可以提高孤独症儿童在沟通、社交、社会适应等方面的基础能力与技能。支持性课程是普通学校中学科课程和活动课程的重要补充和拓展，是为促进孤独症儿童关键能力的发展而专门设计的个性化学习内容，有利于帮助他们更好地融入普通课堂。大多数支持性课程是在特殊教育资源中心或资源教室中开展的，有些教学也会在户外或其他专业教室中进行。支持性课程的设计主要体现在课程目标的厘清、课程体系的架构、支持内容的设计和实施模式的探索上，目标是提升孤独症学生的基础能力和发展潜能，使其享有适性而优质的教育。

一、支持性课程的意义

（一）提高孤独症学生的基础能力

不少孤独症学生在认知水平、思维能力、运动能力、社交沟通等方面的能力都落后于同龄儿童。这些基础能力是普通儿童在幼儿期就逐渐习得的，并作为先备技能支持着各学科的学习。正是由于孤独症学生欠缺这些基础能力，因此他们在集体课堂中学习有一定的困难。通过在资源教室中接受支持性课程的教学，孤独症学生学习如何控制情绪、掌握正确规范的行为，提升基础认知能力，建立基本的学习习惯，在学业表现、注意力、情绪行为、听从指令、遵守常规、沟通交流等方面有所发展。同时，孤独症学生将从支持性课程中所学习的技能在普通班级中加以运用，在自然情景中泛化行为，有助于其更快地掌握技能。支持性课程作为学校学科课程和活动课程的补充，帮助孤独症学生从空间融合走向课程融合。

（二）提升资源教师的专业素养

资源教师需要熟练掌握个案评估、个别化教育计划的制订与实施、支持性课程的编排、课程内容设计、教学组织实施等技能，才能完成支持性课程的实施。在支持性课程的设计过程中，资源教师会对某一领域有更深层次的学习与研究，对孤独症学生的能力发展过程有更加清晰的认识。在一个又一个的个案积累中，资源教师的专业素养逐渐提升。随着教学案例的不断丰富，学校会产出具有校本特色的支持性课程，在支持性课程的实施上从资源教师的单打独斗变成学校教师的多方参与，使融合教育成为学校的品牌与特色。

（三）激发孤独症儿童的潜能

融合教育一直秉持着"缺陷补偿、潜能开发"的原则，教育者通常容易关注到孤独症学生的缺陷，对此采用很多支持性技术来补偿，但是，教育者对孤独症学生潜能的发现还不够。孤独症学生的潜能，指的不是与同龄儿童相比的超常能力，毕竟天才孤独症儿童仅是少数。大部分孤独症儿童的潜能发现，是需要教育者去挖掘其自身的长处与强项，做到扬长避短。补短，可以支持孤独症儿童更好地学习与适应；扬长，可以带领孤独症儿童看到生活的阳光，树立自信，促进其他方面的学习积极性。因此，需要教育者挖掘孤独症学生的潜能，搭建潜能展示的平台，通过声乐、器乐、美术、书法、瑜伽、编程、航模、乐高等各类活动，帮助孤独症儿童找到自己闪光的领域。有的孤独症学生甚至在这类竞赛中获得全国性奖项。正如德国哲学家雅斯贝尔斯所说："没有一个人知道自己是谁和自己能干什么，他必须去尝试。教育只能根据人的天分和可能性来促使人的发展，教育不可能改变人生而具有的本质。但是，没有一个人能清楚地认识到自己天分中沉睡的可能性，因此，需要教育来唤醒人所未能意识到的一切。"所以，融合教育要做的事情，就是通过各式各样的支持性潜能课程来唤醒孤独症儿童未能意识到的一切，课程及搭建的平台就是孤独症儿童潜能的试金石。

【案例】

为了提高学生的综合素质，学校组织了丰富的社团活动，作为学生展现自我的平台。海阳根据他的兴趣加入了一个科技社团。其中有一个任务是"让学生轮流当小组长"。为了能让海阳掌握这些技能，完成知识技能的迁移，更好地应用到学习生活中，老师结合学校的社团活动进行了一些个性化的设计。老师在支持性课程的社会适应单元中，专门设计了"我当小组长"的主题内容，将小组长的职责任务进行分解，制作成相应的视觉提示卡。如：上台做自我介绍、点名、完成考勤记录、宣布活动主题、点名领取材料、社团活动结束时提醒成员收取材料，完成垃圾清理、桌椅归位等。海阳在支持性课程的学习中一步一步掌握了作为小组长的职责和工作流程，专门制作的视觉提示卡也逐步地撤回，只有在需要时才适当地展示。终于轮到海阳当小组长的这一周了，社团成员在活动中积极配合，大力鼓舞，都说他这个小组长很负责任。海阳得到大家的肯定，他更自信了，老师也看到了他的进步。

支持性课程让海阳能够在资源教室中提前进行个性化学习，老师通过视觉提示卡让他学会了如何进行自我介绍、点名考勤、布置任务、领取材料等技能，所以他才能够在集体活动中出色地完成了作为小组长的任务，展露出淡定、从容的表现力。海阳在集体活动中的出色表现得到了同学和老师的肯定，也增强了他的自信心，他在集体当中实现了自我价值。

二、支持性课程的原则

（一）以能力为核心开展科学评估

科学全面的筛查评估是实施支持性课程的起点。孤独症学生的能力与普通学生有显著差异，孤独症学生之间的能力水平也参差不齐。那么"学什么""怎么学"，就需要基于科学的综合性评估来研判学生当前的能力水平，进而选择合适的课程内容进行创编。

（二）以学生为中心进行个性选择

孤独症学生各方面的能力发展是不均衡的，支持性课程不能像学科课程一样让全体学生以统一的教材、相同的顺序、相同的内容来学习。支持性课程必须要体现个性化原则，学习的领域灵活组合搭配，因人设课。

（三）为教师赋能，实行开放创编

孤独症学生的经验基础、能力水平、行为习惯不一，教师对学习素材及其难度水平的选择也有相应的不同。要做到真正的因材施教，就需要给教师增权赋能，赋予教师课程创编的空间，给课程"留白"，以适应每一名学生的需求。

三、支持性课程的设计

教师秉承"科学评估""个性选择"和"开放创编"的原则，创编出感知运动、生活自理、认知发展、沟通交往、社会适应和潜能发展六大领域的支持性课程，包括20个课程主题和若干配套的教学活动资源；探索出"学生能力评估—制订个性化方案—安排课程计划—创编课程资源—开展组织教学—组织个案研讨"的课程实施模式。

（一）支持性课程的目标

1. 课程总目标

通过支持性课程的学习，孤独症学生能养成良好的生活与学习习惯，具有情绪与行为管理的能力，增强自我欣赏与接纳，在活动中感受成功与自信。体会自己与他人、环境之间的联系，增强集体意识和规则意识，逐步适应并融入集体环境。获得适应社会生活和进一步发展所必需的认知技能和基础文化知识，获得基本活动体验。

2. 课程分目标

感知运动领域：提高学生的感知觉能力；锻炼学生的大肌肉群和小肌肉群；通过操作性活动提高运动、移动能力；提高学生手部肌肉力量和指关节灵活度；锻炼手眼协调能力。

生活自理领域：锻炼学生的用餐、着装等基本生活技能，提高其自理能力；帮助学生掌握整理物品、收纳、清洁、用电、交通、居家等技能；指导学生顺利度过青春期。

认知发展领域：帮助学生掌握基本的生活常识和文化知识；培养良好品质；提

高学习效率，提高思维的灵活性，促进学业发展，提高学业成绩。

沟通交往领域：提高学生自我情绪的感知与表达能力；提高学生的沟通表达意愿和能力；提高学生的社会交往和共情能力。

社会适应领域：提高学生的情绪调节与行为管理能力；帮助学生掌握社会基本伦理道德和社会规范；掌握社区基础设施的使用方法；为学生创造社会实践机会，提高社会适应能力。

潜能发展领域：挖掘学生在艺术、科学、劳动和体育方面的潜能，建立自信心，促进其认知发展与人格塑造。

（二）支持性课程的内容

支持性课程包括感知运动、生活自理、认知发展、沟通交往、社会适应和潜能发展六大领域课程，从这些课程中进一步分解出了 20 个课程主题（见图 7-3），每一个课程主题下又有详细的知识技能体系和若干配套的教学活动资源。

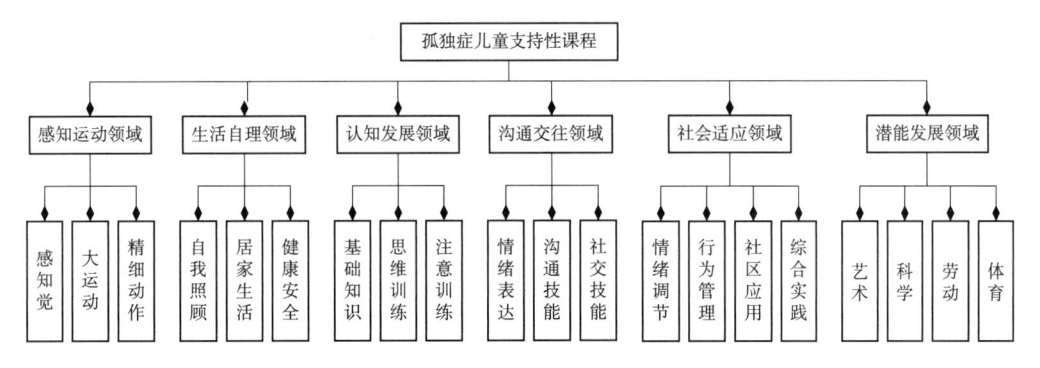

```
                    孤独症儿童支持性课程
    ┌──────────┬──────────┬──────────┬──────────┬──────────┬──────────┐
感知运动领域  生活自理领域  认知发展领域  沟通交往领域  社会适应领域  潜能发展领域
 ├感知觉      ├自我照顾    ├基础知识    ├情绪表达    ├情绪调节    ├艺术
 ├大运动      ├居家生活    ├思维训练    ├沟通技能    ├行为管理    ├科学
 └精细动作    └健康安全    └注意训练    └社交技能    ├社区应用    ├劳动
                                                    └综合实践    └体育
```

图 7-3 孤独症学生支持性课程体系框架

1. 感知运动领域

孤独症学生存在感觉和知觉方面的差异，同时动作发展缓慢，肌力差，身体灵活性与手眼协调性也不如普通学生。感知运动领域课程主要以感知觉训练、大运动和精细动作三类训练为主。感知觉训练可促进孤独症学生对环境中信息的感知能力和处理能力；大运动训练能增强体质，提高身体调节能力、平衡能力、反应能力、灵敏度、运动技巧、大小肌肉的发育水平；精细动作训练有助于改善学生如写字、绘画、使用工具等方面的精细动作技能。这三者是孤独症学生发展认知、情绪和社会交往能力的基础。

2. 生活自理领域

很多孤独症学生因为刻板或其他原因，上小学后不愿意在学校大小便，或不会自己处理大小便，或不知道远离危险场所等，他们很难独立在校园和家庭里生活。开设生活自理领域的支持性课程，提升孤独症学生在自我照顾、居家生活和健康安全方面的能力，让学生学会一日生活中的例行活动，可以进行简单的家务劳动，会判断与自己生活息息相关的健康和安全知识，进而在未来可以独立生活。

3. 认知发展领域

大多孤独症学生伴有智力障碍，学业水平显著落后同龄人，注意力难以维持，思维水平较低，没有建立良好的学习习惯。认知发展领域课程旨在帮助孤独症学生习得基本的生活常识和基础文化知识，提高思维、注意力等方面的认知能力；为孤独症学生提供丰富的环境刺激，促进大脑神经的发育。此外，在基础知识课程中，对学生进行个别化的学业能力辅导，帮助其学习语文、数学等学科的基础知识与技能，培养良好的学习习惯，为他们将来步入社会生活做好知识储备。

4. 沟通交往领域

沟通交往能力是孤独症学生融入社会的基础。有的孤独症学生的口头语言发展迟缓，难以与他人维持谈话，在眼神对视、面部表情、身体姿势或手势等非语言沟通中也有明显障碍。沟通交往领域课程是为了帮助学生学会感知与表达情绪，掌握理解与表达、人际互动等方面的技能，促使他们更好地理解他人、表达自我、增强自信，对他们融入集体和社会有重大积极的作用。

5. 社会适应领域

社会适应领域课程旨在帮助学生了解社会的基本伦理与道德规范等；学会管理与调节自己的情绪与行为；能认识并学会正确使用家庭、学校、社区中的常见设施设备；能自己进行休闲玩耍，正确地展开人际交往。学生从小体验社会中常见的职业活动，为其将来走出校门、走向社会做铺垫。保证学生未来可以在自然情境中去进行人际交往，感受丰富的生活。

6. 潜能发展领域

孤独症学生的潜能是多样化的。他们一般具有视觉优势和记忆优势，有的善于观察事物的细微之处，有的善于记忆复杂的符号、数字或音符，有的通过刻板行为表现出超强的生活自理能力，有的在乐器演奏、绘画上表现出天赋，有的在乐高搭建上有着执着的兴趣。教师可以利用他们的这种优势，在艺术、科学、劳动、体育等领域挖掘其潜能，培养一技之长。潜能发展领域的课程可以帮助孤独症学生建立自信心，促进认知发展与人格塑造。

四、支持性课程的实施

（一）支持性课程的实施流程

1. 学生能力评估

科学全面的筛查评估是实施支持性课程的起点。通过多元的工具科学研判学生的综合能力水平。教师通过观察与访谈，充分地了解学生在学校与家庭中学习、社会交往和情绪行为方面的详细表现，从而确定课程目标。

2. 制订个性化方案

学生个性化方案，是由学校教师团队与家长共同制订的，针对孤独症学生个性化需求制订的教育教学方案，是提高孤独症学生融合教育质量的重要抓手。学校为孤独症学生制订并实施个性化方案，包括支持性课程的学年（学期）目标、单元或每周实施目标、所需相关支持情况，以及课程与教学的调整情况。

3. 安排课程计划

支持性课程采用模块组课的选课模式。根据学生的评估结果和学期/单元目标，选择适合学生能力发展的匹配领域和课程内容。教师根据孤独症学生当前的问题和最需要补偿的能力选择教学方法和教学材料。教师要准确记录每节课的教学过程、学生表现和教学反思，以此作为课程评价的重要依据。

4. 创编课程资源

支持性课程是以国家《3—6岁儿童学习与发展指南》《义务教育课程标准》和《培智学校义务教育课程标准》为指导纲要而开发的。这三个文件对教师课程的开发提供了指导思想，教师可利用已有资源进行改编、创编、创新。如：注意力训练课使用舒尔特方格、拼图、走迷宫等游戏；大运动课选择蹲走、交替半跪等符合个体动作发展规律的训练；情绪与行为管理训练帮助学生感知、理解并表达情绪，掌握听指令、轮流、等待、排队等行为。教师围绕孤独症学生的发展目标，结合其生活需求，充分挖掘社会与生活资源进行课程内容的创编。

5. 开展组织教学

支持性课程的组织教学包括两种形式，即一对一教学和小组教学。一对一教学是指一名资源教师为一名孤独症学生上课，这种形式有利于学生集中课堂注意力，学习内容也更有针对性。有时一对一教学中也会加入特教助理教师进行协同辅导。小组教学是指一名资源教师为多名学生上课。这些学生可以是孤独症学生与其他障碍类型的特殊学生，也可以是孤独症学生与1—2名普通学生一起上课，这种形式有利于发展同伴关系。

6. 组织个案研讨

当阶段性课程结束后，孤独症学生的班主任、任课教师与家长定期进行有针对性的个案研讨。研讨中将着重对课程效果进行评价，分析学生课程实施前后的表现与进步，分析确定下一阶段的目标。个案研讨会中的评价内容恰好是下一阶段支持性课程设置的重要参考，使支持性课程的实施形成"六步循环式"模式（见图7-4）。

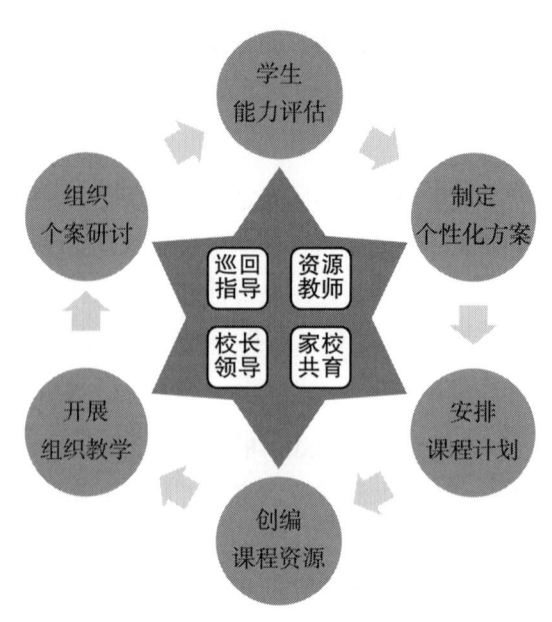

图 7-4 支持性课程实施的"六步循环式"模式图

【案例】

宁宁是一名孤独症谱系障碍学生,早在他一年级刚入学时,学校就知道了他的情况。区特教中心的全面评估发现他的言语理解能力很弱,他可以找出两个简单的具体事物之间的关系,具备对简单事物的概括能力,但是对抽象事物进行概括的能力却明显不足。他在知觉推理能力方面也是比较弱的,尤其是空间知觉能力明显偏低,缺乏对图片内容的分析归类能力。此外,他的工作记忆能力比较弱,加工速度也是比较慢的,注意力集中时间很短,并且缺乏参与活动的主动性。通过适应行为评估发现,他在沟通、学习功能、自我管理、休闲、社交、社区应用、学校生活、健康安全和自我照顾等方面的技能均明显不如同龄儿童。特教中心还观察了他的精细动作能力,发现他在涂色、沿线撕纸、剪纸等视动协调方面的能力都明显不足。区特教中心根据他的评估结果,制订他的个性化学习方案,让他半天在普通班级里跟随同学们一起上课,半天在区特教中心和资源教室中进行支持性课程的学习。

巡回指导教师与资源教师共同为宁宁设计了长期的学年目标、中期的学期目标,以及短期的月单元目标。为他开设的支持性课程有生活自理、认知发展、沟通表达、创意美术、社会适应和大动作训练,并设计了诸多主题单元,如:我会用餐、我会排队、我会整理物品、我的学校、认识朋友、你好再见、我喜欢、我很生气、认识情绪、画冬天、画我们的家、画地铁、过中秋做月饼、小朋友来做客等贴近他生活的各类主题课程。有的课程宁宁是独自一人上课,有的课程会邀请阳光伙伴加入进来,还有的课程会走出学校到真实情境中体验学习。

一个学期的支持性课程结束后,学校为宁宁同学召开了个案研讨会,邀请了特教中心的巡回指导教师、宁宁的班主任及任课教师以及家长共同参与研讨。大家发现宁宁在情绪行为方面更加稳定，没有在课堂上表现出明显的哭闹行为，上课期间自言自语的次数也大幅度减少。宁宁还当选为科学课代表，可以在讲台上宣布值日生名单，提醒同学完成科学作业，简单打扫教室等。上课时，宁宁能够在观察同学的课本页码后，翻到相同的页码，进行简单的生字词的抄写。在沟通交往上宁宁学会了跟老师和同学们打招呼，不小心踩到同学的脚了，知道跟同学说对不起。在生活自理上，宁宁每次课后主动喝水的次数也增加了，用午餐时也不需要老师或同伴的提醒，就可以把饭吃干净并完成餐后分类，投放垃圾，主动模仿的行为也越来越多。

通过支持性课程的支持，宁宁在融合教育学校中的行为表现变得越来越好，他可以更好地融入普通课堂中。特教中心对他进行了阶段性的评估，为他的下一个学年制订个性化学习计划。宁宁越来越少地在资源教室中学习，最终实现在班级中的融合。

学生的支持性课程，是从学生的评估出发，为学生制订计划，再执行计划，最后还要进行动态性的评估。每一个闭环都不是终点，因为每一个闭环的终点就是下一个闭环的起点。孤独症学生的评估只能代表他的当前状态，计划是基于他的近期未来状态而制订的。孤独症学生的能力提升应该是一个螺旋上升的态势，而其在资源教室中上课的时间与次数应该是一个螺旋下降的态势。支持性课程的主旨是学生能够离开资源教室，最终融合到集体环境中。

（二）支持性课程的实施保障

1. 巡回指导教师的跟踪指导

巡回指导教师是专门为普通学校中的特殊学生及其教师、家长提供咨询评估和指导的教师。巡回指导是融合教育工作中的重要一环，巡回指导教师通过下校指导、跟岗实习和专题教研工作，帮助资源教师分析学生情况并提出教育建议，这是资源教师制订课程目标的重要参考；帮助资源教师反思课程设计，共同打磨优质课程。

2. 资源教师的专业胜任

资源教师是实施支持性课程的主要人员，其专业胜任力是支持性课程实施成败的关键。资源教师"上岗培训"和"持证上岗"，让资源教师从无到有；资源教师"技能提升"和"专题培训"，让资源教师从有到专。只有资源教师逐渐走向成熟，他们才能独立完成课程设计与实施，孤独症学生才能获得科学且持续的支持。

3. 校长领导的工作力度

校长领导对融合教育工作的重视程度直接影响着学校支持性课程的可持续发展。融合教育主管领导培训，让越来越多的校长领导了解融合教育、重视融合教育。让每一所小学校长都知道融合教育在整个学校教育中的重要意义，让拒收孤独症学生的事件不再发生，让学校领导积极支持学校资源教室的建设，支持资源教师参加继续教育培训学习。

4. 家校共育的沟通无阻

孤独症学生在资源教室中学习的内容必须要在真实生活中加以泛化，他们才能取得快速稳定的进步。家校秉持共同的教育目标，学校为家庭提供教育建议，家长转变了教育观念，家长信任学校、积极配合，由关注孩子的学习分数、学业成绩到关注孩子生活能力的培养，帮助孩子将教育内容在真实环境里持续巩固，健康成长，融入社会。

第四节　融合教育的课堂教学调整

融合教育分为三个层次，物理融合（在同一个空间）、社会融合（有一定的互动关系）和课程融合（接受相同的教育内容），课程融合是融合教育的最高境界。目前，孤独症学生以坐在普通班级而未采取任何教育措施的物理融合，或在班级里仅有社会交往却无学习关注的社会融合为多数，对教育效果的关注相对较少[1]。一方面，孤独症学生在课堂教学中往往被教师忽略，游离于教学活动之外；另一方面，教师面对班级中孤独症学生的特殊性不知如何施教。孤独症学生往往只是课堂教学活动的旁观者，并非学习的主人。可见孤独症学生虽在普通班级中获得了显性的教育机会公平，而实质上却处于隐性的教育过程不公平地位。随着对融合教育质量的追求，人们开始对融合教育课堂质量进行思考和研究。

一、课堂教学的内涵

（一）核心概念界定

"课堂"在古代是分开使用的，直到近代出现班级授课制以后，才将"课"与"堂"连在一起，专指进行教学活动的教室，后来引申为包括任何具有教育意义的场所[2]。在本书中，融合教育课堂教学是指以班级授课的形式，由教师围绕特定的教

---

[1] 李泽慧，周珉.对随班就读教师差异教学能力构成的分析[J].中国特殊教育，2009（1）：25–33.
[2] 刘志军.课堂教学质量评价研究[D].北京：北京师范大学，2000：8.

学内容对学生进行有目的、有计划的教学活动，特指一节课的教学活动。

（二）课堂教学的基本要素

李秉德的"教学七要素说"是其教学论的核心思想，他对教学活动的基本要素进行逻辑分析：第一，教学活动是为谁而组织的——学生；第二，为什么要组织教学活动——教学目的；第三，教学目的凭借什么去完成——教学内容（或课程）；第四，教师怎样根据并运用课程教材来使学生学习——教学方法；第五，任何教学活动都必须在一定的时空条件下进行——教学环境；第六，教师与学生之间的信息传递情况如何——教学反馈；第七，在教学活动中是谁在指导学生学习——教师[1]。同时他还对这七个要素之间的相互影响关系进行了详细阐述：学生是学习的主体，所有教学要素都要围绕学生而组织安排；课程受到教学目的的制约，而教学目的又主要通过课程与方法来实现；教学内容是教学活动中实质性的东西；教学方法受到课程与教学客观环境的制约；教学环境受制于外部环境，包括物质和精神环境；教学反馈是师生双方围绕着课程和方法而表现出来的，最容易被人忽略；教师影响着学生的学习活动，但同时受到其他六要素的制约[2]。可见，教学七要素说更加全面地阐明教学中各要素的重要性及其关系，对教学论的发展具有重大意义与价值。

教学是一个复杂庞大的体系，尤其在融合教育课堂教学中，学生这一要素较之以前就发生了明显变化。在曾经的课堂中，虽然也秉持尊重差异的教学原则，但学生的同质性是远远大于异质性的，在同一年龄水平的学生中，绝大部分的学生能力水平是没有显著性差异的。但是在融合教育课堂中，学生的异质性却更加明显，孤独症学生的能力水平与普通学生有着显著性差异。当作为教育主体之一的"学生"发生变化后，另一主体的"教师"在教育态度、能力、知识结构和个性品质等方面都要发生转变；教学过程中的教学目标、内容、方法手段、组织形式、环境资源、效果反馈等因素都会进行调整。

二、融合教育课堂教学的基本特征

融合教育质量体系设计的核心是促进所有儿童的发展，这要求融合教育的实施要实现"双赢"，要在教育质量上保证特殊儿童与普通儿童的"比翼双飞"[3]。只有"比翼双飞"的融合教育课堂教学，才能称为有效教学。当一个班级接收了孤独症儿童后，授课教师既要按照国家课程安排来推进普通学生的教学进度，同时又要兼顾孤独症学生的特殊学习需求，这就意味着教师要将普通教学论与特殊教学论的

---

[1] 李秉德，李定仁.教学论[M].北京：人民教育出版社，2001：11-13.
[2] 李秉德，李定仁.教学论[M].北京：人民教育出版社，2001：13-14.
[3] 雷江华.融合教育导论[M].北京：北京大学出版社，2012：104.

原则、方法、措施、策略整合在一起运用，使教学活动更有效地开展，全班每个学生都得到发展[①]。授课教师需要认识到融合教育课堂与普通课堂存在着一些细微的差别，了解融合教育课堂所具有的一些基本特征。

（一）教学对象的差异性

毋庸置疑，所有学生之间都是有差异的，自古以来我们倡导"因材施教""以生为本""尊重差异"。但是普通学生之间的差异，远远小于孤独症学生和普通学生之间的差异。普通学生之间的差异来源于学生的学习态度、学习习惯和学习方法等因素，而孤独症学生与普通学生之间的差异是由其生理或社会功能等障碍所导致的，这需要教师更加深刻地理解这种差异带来的课堂变革。因此，教师要承认班级中学生的差异，凡事不能"一刀切"；同时，又要尊重和照顾学生的差异，让孤独症学生在教学活动中有所收获。教师承认学生的差异性，并不是给孤独症学生贴标签，让孤独症学生在班级中被边缘化，而是帮助孤独症学生最大限度地参与到课堂教学活动当中，充分体现融合教育课堂对差异的尊重与照顾。

（二）教学设计的通用性

融合教育课堂并不主张以牺牲普通学生的学习机会而去刻意迎合孤独症学生的学习需求。为什么使用"迎合"这一词？因为有的教师为了在公开课中证明自己对孤独症学生的关注，将整体的教学内容难度降低，或者额外关注孤独症学生的表现，一节课上对孤独症学生的提问及辅助特别多，忽略了其他学生的发展需求。这样的课堂是不高效的。虽然要尊重学生的差异性，但班级中绝大部分仍然是普通学生，教学设计的目标与内容要能促进所有学生的发展。研究还发现，不少教师也容易低估孤独症学生的能力，一味迁就他们，缺乏对孤独症学生学习动机的激发。因此，融合教育尤其强调教学设计的通用性，即每一个教学活动都可以让所有学生最大限度地参与进来，而不是只针对某个或某类学生来设计。要做到这一点并不容易，教师需要有更加全面系统的考虑与设计，如对学生的目标要求有层次，提供多样化的信息呈现方式、学生表达与展示方式等，在同一活动中让所有学生都有参与机会。

（三）教学调整的变通性

融合教育课堂是灵动而具有弹性的，这主要体现在教学调整上。为了实现教学设计的通用性，必然要根据孤独症学生的学情分析，对一节课的教学目标、内容、方法手段、作业设计等进行调整。这个调整又是在本节课内容的一定范围内进

---

① 柳树森.全纳教育导论[M].武汉：华中师范大学出版社，2007：88.

行的,让普通课程和孤独症学生的个性化需求有机结合起来。因此,在授课教师的眼中,教学不是按照大纲生搬硬套的,教学活动一定是鲜活灵动的。如果说教学大纲是一节课的骨架,那么教学调整就是在这个骨架上,让这一节课更加精美绝伦,让每一位学生都在一环接一环的教学活动中有所获益。教学调整的核心是"眼中有生",是根据班级学生的基本学情和孤独症学生的学习需求而进行的综合考虑的结果。不同的学生要掌握什么?可以提供哪些内容来实现目标?哪些教学方法手段可以促进目标达成?孤独症学生可以在合作学习中承担什么任务?对孤独症学生提出什么问题可以促进他思考?什么时候对孤独症学生进行指导和评价?这里的每一个调整的细节都体现着教师对学生发展的思考。融合教育课堂一定是富有变通性的课堂。

(四)学生评价的针对性

学生的差异性是融合教育课堂的核心特点,那么评价也是需要有针对性的。"一刀切"的评价方式不适合孤独症学生的实际情况,还会给孤独症学生带来心理压力,进而出现多种情绪行为问题。学生评价和反馈应该是多元化的,针对孤独症学生自身发展,采用不同的形式,关注学生个人的进步与成长。教师可以关注孤独症学生在课堂中的常规行为变化、语言表达能力、思维发展能力、知识掌握情况等,及时给予反馈和评价。在作业设计评价方面,也可以有针对地设计适合孤独症学生的任务,采用非纸笔的其他展示方式。对孤独症学生评价,目的不是为了将其和班级同学做横向比较,而是促进孤独症学生个人的发展与进步,让孤独症学生看到自己的成长,在集体中获得自信与自尊。

三、融合教育课堂教学调整的原则

(一)统合性原则

一堂好的融合教育课,首先应该是一堂好的常规课,它并不是单独为孤独症学生开设的教学活动,而是在班级中面向所有学生而设计的教学活动。所以,融合教育课堂教学的调整,一定要遵循"面向全体、照顾差异"的统合性原则。孤独症学生的教学目标调整是在本课时班级教学目标的基础上进行的个性化调整,且不脱离班级教学目标的设计框架。只有将孤独症学生教学目标的调整与班级教学目标加以统合,教师才能在课堂教学中得心应手,做到心中有目标。个性目标与共性目标的辩证统一,可以让全班包括孤独症学生在内的所有学生都得到适宜发展。

(二)需求性原则

教学调整的需求性原则是指调整后的教学目标一定是符合孤独症学生当前发展需要的,是基于学生评估和学情分析得来的学习目标,而不是教师随意地给学生

"找点事做"。例如，刚入学的一年级孤独症学生，他当前最大的需求就是学习课堂常规、听从指令和跟随课堂。由于孤独症学生的认知能力和社交能力较弱，教师对他在认知方面的教学目标只是听懂词汇，而不是像其他同学一样能听、能说以及完成相关任务。同时，教师将行为目标与教学目标结合，要求他听指令有反应、跟随同学参与课堂活动，这是符合孤独症学生当前能力发展需求的。

（三）发展性原则

发展性原则就是要设计略高于孤独症学生能力的教学目标，通过激发学习动机，让孤独症学生也愿意接受挑战，学习新知识和新技能，促进其长足发展。教师不能因为孤独症学生的认知能力差而一味迁就他"学不懂就算了"，而要根据他的最近发展区，设计"跳一跳，就能摘到桃子"的发展目标。举例来说，班级同学的教学目标是通过杠杆认识滑轮并学习做功的知识，而孤独症学生的最近发展区是扩充基础知识和能力，努力掌握作用点、动力和阻力的知识，参与动手操作的活动，为生活劳动做准备。

（四）一致性原则

教学调整的一致性原则，强调教师不能忘记学生的 IEP，调整后的教学目标要紧密围绕着 IEP 制订的长期目标开展。只有将长期目标分解为每一堂课中的小目标，学生才能实现朝向大目标的发展，积跬步以至千里。

四、融合教育课堂教学调整的策略

（一）学情分析

对融合课堂的教学进行调整的第一步是对包括孤独症学生在内的所有班级学生进行学情分析，只有建立在学情分析上的调整才具有针对性和有效性。对孤独症学生的学情分析包括基本情况分析和学习能力分析。孤独症学生基本情况包括年龄、障碍类型、障碍程度、特殊行为等。障碍程度包括残疾等级以及在学习和生活上受影响的程度。同时，教师还要在了解孤独症学生基本情况的基础上，针对本学科的学习，对孤独症学生的学习能力、适应性行为和优势能力进行评估，分析学生在本学科的基础能力及其水平，从而为设计教学活动奠定基础。

【案例】

小 B，男，医院诊断为孤独症并伴随智力障碍（智商 51），注意力差，情绪不稳定，偶尔有情绪行为问题。当小 B 遇到需认真思考才能解决的问题时会出现咬手指行为，经功能分析，此行为是为了寻求感官刺激；当没有拿到学案、没听懂或错过教师讲授的知识、其需求没有得到满足时，小B会在课堂上大喊大叫并离开座位，经功能分析，此行为是为了获取他人的关注。同时，美术老师还对小B的美术课学习能力进行分析：1. 空间知觉-动作能力较弱，表现为小B能观察到范例的每一个部分的每个细节，但手部操作却容易错位。手指灵活和配合度欠佳，具备简单拧、按、插、穿等精细动作能力。喜欢动手操作的活动，可以在美术活动中通过涂色、穿插等锻炼动手操作能力。2. 小B具备基础的认知理解能力，能理解教师的指令要求；认识生活中的常见事物，对感兴趣的事物愿意表达，但不能分清卡通人物和自己的区别，不能进行角色扮演。3. 小B对美术活动非常喜爱，有一定的学习动机，希望自己能完成一幅完整的作品，完成后会乐于自我欣赏或异常兴奋。在美术活动中有一定的自主性，愿意独立完成任务，有时不愿意接受教师的指导，比较固执。小B的情绪不稳定，当外界信息刺激过多、任务难度过大、任务持续时间较长时，容易尖叫、离座、发呆、哭泣或拒绝做任务。专注力不稳定，对感兴趣且难度适中的任务能保持一定的专注力，过程中偶尔分心走神；完成任务时缺乏计划性，容易为急于完成任务而忽略质量。

（二）课堂环境的调整

对融合教育课堂的环境调整，通常包括两方面的内容，一方面是物理环境的调整，另一方面是心理环境的调整。一般课堂教学中关注的是如何创设有助于高效学习的教学环境，有利于学生进行智力活动与保持良好的学习状态。但是在融合教育的课堂教学环境中还强调改变与支持，如对教学环境进行合理的改变，提供教具学具和教学资源的支持，营造接纳宽容的人际氛围等。对融合教育课堂教学的环境调整是教学调整的第一步。物理环境的适切性可促进学习活动的开展，让学生保持愉悦的学习状态。人际氛围和谐宽容，可激发学生课堂参与的积极性，这对教学活动有着非常重要的影响。

1. 物理环境调整

物理环境调整包括空间设计和环境的布置。空间设计主要是指根据学生的需求将教室中的座位进行调整。座位的空间设计除了针对孤独症学生的座位调整，也包括对教室座位的整体安排。如果教师要开展合作学习，可以采取4人或6人一组围坐的形式来进行座位安排。如果孤独症学生需要特教助理教师的介入，可以在其座位旁边安排助理教师的座位。当然，教室的座位空间布局应该是动态变化的，要根据当堂课的需求来设计。

针对环境布置，我们常用视觉提示和无障碍环境的设计。视觉提示通常是针对孤独症学生的一种策略调整。教师可以用一些图片来提示他们应该做什么，如将"笔"的图片贴到相应位置，提示学生这一段落的文字需要抄写，用写有"请安静"的图片来提示学生现在需要保持安静。

2. 心理环境调整

心理环境的调整主要体现在人际环境方面，通过营造接纳差异的课堂人际氛围，引导学生接纳同学的多样化。例如，在孤独症学生回答问题时，其他同学应该保持安静、等待与尊重，即使回答错误，也不能报以嘲笑的态度。当孤独症学生回答正确或进行展示后，其他同学应该由衷欣赏与表示肯定，让孤独症学生感受到在班级中的自我存在与价值。心理环境的氛围贯穿在整个课堂教学当中，不容易觉察，但又非常重要，因为它直接影响着一堂课教学的成败。

【案例】

媛媛，通过评估发现她听觉注意力较差。为了更好地帮助媛媛，张老师首先对自己的课堂教学环境进行了分析。首先，媛媛特别容易受到环境中其他无关声音信息的影响。于是，张老师特意将媛媛的座位安排在了离讲台比较近的地方。一方面，媛媛可以更加清楚地听到老师上课的声音；另一方面，她也可以更加清晰地看到老师的面部表情，通过视觉提示集中注意力。在课件和板书的呈现方式上，张老师会刻意地把某些关键内容以特殊的颜色或者字体展示出来，这样也可以视听结合，帮助媛媛集中地获得关键信息。

同时，张老师还特别注重班级中人际氛围的营造，引导其他同学积极帮助媛媛。媛媛做笔记的速度较慢，往往跟不上老师的进度。周围的同学总是会积极地把自己的笔记借给媛媛。正是因为张老师重视融合环境的分析，才使得他的课堂教学能够顺利进行。

（三）教学目标的调整

课堂教学设计与开展的关键是教学目标的设定和教学过程的实施，也就是"教什么"和"怎么教"的问题。孤独症学生课堂学习质量的提升需要任课教师为其设计个性化的目标，协调集体教学目标与孤独症学生个性教学目标的关系是任课教师时刻需要研究的课题。一般来说，融合教育课堂的教学目标调整可以分为三个方面，一是教学目标的"增"，二是教学目标的"减"，三是教学目标的"替"。

1. 教学目标的"增"

教学目标的"增"，通常是指增加目标的难度，一般是针对某方面有天赋的孤独症学生加强教学目标的难度。如对于擅长数学的高功能孤独症学生，数学课上教师可以给予有难度的练习任务。在课堂上落实教学目标的"增"，有几种常见途径。一是难度上"增"，在原有内容的基础上，提高任务的难度，对孤独症学生的思维拓展与进阶提出更高的要求。二是数量上"增"，除了原有的课堂内容，额外给孤独症学生增添任务，使其完成比同学更多的任务以填充课堂时间，可避免其出现无事可做导致的问题行为。三是能力上"增"，有的孤独症学生在某方面有突出的能力表现，如口语表达能力、精细动作能力、艺术创作能力、空间感知能力等，教师可以在教学中给孤独症学生增加这方面的展示与锻炼机会，如担任小导游、小博士、工程师、艺术家等任务，提升其自信心以及在同伴中的自尊心。

2. 教学目标的"减"

针对孤独症学生的需要降低教学目标的难度，这也是融合教育课堂教学目标调整中最常使用的策略。如对于思维能力偏低，缺乏抽象思考能力、想象力和概括力的孤独症学生，在语文学习方面，他们对句子的理解多停留在字面意思，难以进行深度加工理解，因此，语文教师只要求他们找出句子。同理，在数学单元"随机事件"的教学中，要求普通学生"理解并能区分必然事件、不可能事件、随机事件"，对于孤独症学生，只要求他们理解，不做区分，这是理解程度上的"减"法。在语文课文《黔之驴》的教学中，要求普通学生"在理解文言重点词句的基础上把握虎的心理变化过程"，要求孤独症学生"能掌握、积累重点文言词语3—5个"，这是数量上的"减"法。

3. 教学目标的"替"

教学目标的"替"是在对孤独症学生个别化教育计划的目标进行优先级排序的基础上，对教学目标进行完全的替换。如针对某孤独症学生的动作发展水平，个别化教育计划的目标优选项是蹲起练习，因而在体育课上，其他同学做跳绳练习时，该孤独症学生进行的是蹲起练习，并不是说该生不需要练习跳绳，只是现阶段练习蹲起更适合。

教学目标的"替"也可以是替换部分教学目标，如《My Family》一课，要求普通学生"运用3—5句话介绍自己的家庭成员"，对于孤独症学生则要求"通过个别辅导、同伴互助，能借助图片，运用句子'This is……'介绍自己的家庭成员"。教学目标都是要介绍家庭成员，只不过对介绍的要求不一样。这里可以说是教学目标的"替换"，也可以说是对教学目标同时进行了"增"和"减"的处理，增加了支持策略如同伴互助、图片辅助等，降低了目标难度，只要求用固定句式进行介绍。

（四）教学内容的调整

1. 教学内容的"删"

教学内容的"删"，是指删除难度过大且不必要的学习任务，目的是简化教学内容，减少学习任务。删除的原则是要符合学科知识的科学性，要求保留教学内容的核心知识，保证核心知识间的逻辑关系。如小学语文一年级上册中的课文《秋天》，这篇课文很美，抓住秋天事物的特点进行了描写，引导学生掌握秋天的特点，培养学生对自然界的观察能力，以及对大自然的热爱。但是对于孤独症学生来说，他们很难理解课文中的叠词（一片片）、副词（那么）、介词（从、往）、关联词（一会儿、一会儿）的意思，这就给他们的学习增加了难度，从而影响他们对学习的兴趣。为了帮助孤独症学生理解课文的主要内容，根据其学习特点，教师可以只保留课文的主旨内容，将副词、介词、关联词等难以理解的词汇删掉，只要求他们掌握文中描写的秋天的树叶、天空、大雁的特点，并设计相应的练习，逐步引导他们理解秋天的特点。具体目标是要求会认读、会书写"秋天、树叶、黄、落、天空、蓝、大雁"，会朗读句子"秋天，树叶黄了，从树上落下来，天空很蓝，一群大雁往南飞"。

2. 教学内容的"补"

教学内容的"补"，是指在原有教材的基础上，适当补充符合孤独症学生学习特点和特殊需要的内容，增加学习内容，丰富练习内容，以此帮助他们牢固掌握基础知识。补充的学习内容，要围绕学生的生活实际展开，不仅促进学生对内容主旨的理解，还可增强学生的生活适应能力。还以小学语文一年级上册中的《秋天》一课为例。在删除了一些难以理解的词语后，围绕秋天的特点，适当补充对秋天其他事物特征的描写，通过听、说、读、写训练，加强学生对秋天特点的认知。如可补充讲解秋天有哪些水果成熟了（红枣、苹果、梨、柚子、葡萄、石榴、柿子、秋桃等），秋天的温度特点（早晚凉、逐渐转凉），秋天人们的穿着特点（穿长袖、长裤），秋天里的节日（中秋节、重阳节、国庆节）等。这些知识点是对学生实际生活的反映，便于理解和掌握，同时也扩大了学生的视野，潜移默化地引导学生养成多观察、善表达的能力。

3. 教学内容的"改"

教学内容的修改或替代，是指将学生不易理解、难以接受的学习内容进行有针对性的修改或替代。修改是指教师将不易理解的字、词、句修改成学生容易理解的词汇、句子。替代是指可以将较难的知识点用较容易理解的知识点替代，或是将知识点分解成若干个小目标进行讲授。还以小学语文一年级上册中的《秋天》一课为例。这篇课文一共有三个自然段，第一、二自然段分别介绍了秋天的树叶和天空、大雁的特点，第三自然段是对前两段的总结，揭示了秋天的特点。这个深层次的含义对于孤独症学生来说很难理解，为了解决这个问题，可以将知识点分解成三个句子："秋天，树叶黄了，从树上落下来。""秋天，天空很蓝。""秋天，大雁往南飞。"这三个句子不断强化秋天的特征，在降低学习任务难度的同时，加强了学生对秋天特征的掌握。

（五）教学组织形式的调整

1. 差异教学

融合教育课堂中的"差异教学"，是指针对孤独症儿童的特殊教育需求，在教学指导思想、目标、内容、方法策略、过程、评价等方面全方位实施有"差异"的教学，促进学生在原有基础上得到充分发展。差异教学充分借鉴了"个别化教学"和"分层教学"的宝贵经验，同时又规避了这二者的局限之处，力图采用全方位的整体策略，多角度、多侧面的关注差异问题。每一个孤独症学生的学习与认知偏好都不完全一样，差异教学要在了解学生个体偏好的基础上，追求个性与共性的和谐统一，在全班共同的基本目标与标准中，对孤独症学生提出不同的学习要求。如采用小组合作的方式，进行同质分层和异质合作相结合的灵活分组，在教学中设计可调整的任务，每个学生在小组中扮演不同的角色，采用不同的教学策略以促进孤独症学生的思维，以及设计不同的问题给孤独症学生展示的机会。差异教学让孤独症学生在教学活动中既独立自主，又学会分工合作。

2. 协作教学

协作教学是融合教育中的一种特殊教育模式，也称为"协同教学"（cooperative teaching），是由若干教师组成教学小组，共同研拟教学计划，并根据各人所长，分工合作，将学生安排于最适当的教学环境中，共同完成一项（或一班）教学任务的组织形式。[1] 在融合教育中，孤独症学生的能力水平与普通学生有较大的差异，他们往往因语言、社交、适应能力等方面的障碍较难融入班集体，通过协作教学的方法为其提供个性化的支持，有助于提升融合教育的质量。

在融合教育课堂中，通常是由任课教师和资源教师，或特教助理教师组成教学小组，针对班级中学生的差异共同制订教学计划。课堂中，任课教师把控教学环节的整体方向，资源教师或特教助理教师在协作教学中大多担任孤独症学生的个别指导任务，辅助孤独症学生参与课堂教学活动，根据学生的表现形成课堂评价。有时资源教师或特教助理教师也会负责小组合作的组织任务。

（六）教学材料的调整

教学材料的调整主要遵循着通用设计的原则，即融合教育的核心在于教育服务的多样化而非个别化，在教学设计之初就应该把学生的差异性考虑在内。在教学设计中，教学材料的调整主要体现在课件呈现方式的调整和实物教具的使用上。

1. 音视频呈现

音视频的信息呈现方式是当前课件制作中比较常见的形式。它可以丰富学生的感官刺激，调动学生的学习兴趣和积极性。如果针对班级中孤独症学生的需求进行恰当的调整设计，合理使用音视频资源，可以在教学中起到事半功倍的效果。

---

[1] 顾明远. 教育大辞典：上海教育出版社，1998年。

2. 辅助沟通交流板

辅助沟通交流板是能够帮助孤独症儿童提高沟通能力和效率的系统或设备，是一种支持语言发展的工具。当孤独症儿童的语言沟通能力严重不足时，就需要这样的辅具来支持其参与课堂学习。例如，教师可以根据学习内容来设计一些人物、事物、地点等图片或符号，通过图片或符号提示，让孤独症儿童进行选择，来代替语言沟通。有条件的学校也可以使用辅助沟通交流系统，通过录音把需要表达的内容存储在设备中，或者使用具有语音、拍照、打字及文字转语音功能的电子产品等，实现辅助沟通的功能。如：当孤独症学生点击图片或符号时，设备会发出声音；会打字的孤独症学生通过键盘打字实现文字转语音的功能，一方面学生获得了言语示范，另一方面让教师明白孤独症学生的表达内容，从而帮助其参与到课堂的学习中。

3. 书写白板

在集体教学中，有的孤独症学生的语言表达能力较弱，有的孤独症学生的反应较慢，他们无法像其他同学那样回答问题。有时候教师无法及时走到孤独症学生的身边去了解其对知识的掌握情况，教师可以让孤独症学生用记号笔在大白板上书写答案或问题，然后高举大白板让教师看到。这种大白板的制作非常简单，通常在一张A4白纸加上塑封膜即可，用记号笔在上面书写，还可以用湿巾反复擦拭使用。

4. 平板电脑

由于孤独症学生对人机界面更感兴趣，因此平板电脑在孤独症学生的教学干预中的应用会促进其学习。教师可以通过屏幕共享等方式，将视频、图片或幻灯片等内容投屏在平板电脑上，或者直接通过希沃系统开展一些人机互动的学习练习，还可以设计一些鼓励的强化方式。这些方式能够更好地吸引孤独症学生的学习兴趣，让他们更集中注意力，记忆效果也更佳。但是平板电脑的使用也有一些弊端，有不同的争议，因此教师在用平板电脑开展教学时，需要控制好学生的使用时间、使用契机与学习内容。

5. 多样化教具

融合教育课堂教学中非常重视多样化教具的使用，例如为包括孤独症学生在内的所有学生提供实物、模型、图片等教具学具。这是一种形象直观的教学手段，可以帮助学生更好地理解所要掌握的知识。学生通过看、听、摸、嗅或尝实物等调动起多感官参与学习，教师通过模型演示让抽象的知识形象化，让学生在动手、动口、动眼、动脑的愉快活动中获取知识。

（七）教学策略的调整

很多孤独症学生都是视觉优势学习者，因此在教学策略的调整中教师可以考虑更多视觉呈现的方式，将学习内容可视化，提高孤独症学生和其他视觉优势学生的学习效率。

1. 视频教学演示

教师的现场示范往往稍纵即逝，学习能力较弱的学生经常记不清楚教师的演示和示范，而在后续的教学活动中跟不上进度。视频教学演示可以帮助包括孤独症学生在内的有学习困难的学生较好地掌握学习内容。教师可以根据学生的学习需求，录制或从网络上找到相应的操作视频，再剪辑成时长和播放速度合适的视频，通过课件展示让学生有机会反复观看学习，在关键能力点上不断对照、调整自己的操作方式。

2. 步骤分解演示

对于一些过程比较复杂、花费时间比较长的学习内容，教师可以采取步骤分解的方式，将每一个步骤用图片或动图的方式呈现在课件上。这样也可以让孤独症学生反复观察、提示纠正自己的学习行为。如：将使用圆规的步骤分解成几个小步骤，拍下图片插入课件中，孤独症学生可以通过看图示来掌握这项技能。

3. 思维导图提示

思维导图对帮助学生系统考虑问题有着非常重要的作用，尤其是对孤独症、注意力缺陷多动障碍、学习障碍和智力障碍的学生，能很好地帮助他们梳理思维脉络，起到比较好的视觉提示作用。如：将思维导图的方式运用在写作课上，帮助孤独症学生发散思维，扩充句子和段落，有助于他们写出长句子。

（八）作业设计的调整

1. 考虑个体差异，明确作业要求

个性化作业是指为每个学生"量身定制"的作业。每个学生都可以完成符合自己能力水平的作业，最终达到因材施教的目的。每个学生的发展水平、学习能力、学习风格各有不同，孤独症学生亦是如此。有的人是视觉学习者，需要大量阅读文字性材料获取有效信息，有的人的听觉通道更加敏锐，他会更多地选择听、说的方式帮助自己建构知识体系等。作业设计要综合考虑，制订"最优解"，根据学生个人能力的最近发展区制订教学目标、设计作业，如：老师请同学们把声母 b、p、f 各写两行，但是对有情绪问题的孤独症学生，这项任务可以分在两天完成，而对有智力障碍的孤独症学生，可以只让其辨认和书写其中一个声母即可。

2. 满足个体需要，提供多样化选择

作业设计要与学习者自身的学习和生活高度相关，将生活情境与教学紧密结合。同时，在作业布置时又要提供多种选择，设计具有趣味性、实践性的作业形

式，激发学生的动机和主动性，让学生用自己喜欢的方式最快、最优地完成任务。如：一位有轻度智力障碍的孤独症学生学习完 20 以内的加法后，他的作业可以是去超市帮妈妈购买当天晚饭的食材，在买东西的过程中练习加法；他学习过除法之后，为了让他明白"平均"的意思，可以布置互动和实践类型的作业，"将 8 个苹果分给妈妈、爸爸、爷爷、奶奶，每人拿到的苹果一样多就是平均"。

3. 作业的多感官呈现方式

教师在教学时要考虑学生的需求，运用多元的表征方式呈现教学内容，有利于不同的学习者更快速地掌握学习内容。学习者对不同知识的理解和存储方式不同，在回忆和提取时向外输出的方式也不同，有人愿意用文字的表述，有人愿意用思维导图，有人愿意用图片的方式，等等。只要作业的呈现方式能够达到展示学生学习效果的目的即可。如：学习古诗文后，同学们可以用自己的语言表达对诗句的理解，并将其总结为短文，但对于孤独症学生来说，他的作业可以是根据自己对古诗文的理解画一幅画，并在画作旁简单标注出自己的想法以及感受。

4. 多样化的参与和学习模式

对于孤独症学生来说，除了作业之外，教师更应该及时关注其在课堂活动中的参与和大胆尝试，允许其用自己的方式参与课堂，并及时对活动内容做出灵活调整，让学生最大程度地参与课堂活动。如：在音乐课《星光恰恰恰》的小组活动中，同学们以小组为单位进行拍手互动，对于逃避课堂、不愿意参与其中的孤独症学生来说，教师应及时关注其对活动的反应，如在某个环节有参与的兴趣，可以让他用沙锤在旁边为同学伴奏。

5. 激励个人成长，关注参与与努力

要鼓励学生在完成作业过程中进行自我激励和坚持。学生克服困难、创造性地解决问题，这样优秀的个人品质，比是否完成作业本身更具有教育意义和深远影响。如：学习过《秋天》的课文后，为了让大家感受秋天，老师请同学们搜集树叶，制作一幅关于秋天的画作。假期后，孤独症学生带来的作品不够精致，看起来也不美观，但是老师为了鼓励学生动手制作作品的毅力和耐心，还是要真心地、由衷地赞美学生的作品。

五、融合教育课堂教学的行为支持

（一）做好日常行为管理

学生的行为是在与环境互动的过程中产生的，无论是普通儿童还是孤独症学生都可能存在行为问题，只是孤独症学生的行为问题相对较多。对于孤独症儿童而

言，某一个行为问题被解决或者某一时间段内不出现行为问题，不代表不会出现新的行为问题。如果教育者只是疲于矫正不断出现的行为问题，就会非常被动，而且不一定会有好的成效。孤独症学生处在班级这个动态的群体当中，其问题行为不仅有自身的因素，也和互动的环境密切相关，班主任需要关注的显然不仅仅是孤独症儿童表面的行为问题，更应该是行为背后的原因。因此，教师应始终坚持正向的教育原则，采用一些面向集体的行为管理方法，创设理解、包容、互助、无障碍的班级氛围，点和面兼顾，尽量避免出现引起行为问题的线索，做到预防为主，才是解决行为问题的最有效方法。

（二）预防与矫正相结合

教育者要具有善于观察的品质，每当发现孤独症学生有不良苗头时，就应该及时采取措施。例如，乐乐的课堂注意力持续时间大概是 5 分钟，快到 4 分钟的时候，她就已经表现得不耐烦，有离开座位的冲动。此时，老师果断采取措施，请乐乐站起来回答了一个非常简单的问题，同学们给予她掌声，坐回到座位的乐乐很高兴，又坚持坐了几分钟。可以想象，如果老师不采取这个小策略，而是等到乐乐已经离开座位了，再想去拉她回来，事情的处理难度就要翻倍了。行为矫正的实践经验告诉我们，一个问题行为的形成比矫正要容易得多。因此，预防永远是第一位的，它可以让教师始终处于主动的地位，而对于已经发生的行为，教师不得不先被动地应对，再进行矫正。要做好预防工作，教师还必须尽可能消除引起行为问题的内外因素，创设积极的环境。

（三）使用正向行为支持

大多数时候，行为都带有非常明确的目的性，是为了实现某种目的而出现。那么当目的得以实现的时候，满意的结果就成了强化物，因此在下一次面对相似的情景时，人们通常会采取相同的行为。相反，如果目的没有通过当前的行为得以实现，人们往往会尝试其他的行为。无论是在日常教育教学的过程中，还是在家庭养育的过程中，我们最容易出现的一个错误就是只顾着制止问题行为，却没有告知学生什么是正确的行为。塑造学生的良好行为是一个漫长的、日积月累的过程。将希望学生养成的良好行为目标分解成小目标，当学生出现这一行为，或实现、接近实现了某一目标时，及时给予学生奖励。在这一过程中，我们需要注意的是，一定要掌握学生当前发展点的位置，也就是说在制订目标前，我们需要准确地知道孩子的能力水平。而且，制订的目标一定接近学生的最近发展区，是学生"跳一跳"就能够完成的。

(四)保持教育的一致性

许多教师会抱怨,行为矫正的那些方法不管用,自己尝试过专业书籍上的许多方法,结果都没效果。事实上,方法本身是没有错的,可能是没有找对方法或者没有用好方法。从实践的经验来看,教师用行为矫正的方法处理行为问题而没有达到理想的效果,最常见的原因有两个:第一,浅尝辄止,不能坚持。总是希望方法一用就见效,耐心不够。第二,无法做到教育的一致性。任课教师之间、家长与教师之间的合作不顺畅,行为矫正的方法无法得到一致的实施。在这两个原因中,行为管理的一致性因为涉及不同人员的合作,相对比较困难,但对矫正效果的影响最大。因此,当行为矫正的方法确定以后,教师之间、家校之间必须多沟通、多合作,确保教育的一致性。

第五节 融合教育的教学评价

评价的全称为"评定价值",英文是"evaluate",最后的落脚点是进行价值判断。教学评价包括了对教师的教学工作评价和学生的学习质量评价两方面内容,是通过资料的搜集对教与学的行为进行客观衡量和价值判断的过程。教学评价在教学环节中发挥着重要的作用,能及时对教师的教学行为和学生的学习行为做出反馈,为教师进一步反思、调整和改进教学工作提供依据,提高学生的学习效率。因此,教学评价是教学环节中必不可少的内容。

一、融合教育的教学工作评价

(一)教、学与教学环境

何为一堂好的融合教育课?一堂课的核心就是教师"教"的行为和学生"学"的行为。融合教育课堂中,教学环境是贯穿于课堂教学始终的,课堂教学的开展依赖于教学环境,融合教育课堂的教学有效性是离不开物理环境和心理环境支持的。教的行为、学的行为与教学环境始终是融合教育课堂教学观测的切入点。对于融合教育课堂教学评价,一是评价教师教的过程,关注教学调整与支持的具体过程;二是评价孤独症学生学习的过程,关注学生的能力水平、参与过程、情绪状态;三是评价融合教育课堂的环境,关注对孤独症学生支持的物理环境和心理环境。

（二）教学调整与教学支持

教学调整与教学支持是融合教育课堂教学中的核心工作。要强调"一节好的融合教育课，首先是一节高质量的常规课"，这是评价融合教育课堂教学质量的基础和关键。在此基础上，在评价教学过程时，更加侧重评价教学调整和教学支持的有效运用。教学调整是教师在面向所有学生的基础上对原有教学过程进行适当地改变，使调整后的教学依旧适合所有学生的学习需求，让孤独症学生与普通学生能平等地参与教学活动。教学调整要尽量体现通用设计理念，面向所有学生。当无法做到通用设计时，找到集体与个体间的平衡点，在不影响集体教学的情况下，针对孤独症学生做出适当改变，最终实现最优的教育效果。教学支持则是通过各种途径和方式表现出对孤独症学生课堂学习的支援、帮助。教学调整与教学支持是融合教育教学过程中的两个重要工作，二者共同影响课堂教学的效果。这要求教师要充分并深入地熟悉学生，积极挖掘教学智慧去设计有效的教学策略。为更好地实施教学调整与教学支持，任课教师要多与资源教师沟通交流，寻求更好的解决办法与途径。

（三）学生参与和互动的效果

在课堂教学评价中，倘若只对教师的教学行为做考察，而忽略学生的学习效果，那么必然会出现"表演课"的现象。教学效果通常都以学生的学习效果来加以体现。但孤独症学生的学业进步缓慢，仅仅通过一节课的课堂教学来评价学生是否达成学业目标，无疑会给任课教师带来不少心理压力。如果以孤独症学生是否愿意参与课堂，以及课堂的人际氛围怎么样来评价教学效果，教师会更加明晰自己可以从哪些方面来调整教学设计，不会急于求成，而是会以发展的眼光看待孤独症学生的进步。对孤独症学生课堂参与效果的观测主要是观察孤独症学生是否被纳入课堂之中，是否参与教学活动的互动。人际氛围则体现在师生和生生关系两个方面，即教师能否对孤独症学生包容接纳与平等尊重，同伴之间是否能够接纳信任与互助友爱。

二、孤独症儿童的学习质量评价

（一）学习质量评价的意义

教学效果的评价最终体现在学生的发展变化和能力提高上，这也是在评价学生的学习质量，是教学评价中的重要内容。学习质量评价，就是通过测量或非测量的方式来搜集学生学习的资料，从而对学生的学习成效进行价值判断。评价从古至今一直存在，但评价的功能却一直在发生着演变。以往的评价，一般是为了甄别和选拔。在我国新一轮基础教育课程改革中，《基础教育课程改革纲要（试行）》明确指出，要"改变课程评价过分强调甄别与选拔的功能，发挥评价促进学生发展、教师提高和改进教学实践的功能"。人们逐渐认识到，评价不只是为了证明、甄别和选拔，更是为了诊断、改进、激励和发展。发展性教育评价在新课改中占据了非常重要的地位，成为当代教育评价的重要趋势。实施评价的根本目的是更好地促进学生的成长，促进教师教育教学水平的提高，促进学校的发展；评价内容应多元化，除关注学业成就、升学率外，还要重视被评价者多方面素质与潜能的发展；评价方法要多样化，除考试或测验外，还要使用观察、访谈等多种科学有效、简便易行的评价方法；对学生、教师和学校的评价不仅要注重结果，更要注重发展和变化的过程，把终结性评价与形成性评价有机地结合起来；重视学生、教师和学校在评价过程中的作用和主体地位，使评价成为教育行政部门、学校、教师、学生和家长共同积极参与的交互活动[①]。

（二）孤独症儿童学习质量评价体系

发展性教育评价在我国新一轮基础教育课程改革中占有重要的地位，是当前学生质量评价的主要趋势。它是价值取向"一元性与多元性"统一的评价制度，注重评价客体的个别差异性和多样性。它根据评价对象的不同思想、文化、身心发展水平，制订不同的发展目标、内容和标准，因材施评[②]。因此，发展性教育评价思想是非常符合孤独症学生发展规律与成长需求的。

1. 学习质量评价的功能

以往的学生评价制度，是一种传统的奖惩与选拔的制度，它面向的是对过去的价值判断，缺乏对未来的激励。针对孤独症儿童，学习质量评价是为了尊重学生成长中的个体差异，帮助孩子看到自己的成长，将自己的现在与自己的过去进行比较，而不是将自己与他人进行比较，让孩子逐渐建立自信，激励孩子奔向更好的未来。学习质量评价的功能，不再是甄别和筛选出优秀的孩子，而是帮助每个孩子朝着自己的目标发展与进步。

2. 学习质量评价的主体

传统的学生评价的主体只有教师，教师是教育中的权威角色。教师会根据学生的成绩，给学生分出优、良、中、差或A、B、C、D的等级。孤独症学生在这种评价模式下，几乎处于最末端的等级。教师的评价结果影响家长、同学对孤独症学生的看法与态度，甚至导致孤独症儿童对自我的评价极低。对孤独症学生评价的主体应该是多元化的，教师、家长、特殊教育专业人员、同伴、孤独症学生自己都可以

---

① 董奇，赵德成.发展性教育评价的理论与实践[J].中国教育学刊，2003，（8）：22-25，49.
② 张文.论发展性教育评价的价值取向及其评价观[J].当代教育论坛，2006，（23）：22-24.

作为评价的主体。教师可以评价孤独症学生在不同场景下的表现情况，家长可以评价孤独症学生在校外的表现情况，同伴可以评价孤独症学生在一段时间内的表现，孤独症学生也可以对自己的表现展开评价。通过这些多元化的评价主体的评价，孤独症学生可以逐渐知道，自己在不同人的眼里是不一样的，这是一件非常正常的事情，自己也可以合理地看待自己的表现。毕竟每一个人都容易受到自己观念、经验和所处环境的影响，而对他人的认识出现一些偏差。多元化的评价主体的评价可以让家长更加全面地了解自己的孩子，有助于教师掌握更真实的信息，更好地为孤独症学生设计个性化课程与教学活动，也有助于同伴从不同视角去认识同学的差异性，提高包容度。

3. 学习质量评价的内容

对孤独症学生评价的内容不局限在学业成绩这一项，其在校内外的一切学习活动都可以作为评价的内容。它打破了曾经的校内成绩"一刀切"的评价方式，倡导更加全面地评价每一个学生，将诊断性评价、形成性评价和总结性评价根据评价时机有机地结合起来，对孤独症学生展开学习质量评价。

对孤独症学生的诊断性评价，让教师和家长看到孤独症学生当前的能力水平，采用科学的评估工具可以清晰地看到学生在不同维度的能力表现，通过课程本位测量收集学生在课堂中的持续表现。这些诊断性评价的结果不是给孩子贴标签和分类，而是为教师与家长的教育养育提供方向。教师与家长可以知道当前孩子最需要的能力是什么，接下来应该教孩子学什么，可以用什么方法，最近发展区在什么位置，预计的短期目标是什么。当诊断性评价发挥改进教学的作用时，我们对孤独症学生的教育养育任务就会更加科学有效。

形成性评价也称为过程性评价，立足于孤独症学生在每一个教育活动中的过程性表现，不只看学习结果，更注重学习的过程。评价孤独症学生在课堂中的安坐、聆听、听指令等常规行为；评价孤独症学生在课堂中沟通表达、社交互动等社交行为；评价孤独症学生在计算、阅读、理解、书写、口语等方面的能力。评价孤独症学生在课堂中的参与程度、潜能表现、注意力、意志力等，以及孤独症学生的学习目标达成情况，这些都是孤独症学生的形成性评价内容。要根据学生当前的能力发展选择合适的内容开展评价。对孤独症学生的形成性评价的频率要大大高于普通学生，在孤独症学生的学习与行为养成方面需要高频率地给出反馈。随着学生的能力逐渐提升，评价的频率再逐渐降低。同时，也可以让孤独症学生自己开展形成性评价，对自己在某个阶段或某个情境中的行为表现进行自我剖析与反思。

孤独症学生的终结性评价不能只是成绩分数与等级的评价，要将终结性评价与形成性评价有机结合。那么对孤独症学生的评价怎么进行结合呢？教师需要摆脱唯分数论的认识，对孤独症学生的评价指标应该是面向生活、面向能力的，综合梳理日常学习和生活中观察到的各个方面，发现学生的进步，并提出指向更好发展的学期或学年评语。即便是在学业成绩上，也根据学生的能力水平和 IEP 的目标去衡量学生的学业达成效果，给出一个肯定学生努力过程的分数。也可以采用发放小奖状等方式，给孤独症学生"进步之星""认真之星"等称号，肯定学生努力学习的过程。总之，要看到孤独症学生的努力与进步，面向未来提出发展性建议与评价。

孤独症学生的评价内容，一定要与学生的个性化发展目标相结合。学生的过程性表现，也是体现在学生 IEP 中的动态表现与目标调整方面的。因此，孤独症学生的学习质量评价离不开 IEP 的制订与调整。基于 IEP 的评价，是对学生个性化发展目标的针对性反馈，可以避免评价内容不符合学生实际需求等问题的发生；同时也为下一阶段 IEP 的制订与调整提供重要依据，更为教师的教学改进提供反思素材。

【案例】

海淀区永泰小学结合普通学校和培智学校的义务教育课程标准，根据孤独症学生的能力评估结果，经过七年的实践探索，形成了孤独症学生综合能力评价手册。评价手册包括孤独症学生个人基本信息、融合教育课程表、学期目标、学科评价、教师评语、家长寄语、学生成长足迹等内容，将学生的每一个点滴表现都记录在册，充分体现了发展性评价的宗旨。孤独症学生综合能力评价手册的评价主体多元，教师、家长、学伴和学生自己都是评价的主体，从不同角度分析孤独症学生的表现。评价指标细化，根据孤独症学生的融合教育课程安排，将每一门学科在不同学期所应达成的目标细化为评价指标。这种方式，可以有效地将 IEP 与学生评价相结合，与长、短期目标紧密结合，使评价内容具体可操作，以评促教的目的显然达成，评价结果可清晰呈现出学生的发展变化。在评价等级上，并未采用常见的分数段方式，而是采用"优""良""达标""再努力"的描述方式。这种描述方式带有激励、鼓励的感情色彩，有助于激发学生继续学习的动机。评价手册中，还注重对孤独症学生的品质的评价，而不单指向学习内容。如：学生在学习过程中的情感、态度、意志等，对学习品质的评价可以让孤独症学生加强对自我意识的认知，帮助孤独症学生逐渐形成良好的学习品质。

4. 学习质量评价的方法

以往的教育评价注重定量评价，忽视定性评价，目前的发展性教育评价注重定量评价与定性评价的有机结合。以往常见的方法是以定量收集数据的方式为主，如测试、测验、考试。发展性评价并不排斥测试、考试等手段，但是会结合其他描述性的学生数据进行综合分析。教师还可以使用观察、访谈、作业分析、成果展示等方式，全面评价孤独症学生的发展情况。评价结果绝对不是一个分数和等级，要做到"分数+等级+评语"，定量与定性相结合地评价。在融合教育中，对孤独症学生实施学习质量评价的常用模式是档案袋评价和增值性评价。

（1）档案袋评价

所谓"档案袋"，是用于显示学生学习成就或持续进步信息的一连串表现、作品、评价结果以及其他相关记录和资料的汇集[1]。与传统的以标准化为核心特征的纸笔测验相比，这种新兴的评价方式将评价与教学有机整合起来，能有效考查学生在真实、复杂情境中自主思考、积极建构、分析问题和解决问题的能力[2]。教师要有意识地收集孤独症学生自然形成的各种原始资料，如评估或测验报告、考试卷、绘画作品、手工、作文、图表制作、学科作业、手抄报、表演资料、获奖证书、教师评价等。将收集来的学生资料进行分类整理：最佳成果可以用来展示，增进学生的自信心；过程中自然形成的成果，可以用来描述学生当前的能力情况，进行诊断性评价，改进下一步的教学方案；阶段性的成果，可以用来评价学生的变化情况，寻找学生的进步点与加强点。档案袋的功能多样，要充分发挥其发展性评价的功能，用档案袋进行个案分析，我们会发现孤独症学生身上有很多容易在日常被忽视的闪光点，也会发现孤独症学生急需得到教师支持与帮助的问题点。如果只将档案袋用于陈设展示，这就削弱了其价值意义。

【案例】

宝儿是一名孤独症学生，在美术课中表现出空间知觉欠缺等问题，如不能准确拼摆卡片的位置，不能画出人脸中五官的准确位置等。因此，老师在美术课中尤其注重对宝儿的空间知觉能力的培养。宝儿的空间知觉能力明显落后于同龄儿童，因此采用国家课程标准中的美术能力要求来评价宝儿是不合适的，老师最终选择了档案袋评价的方法来对宝儿的发展情况进行评价。老师收集了宝儿在每一阶段的作品，并且将宝儿的学期IEP和阶段性总结都装进了档案袋。老师给宝儿制作了两个档案袋，一个是展示型档案袋，专门用来存放宝儿的最佳作品，这些作品可以参加学校画展的展出；另一个就是自然形成成果档案袋，用来分析宝儿在不同阶段的空间知觉能力水平，发现宝儿的进步点和教学改进点。采用档案袋的评价方法，老师既可以帮助宝儿增强参与学校画展活动的自信心，又可以分析宝儿的能力变化情况，以此促进IEP目标和教学支持的动态调整。

（2）增值性评价

增值性评价作为一种新兴的发展性评价方法，通过测量学生跨时间段的学业与

---

[1] 周卫勇.走向发展性课程评价.北京：北京大学出版社，2002.61
[2] 赵德成.成长记录袋应用的回顾与反思[J].课程·教材·教法，2012，32（05）：21-26.

身心发展增值情况来评估学生自身获得的教育效能和教师、学校乃至地区在学生培养过程中发挥的效能，是一种发展性评价模式[1]。这是一种可以准确掌握学生成长状态、科学计算学生发展水平、详细记录学生成长轨迹的学生评价[2]。增值性学生评价重视学生先前的学习与发展基础和学生在一段时间内学习与发展的"增加值"的分析，强化学生接受教育后增长值的"净效应"，分离出家庭、学校、教师等因素对学生成长进步带来的一些干扰，激励学生"不比背景比努力、不比起点比发展"[3]。增值性评价会把学校和教师的注意力从之前只关注尖子生引导到关注全体学生，努力将教育起点公平落到实处[4]。

从增值性评价的内容来看，一般有两种观点：一种认为增值性评价是以学生的学业成绩的增值来评价学生；另一种认为除了学业成绩外，评价还应体现学生在智力、情感、品德、心理等方面的能力。在孤独症学生的学习质量评价中，应该搜集孤独症学生的各方面能力的综合信息，以此进行评判。例如，教师对孤独症学生在社交、语言、运动、行为、情绪，以及学习品质、学习常规、认知能力等方面进行评价。根据孤独症学生跨时间段的能力表现，发现学生的"增加值"，以此作为对孤独症学生的评价指标。对孤独症学生进行增值性评价，是以其进步幅度作为评价标准，关注其在每一个能力点上的发展，激发其潜能，让孤独症学生以及周围的人都看到他的努力与坚持。

从方法的角度来看，增值性评价需要用数据来证明进步的幅度。这需要教育者在教学过程中收集阶段性数据。早期的增值性评价者会采用"后测—前测"的方法来证明学生的进步，但该方法在科学性上还不够严谨，于是又发展了种类繁多的统计方法，如百分位等级模型、多元回归模型等。增值性评价可以直观可视化地呈现孤独症学生的进步表现，但数据的收集与统计还存在一定的困难与局限。在融合教育背景下，尤其在资源教室课程中，对孤独症学生大多采用一对一教学，这给增值性评价的数据收集提供了便利性。教师可以采用增值性评价的方法来收集孤独症学生前期与后期的能力水平数据，将统计结果与日常观察相结合来对孤独症学生的表现展开评价。

---

① 谢小蓉，张辉蓉. 五育并举视域下学生增值评价的发展困境与破解策略[J]. 中国电化教育，2021，(11).

② 张荸予. 如何评价职业学校教师教学的有效性：基于学生知识图谱增值模型的策略[J]. 中国职业技术教育，2022(17)：49–54.

③ 汶莎莎，孙刚成. 增值性评价：促进每一个学生可持续发展[J]. 上海教育科研，2022，(3)：70–75.

④ 任玉丹. 英国学校增值性评价模式对推进我国教育公平的启示[J]. 教育探索，2011(5)：152–154.

【案例】

为了对 L 同学在适应行为方面的进步情况进行科学客观地评价，教师决定采用增值性评价模式。教师采用《适应行为评定量表》作为数据收集的工具，在间隔半年的时间段进行了两次测试。前测、后测均由妈妈作为评价主体，选择 L 同学在沟通、社区应用、学习功能、居家生活、健康与安全、休闲、自我照顾、自我管理和社交这九个维度的表现等级。教师进行数据统计与分析，并做出评价和教育建议。教师首先对 L 社会适应能力分量表前测和后测的得分进行比较。

表 7-2　L 同学社会适应能力分量表的前测、后测得分表

维度	前测	后测
沟　通	32	55
社区应用	14	50
学习功能	29	57
居家生活	12	51
健康与安全	20	69
休　闲	26	65
自我照顾	32	68
自我管理	14	53
社　交	8	53

接着，将两次社会适应能力测验的总分数和分测验分数进行对比统计分析。

表 7-3　L 同学社会适应能力测验分数对比统计表

	前测		后测	
	量表分数	百分等级	量表分数	百分等级
一般适应综合	14	< 0.1	84	39
概念技能	7	0.2	26	30
社会技能	3	< 0.1	19	45
实用技能	4	< 0.1	39	45

经分析可知，后测时，L 在九个维度上的得分均有不同程度的提高。转换成标准分数后，一般适应综合前测时分数为 14，百分等级小于 0.1，后测时分数为 84，

百分等级为 39；概念技能前测时分数为 7，百分等级为 0.2，后测时分数为 26，百分等级为 30；社会技能和实用技能前测分数的百分等级均小于 0.1，后测时提升为 45。在前测中，L 的适应能力实际水平小于 6 岁，在后测中，九个维度的年龄等值都有提升。从数据上我们可以看出，L 的适应能力水平有极其显著的提升。

本章小结

　　融合教育课程是在普通中小学里，基于学生不同的学习需求、学习风格以及文化背景等设计的可灵活调整的综合课程体系。孤独症儿童的个别化教育计划是设计与实施融合教育课程的基础，是教师进行教学调整的指南性工具。融合教育课程调整包括学科课程的调整、活动课程的融入、支持性课程的补充三种途径。支持性课程对促进孤独症学生的关键能力发展具有重要作用，可从感知运动、生活自理、认知发展、沟通交往、社会适应和潜能发展六大领域进行课程设计。融合教育的课堂教学调整要从学情分析、教学环境、教学目标、教学内容、教学组织形式、教学材料、教学策略和作业设计八个方面进行，同时做好积极行为支持。在融合教育教学评价上，要从教师的教学工作评价和学生的学习质量评价两方面来展开。档案袋评价、增值性评价等发展性教育评价方法是非常适合针对孤独症学生使用的学习质量评价方法。

第八章

家庭中的孤独症儿童

融合故事

小宇在3岁时被诊断为孤独症谱系障碍，他就读于一所普通小学。在他三年级的一次家长会上，原计划下午5点就要结束的家长会延迟开到了夜里12点半，原因是小宇在交作业时从后面扔作业本，把一个女同学的眉棱骨划伤了。小宇平时在班里不能安静就座，有时候还发出咯咯的笑声，这次伤人事件把同学家长的怒气激发起来。普通学生家长认为小宇严重侵犯了自己孩子的利益，要求学校让他转学，甚至要求他去特殊教育学校上学。小宇家长觉得按照《义务教育法》规定，自己的孩子可以就近、就便上学，他们坚决捍卫自己孩子受教育的权利。

家长和学校及时寻求特殊教育中心和区级教育行政部门的帮助，巡回指导教师对小宇进行了综合评估，对他的情况进行了细致的了解，包括认知发展能力、适应行为能力、动作发展水平、兴趣爱好等，分析他行为背后的原因。之后，巡回指导教师跟小宇妈妈及学校教师、领导达成了一致意见，语数外三科由教师降低要求后单独教授，书法、绘画课在普通班级中融合并增加课时量；同时建议家长在家中给孩子安排一些家务劳动，注重社会生活适应能力的培养，包括学习在社区超市里购物等，并且进行家庭学业辅导，使小宇尽可能跟得上班里的进度。这样，小宇逐渐融入班级。之后，每次在小宇处于不同学段转衔之时，小宇妈妈都会主动向特殊教育中心和特殊教育专家寻求帮助。平时，小宇妈妈也总会带着小宇参加社会活动，帮助小宇最大限度地融入社会。

小宇后来顺利升入了大学，基本上脱离了"特殊"的标签，几乎不需要特殊教育专业人员的支持与介入。小宇成功的背后，是来自小宇家庭的守护与坚持，更和家长与学校的积极合作以及特殊教育中心的专业支持密不可分，是家庭内部的支持以及外部对家庭的指导，共同助力小宇不断迈上人生新的台阶。

> **本章要点**
>
> 1. 正确认识孤独症，理性接纳孤独症儿童是孤独症儿童家长的第一课。
> 2. 掌握特殊教育专业技能的家长更能做好孤独症儿童的家庭教育。
> 3. 家庭教育的第一要务是关注孤独症儿童良好的情绪与心理健康。
> 4. 家长与学校、社会良好的沟通合作关系对于孤独症儿童融合教育起到事半功倍的效果。

第一节 孤独症儿童家庭教育的概述

家庭教育是孤独症儿童接受教育的开端,受中国传统"家文化"的影响,家庭对于孤独症儿童自理自立至关重要,是孤独症儿童融合教育生态支持系统中指引其未来发展的决定因素。由于孤独症儿童身心发展的特殊性,很多家长对于孩子的养育和教育不知所措、无从应对。因此,了解孤独症儿童家长的心路历程,理解孤独症儿童家长的重要作用,对于推进孤独症儿童家庭教育具有重要意义。

一、孤独症儿童家庭教育的内涵

(一)孤独症儿童的家庭结构类型

家庭是社会最基本的构成单元,家庭的结构类型对于孤独症儿童的家庭教育有至关重要的影响。孤独症儿童常见的家庭结构类型主要包括核心家庭、复合家庭、单亲家庭、残缺家庭等。核心家庭指的是父母及其孤独症子女组成的家庭,复合家庭是指祖父母/外祖父母、父母及其孤独症子女组成的家庭,单亲家庭是指父亲或母亲一方与其孤独症子女组成的家庭,残缺式家庭是指没有父母只有兄弟姐妹组成的家庭,或者其他有血缘关系或无血缘关系的成员组成的家庭。

(二)孤独症儿童家庭教育的主要内容

特殊儿童家庭教育主要是指父母或其他监护人对特殊儿童、青少年进行的教育,包括干预训练,行为品德和态度养成,以及知识和能力培养的教育(刘全礼,2022)。相较于普通儿童家长,孤独症儿童家长除了培养孩子的思想品德、知识、技能、良好习惯和意志品质,还承担了通过家庭干预培养孩子关键能力的责任。

1. **塑造思想品德**

家长通过日常生活中的言传身教引导孤独症儿童树立爱国意识,培养爱国情怀,引导孤独症儿童讲文明、懂礼貌、讲诚信,形成尊老爱幼、勤俭节约、助人为乐、团结互助、爱护公物等优良品质。

2. **筑牢基础知识与技能**

家长在家庭教育过程中引导孤独症儿童了解人文、科学等领域的基本知识和技能,掌握生活常识,帮助孤独症儿童掌握安全知识与技能,引导孤独症儿童在日常学习生活中运用基础知识解决实际问题。例如认识常见的字词、培养基本的计算能力。

3. 培养良好习惯

家长应为孤独症儿童提供尽可能多的体验生活、融入社会的机会，引导孤独症儿童培养广泛的兴趣爱好，形成健康的审美趣味，培养良好的生活、学习、锻炼及行为习惯，引导孤独症儿童参加力所能及的劳动，促进孤独症儿童身心健康发展。

4. 锻炼意志品质

孤独症儿童在日常的学习生活过程中会遇到诸多困难，家长在家庭教育过程中需要注重对其意志品质的培养，如通过自身努力克服困难，坚持不懈完成任务，通过自我决定做出合理选择，控制自身的不良情绪等。

5. 培养关键能力

受身心发展特点的影响，孤独症儿童额外需要家长通过家庭干预培养其关键能力，如家长在真实的社交场景中培养孩子的社会沟通与交往能力，锻炼孩子的生活自理与独立生活的能力，提升孩子的注意力，引导孩子控制与调节情绪，对孩子进行感知觉的训练和运动方面的训练等。

（三）孤独症儿童家庭教育的重要作用

1. 家庭是孤独症儿童成长成才的基地

家长是孤独症儿童接触频率最高的人，由于多种原因，学龄前的孤独症儿童接触的大多只是家人或其他主要抚养人，入学后孤独症儿童主要接触教师、同学等。虽然部分家长意识到要常带孩子外出和他人互动交流，但是孤独症儿童很难像同龄普通儿童一样接触到更广阔的世界。家长需要为孤独症儿童提供基础的生活条件，满足其基本的生存需求，使其形成安全感，建立和谐的亲子关系。在家庭中，在父母温馨的陪伴下，孤独症儿童与家长之间形成基本的社会关系。很多孤独症儿童缺乏对隐性、抽象社会线索的感知，因此，更加需要家长在家庭中加强引导。此外，家庭教育有利于培养孤独症儿童积极的心理品质，促进其情绪管理能力、注意力水平的提高及性格和意志品质等的改善。家长还会帮助孤独症儿童掌握基础知识与社会适应能力，以及提升阅读能力、写作能力等学习能力。

2. 孤独症儿童家庭教育具有天然优势

有效实施家庭教育有利于提升孤独症儿童的沟通、游戏及自理能力，减少问题行为。根据儿童心理学中有关儿童不同阶段身心发展规律的相关论述，0～6岁是儿童各方面发展的关键期，家长在这一阶段对孤独症儿童进行早期干预更容易取得成效。家长主动参与孤独症儿童的干预和教育训练，有其特有的优势：①家长比任何人都了解孤独症儿童的优点和缺点，了解其发展需要，更容易采取有针对性的支持策略；②家长对孤独症儿童的期望值最高，家长适当的高期待更容易促进孤独症儿童最大限度地发展；③家庭教育最为自然，家长可以将对孤独症儿童的干预嵌入一日生活中，在家庭常态环境中进行功能性的个别化教育训练；④家庭教育的素材广，家庭生活的方方面面，还有广袤的大自然环境都是家庭干预的素材；⑤家庭教育收效高，比如，有的家长很注重在日常生活中培养孤独症儿童的各方面能力，这样更容易养出情绪稳定、适应能力强、充满灵性的孩子。

3. **家庭教育为儿童适应学校和社区生活奠定基础**

家长需要充分发挥主动作用，有效地参与家庭教育，为孤独症儿童适应学校教育和社区教育奠定基础。家长的主要作用表现在：①对孤独症儿童的行为进行观察、记录与评估，参与教学内容的选择，参与教学计划的制订、调整与实施；②在日常生活中以家庭、社区为训练基地，经常带孤独症儿童外出参与各种社会活动，有意识地培养其社会适应能力；③在家庭中创造一切条件以适应孤独症儿童教育训练的需要，例如对亲子关系、家长的时间与精力、家庭空间等进行必要的调整。

二、孤独症儿童家庭的特点

家长如果出现错误的教育观念，会使得孤独症儿童的教育和康复从一开始就偏离轨道，甚至造成不可挽回的伤害。了解孤独症儿童家庭的特点，有利于为家长提供家庭教育指导。

（一）心路历程复杂

随着孤独症儿童的成长，家长发现孩子出现一些异常的行为，意识到问题的严重性，开始去往医院寻找原因。当孩子被确诊为孤独症之后，家长会心态崩溃，之后四处求医问药，希望能把自己的孩子"治好"。有的家长会天天以泪洗面，甚至自己的身心健康受到影响。随着时间的推移，孤独症儿童的家长慢慢接受现实，心态趋于平和，按照医生或其他专业人员的建议，开始了漫长的干预之路。很多家长逐渐认识到自己在培养孤独症儿童中的重要作用，主动参加相关培训或者阅读关于孤独症的专业书籍，主动学习养育孤独症儿童的一些知识和技术，在日常的生活实践中加以应用，并进行总结反思，不断更新家庭教育的方式方法。

（二）主动寻求专业支持的意识薄弱

在发现孩子的差异表现后，即刻寻求专业支持的家长占少数，大多数家长选择了拖延。在最终确诊前的时间里，家长的表现大概有以下两种：一是消极逃避，不敢面对事实，对孩子的诊断一拖再拖；二是到处求证、多次诊断。

家长首先接触到的是不同的医疗手段或康复训练方法，包括禁食、益生菌疗法、补充营养剂等无法证明有效性的方法。然而，家长主动寻求特殊教育领域专业支持的意识较为薄弱，较少主动地获取专业资源。

（三）家长自身专业能力欠缺

很多家长迷信机构的训练，几乎把孤独症儿童的康复训练完全托付给机构教师。家长错误地认为康复训练需要依靠高度专业的机构教师和治疗师来完成。有的家长虽然做了努力，但是不尽全力，总是希望孩子的技能会在他人的帮助下得到提升。还有部分家长在行动中看不到成效，屡屡受挫，进而怀疑是否有坚持的必要性。陪伴孤独症儿童时间最长的是父母，只有父母掌握更多的专业技术，孤独症儿童的家庭教育之路才会更加宽广。

三、孤独症儿童家长的类型

（一）隐瞒实情型

部分孤独症儿童家长不接受孤独症儿童的差异，不信任学校会真正帮助孩子，不信任教师会真正地接纳孩子，担心被学校拒之门外，被教师、其他家长贴标签。为了不让学校歧视孩子，有的家长会隐瞒孩子有孤独症的事实，对学校和教师存有戒备之心。例如，有的家长为了让孤独症儿童顺利入学，只是告诉教师孩子因为没有上过幼儿园，可能有些坐不住，隐瞒孩子有孤独症。然而，孤独症儿童独特的行为表现以及在课堂中出现的诸多问题，使得教师不断与家长沟通，家长的内心在苦苦挣扎。

（二）拒绝沟通型

有的家长非常了解孤独症儿童的情况，但在和学校教师沟通时闪烁其词，不正面回应教师提出的问题，对于教师提出的指导性建议听而不闻，拒绝配合；有的家长会以不同的理由逃避与教师的沟通。这一类型的家长看似把孩子保护了起来，但实际上让孩子错失了接受适合教育的机会，甚至还把一些对孩子有用的资源给屏蔽掉了。

（三）主动沟通型

部分家长愿意主动沟通、主动去面对孤独症儿童的问题。在孤独症儿童入学时，此类家长会把自己孩子的情况坦诚地跟学校校长、负责招生的教师进行说明。现在学校在分班时，会关注孤独症儿童的特殊需要，避免一个班级出现多个需要关注的孩子。随着学校接纳度的提高，学校甚至会把最好的师资放在有特殊需要孩子的班级里。孤独症儿童上学后可能面临学业不适应、生活不适应、家校沟通不畅等情况，在多方合力的支持下，这些情况都可以得到妥善的解决。

四、孤独症儿童家长的需求

（一）家长亟需孩子未来生涯规划方面的指导

调研发现，很多孤独症儿童家长最为关注、最为担心的事情在于孤独症儿童初中毕业后去哪里，以及自己年迈之后，孩子是否能够独立生活，是否能够掌握一技之长，是否能有一份稳定的工作。研究表明孤独症儿童家庭在对其子女未来的生活规划方面有极其强烈的指导需求，同时需要专业的、与子女相关的各种家庭支持服务以及经济上的支持与援助。

（二）家长希望得到学校和社会的支持

受中国传统家庭观念的影响，父母与其他家庭成员承担主要的养育工作，较少借助家庭外部的资源与支持。学校是孤独症儿童获取系统知识和基础技能的重要来源，家长在较长时间里需要与学校保持良好的沟通合作关系，并尽可能地从学校获得教师的支持和指导。此外，家长还希望孩子能够参与更多的社会体验活动或者平等参与社会相关机构的培训，例如和普通孩子一起在艺术类培训机构中培养绘画技能、在运动训练机构中锻炼体质，等等。家长还希望孩子能够被其他社区成员认可和接纳，让孩子尽可能多地参与社区生活。

（三）家长希望得到专业的培训与指导

调研发现，家长需要专业机构为孤独症儿童提供教育评估的支持，并需要专业人员结合评估的结果为自己和教师提供针对性的指导建议，包括孤独症儿童如何平稳度过青春期，如何帮助孤独症儿童交朋友，如何解决孤独症儿童课堂上出现的问题行为，如何调整孤独症儿童的教学策略等。此外，家长希望能够得到专业的培训与支持，帮助他们处理孤独症儿童可能出现的突发情况。孤独症儿童的认知能力偏弱，缺乏社会交往技能，行为表现容易受外界环境的影响，因此，家长需要专业人员针对孤独症儿童的身心发展特点系统地为他们提供指导。

第二节　孤独症儿童家庭教育的策略

家庭是对孤独症儿童进行支持的最主要来源，对孤独症儿童的终身发展有着重要的影响。家庭在孤独症儿童养育、早期干预、家庭教育乃至成人后的照料中都扮演最主要、最核心的角色。在我国历来注重"血缘"关系的家文化影响下，家庭对于孤独症儿童的发展无疑占据最重要的地位。因此，家长需要着重关注孤独症儿童家庭教育的策略与方法，循序渐进地推进孤独症儿童的家庭教育。

一、树立正确的家庭教育观念

（一）以科学的态度认识和接纳孩子

每个人都可以拥有自己精彩的生活和未来，即便是有障碍的孩子也一样。家长首先要接纳孤独症儿童的独特性，对孩子的教育和康复采取积极的态度，并寻找科学的措施，为孩子找到适合他自己的生活和发展方向。家长从缺陷的视角看孤独症儿童只会让自己深陷泥潭不能自拔，导致对孩子低期望、低要求，失去家庭教育的信心。家长应该转变观念，从优势潜能的角度看待孩子，满怀希望、积极行动。家长只有正确看待孩子的优势能力和缺陷，才会尽可能地陪伴孩子、主动干预，促进孤独症儿童实现适宜的发展。

（二）以切实的行动引导和支持孩子

在孤独症儿童的教育与康复这一话题上，大家形成的一致观点是"三早"原则，即早诊断、早干预、早康复，这样才不会错过"早期"这样的关键节点。研究发现，孤独症儿童的家庭教育和康复情况并不乐观，徐云等人发现，"虽然绝大部分孤独症儿童在三岁以前就已表现出异常，但家长缺乏对有关疾病知识的了解，带儿童首次就医的时间和确诊时间通常都有一定的延误"（徐云，2014）。确诊后近半数的儿童没有及时接受教育和康复，意味着很多孤独症儿童家庭错过了早期干预的黄金时期。也有相当一部分家庭在孤独症儿童诊断之后积极为孩子进行教育康复，但是相关文献显示，孩子参与了康复训练的家庭也面临很多问题，比如费用高、家长经济压力大，家长有较大精神压力等，因此，部分孤独症儿童不能长期坚持康复训练或断断续续地进行训练。家长需要认识到，孤独症儿童的教育应该跟生活紧密联系，这是教育界学者、专家、教师们的共识，生活能力的培养和社会技能的训练应该成为孤独症儿童家庭教育及康复的重要内容。为帮助孤独症儿童未来更好地独立生活，更好地与社会进行融合，家长需要注重在生活的情境中对孩子进行生活能力和社会技能的培养。从孤独症儿童的兴趣出发，从孤独症儿童的实际生活出发，让教育和康复真正服务于孩子的成长。

（三）以环境生态课程理念教育孩子

已有研究发现，很多对成年孤独症人士的干预项目，对自然真实的社交环境考虑很少。社会互动是否成功不仅取决于孤独症人士自身的社会技能，还取决于他人的认知、感知和反应。所以，要增强孤独症人士的社会功能，需要更多地在真实的生活环境中，为其提供实际帮助，这就需要树立"环境生态课程"理念，即将孤独症儿童置于常态生活（着重指其家庭、学校、社区、职业）环境中，依其能力水平及对现状的适应力，以未来适应生活环境为导向，使孤独症儿童充分了解生活环境，运用环境设施，为促进其发展提供适合其教育需求的个别化教育课程。

环境生态课程的特点：①根据儿童的学习特点和个体需要，在生态环境中教授具有功能性、符合实际年龄的生活技能；②以有意义的、完整的、生活化的活动作为教学训练内容，教学内容更丰富、实用，使孤独症儿童在生活中学习，学会生活；③学校、家庭、社区和职业环境这四个教学领域涵盖了生活的各个方面，使儿童最终得以全面适应，平等参与社会生活；④利用社区资源，与社区合作，开展社区教育，建立生态自然的支持系统；⑤儿童有更多的机会接触其他人，与他们交流互动；⑥根据儿童现有的水平，考虑目前及未来适应社会生活所需的技能；⑦强调真实情境的教学，充分运用情境教学法，使儿童逐渐形成类化与迁移的能力。

【案例】

敞开心扉，拥抱孩子的点滴成长

小希在刚出生的时候一切都很好，在快五岁时开始出现了严重的行为问题、情绪问题、睡眠问题、语言倒退问题；五岁多时她被诊断为孤独症谱系障碍，目前就读于一所普通初中。小希妈妈最初希望小希在学业上能够得到比较大的发展，但是在为小希辅导功课的过程中矛盾频发，以致小希的情绪问题一度比较严重。慢慢地，家长逐渐转变对小希的教育方式，希望在生活中让小希养成热爱做饭以及讲卫生的好习惯，培养她的生活自理能力、语言表达能力和交往能力。

小希很排斥洗手，一旦说到要洗手，她马上就叫喊着说"我不洗手"。看着她脏兮兮的手，最开始小希妈妈只能用湿毛巾帮她擦，后来试着拉她的手到水龙头下面帮助她洗，慢慢地她就自己洗手了。从初二开始小希会及时主动地去洗手，而且洗得很干净。小希妈妈用了整整 9 年时间，才把小希的好习惯给养成了。小希妈妈还借助小希喜欢美食的特点，引导她学做饭。小希从八九岁开始就主动帮家长切菜，这几年她菜切得很好，现在煮、蒸、炒、炸样样精通，家长也感到十分欣慰。

可见，家长要学习、了解并认同环境生态课程的理念和特点，把孤独症儿童放在最真实、最自然的日常生态环境中，教导其对生活具有重要意义的技能。

（四）促进孩子实现适宜发展

家长给孤独症儿童的学业压力要适当，要在孩子的能力承受范围之内，避免因过度关注学业成绩给孩子造成过大的心理压力，以致引发其情绪问题和逃避行为。对问题行为的干预远远比预防问题行为的发生要困难得多。家长要客观看待孤独症儿童的认知能力水平，在孩子当前的认知基础上，与教师沟通研讨，确定对孩子而言最适宜的学业目标，并做出降低任务难度要求、简化或扩展任务内容等调整。家长需要将关注的焦点从学业成绩转移到孩子社会适应能力的培养上。一方面，孤独症儿童的社会适应能力可以在日常生活中得到提升，另一方面，社会适应能力的培养有利于助力孤独症儿童实现自理自立，最大限度地融入社会生活。

二、家庭教育基本原则

（一）激发学习动机

孤独症儿童的兴趣比较狭隘，家长要善于发现孩子的兴趣，以兴趣为切入点，激发孩子参与活动的动机。家长要转变自己关注的焦点，从"我想要孩子做什么"调整为"孩子想要做什么"，时刻记录孩子的兴趣。如果孩子对某个话题或者游戏感兴趣，家长可以多讨论这个话题或玩这个游戏。例如，有的家长很疑惑，"我根本跟孩子交流不了，他经常做一些刻板行为，我怎么才能参与？什么时候参与呢？"当孩子出现刻板行为的时候，家长参与进去，其实更容易和孩子建立联结。比如孩子重复不停地说一个话题，这个时候家长可以就这一话题跟孩子进行讨论，慢慢地将孩子的关注点转移过来，这是建立亲子关系的重要契机。

（二）观察孩子

孤独症儿童在很多时候会给家长发出一些"信号"，比如出现自我刺激的行为、故意远离家长、说话没有回应等，遇到这些情况，家长要学会读懂孩子背后的需求，注重为其提供安全、适宜的环境，避免给其造成过大的压力。研究表明，很多孤独症儿童长期处于"应激状态"，会有一些生理的变化，如心率加快，免疫系统、消化系统都会受到影响。如果孤独症儿童长期处于应激状态，他们的身心健康会受到很大的损害。因此，家长要真正地读懂孩子，帮助孩子调节情绪状态，而不是通过长时间说教、严苛的规则、沉重的作业继续加重孩子的应激状态。

（三）坚持生活教育导向

孤独症儿童的家庭教育应该跟生活紧密联系在一起，将生活教育理念贯穿孤独症儿童家庭教育全过程。张文京教授提出，"特殊儿童生活教育的目的在于培养良好的生活态度、传授基本生活知识、获得独立生活能力，最终提高他们的生活质量"。孤独症儿童亲身经历的事情可以作为很好的教育素材，在生活中，家长有很多机会可以引导孩子成长，比如干家务、逛超市买东西、乘车出去旅行等，只要是跟孩子相关的事情，都可以是重要的教育契机。

【案例】

洋洋今年12岁，在3岁时被诊断为孤独症谱系障碍。洋洋妈妈经过培训后在家中对孩子进行严格的桌面化家庭干预，尽管取得一定的效果，但是发现孩子像"小木偶"一样缺乏灵性，并且有时会爆发情绪。洋洋妈妈逐渐转变了方式，注重在生活中教育孩子，例如带着洋洋去旅行，因为旅行游玩是最好的积累生活素材的方式，也是对孩子产生大量神经刺激的绝好机会。洋洋妈妈带孩子体验各种生活，感受各种文化，留存各种素材。在游玩的时候，洋洋妈妈陪同孩子一边观察，一边找机会描述当下情形，或者回头边看视频边跟孩子回忆，以加深孩子的印象。慢慢地，洋洋开始进入了成长的快车道，发生了巨大变化，变得越来越鲜活，有了灵性，有了生命力。

（四）坚持社交优先原则

由于社交沟通障碍是孤独症儿童的核心缺陷，在进行家庭干预时，社交目标优先于学业目标，这对于孤独症儿童未来适应社会生活有非常大的影响。社交技能的教授最好在实际的生活情境中进行，比如，当有人来家中做客时，家长引导孩子打招呼、招待客人；当外出游玩时，家长指导孩子如何交到新朋友；在生活中帮助孩子使用适合的社交语言等。

（五）提供选择的机会

很多孤独症儿童伴随较强的控制欲，因为他们很多时候缺乏安全感。超量的感知负荷、变化的规则，这些都让他们容易失去控制。如果想让孩子变得更加灵活变通，学习更多的知识技能，家长就要学会适时让渡控制权，不要简单弱化孩子的能力，要相信孩子，为他们提供选择的机会。这不仅有利于提高孤独症儿童的自我决定能力，还有利于预防情绪行为问题的产生。

（六）鼓励尝试新事物

很多孤独症儿童不愿意尝试新的事情，或者在新的任务面前用不适合的行为进行逃避。尝试往往是孤独症儿童改变的起点。为了帮助孩子去尝试新的事物，家长要学会在生活里充满热情地鼓励孩子尝试，甚至比较夸张地给予正向的反馈，从而激励孩子不断尝试新事物、掌握新技能。

（七）挖掘并培养优势潜能

家长需要找出孩子的优势潜能并不断进行培养。有的孤独症儿童具有视觉学习的偏好，有的具有较好的机械记忆能力，有的具备绘画或音乐方面的潜能。家长需要做的是将这些优势能力与潜能充分地挖掘出来，以点带面，促进孩子多方面能力的发展。对于孤独症儿童而言，他们对于自己喜好和擅长的领域，更容易积极地参与，家庭干预的效果自然也会加倍提升。而且，一旦孤独症儿童的长项得到肯定，他们的自信心就会增强，会更好地融入集体学习生活。

【案例】

以前洋洋的语言表达能力很弱，说话声音特别小。为了让他大声说话，增强自信，洋洋妈妈找到了一位音乐老师教洋洋唱歌。洋洋妈妈惊喜地发现，在一对一的声乐课上，洋洋与老师的互动明显比上其他课程的要更多一些。他的说话声音也越来越大了，从以前的小小声变成了现在的大嗓门，关键是他有了展示的平台，开始有了更多的自信。在班级的联欢活动中，在考级的比赛中，他都自信地去展示自己，他的演唱受到全班同学的欢迎。洋洋的性格也变得越来越外向了。

三、培养孤独症儿童的关键能力

（一）孤独症儿童关键能力的内涵

孤独症儿童的关键能力是他们融入社会、参与就业和实现终身发展所需的必备能力。家庭是培养孤独症儿童关键能力的最佳实践基地，家长越早对其关键能力进行培养和干预，取得的效果越好。孤独症儿童发展的关键能力主要涵盖感知运动、生活自理、认知发展、沟通交往、社会适应等领域，具体内容如表8-1所示。

表 8-1 孤独症儿童关键能力领域与指标

领域	关键能力指标
感知运动	视觉分辨、听觉分辨、身体感知、运动能力、精细动作发展
生活自理	自我照顾、居家生活、健康管理、安全意识、青春期卫生
认知发展	注意稳定性、注意广度、具体形象思维、抽象思维、创造力、思维的灵活性、常识认知
沟通交往	非语言沟通、需求表达、情景对话、社交技能、交往礼仪
社会适应	情绪表达、情绪调节、行为管理、设施应用、休闲娱乐

培养孤独症儿童的关键能力是一个长期的过程，家长要保持足够的耐心和毅力，对孩子充满信心与希望。孤独症儿童关键能力的培养并非要面面俱到，而是需要在对儿童当前能力水平进行综合评估的基础上，明确当前阶段及较长时间内关键能力培养的优先级。同时，家长需要认识到，关键能力的培养并非仅在家庭中进行，要积极寻求专业资源的帮助，如学校（幼儿园）的支持，特殊教育中心的评估与专业指导，康复机构的康复训练，特殊教育专家、医学专家、心理学专家的指导等。多方在协同努力下，共同提升孤独症儿童的关键能力，并帮助孤独症儿童将这些能力不断进行泛化应用。

（二）孤独症儿童关键能力的培养路径

在环境生态课程理念的指引下，家长在养育孤独症儿童并培养其关键能力的过程中可以借助如下程序：评估孤独症儿童现有能力水平——分析孤独症儿童的家庭生活环境——明确关键能力培养目标——设置环境生态课程——设计并实施家庭活动——评估关键能力培养效果——调整家庭活动设计后再实施。

1. 评估孤独症儿童现有能力水平

家长可以在家庭中对孤独症儿童的日常表现进行观察，了解孩子的生活自理能力、语言表达能力、沟通能力、社交能力、运动能力和基础的学习能力。为了更加全面、客观地了解孩子的能力发展水平，家长需要及时向学校教师或特殊教育中心寻求评估支持，借助正式评估获取专业的评估结果，从而明确孩子的培养方向。

2. 分析孤独症儿童的生活环境

孤独症儿童的发展是与环境互动的结果，其关键能力的发展水平也受到环境刺激的影响。孤独症儿童主要的生活环境包括家庭环境、学校环境和社区环境。除了生活环境之外，家长还可以拓宽视野，寻找其他可用的社会资源，例如公园、图书馆、科技馆、旅游景点及各种公益活动等。家长只有充分了解在各种环境下施教的可能性，分析资源利用的方式方法，并尽可能带领孩子体验不同的环境，才有可能引导孩子更好地适应社会、参与社会。例如，家长可以对社区中或周边的现有资源进行考察与筛选，如超市、社区医院、健身房、干洗店、饭店等，通过分析社区环境的安全性、人际关系等，帮助孩子打通适应的通道，并为其提供示范，逐步支持孩子独立适应社区生活。

【案例】

轩轩是一名需要较多支持的孤独症儿童，今年已经11岁了。他的语言表达不流畅，主动语言很少。轩轩住在一个商场的附近，生活和交通都非常便利。离家不远处有一家肯德基，轩轩爸爸偶尔会带着轩轩去那里用餐。每次用餐结束后，爸爸会提醒轩轩自己收拾餐盘。有一次，爸爸发现轩轩不仅收拾了自己的餐盘，还把其他桌子上没有收拾的餐盘都帮忙收拾了，轩轩爸爸并没有制止轩轩的这一行为，而是提出了表扬。时间一长，这家餐厅的经理和服务员都认识了轩轩，纷纷夸赞轩轩，与轩轩结下了"情谊"。现在轩轩可以在没有爸爸的陪伴下独立去肯德基点餐，甚至帮爸爸妈妈买餐食回来，轩轩甚至学会了在手机上为全家点餐。

3. 明确关键能力培养目标

在对孤独症儿童进行常态评估的基础上，家长应逐步确定对其关键能力培养的目标。在培养阶段上，目标分为短期目标和长期目标；在优先级上，目标分为优先培养目标与次优先培养目标。家长首先侧重对孩子生活能力、社交能力的培养，其次关注情绪与行为，之后是学习能力的培养，三者之间相互关联。此外，家长还要及时与学校教师沟通，听取学校教师的建议，在目标的设定方面实现家校一致。孤独症儿童很多时候之所以出现情绪与行为方面的问题，是他们的核心障碍所致。如果家长优先关注其需求的表达，培养基本的生活能力，帮助孩子掌握简单的社交技能，在不给孩子过多学业压力的情况下，孩子的情绪会保持比较稳定的状态。当然，家长在关注生活能力培养的同时可以关注学习能力的培养，在培养学习能力时也可以重点关注其生活能力、社交能力的养成等。家长可以灵活处理，优先解决孩子最紧迫的需求。家长还需要格外重视孩子优势和潜能的发挥，培养孩子的兴趣爱好，为其长远发展奠定基础。表 8-2 可以帮助家长厘清在培养孤独症儿童关键能力时目标设定的问题。

表 8-2　孤独症儿童关键能力培养目标分析工作表

	当前孤独症儿童存在的主要困难	孤独症儿童已掌握的技能	目标领域	孤独症儿童当前需掌握的关键能力
短期目标				
长期目标	孤独症儿童基础能力水平	孤独症儿童的优势及潜能	目标领域	孤独症儿童长远发展所需的关键能力

注：短期目标主要指的是 1～3 个月内孤独症儿童关键能力的培养目标；
　　长期目标主要指的是 1 年及以上较长时间段内孤独症儿童关键能力的培养目标。

4. 设置环境生态课程

根据关键能力培养的目标，依据孤独症儿童的生理和心理特点，家长应该坚持"以人为本"的教育理念选择家庭教育内容，在家庭教育中注重设置环境生态课程，即坚持以"生活"为中心选择适合的家庭教育知识与技能，明确家庭教育的主要形式。此外，家长还可以根据孩子的兴趣及潜能，或者以家长自己的优势开展各类特色教育，培养孩子的特长。

表 8-3　孤独症儿童环境生态课程设置示例

	教学目标	家庭教育形式
第一部分	培养和训练孤独症儿童的生活技能（包括个人、家庭和社区生活三大领域）	自理能力、居家生活、社区生活
第二部分	训练孤独症儿童的身体协调能力、感知能力和运动能力	家人一起运动、爬山、游泳

续表

	教学目标	家庭教育形式
第三部分	训练孤独症儿童的语言表达能力	在生活情境中进行对话，要求孩子表达
第四部分	指导孤独症儿童掌握最简单的劳动技能，参与劳动	可结合家庭需要，以社区为依托，开展家庭劳务教育

5. 设计并实施家庭教育活动

依据孤独症儿童关键能力培养的目标和环境生态课程的内容，家长可以设计不同的家庭活动，并通过图片、视频、文字等多种方式进行记录。

以提升孤独症儿童语言表达能力为例，语言表达是建立在语言理解基础上的。在日常的家庭活动中，首先，家长的语言要简洁明了，发出的指令要准确，遵循先易后难的原则，根据孩子的语言能力，适当提高语言表达的难度。其次，家长给孩子的任务要单一，目标明确，避免不必要的刺激。家长要善于观察孩子的反应，给予必要的辅导，注意不断提醒，并根据情况进行任务难度的升级。尤其要重视结合孩子的一日生活和孩子感兴趣的话题，以及孩子经常使用的语言，为孩子建立专门的"语料库"。通过视觉提示等方式，在适当的时机为孩子提供语言上的支持，让孩子切实感受到语言的意义，增强语言表达的动机。

以社会交往能力培养为例，在融合教育环境中孤独症学生在社会交往上会面临困难，错误的社交发起不仅难以达到与他人互动的目的，还会引起其他学生的反感，拉远孤独症学生与普通学生之间的距离，不利于融合。因此，家长需要不断提升孩子的社交规范意识，锻炼孩子正确的社交需求表达，从而提升孩子的社会交往能力。家长只有引导孩子建立起社交规范意识，理解社会交往规则和社交惯例，运用恰当的方式表达自己的社会交往需求，才能更好地引导他们提升社交能力。

6. 评估关键能力培养效果

家长要及时反思总结，依据孤独症儿童关键能力培养的短期目标，经过一个阶段的家庭教育，对孩子的前后表现进行对比，分析有效的经验与方法。家长还可以邀请学校教师和其他专业人员及时参与到对孩子能力表现的评估中，共同分析，形成合力。评估的方法包括观察孩子的日常表现，设置结构化的家庭小测验对孩子进行评价等。例如要求孩子完成指定的任务，在图片或视频的提示下进行语言表达等。家长也可以访谈孩子的教师或同学，从不同方面综合了解家庭环境课程实施的成效。

7. 调整家庭活动设计后再实施

家长根据评估结果进行反思，总结经验与不足，对干预内容设计、教育环境、干预方法等进行调整，对干预效果不理想的内容进行再调整、再实施、再评估。家长要寻求专业人员的支持与参与，例如可以邀请专业人员对家庭活动进行指导，提供专业知识与技术支持，一同分析家庭教育的成效与不足，从而更好地调整孩子关键能力培养的目标与方法。

第三节　家校社协同育人的实践路径

家校社协同育人的核心要义是家庭、学校、社会主动发力，共同奔赴同一个目标，构建家庭教育、学校教育、社会教育一体化发展的格局，打造孤独症儿童融合教育生态支持模式的协同支持系统。在这一共同愿景下，家长要主动寻求学校和社会力量的支持，避免单打独斗。学校积极开展融合教育工作，不断提升融合教育质量。在家校社协同育人工作中，如何与孤独症儿童家长沟通是一门艺术，需要加以高度的关注。此外，社会各界需要主动关心、关注，并通过多种途径为孤独症儿童及其家庭提供物质资源及专业支持。

一、家庭主动寻求专业支持

家长除了要在家庭中培养孤独症儿童的关键能力之外，还需要主动出击，以平常心、真诚心与学校教师进行沟通。家长既要换位思考，理解教师在教育孤独症儿童过程中所付出的精力和所面临的困难，并为教师提供力所能及的支持，还要能够合理提出自己的困惑和需求，与教师形成常态化的交流对话机制。家长可以带领孩子走出家门，尽可能多地引导孩子参与社区活动、特殊教育中心或其他社会机构组织的公益活动等。此外，家长还要不断加强特殊教育专业学习，通过参加相关培训、阅读书籍、聆听其他家长的养育经验等途径不断提升家庭教育素养。

【案例】

家校共育，共同托起孩子的未来

初一开学前，小希妈妈就将小希有孤独症谱系障碍的事情告诉了班主任，并表达了自己希望能够得到学校的支持，也将尽一切可能配合学校工作的想法。班主任请小希妈妈放心，她不仅会替孩子保密，还会一同想办法，联系学校的资源教师一起支持小希更好地度过初中三年的学习生活。在之后两年多的时间里，班主任及资源教师围绕小希的体重、情绪行为、行为规则意识等问题，一直与小希妈妈密切沟通。鉴于小希在上中学前很长时间处于休学状态，在家中养成了懒散的不良习惯，小希妈妈主动寻求学校资源教师的支持，资源教师每周会给小希上2～3次阅读和心理疏导课，做语言表达、思维、交往能力的训练，还及时矫正小希的不良行为习惯，疏导她的情绪。小希由不善于表达到愿意主动表达，思维变得活跃，交往能力增强，经常在小区找自己喜欢的人聊天，去跳蚤市场主动跟别人交换物品，用自己做的盲盒手账本换回来好几本笔记本、漫画书等。

受小希妈妈真诚态度的感染，在校门口值班的干部教师或者保安师傅、保洁阿姨每次都能观察小希的情绪，并及时提供支持，例如主动去班里叫小希放学。校长在校园里碰到小希，也会主动地去跟她聊一聊。小希妈妈还会带着小希参加区级特殊教育中心组织的家长培训、家长沙龙、亲子阅读、手工制作及参观天文馆等活动。在不同的活动中，小希与人交往和语言表达的能力得到明显提升，小希妈妈也逐步明确孩子未来成长的方向。

二、学校推进家校沟通与合作

（一）倾听家长心声，尊重家长需求

学会倾听孤独症儿童家长的心声是良好沟通的前提。学校教师需要与家长共情，站在家长的角度了解他们内心真实的想法与关于孩子发展的需求，让家长感受到教师在与他们一起共同面对孩子的问题，而不是站在家长的对立面，或居高临下指责家长、指挥家长。学校教师还需要学会使用正向的语言表达积极的期待，给家长以希望。在开展家校沟通过程中，教师可以请家长优先选择沟通时间，体现对家长的尊重；在沟通地点选择上，尽量避免特别严肃、正式的会议室，可以选择温馨的咨询室，让家长拥有放松的机会。此外，教师需要注重保护家长及孤独症儿童的隐私，包括家长及孤独症儿童的正面影像，家长的工作单位、电话号码等。

（二）坚持共同目标，树立合作共赢理念

孤独症儿童的家长希望孩子能在融合学校有归属感，被普通学生接纳，获得与他人一样的机会。一方面，教师要努力转变观念，端正与家长合作的态度，向家长表明共同支持孤独症儿童适应普通班级学习生活的目标，消除家长与学校和教师之间的隔阂。另一方面，教师要不断提高自身的专业能力，掌握扎实的孤独症儿童教育专业知识与技能，用专业能力赢得家长的尊重和认可，主动投身到孤独症儿童教育中。学校教师的态度是影响家长信任度的关键因素，家长对学校教师的信任程度直接影响家长对学校工作的支持和配合程度，对学校信任度高的孤独症儿童家长更愿意支持学校工作。

（三）学会取信家长，打消家长的内心顾虑

"叫家长"这件事被赋予了负面的色彩，往往是因为学校解决不了孤独症儿童

面临的困难，学校才会将家长"请"到学校。因此，很多家长在与学校沟通时内心是忐忑不安的，存在诸多顾虑与担忧。家长一般认为学校掌握着孩子上学的权利，孩子如果表现不好，会不会被轰走，会不会因为普通学生家长不满意，学校就放弃自己的孩子。因此，在与家长沟通时教师需要打消家长的顾虑，真正走进家长的内心深处，给家长一个坚定的承诺，比如承诺保护孩子上学的权利，以真诚的态度赢得家长的信任。

（四）开展家访活动，了解家庭环境

开展家访活动是了解孤独症儿童家庭真实生活状态的重要途径，教师可以在征得家长同意的情况下走进孤独症儿童家庭进行深入调研，通过物理环境观察、家庭访谈等了解家庭关系、夫妻关系、亲子关系，为更好地支持孤独症儿童、指导家长提供有力的支撑。此外，家访活动还进一步增强了教师和家长之间的情感联结，拉近了彼此的距离，有利于建立和谐的关系。

（五）制订个性化方案，提供课堂支持

为孤独症儿童提供针对性的支持，让孤独症儿童接受优质的教育是家长的核心需求。教师需要了解孤独症儿童的特点与融合教育的相关政策制度，同时能够主动提供专业资源的支持，如邀请资源教师或巡回指导教师提供多元化的评估，探索适宜的教育安置方式，并提供跟踪式的指导。课堂教学是学校开展融合教育工作的最基础环节，随着融合教育工作的科学规范化推进，很多学校都越来越重视孤独症儿童的课堂教学质量。例如，学校依据孤独症儿童的筛查和评估，组织教师和家长为孤独症儿童制订个别化教育计划，并召开个案研讨会，明确孤独症儿童发展的长期目标和短期目标。学校各科教师调整课程与教学策略，资源教师提供个性化的资源服务，规划孤独症儿童的升学发展之路。

三、统筹社会资源，促进协同育人

（一）积极组织家长专业培训

部分孤独症儿童家长不理解孩子的行为和需求，也不了解如何进行有效的干预，面临较大的心理压力。因此，特殊教育中心需要不断加强对孤独症儿童家长的专业培训，帮助家长了解孤独症儿童的身心发展特点，树立正确的家庭教育观念，掌握专业的家庭教育技能。关于孤独症儿童家长的培训内容主要涵盖融合教育政策、家庭教育理念、孤独症儿童身心发展特点、孤独症儿童养育技能等方面。首先，培训不仅有利于家长转变养育观念，主动参与孤独症儿童的教育康复，积极建构自我角色，而且可以系统提升孤独症儿童家长的家庭教育素养，在干预过程中不

断增强自我效能感。其次，面向家长的培训还可以增进家长对孤独症儿童的了解，让家长真正走进孤独症儿童的内心世界。最后，专业培训可以引导家长不断反思总结培养孩子的方式方法及效果，不断改进和优化，从而提升家庭教育的有效性。

【案例】

海淀特教中心开设《融合大讲堂》栏目，组织特殊教育、家庭教育、心理学、医学等领域的专家聚焦家长关心、关注的常见问题，采用线上、线下相结合的方式开展家长培训。培训的主题涉及入学能力准备、以终身发展视角看待孩子的职业规划、挖掘孩子的艺术潜能、特教助理教师的选择与协同、应对孩子欺凌或被欺凌、帮助孩子平稳度过青春期等话题，目前已连续开展 12 期，培训时长累计 322 小时，观看人数达 43312 人次。

（二）提供针对性家庭教育咨询

家长在养育孤独症儿童的不同阶段会面临不同的难题，需要专业人士提供针对性咨询与指导，主要包括评估咨询、政策咨询、家庭养育方式咨询、职业生涯规划咨询等方面。第一，专业人员根据对孤独症儿童综合能力评估的结果，分析孤独症儿童存在的主要困难与原因，并根据家长的诉求提出咨询建议。第二，家长向特殊教育中心的教师咨询孤独症儿童随班就读备案、入学升学等政策问题时，教师应及时予以解答。第三，家长就日常养育过程中遇到的困难向专业人士提出咨询时，专业人士通过访谈家长分析背后的原因，并为家长答疑解惑。第四，孤独症儿童的生涯规划是所有家长普遍关心的问题，尤其是孩子处于初中阶段的家长对于孩子的未来走向感到迷茫无措，特殊教育中心的教师应根据孩子的认知能力、适应能力、兴趣爱好、优势潜能等为家长提出未来升学或就业方向的指导建议。

【案例】

咨询问题：孤独症孩子到了青春期突然变得"叛逆"，凡事与家长"对着干"，怎么办？

咨询者：孤独症儿童壮壮的爸爸

咨询过程：巡回指导教师了解孤独症儿童的基本情况、家长养育方式、"叛逆行为"产生的过程、家长的需求等信息。

咨询建议：

（1）分析原因。帮助家长理解"叛逆"行为是很多青春期孩子普遍存在的情况，这是由孩子的心理发育水平和自我意识的萌发与生理发展不匹配造成的；家长对于壮壮的严格管理和"爱"剥夺了孩子的自主权，"叛逆"行为的背后是未被满足的需求。

（2）减轻心理压力。肯定家长在壮壮身上付出的努力，认可家长的部分养育方式，引导家长了解孩子成长的未来发展方向，给予家长希望。

（3）提出对策。家长要学会适当放手，多观察孩子的行为变化，分析背后的需求，倾听孩子的声音，并给予孩子一定的自主权，用良性的陪伴代替严格的"控制"。此外，家长应教授孩子社交技能，尽可能在日常生活中创造孩子与同龄人交往的机会。

（三）提供家庭干预课程与指导

在家庭中对孤独症儿童干预什么、怎么干预是令很多家长感到困惑的问题。家长尽管了解了对孤独症儿童的干预目标，但是对采用何种材料、具体如何操作仍旧一筹莫展。基于此，区域特殊教育中心可以通过干预示范，引导家长明确家庭干预尤其是桌面干预的操作策略，并且通过提供丰富的资源课程，帮助家长掌握促进孤独症儿童不同领域的关键能力发展的方法。此外，专业人员还可以加强对孤独症儿童家庭干预的督导，通过入户指导或线上视频督导等方式，针对性地给家长提出指导性建议。

【案例】

2020年突如其来的新型冠状病毒感染流行打乱了教学的节奏，所有儿童居家学习，特殊儿童居家学什么的问题一度令家长陷入困境。海淀特教中心及时成立"绘声绘色"家长微信平台，借助"绘本之声"与"美工之色"栏目为家长开展绘本亲子阅读与美工活动的居家指导，让区内孤独症儿童在此期间"学有所教""学有所获"，足不出户享受优质的专业资源，满足孩子的个性化需要，同时提升家长研读绘本、干预孤独症儿童的能力，增强家长的亲子阅读技能，促进孤独症儿童语言、认知、社交、情绪控制、审美情趣、想象力、创造力及精细动作等综合能力的发展，惠及全区包括孤独症儿童家长在内的所有特殊儿童家长。目前，特教中心不断优化家庭干预指导，组织区内优秀资源教师和随班就读教师录制特殊教育精品课程资源，打造"融合微课堂"，借助"绘声绘色"微信平台，每周定期推送课程资源，为家长提供家庭干预的资源。

（四）特教助理架起协同育人桥梁

为了让孤独症孩子更好地融入普通学校，适应普通班级的学习生活，家长会聘请特教助理进入课堂给孩子提供直接的辅助支持。特教助理弥补了特殊教育专业教师不足的情况，缓解了学校因人员不足造成的压力，有利于辅助孤独症儿童参与课堂学习、参与同伴互动、完成课堂作业等。特教助理还可以及时应对孤独症儿童的突发状况，如离开座位、攻击行为、大哭、大叫等影响班级学习秩序的问题行为。此外，特教助理可及时将孤独症儿童在课堂上的表现与教师及家长进行沟通反馈，并在了解教师教学安排的情况下提前做出规划，成为教师与家长沟通的重要桥梁。

（五）组织家长沙龙活动

家长沙龙的氛围一般比较轻松，家长们共同讨论某一个或几个关心的话题，必要时可以请专家提供针对性指导和引领。一方面，家长沙龙为孤独症儿童家长提供了一个情感宣泄的出口，家长可以在没有任何戒备的情况下畅谈自己面临的困惑或积累的经验，从孤独症儿童家长群体中找到认同感和归属感。另一方面，孤独症儿童家长还可以分享彼此的家庭教育智慧，为其他的家长提供方向指引。下面的示例呈现了孤独症儿童家长沙龙活动的主题及活动内容。

> 家长沙龙主题：家校共育 合力托举特需学生美好未来
> 家长沙龙时间：2023 年 5 月 14 日 上午 9:00—11:30
> 沙龙参与人员：孤独症儿童家长、普通学校资源教师
> 沙龙内容安排：洋洋妈妈分享《做好家庭疗育，静待花开》
>   小丁妈妈分享《家校合作，携手互利》
>   小丁同学分享《我的职高生活》
>   家长交流研讨
>   专家点评分享

（六）组织亲子公益活动

我们从对孤独症儿童家长的调研中发现，他们需求度最高的支持方式为亲子活动。亲子活动形式上比较自由放松，家长和孩子可以在活动中共同完成指定的任务，孩子可以在愉悦的情绪中积累丰富的体验，拓展自己的兴趣，实现能力的提升。此外，家长也得以从日常的疲惫不堪中走出来，更好地享受快乐的亲子时光，增加亲子陪伴。随着家校社共育这一话题受到普遍关注，社会的各类公共资源都面向儿童、青少年免费开放，家长可以时刻关注相关的活动通知，积极参加专门面向孤独症儿童等特殊群体的活动或融合类的公益活动。

【案例】

海淀特教中心整合教育基金会、劳动实践基地、图书馆、天文馆及其他社会机构、企业相关资源，举办如"金秋十月庆丰收"劳动融合社会实践活动；依托"世界读书日"组织"悦读悦美，陪伴成长"特殊儿童亲子阅读活动；组织孤独症儿童走进天文馆感知宇宙的浩渺，举办"火星，我们来了"航天主题亲子活动；组织大龄孤独症儿童体验亲子茶艺课程；举办特殊学生才艺展示活动等。系列社会公益实践活动创造了孤独症儿童与普通儿童在一起的机会，扩宽孤独症儿童的视野，借助志愿者的力量，让孩子走进生活，增进劳动技能，学习科学知识，培养阅读能力，实现五育融合发展。

"金秋十月庆丰收"社会实践活动

天文馆亲子活动

"悦读悦美,陪伴成长"亲子阅读活动

（七）开展多样化的家长喘息服务

许多孤独症儿童家长从拿到孩子诊断书的那天起就踏上了一条艰难的道路。有的父母放弃了自己的事业与社交活动，每天生活的重心都在孩子身上，他们长期处在高度紧张压抑的精神状态中，承受生活和家庭的压力，最需要时间和空间调节身心状态。因此，由志愿者、社工等开展的多样性家长喘息服务公益活动，可以把家长们解放出来，减轻他们的精神压力，为他们争取宝贵的"喘口气"的独处时间。

（八）组织家长心理调适活动

孤独症儿童的年龄阶段不同，家长们的心理压力也有所不同，对心理调适的需求程度也不尽相同。养育刚入学的和即将毕业的孤独症儿童的家长，对心理调适的需求程度最高。专业组织可以通过举办不同的辅导活动满足不同家长的心理需求，如父母成长团体、家长学校辅导等各类亲职教育活动。家长心理调适活动可以尽可能地减轻家长的心理焦虑与压力，舒缓家长的情绪，帮助家长更好地投入孤独症儿童的家庭养育过程中。

本章小结

本章主要聚焦孤独症儿童家庭教育与家校社协同育人方面，从对孤独症儿童家长心路历程的分析入手，总结了孤独症儿童家庭的特点。本章介绍了孤独症儿童家庭教育的内容，包括家庭教育观念、家庭教育的原则、家庭教育的策略等，以及家校社协同育人路径，其中家校社协同育人路径包括家庭主动寻求专业支持，学校积极推进家校沟通与合作，统筹社会各界资源。统筹社会各界资源的途径，包括为家长提供专业培训，提供针对性咨询与家庭干预指导，借助特教助理强化家校社共育，通过组织家长沙龙、亲子活动、喘息服务及心理调适活动等多样化的形式促进家校社协同育人，围绕孤独症儿童形成家校社协同发力的支持共同体。

第九章

社会中的孤独症儿童

融合故事

　　小宝，男，11岁，就读于普通小学五年级，持有某三甲医院"孤独症谱系障碍"的诊断证明，其智力处于中等水平。小宝平时在学校独来独往，不愿意与同学交流，社会交往成为限制小宝自身发展的主要问题之一，这可把小宝妈妈急坏了，怎么才能让小宝真正成为社会的一分子，参与到社会活动中来呢？正当小宝妈妈一筹莫展的时候，学校资源教师了解到了小宝这一个案，主动联系小宝妈妈，向小宝妈妈说明了来意。资源教师通过区级特教中心的平台了解到小宝所在的社区经常会举办一些融合活动，但是小宝妈妈却因为担心孩子不能融入而一直没有让孩子参加。为此，资源教师找到特教中心，邀请小宝、小宝妈妈及其他家人一起参加社区的"小时光"主题家庭日活动，并在活动中为小宝提供专业的支持。这次活动，一方面为小宝提供一个社会交往的平台，增强其社会交往技能，帮助小宝建立一个能够参与社会的支持网络；另一方面，也缓解了小宝妈妈的焦虑。

　　在活动中，小宝认识了其他同龄儿童，感受到了同伴的温暖，慢慢地开始和小朋友互动；小宝妈妈也积极参与到活动中，认识了其他孤独症孩子的家长，她帮忙照顾其他孩子，感受到自己的力量，提升了自信心。

　　从小宝的故事可以看出，正是社会各界的关心、支持所形成的合力，让孤独症儿童更好地参与社会，享受更美好的人生，创造属于其自己的生命价值。

> **本章要点**
>
> 1. 孤独症儿童的社会融合并不单纯是社会物理空间的融合，它更加强调孤独症儿童有意义的社会关系的建立和社会参与。
> 2. 社区是孤独症儿童打开"社会融合"的第一扇门，走出家门，融入社区，获得接纳和归属感，发展有意义的社会关系并参与社会活动，对孤独症儿童的发展起着至关重要的作用。

《2020年度儿童发展障碍康复行业报告》显示，我国0～18岁儿童中有300万人有孤独症谱系障碍，占该年龄段人口总数的1%。在国内，自第一例孤独症人士被确诊至今已有整整四十年时间。四十年的时间里，社会对孤独症的认识已经从一个大大的问号发展为初步认识。在这四十年中，有那么一小部分的孤独症儿童在众多人的支持和帮助下，在社会中发挥着自己独特的价值。这些孩子虽然如萤萤之火，但是却给孤独症群体带来了巨大希望。

目前，社会的关注点多集中在孤独症儿童的诊断与康复上，但是随着融合教育的快速发展，孤独症儿童的社会融合问题也逐渐走进人们的视野。大龄孤独症儿童离开了学校或机构，究竟何去何从，实际上，针对这一问题，社会各界正在积极探索。海淀区自开始进行融合教育的探索以来，一直关注着孤独症儿童的终身发展问题，一方面区级特教中心通过微信公众号等媒介进行宣传，普及关于孤独症的知识，同时，加强与残联、社区等方面的合作，让更多的孤独症儿童能够享受到专业的支持，让更多的家庭能够"走出来""被看见"；另一方面，残联、社区、公益机构等社会各界力量加入，这有利于提高公众对于孤独症人士的认识和理解，帮助他们更好地融入社会生活。

第一节　社区支持

当前，越来越多的学者提倡社区对孤独症儿童提供支持服务，实现对包括孤独症儿童在内的残疾人开展"在社区照顾"和"由社区照顾"活动计划。其核心是强调发展以社区为基础的治疗与服务设施、技术和计划，强调动员社区内的资源，发动在社区内的亲戚朋友和居民协助提供照顾，让孤独症儿童在他们熟悉的社区环境中生活，协助他们融入社区生活。为了让孤独症儿童能够更好地享受到社区支持服务，迈好走进社会的"第一步"，海淀特教中心一直积极主动与区内各社区主动合作、共享信息与资源，推动社区融合资源建设。

一、孤独症儿童社区支持的重要性

孤独症儿童与社会之间的互动是一个复杂的过程，孤独症儿童与普通儿童一样享有参与社会文化生活、共同享受物质文明发展成果的权利与愿望。研究表明，回归正常社区环境的孤独症儿童有着更多与普通人交往的机会。社区作为孤独症儿童社会融合的关键一环，具有不可替代的作用，社区支持系统在为孤独症儿童提供社会支持方面扮演重要角色。

（一）完善的社区支持可以促进孤独症儿童的社会融合

社区可以为孤独症儿童提供更多的社交机会和资源，帮助他们更好地融入社会。通过与同龄人、邻居和社区成员的互动，孤独症儿童可以学习社交技巧，提高自我认知和情感调节能力。

（二）有效的社区支持可以提高孤独症儿童的生活质量

有效的社区支持可以提高孤独症儿童的生活质量，减轻家庭的压力。社区中的各种服务和资源可以为孤独症儿童提供更好的医疗、教育和职业保障，帮助他们实现自我价值和生活独立。

（三）多样化的社区支持可以提高孤独症儿童的社会认知

社区支持可以帮助孤独症儿童更好地了解社会规则和价值观，提高他们的社会认知水平。通过与社区成员的互动和参与社区活动，孤独症儿童可以更好地理解社会规范和社会期待，提高他们的适应能力。

二、孤独症儿童社区支持的内容

社区是不同地域、文化、历史、经济和风俗习惯相互结合形成的产物，其所能提供的资源具有非常明显的地方特色。为推进孤独症儿童的融合发展，各个地区对社区融合开展了有效探索，尽管各具特色，但是在实施层面仍然存在共性。具体来说，可以包括以下内容。

（一）政策支持

针对包括孤独症儿童在内的残疾人，社区会定期进行入户排查或电话排查，了解其家庭基本情况、经济情况，在认真核对信息后，为其家庭讲解社会救济及政策性生活补贴等国家康复服务优惠政策，宣传讲解如何在婴幼儿早期预防残疾，鼓励对残疾儿童进行早期康复治疗和康复训练，耐心倾听家庭心声。

除普及宣传关于残疾人的优惠政策外，海淀特教中心还会在每年的世界孤独症日、全国助残日或节假日等为社区提供关于孤独症儿童教育政策的讲解，通过横幅、宣传展板、健康知识小折页、健康宣教、业务咨询等方式，与社区宣讲有效结合，全面、直观地给家长们展示有关孤独症儿童的概况、日常表现等，引导更多的人了解并接纳孤独症儿童。

（二）人力支持

社区人力支持主要是指社区内在知识、技能等方面有专长的人才及具有一定社会影响的群众组织，以个体活动或具有某种共同目标的群体活动为载体，直接作用于社区某项具体的事务。主要包括以下两类。

（1）社区的行政组织的工作人员，如街道办事处、居委会、特教中心等行政组织机构的工作人员。他们可以方便地协调本地区的相关资源为社区教育和孤独症儿童及其家庭提供支持。

例如，运动康复是提升孤独症儿童的康复水平，促进其融入社会的有效手段。很多处于青春期的孤独症儿童需要有较多的大运动，那么社区可定期为他们提供冰球、网球、游泳、攀岩、帆船等运动项目的体验、教学、培训等，同时选拔一批有天赋的儿童进行相关职业规划，并提供相应场地、配备教练，为孤独症儿童搭建运动康复平台。

（2）各类企业及社会组织人士。坐落在社区内的各类企业及各类社会组织中热心教育的人员，可以为孤独症儿童的社会实践提供支持和帮助。

海淀特教中心教师会定期指导学校资源教师从孤独症学生真实的社区环境中选取教学内容，或者带领孤独症学生走进社区医院、超市、银行等真实场所，开展浸入式和体验式的活动，以促进孤独症儿童和青少年将所学知识泛化并应用于社区场景。例如，在社区清洁站开展"社区环保服务"、在便民超市中进行"购买常见物品"的教学等。

（三）信息资源支持

"互联网+"时代的到来，打破了信息在时间和空间上的限制，使得孤独症儿童的家长可以较快关注到融合教育资源信息。社区可借助网络平台，通过公众号或微信群等媒介，发布关于孤独症儿童的政策信息。有条件的社区还可以与高校、区级特殊教育资源中心、当地残联、教育机构等合作，借助这些专业力量整合信息资源，最大限度地满足社区内包含孤独症儿童家庭在内的残疾人家庭的教育需要。

例如，在每年招生入学的关键节点，海淀特教中心在发布相关信息后，会与区内残联系统联合，将信息同步至各街道、社区。随后，社区会通过张贴海报、微信公众号转发文章等方式，加强对入学工作流程、时间节点的宣传，减少孤独症儿童家长的教育焦虑。

（四）无障碍环境支持

无障碍环境支持包括加强社区无障碍环境的建设，在社区的公共场所设置绿色通道，提供明显的视觉信息提示，如借助图片、视频等方式引导孤独症人士了解公共设施的使用方法。在无障碍环境建设中，工作人员不仅可以在前期设计时广泛征询孤独症人士及其家庭成员的意见，还可以在完成阶段请他们体验测评，根据其意愿将设施整改完成后再投入使用。引导孤独症人士共同参与、体验、促进无障碍设施建设，可以为其提供舒适的无障碍环境。

（五）文化支持

社区文化是区别于其他社区的独特的行为系统、明显的居住形式、特殊的语言、一定的经济体系、一种特定的社会组织等。它是一种无形资源，融合于社区生活与发展的各项活动中，为社区成员所共享，又制约着其行为和思维的方式。具体来讲，社区文化主要包含精神文化和物质文化两大类。

（1）社区精神文化，主要包括社区居民的价值观念、行为规范、社会习俗等，往往通过一系列行为和态度表现出来，决定着人们赞赏什么、追求什么、选择什么样的人生理想和生活方式等，对社区成员的精神生活具有重要的导向作用。

（2）社区物质文化，也可称为文化载体，是经过人类改造的自然环境和由人们有意识创造的物质产品及组织社区成员开展文化活动的设施和机构，是社区文化的有形部分，如图书馆、文化宫、公园、影剧院、体育场馆、儿童乐园等。社区物质文化决定着社区成员文化娱乐活动、体育健身活动、休闲活动的质量与水平。

（六）邻里关系支持

邻里关系支持是孤独症家庭所能享有、除家庭以外的最小单位的社区支持。众所周知，孤独症儿童的情绪行为问题如尖叫、跑跳等时有发生，一旦学生离开学校回归家庭，最直接要面临的人群就是邻居。不少孤独症儿童家长表示，当孩子处于青春期或情绪比较敏感的阶段时，常常会在家中"无缘无故"地大跳，这样的行为造成了邻里之间的关系紧张。不少家长表示为了"不影响"其他人的正常生活和休息，常常不敢让孩子白天在家。因此，邻里是否能够了解、理解、接纳孤独症儿童，并为其提供力所能及的帮助，对于孤独症儿童能否更好地建立社会性功能具有重要影响。

（七）家庭教育支持

社区可以动员家人、亲友、邻里或志愿者等照顾和服务有特殊教育需要的孤独症人士，形成照顾者互助小组。建立热线或紧急支援服务网络，力争为孤独症儿童及时提供帮助和支持服务。例如，可为有共同需求、相同背景或兴趣的孤独症儿童建立同侪互助群，加强社区内的同伴支持；开展孤独症儿童家长养育方面的信息及经验交流，开展心理疏导、家庭支持赋能等座谈、分享活动，通过知识培训、互助交流、公益宣传的方式，提高人们对孤独症儿童及其家庭的认识和关爱，增强孤独症儿童家长的教育能力和信心，为他们创造一个更加友好、包容、温暖的环境；每隔一段时间在社区举办的包括孤独症儿童在内的残疾青少年义卖活动，可以引导社区居民对他们有更多的认识和了解。

无论是物质环境还是人文环境，社区都可以为孤独症儿童的社会化发展提供良好的载体。孤独症儿童由于其自身的特点，需要较多的活动量，社区具有较为丰富的资源，无论是室内的社区活动中心，还是室外开阔的场地，都可以用于开展5～7人左右的团体社交活动，以有意愿的普通儿童和孤独症儿童为对象，建构团体游戏场景，促进普通儿童和孤独症儿童的全面发展。在这一过程中，社区可以与专业的机构进行协调，经过科学设计的团体活动不仅有助于提升孤独症儿童的体能和身体协调性等运动能力，更重要的是能帮助孩子在快乐的集体氛围中激发社交动机，提升模仿、互动、合作与竞争等社交能力，如集体合作的"拔河""爬行比赛"等竞争游戏。社区还可充分利用世界孤独症日、全国助残日等，举办孤独症儿童画展、孤独症儿童才艺表演等，丰富多样的活动也可以激发普通儿童的同理心，促进其合作能力的提升，让孩子从小认识到生命的多样性，进而促进其更好地成长。

（八）社区照料与就业支持

海淀特教中心、残联及社区开展有效协作，依托社区逐步建设残疾人社区支持体系，为孤独症儿童家长提供家庭照顾者服务，如养育技巧、喘息活动及专业支持等；为孤独症人士提供托养场所，建设"温馨家园"，为其提供生活照料，丰富其精神文化生活；另外，社区支持体系的逐步完善，还能联动社会中更多资源，推动孤独症人士支持性就业的发展。

1. 提供家庭照顾者服务

（1）为孤独症儿童家长提供一些具体和实际的帮助，例如家务劳动支援、服务对象护送服务，为家庭安装符合需要的扶手，进行无障碍环境改造，提供培训课程，帮助家长了解孤独症儿童的身心特点，掌握必要的养育技巧。

（2）协助家长善用服务资源，鼓励他们积极参加家长组织、社工机构、社区的各种活动。

（3）为家长提供能够稍事休息的支援，例如孤独症儿童暂托服务、日托服务、喘息服务等。

（4）针对家长的压力提供情绪疏导方面的专业支援，例如情绪支持小组、个人咨询辅导等。海淀特教中心会定期举办家长沙龙活动，为孤独症儿童家长提供心理支持。

2. 托养（庇护）场所

"托养一个（重度残疾）人，解放一个家。"建立和完善残疾人托养服务体系是落实残疾人"保障体系"和"服务体系"建设的重要举措，是孤独症儿童获得良好社会服务的根本途径。托养机构是指以集中托养的形式，为孤独症人士提供基本生活照料和护理、生活自理能力训练、社会适应能力训练、职业康复和劳动技能训练、运动能力训练、辅助就业及支持性就业等专业化服务的社会公益性机构。目前，我国孤独症人士托养服务模式大体可分为居家托养服务模式、寄宿托养服务模式和庇护就业托养服务模式。居家托养服务的内容主要包括为孤独症人士提供日间生活照料服务；对孤独症人士开展相应的康复训练和生活能力训练；丰富孤独症人士的精神文化生活；进行心理疏导。其中日间照料托养服务模式主要将日间照料、娱乐康复和工作疗法融为一体，孤独症人士在享受日间照料的同时，提升其职业技能，逐渐回归社会。寄宿托养服务是指提供全天候的生活照料，并根据情况，提供必要的护理服务、康复和基本的医疗服务。庇护就业托养服务模式，侧重提供简单的劳动技能培训，同时协助孤独症人士在工作中建立规律性的生活及学习习惯，发展其社交技巧和人际关系。

3. 社区"温馨家园"

海淀区残疾人温馨之家的建设，通过增强基层服务的能力和水平，完善服务功能和标准，丰富服务内容和方式，逐步形成机制健全、功能完善、运转协调、保障有力、覆盖城乡所有残疾人的助残服务体系，从而为孤独症人士提供及时便捷的个性化服务，让孤独症人士在社区生活方便、幸福快乐，共享和谐社会建设成果。温馨家园的主要服务内容包括以下内容。

（1）就业培训及就业服务。通过社区就业服务和培训网络，为有就业意愿和培训需求的孤独症人士提供基本劳动技能的培训和就业信息，提供适合孤独症人士的社区就业岗位。

（2）职业康复。把职业康复站纳入温馨家园建设，为孤独症人士提供集康复、培训、简单劳动、文体和日间照料于一体的综合性服务，提高其劳动能力，挖掘其潜能，增强其参与社会生活的信心和勇气。

（3）医疗康复。依托社区卫生站和有资质的专业人员，为有需求的孤独症人士等特需群体提供辅助器具租赁、康复技术指导和培训等服务。

（4）物质帮助。动员社会力量，为有困难的孤独症人士提供物质帮助，整合社区志愿服务力量，开展多种形式的活动。

（5）信息咨询。为孤独症人士提供政策、法律、心理咨询，以及教育、培训、日常生活等相关信息服务；对温馨家园无法直接提供服务的孤独症人士，介绍其到有关机构咨询。

（6）开展文化体育活动。以有益于身心健康的各种文体活动吸引孤独症人士等特需群体，使孤独症人士广泛参与社区文化、教育、体育、科普等各项活动，丰富孤独症人士的精神文化生活，为他们平等参与社会生活创造条件。

4. 推动支持性就业

我国职业教育和社区的融合已有几十年历史，近十年来，终身教育日趋成为共识，社区与职业教育机构携手，将社区打造成职业学校的教育实习基地，既能很好地促进孤独症儿童的社会性发展，又为其今后能够自食其力、独立生活奠定基础，起到了互相促进的作用。

在就业方面，如部分地区开展的社区养老服务中包含了为社区内 70 岁以上老人送餐的工作，社区可在其辖区内选择能够完成工作任务的孤独症人士来完成。立足社区，依托温馨家园，走访爱心企业，洽谈合作事宜，引进简单易学、技术含量低、劳动强度较小且安全可靠的加工项目帮助孤独症人士获取报酬，缓解自身生活压力，丰富生活，改善他们的精神面貌。

另外，为了更加有效地促进孤独症人士对于社区资源的认识，促进其社会融合，社工或志愿者可在了解社区资源及分布情况的基础上，整理资源手册或"地图"，将其宣传给孤独症人士的家庭，以便他们能够对社区资源有更加深入的了解，更加便利地使用这些资源。

社区支持是帮助孤独症儿童融入社会的重要途径。通过建立社区资源中心、实施社区教育计划、成立家长支持小组、建立志愿者网络和加强政策保障等多种手段，可以为孤独症儿童提供更好的支持和帮助，让他们在社区中获得更多的关爱和支持。同时，我们也需要继续研究和探索更有效的支持措施和方法，将教育资源与社区资源进行有机结合，为孤独症儿童及其家庭带来更多的希望和福祉。

第二节　社会团体

根据《社会团体登记管理条例》中的规定，社会团体是指中国公民自愿组成，为实现会员共同意愿，按照其章程开展活动的非营利性社会组织。根据性质和任务，社会团体可以分为学术性、行业性、专业性和联合性四类。这些社区团体既可以是孤独症儿童家长自发组织的互助团体，由社会工作者和志愿者参与的公益组织，也可以是由政府机构或学校设立的支持团体。

通过这些社区团体，孤独症儿童可以得到情感支持、教育支持和社交支持。情感支持是由家庭成员、老师、治疗师和志愿者等给予的关爱和支持，以帮助孤独症儿童缓解情绪问题。教育支持包括提供特殊教育服务、个性化教育计划和社会技能训练等，以帮助孤独症儿童学习和成长。社交支持包括组织社交活动、家庭支持、志愿服务等，以帮助孤独症儿童融入社会并提高生活质量。此外，社区团体还可以提供医疗服务，为孤独症儿童提供专业的医疗支持和咨询服务。这些社区团体可以为孤独症儿童及其家庭提供全方位的支持和服务，帮助孤独症儿童更好地融入社会并实现自我价值。

一、常见的残疾人社会团体

（一）中国残疾人联合会

中国残疾人联合会简称中国残联，是经国务院批准和国家法律确认的将残疾人自身代表组织、社会福利团体和事业管理机构融为一体的残疾人事业团体，具有"代表、服务、管理"职能。中国残联领导中国盲人协会、中国聋人协会、中国肢残人协会、中国智力残疾人及亲友协会、中国精神残疾人及亲友协会等专门协会，各专门协会的主要任务是：代表、联系、团结、服务本类别残疾人，反映特殊愿望及需求，维护合法权益，争取社会帮助，开展适宜活动，参与国际交往。

以中国精神残疾人及亲友协会为例，其简称为中国精协，为中国残联领导的五大主体协会之一，履行孤独症人群的"代表、维权、服务"职责，成为"上情下达"和"下情上达"的快捷渠道和工作平台。中国残联下属的多个社团组织，包括中国残奥委员会、中国特奥委员会、中国特殊艺术协会、中国残疾人康复协会、中国助残志愿者协会等，其主要职能是：认真贯彻国家有关残疾人的法律法规和方针政策，动员、组织和指导残疾人开展活动，更好地团结广大热心残疾人，丰富残疾人生活，培养文明进步的社会环境，促进社会主义精神文明建设。

（二）残疾人之家

残疾人之家是各省、市政府确立的重点民生实事项目，是帮助残疾人、保障残疾人权益的一个组织，主要提供康复、培训、文化娱乐、精神慰藉、日间照料和辅助性就业服务。残疾人之家的服务对象以劳动年龄段的智力、精神和其他重度残疾人为主。

残疾人之家有完善的服务功能，能够提供中餐和午休服务及康复医疗、娱乐健身、工（农）疗等服务，并根据场地条件和孤独症人士需求，组织社会活动，开展志愿者服务等。按照等级残疾人之家可划分为4级。

（1）4A级（AAAA级）"残疾人之家"为承担全市以"寄宿制托养、日间照料、辅助性就业"服务为主的残疾人综合性服务机构。

（2）3A级（AAA级）"残疾人之家"为承担所属乡镇（街道）以"寄宿制托养、日间照料、辅助性就业"服务为主的残疾人综合性服务机构。

（3）2A级（AA级）"残疾人之家"为承担所属村（社区）以"日间照料、辅助性就业"服务为主的残疾人服务机构。

（4）1A级（A级）"残疾人之家"为区域面积较大的乡镇（街道）在有需求的村（社区）设立的以"日间照料、辅助性就业"服务为主的残疾人服务机构。

2022年，在北京市海淀区委区政府、海淀区教育两委的大力支持下，在海淀区残疾人联合会的推进下，海淀区正式成立残疾人教育之家。残疾人教育之家的成立是特需学生家庭期盼的大事，是疏家长教育困惑、解家庭指导难题的落地之举，是海淀区真正从需求出发，提升孤独症儿童家庭生活幸福感的必要途径。海淀区残疾人教育之家旨在为孤独症儿童在内的所有特殊儿童形成家校社育人的合力，体现了海淀区协同育人、多元育人理念，有利于实现融合教育优质均衡发展，充分发挥社会团体在孤独症儿童融合之路上的重要作用。

（三）其他社会团体

除官方团体外，孤独症人士的教育、康复和社会融入，离不开民间力量的探索实践和持续推动。2018年，国务院提出建立"建立残疾儿童康复救助制度"，明确县级以上地方人民政府应将残疾儿童康复救助资金纳入政府预算，中央财政对各地给予适当补助。此后几年，部分残疾儿童康复项目进入医保报销范畴，至今全国已有8000多家孤独症相关机构。现今的公益康复机构逐渐告别家长自救模式，有不少是由专业康复师所成立。这些社会团体为孤独症人士创造有利的教育和康复条件，缓解家长的焦虑，提高家长养育孤独症儿童的技能。

二、孤独症儿童社会团体支持的内容

（一）开展康复训练

孤独症儿童的康复教育训练须由经过特教专业培训或相关专业培训的特教教师或专业人员等胜任。随着对孤独症研究的深入，孤独症康复教育训练的模式也在不断更新和发展，机构须经常组织相关人员参加培训或外出进修学习，学习新的知识，提高专业素养。现今，市面上的康复机构数量繁多，家长在选择时，首先应了解该机构是否具有相应资质，是否有正规的评估流程，是否可以根据评估为孩子制订个别化、有针对性的训练计划，是否及时反馈课程内容，是否提供相应的家长培训等。

仅有康复训练不能满足孤独症学生的社会性发展需求，因此除能力方面的康复训练外，我们还应着重培养孤独症儿童在自我管理、独立生活方面的能力，着重开发孤独症儿童的潜力。任何一种教育方法或训练方法都不是一蹴而就的，也不能"包治百病"，因此选择合适的康复训练机构至关重要。

（二）组织社会实践活动

孤独症儿童的优势可分为两类，一类是他们自身的天赋，另一类是可以转化为优势的独特行为，外界恰当的引导才能将其转化为优势。已有研究显示，孤独症儿童可能具备的潜力有记忆能力、视觉思维能力、艺术天赋（美术、音乐）等。同时，孤独症儿童自身的刻板、固执等特殊行为，经过合适的引导也可以转化为优势。在孤独症儿童的优势培养过程中，借助社会实践活动是必经之路，目前，针对孤独症儿童的社会活动包括但不限于以下几类。

1. 书画作品展

引导孤独症儿童写书法、绘画，有助于他们情感的抒发和情绪的宣泄，促进心理健康发展和认知功能的恢复。在每年的世界孤独症日，很多教育部门或公益组织都会举办孤独症儿童书画作品展，以期让更多的人能够关注、关心、了解这些孩子。北京市海淀区自2011年开始在每年的世界孤独症日开展孤独症儿童书画作品巡展，至今已连续开展十余年。

【案例】

孤独症学生书画作品公益活动介绍

为帮助孤独症学生更好地融入社会，让其有展示自我的舞台，在自信中活出精彩人生，海淀特教中心自2011年起，于每年的4月2日"世界孤独症日"在全区开展孤独症学生书画作品巡展活动。活动受到了来自社会各界的高度关注，被新华社、新华网、人民网、央视少儿频道、人民网、中国教育电视台、中国教育报、新京报、北京青年报、教育头条、现代教育报等各大媒体高度关注，每年均有近40余家极具公信力的媒体关注报道。

"孤独症日宣导活动""特殊学生绘画作品展"等活动走进清华大学、圆明园、联想集团总部、钟书阁北京三店及海淀区多所中小学，覆盖百校，融合宣导蔚然成风，包容接纳氛围已然形成。

尽管很多孤独症儿童都表现出了绘画禀赋，但并非所有的孤独症儿童都有过人的艺术天赋。可是，孤独症学生稚嫩的画笔表达的童心世界在公园、高校、连锁书店等多处展出，却可以唤起社会大众对于孤独症儿童这个特殊群体的关注和支持，拉近其与公众的距离，倡导社会更加深入了解孤独症，消除公众对孤独症认识的误区，通过艺术搭建起与家长、教师、普通学生乃至全社会之间沟通交流的桥梁，推动孤独症学生更好地融入社会。

联想集团总部书画作品巡展启动仪式	钟书阁书店展示

为让孩子们不同寻常的作品被传播、被了解，赋予更高的价值，让孤独者儿童被更多人认可、接纳，海淀特教中心还推出线上VR画展及系列数字艺术品——"来自星星的画卷"。线上VR画展面向全社会无限期开放，"来自星星的画卷"系列数字藏品共包含6幅作品，这些作品出自海淀区融合教育学校中特殊学生之手，其中一半以上是孤独症学生（可微信扫码观看）。

线上 VR 画展　　　　　　　　数字化艺术品

2. 才艺展示活动

不少孤独症儿童在音乐方面展现出了自己独特的天赋。他们对声音的敏感在某种程度上也是一种天赋。已有研究表明，尽管孤独症儿童对于音乐有天然的敏感性，但是他们在背景噪声去除方面却显得能力不足，因此很多家长误以为孩子在听到音乐时出现的情绪波动、发脾气、尖叫是不喜欢音乐的一种表现。在对孤独症儿童的音乐潜力进行开发时，需要注意，舒缓优美的音乐可以稳定他们的情绪。例如，不少社会团体在对孤独症儿童进行音乐教学时，多是从即兴演奏乐器开始，先是让其选择一些打击类乐器进行演奏，抒发内心的情绪与情感，与外界事物建立起联系，并在此基础上进一步拓展和深化教学内容，最后通过合唱、合奏等集体音乐展示活动，让孤独症儿童逐步产生主动交流交往的能力。不少社会团体或教育部门会在学校或庆典中给予孤独症儿童展示才能的机会，提升了孤独症儿童的成就感和归属感。

【案例】

启智润心，音声合美谱写成长篇章

海淀特教中心组织开展"音声合美公益课程"，以潜能挖掘学生价值。本次课程整合社会各方力量，聘请艺术专业的教师，邀请艺术专业的学生做志愿服务，组成音声班和乐绘班。为期四个月的课程让学生们受益良多。课程始终坚持"让每一名学生都受到关注，让每一名学生都拥有获得感，让每一名学生都能发现自我闪光点"的教育理念,通过教师对学生进行个性化的专业指导,提高了学生在沟通交流和相互配合等方面的能力,学生们在课程中不断发展。

课程开展之余,家长们也获得了喘息的机会并纷纷赞叹教师的耐心引导与专业水平。"儿童在前,教师助推"的教学模式也让教师陶醉于课堂,成长于课堂。教师的耐心越来越多,学生的压力越来越小,脸上的笑容越来越灿烂。在特教中心的课堂中,教师的个性化支持与辅导,让学生的作品越来越具有想法。一首首美妙的乐曲深入人心,一幅幅生动的画作跃然纸上;一名演奏家在合作中体验乐趣、获得共鸣,一名小画家在创作中感受美感、欣赏美好。音声班和乐绘班的每一名学生都在课堂中充分感受自己、表达自己,赞赏自己、称赞他人。

"音声合美公益课程"是特教中心为特需学生搭建展示平台、构建融合氛围、挖掘潜能、探索未来发展之路的重要抓手。通过"音声合美公益课程",每一名残疾儿童、青少年都拥有了找到自我、表现自我、发展自我的机会,特教中心将再接再厉,相信每一名儿童、青少年未来都可期!

3. 其他活动

不少机构团体积极地开展孤独症宣传活动,如"世界孤独症日宣传活动""快乐骑行"活动、爱心义卖活动、咖啡制作活动、烘焙疗愈活动等,这些活动让更多的人了解孤独症儿童、平等对待孤独症儿童、支持服务孤独症儿童。

三、孤独症儿童社会团体支持的展望

孤独症行业的康复资源越来越多,但相关资源仍然碎片化,缺乏一个有序运转的衔接链条,我们需要帮助孤独症孩子家长获取准确信息,以及寻找到合适的康复资源和社区支持。孩子刚确诊的家庭很难接触到专业支持资源,碰壁和走弯路在所难免。因此,我们不仅需要关注孤独症儿童生命全程的教育,还要充分发挥社会各界的力量。

(一)加强政策保障

政府在孤独症儿童的社会融合中发挥着关键的作用。政府应出台相关政策和法规,为孤独症儿童的社会融合提供保障。例如,政府可以出台一些优惠政策或者提供一些资金支持,鼓励社会组织或者个人为孤独症儿童提供更多的服务和支持。政府还可以通过制定相关法规,加强对孤独症儿童的保护和教育力度。

(二)加强人才队伍建设及资源整合

社会团体在发展过程中,除继续提供已有服务和支持外,可以加强在人才队伍方面的建设,通过培训,增进团体成员的孤独症相关知识储备,为孤独症儿童提供专业的医疗支持和咨询服务，帮助他们更好地融入社会并实现自我价值。

（三）开设职业教育相关课程

在孤独症儿童康复、教育、就业、安置和社会保障等几个重要环节中，目前社会团体的主要资源和力量集中在 0～6 岁孤独症儿童的抢救性康复，而在就业方面则相当薄弱，现实需求与社会服务供给之间的矛盾相当突出。康复、教育环节如果与就业环节脱节，大龄孤独症人士将无事可做，其康复教育效果将减退，功能障碍将加重，给其自身和家庭带来更大的困难。近年来，关于孤独症人士在社会就业的新闻报道，逐渐出现在人们的视野中。上海首例孤独症确诊者栋栋成为上海图书馆的管理员；成都"星空里"咖啡厅专为残障人士提供就业岗位；跨国互联网公司思爱普（SAP）免费培训招聘孤独症人士；大连 4 名孤独症青年同时签约档案整理员……未来，社会团体可以加强对职业教育课程的探索与实践，借助公益力量，让越来越多的孤独症儿童能够自食其力，实现独立生活。

本章小结

本章以社会中的孤独症儿童为题，尝试探讨社区及不同的社会团体对于孤独症儿童的发展可提供的支持。孤独症儿童顺利融入社会，需要社会中各方力量的支持。对于社区支持，本章介绍了在孤独症儿童的融合生态中，社区作为生态中第一个社会化的环境可以从哪些方面为孤独症儿童提供支持，对于社会团体，介绍了目前市面上能够为包含孤独症儿童在内的特需群体提供服务和支持的社会团体有哪些，不同性质的社会团体可以为其提供哪些支持，以及简述这些社会团体目前在孤独症儿童社会服务方面的已有经验。人人都是"特殊的个人"，人人都需要"支持"。孤独症儿童是人类大家庭的平等成员。如何对待孤独症儿童，如何为他们的生存和终身发展服务，帮助他们过上有尊严、有价值的生活，不仅需要教育相关部门的努力，社会上不同主体的部门、团体也需要进行相应的探索。

第十章

孤独症儿童融合教育保障系统

融合故事

有这样一名女孩，她是孤独症谱系障碍儿童，在课堂上会突然大喊大叫，在面对困难、身体不适或愿望无法满足时，会焦虑烦躁，并且不分场合地大声说自己头痛，要求休息。有时甚至大声喊"bad"，大哭着冲向教室外面，或者踢打教室内的公共物品。她对英语有浓厚的兴趣，却也只是反复念诵简单的单词，在数学课上用英语说数字和星期，如 one, two, three, four, Monday, Tuesday... 还会阶段性痴迷于音标，在其他课上经常在课本、练习册上写英文单词或音标，有时也会大声念出来，干扰了课堂秩序。与陌生人打招呼，她总是突然凑上去问对方"今天是星期几？""你最喜欢星期几？"等问题。在集体活动中，她渴望参与活动，却又拒绝执行某些活动安排。很多人都觉得她应该去特殊教育学校接受教育，因为她对班级其他同学的影响实在是"太剧烈"。然而，随着整个社会对孤独症儿童的了解与接纳程度的提高，有关特殊教育的法律法规被更多人熟知，融合教育的相关政策与制度保障愈加完善，普通学校也更加包容学生的多元差异，她在多方支持下顺利地完成了九年义务教育，这便是融合教育的力量。

本章要点

1.孤独症学生的发展问题需要各方共同面对、共同解决，任何一方的"孤军奋战"都不利于整体推进孤独症学生融合教育的发展。

2.融合教育需要社会各界的关心、关注和关爱，需要建立完善的支持保障系统。

第一节 社会观念

在如何看待融合教育这件事情上，观念是动力，行动见成效，成效固观念，社会观念在孤独症儿童融合教育生态支持模式中发挥着牵引作用。只有建立并认同了融合教育理念，思考清楚为什么要融合教育、如何做好融合教育、融合教育能带来什么成效，才会让整个社会产出行动力，去推动融合教育的向好发展；也只有真正做了融合教育，才会让每一名学生从"有学上"到"上好学"，反过来也会更加坚定坚持走融合教育道路的信心。

一、尊重差异，理解接纳孤独症儿童

有这样一个群体，他们让世界更加丰富多彩的同时，面临着很多由社会包容度低导致的挑战，他们便是神经多样群体。神经多样性是孤独症谱系障碍（ASD）、注意力缺陷多动障碍（ADHD）、特殊学习障碍（SpLDs）[包含阅读障碍（dyslexia）、运用障碍（dyspraxia）、运算障碍（dyscalculia）、书写障碍（dysgraphia）]和妥瑞综合征（Tourette's Syndrome）的总称。我们的共同目标是营造一个适合所有人的社会环境，不管这个人是神经多样还是神经典型。所以在看似支持神经多样性而提升社会包容度的同时，其实受益的是在社会中工作生活的每一个人。融合教育发展是社会文明进步的产物，融合教育逐步从规模效应走向质量提升模式，全社会对包括孤独症儿童在内的特殊群体的接纳程度日益提高。

在普通学校里，教师们不再认为班级里的孤独症学生的学习情况与自己无关，他们开始关注如何实施个别化教育计划，如何进行教学调整和作业设计调整，如何帮助孤独症学生塑造更佳的情绪行为，帮助他们发展社交、获得友谊、建立自信。有的中学还开设职业课程，挖掘学生的潜能，为学生将来步入社会奠定职业基础。"全民接纳"的理念和态度，让学校教师与孤独症学生走得更近，教师能够发现孤独症学生的个性化需求，真正体验到生命的多样性，让教育回归生命、生活和生长的本质，这更是教育公平和教育均衡进一步深化的体现，让教育资源向弱势群体适当倾斜，以此来减少差异和差距，让每个学生都有获得成功的机会。

二、有教无类，保障孤独症儿童平等受教育权

儒家传统中的伦理哲学孕育了中华文明的宽容和接纳，构成了我国融合教育发展的文化底色与价值尺度。"有教无类"的教育理念更是与现代化融合理念趋同

（张玲，2023）。为了促进融合教育获得"质"的提升，人们开始呼吁法律法规的出台，约束有关融合教育的环境、师资、资源、设备、财政等相关的保障，让融合教育成为具体可行的特殊教育的主流趋势。教育部和各省市相继出台了保障融合教育得以顺利实现的政策法规。正是政策法规所约定的权利与义务，让融合教育不再是个别地区教育领导者的"善举"，不再是个别幸运的孤独症儿童接受融合教育的机遇，也不再是仅仅保障孤独症儿童"有学上"，而是确保适龄孤独症儿童就近就便优先进入普通学校接受教育。融合教育对孤独症儿童来说，不是一种施舍和给予，而是孤独症儿童本身所拥有的权利。融合教育需要"善举"，但更强调"权利"，从"善举"下的星星之火，到"权利"下的全面推动，这是社会生产力、精神文明和法治文明进步的重要体现，更是孤独症儿童合法接受融合教育的强有力支撑。

三、适宜融合，助力孤独症儿童拥有出彩人生

我国自古以来遵循"因材施教"的原则，教无定法、贵在得法。面对差异化很高的特殊儿童，融合教育更是倡导没有最好的教育，只有最适合的教育。当前"完全融合"的理念并不适用于个体差异较大的孤独症儿童，"适宜融合"则能较好地满足孤独症儿童的教育需求。在西方国家大量削减特教学校的时候，我们国家仍旧坚持特教学校和融合教育并驾齐驱地发展，在建设综合性、高质量的特教学校的同时，倡导融合教育优先的原则，对每一名特殊儿童都要落实"一人一案"，即每一名孤独症学生都有一套适合自己的个性化教育方案。目前，我们国家常见有三大教育安置方式，即普通学校融合教育、特教学校和送教上门，同时还有教育康复机构、福利机构等作为补充。根据孤独症儿童的综合评估和教育环境评估情况，来决定孤独症儿童的融合方式，并提供相应的专业支持，以保障孤独症儿童获得最适宜的教育。例如，海淀区采取的"渐进式融合"模式，就是根植于学生实际需求的"适宜融合"的最佳例子，"适宜融合"是坚持以学生为本的理念，着眼于每一名学生的发展。

如果一名孤独症儿童，虽然坐在教室中和普通孩子一起学习，但是语言问题、行为问题、情绪问题、社交问题等都没有得到个别化的指导，那么这些问题将在下一个阶段更加突出得显现出来。如果在小学阶段没有得到应有的支持，孤独症儿童继续在教室中"混坐"，错过了这个关键期，孤独症儿童在很多方面的发展将会受限。因此，"适宜融合"才是当前孤独症儿童教育安置的最佳选择。尤其当学生具有严重的情绪行为问题时，适当抽离到资源教室或康复机构，将班级教学与资源教室课程结合开展是较为符合当前学生需求的方法，有利于学生理解所学的知识和掌握必备技能。

第二节　法律法规

从全球特殊教育发展的趋势看，通过立法实施融合教育已成为特殊教育的一个重要组成部分，并成为衡量一个国家的残疾人是否享受平等人权的基本尺度，更是孤独症学生平等享有受教育权的根本保障。法律法规具有较高的概括性、简洁性和较强的可操作性，在融合教育实践中发挥着指导作用，与我国残疾人教育权益的实现密切相关。

一、我国融合教育相关法律法规体系

我国融合教育法律法规体系已初步成形，纵向上形成《宪法》《教育法》《残疾人保障法》《残疾人教育条例》及部门规章、地方条例，横向上形成《教育法》《义务教育法》《高等教育法》《职业教育法》，已构成较为完整、纵横交错的法律体系，基本覆盖了残疾人教育的各领域和层次（庞文，2012）。这些法律法规为包括孤独症儿童在内的特殊儿童受教育的权利与质量提供了多层次、多方面的保障，切实保障了我国特殊教育政策精神的贯彻落实，体现了我国法律法规逐渐完善的过程。

二、保障孤独症儿童基本受教育权利

《宪法》第四十五条规定，"国家和社会帮助安排盲、聋、哑和其他有残疾的公民的劳动、生活和教育"，在国家根本大法中对残疾人教育进行规定，体现了国家对残疾人教育的重视，成为残疾儿童教育得以进行的基本依据。此后，国家陆续在《教育法》《义务教育法》《未成年人保护法》中对残疾人教育做出规定。《教育法》第十一条规定，"国家适应社会主义市场经济发展和社会进步的需要，推进教育改革……提高教育现代化水平"，该项规定成为残疾儿童教育政策法治建设的重要依据和奋斗目标。《义务教育法》第三条规定，"实施素质教育，提高教育质量，使适龄儿童、少年在品德、智力、体质等方面全面发展，为培养有理想、有道德、有文化、有纪律的社会主义建设者和接班人奠定基础"，该项规定则成为残疾儿童教育必须遵守的法定内容。作为保护未成年人的根本法律，《未成年人保护法》吸收了联合国《儿童权利公约》的相关内容，第三条规定了未成年人的发展权，第四条确立了最有利于未成年人的原则。这些规定为残疾儿童在受教育过程中的权利保护和相关制度完善奠定了基础。

改革开放以后，特殊教育相关组织制度与法律政策逐步完善。1994年，《残疾

人教育条例》作为我国第一部特殊教育专项法规正式颁布，标志着特殊教育开始走上规范化、法治化道路。2006年，《义务教育法》明确做出残疾儿童义务教育免费并由省市政府统筹的规定。2008年，《残疾人保障法》以强制性、义务性规范要求普通学校必须招收不妨碍正常学习的残疾儿童、少年入学。

三、明确孤独症儿童融合教育的原则

伴随着1990年第二次全国特殊教育工作会议的召开，以加快法治建设为契机，残疾人权利保障专项立法工作快速推进。《残疾人教育条例》于1994年颁布，首次对我国融合教育的概念进行了法律界定。1995年，《教育法》第三十八条专门对国家、社会、学校及其他教育机构在实现残疾人教育过程中承担的义务做出规定。1996年，《职业教育法》第十五条明确了残疾人接受职业教育的机构，规定除特殊教育机构外，各级各类职业学校和职业培训机构及其他教育机构也有接收残疾人的义务。1998年，《高等教育法》第九条规定了高等学校不得拒绝招收符合录取标准的残疾学生入学（陈鹏，2020）。

《残疾人教育条例》（2017年修订）对融合教育的五个方面的制度建设进行了明确规定，如残疾人教育专家委员会的设立、安置制度的确立、课程调整和个别化教育计划的制订、合理便利的提供和特殊教育资源中心（教室）的建立。此外，《残疾人教育条例》完善了融合教育受教育权的法律救济制度。其一，明确了政府、督导机构、学校、家庭等主体的法律责任，明确提出"对符合法律、法规规定条件的残疾人申请入学，不得拒绝招收"。其二，明确了权利救济的责任形式。对侵犯残疾人受教育权的主体，残疾人、残疾人父母或监护人、残疾人联合会等可以依法采取法律手段，追究其法律责任，进行权利救济。《残疾人教育条例》作为涉及残疾儿童教育的专门的法规，明确指出"残疾人教育应当提高教育质量，积极推进融合教育，根据残疾人的残疾类别和接受能力，采取普通教育方式或者特殊教育方式，优先采取普通教育方式"，指明了新时代背景下我国残疾人教育发展的新方向，成为我国融合教育政策法规体系中的最新成果。2020年，教育部形成《学前教育法草案（征求意见稿）》，其中第二十三条规定"县级以上地方人民政府应当根据本区域内残疾学前儿童的数量、类型和分布情况，统筹实施多种形式的学前特殊教育，推进融合教育。幼儿园应当接收具有接受普通教育能力的残疾学前儿童入园。鼓励、支持有条件的特殊教育学校、儿童福利机构和康复机构设置幼儿园（班）"。

四、确保孤独症儿童融合教育质量

融合教育经历了"是完全融合还是部分融合"的争论、后现代主义的消解、道

德至上论的无序后，如今已经达成了基本共识，即如何融合及更好地融合（彭兴蓬，2022）。与此同时，政府依法开展融合教育的力度逐步加强。2014年、2017年、2022年的三项特殊教育提升计划正是重要举措。有研究显示，2016年，融合教育在初中阶段的比例达到了60.74%。"强化特殊教育普惠发展"，更是进一步推动我国特殊教育向"提质量"转变，加快实现"适宜融合"高质量特殊教育目标的实践引领。2023年，由教育部、国家发展改革委、财政部联合印发的《关于实施新时代基础教育扩优提质行动计划的意见》更是将"特殊教育"单列一节、单独阐述，充分体现出党中央对特殊教育的重视程度，其中明确提出，到2027年特殊教育优质融合发展的格局基本形成。新时代的融合教育正处于全面提升的"黄金时期"，全面深入地完善各项法律法规，逐步形成一套与国家、地方条件相匹配、合理高效的融合教育法制机制，成为我国融合教育高质量发展的重要保障。

第三节　融合教育的政策保障

教育政策是一个政党或国家为实现一定时期的教育任务而制定的行为准则。

北京市海淀区坚持"政策先行"，优先保障包括孤独症儿童在内的特殊儿童接受优质的教育。海淀区在2002年在全国率先制定了《海淀区特殊教育事业"十五"发展规划》，明确提出"在中小学大面积推广随班就读工作，使海淀区成为普特融合教育的先进地区"。多年以来，海淀区连续出台融合教育的各项政策，在专业指导、个案支持、实体建设与管理、师资培训等方面发挥了重要的引领作用，优先保障了孤独症学生受教育的权利，极大地推动了融合教育的发展与进步。

一、出台相关政策，优先保障受教育权利

在2002年，《海淀区特殊教育事业"十五"发展规划》就已有针对特殊教育向两端延伸的论述。在主要目标上，明确要求"实现系统优质的学前康复教育，建立0—3岁学前康复普查制度，早发现，早干预；完善3—6岁的学前教育。城区普及2—3年幼儿教育，农村地区普及1—2年学前教育"。主要任务涉及"建立以社区为依托、布局合理的学前康复教育，满足有条件的残疾儿童的入托需求；努力为有特殊教育需要的学生创造更好地接受高等教育的机会"。近年，北京市海淀区教育委员会办公室印发《海淀区残疾儿童少年义务教育入学实施方案》，首次明确提出"就近就便""优先保障"的要求，坚持免试就近、公平公正原则，包括孤独症儿童在内的适龄残疾儿童少年免试就近入学，普通学校对于区域内具备就读能力水平的

适龄残疾儿童"零拒绝",同等条件下优先保障符合条件的残疾儿童少年就近就便入学。对于小升初转衔阶段的随班就读学生,家长原则上选择2—3所学区内学校作为填报意向,由区教委统筹安排就近就便入学。坚持规范操作、精准转衔原则。对于小升初转衔阶段的随班就读学生,以在特教中心备案为准。坚持特教特办、资源统筹原则,充分发挥区特教中心的资源统筹作用,如果家长与学校就残疾儿童的安置方式出现分歧,由区特教中心组织专业评估人员进行综合评估并提供安置建议。

残疾儿童少年义务教育入学工作涉及区教育招生和考试中心、区特教中心、各学区和各学校。其中海淀区教育招生和考试中心负责制定本区残疾儿童少年入学政策和工作时间表,统筹安排全区适龄残疾儿童少年入学工作,加强对各学区、各中小学入学工作的管理,以确保入学工作的顺利进行。区特教中心负责向学校宣传融合教育理念,制定《海淀区残疾儿童少年义务教育入学实施方案》,促进中小学稳步对接残疾儿童少年的入学工作。区特教中心要组织专业评估人员对出现入学安置争议的残疾儿童少年进行评估并提供安置建议。各学区负责做好各学校片区内适龄残疾儿童少年的入学组织工作。各学校做好片区内适龄残疾儿童的入学登记、安置工作;特教学校做好区内中重度残疾儿童的入学登记工作,并接收由校招办和特教中心协调的中重度残疾儿童。各中学做好随班就读学生接收工作。孤独症儿童等随班就读学生入学后,各学校为其落实"一人一案",做好教育安置,根据学生需求提供相应的支持,营造良好的融合环境。

二、提供精准支持,优化资源配置

早在2002年,海淀区教育委员会已就"区域普通教育与特殊教育的融合思路"组织讨论。2015年,为全面推进融合教育,北京市海淀区出台了《关于进一步加强融合教育工作的指导意见》。首先,提高认识,明确融合教育的重要意义。其次,通过建立多方位的特殊教育体系,实施特殊教育学校学生双学籍制度和随班就读学生双档案制度,提高融合教育工作水平。再次,规范管理,切实做好融合教育机制保障。明确要求学校将随班就读工作纳入学校的整体工作计划,并指定专人主管。接收5名及5名以上有特殊教育需要的学生的学校应建立资源教室并安排专职或兼职资源教师。最后,密切关注,及时了解特殊需求学生。建立特殊教育预警机制,明晰海淀区学生特殊教育需求申请流程。2021年,海淀区教育委员会再度发布《海淀区关于加强特殊教育需要儿童少年融合教育工作的指导意见(试行)》的通知。明确指出要从巩固融合教育支持体系、健全科学评估与适性安置机制、创设学校融合教育环境、优化专业教师队伍建设和保障机制入手。要加快学区资源中心的现代化建设,逐步实现海淀区17个学区资源中心的100%覆盖。明确要求接收5名及5名以上特需学生的学校建立资源教室,实现义务教育阶段普通学校资源教室全覆盖。鼓励普通幼儿园就近就便接收3—6岁特需儿童，扩招学前融合教育学位。逐步加强对特殊教育需要少年的高中阶段教育的支持，为其提供合理便利服务和生涯规划指导。

海淀区因地制宜，先后出台两期提升计划。2019年，北京市海淀区教育委员会印发关于《海淀区特殊教育提升计划（2019—2022年）》的通知，要求"特殊教育优先发展"。该文件将特殊教育作为改善民生的重要工作，坚持"特教特办"，在人财物等方面加大倾斜力度，创造条件给予残疾儿童少年特别关爱、特别扶助和特殊保障。坚持融合教育发展方向，加快发展学前、高中阶段融合教育，优化资源配置，建立普教与特教责任共担、资源共享、工作共进的协同发展机制。坚持群策群力，建立由区教委牵头的跨部门、跨领域协同发展和协同创新机制，加强学校、家庭、社会紧密合作，引导社会力量补充和丰富特殊教育供给。坚持因材施教，尊重残疾学生个体差异，注重潜能开发，落实"一人一案"，切实满足学生的个性化需求。坚持人才促融，加强区级统筹，培养特教专业师资，优化人才结构，建立以巡回指导教师为核心，以资源教师为骨干，以学生行为指导教师为补充的专业师资队伍。2023年，海淀区教育委员会联合区发展和改革委员会、区民政局、区财政局等七部门出台《海淀区"十四五"特殊教育发展提升行动方案》，针对当下的薄弱问题精准施策，强化特殊教育高质量发展。明确要求到2025年，特殊教育体系进一步完善，义务教育阶段特需儿童的入学率达到100%，送教上门比例不高于5%，高中教育阶段普及程度显著提高。学区资源中心全覆盖。加大力度推进学前融合教育，所有教委办园100%成为学前融合教育基地园。强化特殊教育师资培养培训。将特殊教育通识课程列入普通中小学、幼儿园教师继续教育必修课程，新教师不低于4学时，资源教师不低于40学时。

三、完善补助政策，强化经费保障

海淀区政府积极筹措资金，设立特殊教育专项经费，将其落实并高于《北京市中小学公用经费定额标准》，保证生均经费逐年增长，支持特殊教育发展。"十五"期间，海淀区特殊教育专项经费比"九五"期间的经费有大幅度地增加。积极开拓社会投入渠道，鼓励企事业单位、社会团体及公民投资支持教育，进一步发挥区教育基金会的作用，吸引社会对特殊教育的投入。此外，稳步提高特殊教育教师的生活待遇，落实专任教师岗位补助津贴，由过去的25%提高为30%（基础工资＋职务工资）。有随班就读的残疾学生的普通学校，对其予以每年每一名学生1000元的特教津贴补助，用于奖励有贡献的教师。2021年3月，海淀区教育委员会印发《海淀区残疾学生和家庭经济困难学生区级资助管理办法》，明确指出，对在本区幼儿园、义务教育学校、普通高中、特殊教育学校和中等职业学校就读的残疾学生和家庭经济困难学生免收伙食费，免费为小学受助学生提供两套校服，为初中、高中受助学生提供一套校服。对于幼儿园受助学生全年生均伙食费补助 5590 元，对于中小学受助学生全年生均伙食费补助 3870 元，对于寄宿生受助学生全年生均伙食费补助 7095 元。同时针对在各学校就读的残疾学生和家庭经济困难学生每生每年补助 100 元。该文件为孤独症儿童接受融合教育的经费补助提供了明确的政策依据，有利于减轻孤独症儿童家庭的经济负担，进一步完善了区域融合教育管理制度。

四、成立专家委员会，落实"一人一案"

2020 年，北京市海淀区教育委员会印发《海淀区特殊教育专家委员会实施意见》，文件指出，海淀区教委会同卫生行政部门、民政部门、残疾人联合会，建立特殊教育专家委员会。特殊教育专家委员会应以特需儿童少年最优发展为原则，以特需儿童的成长、发展和社会融合为目的，其核心职能包括对特需儿童少年的身体状况、接受教育的能力和适应学校学习生活的能力进行评估，根据评估结果综合考虑学校的办学条件和特需儿童少年及其父母或者其他监护人的意愿，为特需儿童少年提出入学、转学或升学建议。此外，特殊教育专家委员会根据特需儿童少年的教育需要，为学校、教师及家长提供教育、法律咨询和专业指导，推动海淀区特需儿童少年的教育工作，对学校特需儿童少年教育工作开展和特需儿童少年家庭教育状态进行监督和评议，同时，为海淀区特殊教育发展提供前瞻性指导。形成"申报—接案—综合评估—安置建议—安置争议研讨会—安置决定"工作机制。经过特殊教育专家委员会客观全面的分析与建议，百分之百地解决了孤独症学生的入学、升学、转学、复学以及在读期间的各类问题。通过遵循"科学评估、合理安置、个性支持"的适性教育安置原则，实现了家长满意、教师满意和学校满意的"三赢"结局。

此外，北京市海淀区坚持落实随班就读学生的"一人一案"，即一个学生一个支持方案，关注学生从入学到毕业、就业的整个教育生涯。秉持"优质、就近、就便、优先"原则安置幼升小的孤独症学生，实现教育"零拒绝"。统筹协调小升初安置工作，随班就读学生优先就近就便升入融合教育资源丰富的中学。逐步打通学生初中毕业后的升学通道，越来越多的孤独症学生通过中考或免考进入高中或职高学习，被高等院校录取的学生也逐年增多。海淀区关注学生的长远发展，通过"一人一案"来保障教育起点、教育过程和教育衔接的科学性、公平性和合理性，支持学生走向社会融合。

五、立足师资需求，规范教师管理

"十五"期间，海淀区将特殊教育纳入普通学校教师的继续教育体系，对教师进行一轮特殊教育专业培训，使教师了解特殊教育，掌握特殊教育的教学方法与技能。同时，为促进海淀融合教育的发展，每年至少组织一次中小学教师、特教学校教师到先进地区考察特教教育。为提升融合教育教师的职业认同感、工作幸福感，2018年，海淀区印发《海淀区普通学校资源教师特殊教育津贴发放和管理办法》，对"资源教师备案与管理""资源教师的特殊教育津贴计算办法"和"资源教师的特殊教育津贴发放办法"进行明确要求。对于已建资源教室的学校要做到资源教师专人专岗，并在特教中心备案。备案后的教师担任下一年度的学校资源教师岗位，每月享受特殊教育津贴。其中，根据岗位职责不同，专职资源教师的特殊教育津贴100%全额发放，兼职资源教师按照50%的标准发放。加强对资源教师的考核评估，依据考核结果确定工作绩效，确保专人专岗，实现"以评定效"。

持续加大投入专项经费用于师资培训，制定并落实将特殊教育作为全区教师继续教育必修课的工作指导意见，在新任教师入职培训课程中加入特殊教育培训课程，提高全体教师的融合教育素养。系列政策文件对融合教育教师的角色、资历、职责等均做出了详细的规定与要求，对普通学校教师融合教育培训进行了详细的规定与描述，以便提升融合教育教师的专业素养，推动普通学校孤独症学生融合教育质量的提高。将特殊教育学科列入教师职称评定、学科带头人（骨干）评选序列，吸引更多的青年教师投身融合教育。学校在职称评审、岗位聘用、评优评先，以及绩效奖励等工作中，对直接承担孤独症儿童少年等特需儿童少年教育教学工作的教师给予适当倾斜。资源教师参与特殊教育学科的骨干教师、学科带头人评选及职称评定时，在同等条件下给予适当倾斜。

2023年5月，海淀区教委等七个委办局联合出台《海淀区"十四五"特殊教育发展提升行动方案》，明确提出推动建立特需学生助教陪读制度，制定并出台《海淀区特教助理及其他陪读人员管理办法》。2023年11月，特教中心出台专门政策，在其中规定特教助理及其他陪读人员的任职条件、工作职责与要求，明确特需学生家长申请陪读流程，规范学校审核及备案流程、学校管理要求和保障措施，明晰特教中心管理流程，进一步加强特教助理及相关事宜的指导与管理。同时，该办法对于有关特教助理的争议问题也提出了解决方案，针对特教助理工作形成了动态监管机制。

第四节 融合教育的行政支持

融合教育的发展是促进社会公平、建设现代文明社会的重要标志。建立和完善支持保障体系是保证融合教育可持续发展的必由之路，完备的行政管理模式和工作运行机制作为融合教育支持保障体系的关键抓手，能够保障孤独症儿童融合教育在实现全覆盖的基础上不断提质发展。

一、成立工作领导小组

海淀区高度重视特殊教育工作，加强组织领导，加强管理落实。区政府成立以主管区长为组长的特殊教育工作领导小组统筹协调特殊教育工作，明确部门分工，形成由区教委牵头、各部门参与的特殊教育联席会议工作机制，将特殊教育纳入区域教育事业发展整体规划，坚持区级统筹、特教特办、重点扶持，切实突破融合教育事业发展瓶颈。"十五"期间，教委、残联和民政联合组成"海淀区特殊教育工作小组"，依据集约化办学的思路，指导特殊教育的发展。建立特殊教育协调工作机制，围绕特殊教育形成议事制度。教委协同有关部门每学期至少召开一次特殊教育工作会，教委主任出席。充分发挥各委办局的作用，每年召开一次领导小组会，为特殊教育工作者排忧解难，支持特殊教育的发展；教委、区残联共同对有残疾的学龄儿童、少年每年进行一次学籍管理，实行科学化、规范化管理，为他们走向社会、参与社会提供方便。

进入新时代，区教委持续研究完善相关政策措施，加强组织协调、过程指导以落实项目规划。"十四五"初期，海淀区政府发布教育改革和发展规划，将"融合教育体系完善工程"列入十大工程，将"特殊教育优先融合提质发展"列入十五项主要任务。区教委、区发展改革委、区民政局、区财政局、区人力资源社会保障局、区卫生健康委和区残联切实落实部门和单位职责，健全多方协调联动的特殊教育推进机制，形成工作合力。此外，2023年，海淀区教育两委召开了"坚持普惠融合，提升育人质量"为主题的全区特殊教育大会，进一步明确了特殊教育发展的目标与重点任务。区人力资源和社会保障局配合教育部门落实特殊教育教师补充、工资待遇等方面的支持政策和红头文件。区财政局健全经费投入机制，支持改善融合教育办学条件。区残联协同监测残疾儿童少年就学情况，调研了解孤独症儿童教育发展需求，协助做好残疾儿童少年入学、康复、就业安置等服务，提供无障碍环境支持和辅助器具适配服务。

二、强化融合教育督导评价

教育督导是保证教育质量的重要切入点。区教育督导部门将融合教育纳入中小学、幼儿园综合督导范畴，加强对特殊教育发展提升行动方案实施情况的指导与督查。加强融合教育评价，将义务教育阶段普通学校融合教育工作开展情况纳入学校绩效考核指标体系，并纳入校长职级制考核，如学校出现拒收、推脱按政策安置的孤独症儿童少年等特需儿童少年，或特需儿童少年无故失学等现象，将实行考核

"一票否决制",切实体现了以督导促发展的特点。同时,海淀区每两年开展融合教育"十佳先进集体"的评选工作,建设领导得力、师资过硬、教学优质、资源丰富、氛围良好的融合教育校园,激发普通学校开展融合教育的主动性,形成"七彩融合教育""葵园文化""幸福教育""融梦课程"等有生命力、影响力和感召力的融合教育成果。

三、加强专业人才配备

专业教师是普通学校推进孤独症儿童融合教育工作的核心与关键,教育行政部门采取系列举措,如建立编制动态调整机制,增强教师队伍的稳定性。一是采取存量解决法,加强资源教师考核评估,通过资源教师登记、考核、绩效评价、评优评先等系列措施,对资源教师进行动态调整,严把人才储备质量关。二是采取增量解决法,通过教育人才库区聘校用、学校外聘特教助理、购买机构服务等形式,灵活调整、配置师资,从数量上加强人才储备。三是打通资源教师职业发展通道,资源教师职称评定时增加特殊教育序列,增强资源教师专业发展的内生动力。

建立融合教育骨干教师交流制度,鼓励资源教师、学生行为指导教师跨校任教,合作开展教学研究;鼓励各校、各园探索通过购买服务的方式引入社工、康复治疗师、特教助理教师等专业人员,承担孤独症儿童少年的照顾、康复训练、辅助教学等工作。

四、加大特殊教育经费保障力度

海淀区设立特殊教育质量提升项目,为有需求的普通学校提供融合教育专项资金保障,如用于资源教室的建设与运作或孤独症儿童辅助支持等方面。落实资源教师特教津贴与岗位绩效工资倾斜政策,提升资源教师工作的积极性。保障孤独症学生等随班就读备案学生生均公用经费达到普通学生的 8 倍以上,并出台《海淀区普通学校随班就读学生生均公用经费使用办法》,确保经费得到合理使用。对于学前至高中阶段的特殊学生落实"四免多补",义务教育阶段的特殊学生享受助学和生活补助,学前特殊儿童享受减免保育费政策,同时享受在园补助。

五、优化融合教育办学条件

加大行政支持力度,建设"区级特殊教育资源中心—学区级融合教育资源中心—学校资源教室"的三级资源支持体系,形成"1+2+3+4+N"的特殊教育布局,为孤独症学生融合教育提供系统的支持与保障。推进教育体系向两头延伸,不断提高孤独症学生的受教育年限。推动海淀区融合教育示范园建设,所有教委办园

100%成为学前融合教育基地园，新增 10 个其他单位办园的学前融合教育基地，接收孤独症等特殊儿童入园；着力发展职业教育，保障特殊学生顺利完成九年义务教育，并为其升入中等及高等职业院校提供指导，培养特殊学生职业技能，推动特殊学生的社会转衔和社会融合。推动普通中小学、幼儿园加快无障碍环境的建设，推进无障碍教学设施配备、无障碍电梯加装、无障碍卫生间改造。完善普通学校、幼儿园特殊教育装备配备，优化资源教室空间布局，针对性配备教具、学具、辅具和其他信息化设备，为孤独症儿童的成长创造良好的教育环境。

本章小结

保障系统是孤独症儿童融合教育生态支持系统建设中的宏系统。"普惠发展"要求特殊教育普及范围进一步扩大，体现了"公平、优质、均衡"的高质量融合要求，民生工程的兜底和高质量特殊教育体系的建设，需要各部门的协调与支持。只有当社会文化、法律法规、各级政策、行政力量等为融合教育提供肥沃土壤，不同主体、不同层面根据孤独症学生的需求和发展阶段来提供有针对性的支持时，融合教育才能取得高质量的发展。

第十一章

孤独症儿童融合教育生态支持的成功案例

几千年来，在中国传统"仁爱"思想的指引下，"有教无类""因材施教"的学生观和教学观浸润了每一位从事教育的人。发展融合教育，无论是在教育专业还是情感上，总会有一种天然的正当性和极大的情绪感染力。

党的十八大以来，我国融合教育走过了极不寻常、极不平凡的历程，在教育发展史上具有里程碑意义。在一个快速变革的社会里，特殊教育工作者毫无疑问承担着巨大的社会责任和使命。中国教育学会常务副会长、国家督学李天顺曾说："特殊教育是我们教育人的光荣和梦想。"特殊教育让我们逐步厘清了教育的本质。当前，《"十四五"特殊教育发展提升行动计划》为促进融合教育高质量发展提供了行动指南。办好人民满意的教育，真正把教育发展成果惠及全体人民，努力让所有儿童、青少年都能享有公平而有质量的教育，是新时代每一个特教人的使命与责任。

海淀区作为全国融合教育的高地，十几年来一直坚定不移地持续推进融合教育，不仅将办好特殊教育纳入重要日程，还坚持做到特教特办、重点扶持，为推动特殊教育高质量发展创造了良好的环境和条件。每一所学校、每一名教师都尽可能地去找到每一名学生闪光的地方，循着他们的兴趣，循着他们独特的个性放飞其理想，成就属于他们的未来。

经过多年深耕，海淀区走出了一条独具海淀特色的融合教育发展之路，为全国特殊教育发展提供了可借鉴、可推广的经验，影响了一批又一批的教师和孩子。全区有8个学区资源中心、99个学校资源教室和5000余人的专业师资队伍，通过科学的教育方法和对学生个体差异的尊重，努力打造特殊学生个体发展通道，让他们幸福快乐地成长。接下来，让我们一起来看看在海淀教育金名片上熠熠生辉的生动案例吧！

第一节　特殊教育资源支持体系案例

【案例1】
区级特教中心的功能定位与作用

一、特教中心是巡回指导的执行者

特殊学生走进普校后，校园接纳、课程教学、行为管理、社会交往等都是让普校教师棘手的问题。在我国普校教师缺乏特教经验的情况下，特教中心扮演着一个示范指导者的角色，通过巡回指导帮助普校教师解决融合教育中的各类难题。从国外巡回指导的实践经验来看，巡回指导主要面向普通学校中的特殊儿童，为他们顺利接受融合教育提供全方位支持，包括直接的补救教学、教学辅助器具的提供、康复训练、心理辅导等。由于目前我国中小学校普遍缺乏对政策与理念的认识，融合教育工作开展经验不足，因此特教中心还承担着为学校领导、教师与家长提供指导的任务。区级特教中心遵循着"接案—下校观察—个案评估—个案研讨—制订个别化教育计划—巡回指导"的工作流程，定期开展巡回指导工作，帮助学校、教师、学生和家长解决融合教育中的各类困惑。

面向学校，巡回指导教师主要进行随班就读政策的宣传与咨询，协助、指导学校规划融合教育工作，如资源教室的建设与运行、资源教师的培养、课程的调整安排、融合活动的开展以及家校关系的协调等。对于普校教师来说，他们更为关注的是在课堂上怎么做到照顾集体的同时兼顾随班就读学生个体。巡回指导教师针对教育教学中遇到的诸多问题展开交流指导，指导教师如何进行班级管理、如何开展小组合作、如何实施分层教学、如何兼顾个别化教学、如何调整教学材料展现方式、如何调整教学评价和考试方式，等等。面向学生主要是进行观察评估、协助制定个别化教育计划、协助完成学习活动和康复训练等。面向家长则是进行教育咨询与家庭心理疏导等，帮助他们调整心态、疏导情绪以及提供家庭教育策略。通过巡回指导，巡回指导教师及时解决融合教育教学中的疑难问题，保障融合教育有序推进。

二、特教中心是师资培养的组织者

教育对象的改变使普校教师面临教育环境、工作交际对象、工作任务等方面的一系列变化，就目前的研究结果来看，他们对这种变化的适应水平不高，大多数教师缺乏对随班就读特殊儿童进行高效教学的知识和技能。面对融合教育教师对特教知识与技能具有强烈的学习需求的情况，特教中心探索出"分类要求、分层指导"的培训模式，开设了"资源教师岗前培训课程""资源教师技能提升专项课程""融合教育通识培训课程"和"随班就读中层干部培训课程"四类课程。其中"资源教师岗前培训课程"包括了五大模块：特殊教育学课程、心理学课程、康复类课程、教育实习和考核评价。"资源教师技能提升专项课程"以专题的形式系统教授感觉统合训练、戏剧治疗、言语与语言康复训练等专业技能。"融合教育通识培训课程"是面向融合教育学校全体教职工普及融合教育通识知识的课程。"随班就读中层干部培训课程"是对融合教育学校中层干部进行思想认识、政策引导等方面的培训。近期，受海淀区教委委托，特教中心在区域开展应用行为分析师国际认证培训，帮助教师科学使用行为矫正技术，培养专业化的融合教育师资队伍。

为保障资源教师的稳定性，帮助资源教师产生身份认同，特教中心承担着融合教育教师继续教育学分管理的工作。特教中心还组织承办资源教室训练课、融合教育课堂教学等系列展评活动，给融合教育相关教师提供展示和提升的舞台。此外，特教中心作为研究指导机构还提供各类教科研机会。特教中心成立了区域融合教育教研组和资源教室教研组，组织校际研讨和外出学习。特教中心组建了融合教育课题基地校，带领各校教学领导与教师共同参与融合教育相关课题研究，提升教师的科研能力，解决教师的教学困扰。

三、特教中心是评估与个性化教育的支持者

普通学校缺乏专业的评估技术，常将学习障碍、轻度智障或多动的学生视为"差生"，认为他们不认真、不听话、好动、不长记性、自我、缺乏教养、意志薄弱等，用常规教学评价去要求学生，用常规教学手段去教育学生，结果屡屡受挫。这是教师对这些特殊学生存在认知偏差，不了解学生的特殊学习方式与风格导致的。而学生缺乏个别化教育计划和相关服务，使得融合成效并不乐观。从儿童特殊教育需要的发现和确认，到个别化教育计划的制订与修订，再到 IEP 实施过程的评估，直至对儿童教育状况的追踪，无一不渗透着评估活动的踪迹。特教中心成立了由巡回指导教师、康复训练教师、医生和心理学专业人员组成的评估和康复工作团队，帮助学校对有特殊教育需要的学生开展初筛、评估和康复训练。

每年六月招生之际，特教中心协助有需求的学校对新生进行初筛。巡回指导教师在校园活动中观察每一个学生，发现其中可能需要特殊支持的学生，并建议班主任能在日后的教学中给予其更多的关注与帮助。入学初筛，不是严格的诊断评估，其目的不是给学生贴标签，而是帮助教师了解学生，为日后教学提供指导建议。经过一段时间的教育教学，教师可能会发现班级里行为情绪异常的、学习

困难的、社交异常的学生。学校与特教中心取得联系后，特教中心会下校进行观察与交流访谈，根据情况建议学生做智力、动作、语言、注意力或社会适应性等方面的评估。通过全面评估后，掌握学生各方面能力的发展情况，为日后开展个别化教育计划提供科学依据。待个别化教育计划制订完成后，根据学生需求安排普通课程之外的资源教室训练课。训练内容包括感统训练、动作训练、语言与言语训练、认知训练、注意力训练、精细训练、情绪调整和心理治疗等，旨在提升学生在认知、动作、语言、情绪行为与生活适应等方面必备的基础能力。通过筛查评估与康复训练，不少教师与家长都表示学生的基础能力得到改善，能更加有效地融入普通学校环境。

四、特教中心是社会资源的协调者

融合是一个生态系统，家庭与学校是学生发展的微生态，最终特殊学生还是要迈向社会，学校融合也要向社会融合方向发展。特教中心是一个资源统筹协调的部门，有条件为特殊学生走向社会搭建平台。

特教中心充分整合了医院、残联、康复机构、高校、公益组织、艺术团、社会企业、公共服务等资源，来满足特殊学生成长发展所需。特教中心可通过与医疗康复机构合作开展筛查评估与康复训练，可为特殊学生家庭宣传残联相关的惠民政策，可聘请高等院校及研究院专家给予融合教育相关理论与实践指导，可与社会公益企业或组织等合作为特殊学生提供帮助，可与艺术团合作给区域特殊学生搭建展示平台，还可借助社会公共服务给特殊学生提供无障碍服务，使其更好地融入社会。特教中心作为社会资源的协调者，承担着将融合理念传播于社会的责任。通过盘活区域资源，促进社会认识融合教育、支持融合教育，共同打造和谐的融合生态环境。

（案例来源：海淀区特殊教育研究与指导中心）

【案例2】

学区管理中心的建设与发展

中关村学区管理中心在学区制改革的大背景下成立、发展、成熟，一直坚持全面贯彻党的教育方针，落实立德树人根本任务，统筹协调地区优质资源，为地区教育优质、均衡发展而不断努力。在融合教育工作领域，学区虽然参与时间只有两年，但非常重视该项工作，强调关爱特殊儿童，坚持尊重差异，尊重教育公平。

中关村学区融合教育资源中心的筹备始于2018年9月，经过教委及特教中心的大力支持和多方奔走，于2019年12月开始建设，并于2020年8月接受硬件验收。在此过程中，中关村学区管理中心的融合教育工作并未停滞，而是一直充分发挥自身统筹优势，落实教委及特教中心关于开展融合教育工作的相关要求，同时做好学校的知心人，切实根据学校需求，协助解决融合教育工作中的重难点问题。

1. **成立领导小组，建章立制，确保融合教育工作规范开展**

学区成立了以学区管理中心主任为组长、部室负责人为执行组长、学校主管干部及骨干资源教师为组员的融合教育工作领导小组，明确职能及分工；制定了《中关村学区融合教育资源中心管理制度》。通过成立小组、建章立制，有效确保学区统筹资源、保障到位，为学区融合教育工作规范开展保驾护航。

2. **积极组建团队，组织培训，搭建融合教育工作实践平台**

学区采取分层组建队伍的形式，分别组建了专职、兼职资源教师团队和执教随班就读学生的普通教育教师学习团队，同时将各校负责融合教育工作的干部们紧密团结起来，形成融合教育工作共同体。根据不同的人员组成和不同的需求，有的放矢地落实工作，组织大家参与培训。融合教育资源教师团队在学区的组织统筹下，定期参加特教中心组织的各类专题培训、教研活动、跟岗培训等，不断提升专业素质和工作水平；学区积极组织学区内所有学校的融合教育资源教师参与"儿童入学成熟水平诊断咨询师"培训，主动承接海淀区资源教师技能培训和多动症专题培训的开班、结业仪式，尽可能让中关村的资源教师们在家门口就能接受高端的融合教育工作指导。不同的培训内容和培训方式让有需求的教师和家长们得到实际的指导和提升。疫情期间，几个团队坚持进行线上教研、线上培训、线上交流，停工不停学。另外，学区积极落实特教中心的工作部署，在宣传推广"绘声绘色"阅读、开展特殊儿童体质健康监测、进行特殊儿童家长及教师满意度测评等工作中积极发挥组织协调作用，确保区级融合教育工作顺利开展及落实。

3. **着重示范引领，宣传辐射，确保融合教育工作深入人心**

学区属于无学生单位，不适合开展面对面、一对一的学生培训，所以取长避短，发挥学区统筹管理优势，将促进融合教育工作落实作为重点方向。学区利用"智享中关村"微信公众号进行融合教育工作宣传，在世界孤独症日等纪念日推出专题宣传，疫情期间持续进行居家学习指导等宣传工作，让社会理解融合教育工作，让学校主动开展融合教育工作，向家长们普及融合教育知识和方法，争取家校共育取得实效。通过建立中关村学区资源教师微信群，在群中发布最新融合教育信息，凝聚共识，形成统一战线联盟，共同为地区内特殊儿童的教育出谋划策。

4. **创设特教氛围，积极共育，区域共建促进融合教育工作发展**

学区积极发挥融合教育资源中心的作用，宣传融合教育工作，组织融合教育活动，建设融合教育队伍，为特殊儿童提供服务，也带动了学区内各校对融合教育工作的重视。学区各校积极接纳特殊儿童随班就读,目前区域内所有中小学均无条件接纳随班就读学生,并努力为随班就读学生创设良好的学习条件,保障孩子享受平等的优质教育。学校积极向学区求援,参与学区融合教育活动,也得到了学区的大力帮助和指导。学区融合教育工作氛围良好,得到家长及社会认可。

在融合教育的道路上,中关村学区融合教育资源中心才刚刚迈出小小的一步,在海淀区教委、区特教中心的支持和指导下,还将拼搏奋进,大步前行,在为特殊儿童提供优质融合教育的道路上不断前进。

(案例来源:中关村学区管理中心)

【案例3】
八一学校附属玉泉中学资源教室的建设

在2009年接收随班就读学生伊始,学校以满足特殊教育需要学生的发展需求为关键点开始规划建设资源教室。因此,了解学生发展特点就成为建设资源教室工作的重中之重。学校在接收小升初学生时认真细致地查阅档案,确认特殊教育需要学生的类型和特点,在学生入学后也会做更为深入的筛查,充分了解他们的特殊需求。此外,教师从不能理解融合教育、没有相应的专业知识,转变成具备相应的能力为这些学生服务。资源教室是帮助资源教师提升、发展的平台,也是让特殊教育需要学生感到温暖的心灵港湾。

一、资源教室的规划及建设

(一)资源教室环境规划

学校从2011年开始筹备建设资源教室。在筹备建设资源教室之初,以满足特殊教育需要学生发展需求为中心,学校对资源教室的整体建设做出了详尽的规划,包括资源教室的选址、装修、硬件设备及相关软件的采购、功能区域的划分等。学校在为资源教室选址时,不仅考虑到要选择一个相对安静的地点,还考虑到资源教室建成后的采光、通风情况。综合多方面考虑后,学校选择了在自然气息最浓的紫藤园附近建设资源教室,突出了"净化心灵"的主题,同时为了保证采光和通风的良好,在设计时将资源教室的南侧改造成全玻璃式阳光房。

考虑到需要接收不同类型的学生,资源教室在装修上体现出不同的特点,例如:针对听力障碍学生,学校在资源教室内外安装了信息提示屏幕;针对肢体障碍学生,学校将资源教室设置在一楼,并在资源教室附近的出入口设置了坡道,方便轮椅学生出入;针对孤独症学生,注重创设资源教室的结构化环境,提供各类视觉标识。在装修时优先考虑的是安全问题,对于学生来说,确保资源教室的内外部环境及设施设备的安全永远处于首位。在资源教室建设阶段,学校不仅侧重考虑了资源教室的功能性，而且着重考虑了安全问题，例如是否备有发生紧急情况时快速疏散室内人员的路线图，电线和网线布置是否会引起危险，装修材料和设备是否会产生有毒物质或易燃，墙壁或家具的棱角是否使用了软包装材料以防学生碰撞受伤，有没有将易滑落的物品固定，等等。

在设备的采购方面，学校优先考虑具有支持教学、辅助训练功能的设备，在功能齐全的同时便于教师和学生操作。在初期，学校预想到特殊教育需要学生一开始不会很多，因此没有大量采购设备，而是做到质量上有保障，避免因学生数量不多或障碍类型有变化而产生设备闲置的现象。除了硬件设备以外，学校还采购了各类与特殊教育、康复训练相关的评估工具、文件、图书、杂志、光盘，还添置了适合特殊教育需要学生的图书、音像资料和玩具。

以上所有的规划与设计可以让学生和教师能安心、愉悦地开展活动。学校还会向普通师生开放资源教室，消除他们对资源教室可能产生的不良印象，提高他们对随班就读学生的接纳程度。

（二）资源教室环境建设与特色

在教委和特教中心的支持下，学校于 2012 年建成名为"心灵·自然工作室"的资源教室，使用面积约 60 平方米，旨在让特殊教育需要学生在资源教室中可以净化心灵，感受幸福。针对日益增长的需求，2014 年学校进行了资源教室的扩建，使资源教室的功能更加完善。学校资源教室创设的总体特点是让学生感受自然气息，在温暖安全的环境中净化心灵、促进成长，规划及创设都是围绕着这一目的进行的，例如：墙面、地面的色调基本以暖色调为主，让学生在资源教室中感受温暖；在两个分区之间的墙体上制作了微型景观瀑布，让学生在活动时可以听见流水的声音，感受大自然的气息；不同的分区承担着不同的功能，可以让来到资源教室的学生都能有所成长。

二、资源教室的功能分区

学校资源教室分为沙盘区、精细训练区、活动学习区、运动放松区、心理咨询区五个区域，每个区域都发挥相应的功能作用。

（一）沙盘区

该区域包括两个沙盘展示区以及 200 多种沙具，按照四级阶梯分类法设计、配比确保了沙具的专业性。沙盘区主要用于资源教师辅导语言能力较为欠缺的特殊教学需要学生，因为沙盘辅导的分析不局限于最后完成的作品本身，也着眼于从导入到制作、对话的全过程中学生的所有表现，包括其语言的表现，如向老师提出问题、解释作品内容、表述主题等方面的语言表达是否流畅、大方。此外，资源教师还关注学生诸多非言语的表现，如时间的利用、选择玩具时果断与否、移动玩具的频率、小动作、眼神、面部表情、制作的速度等。通过对学生前后几次的沙盘辅导，资源教师可以洞察学生内心的变化轨迹及其内在联系，以及发展的可能性。

（二）精细训练区

该区域包括拧螺丝、穿绳打结、筷子夹珠子、剪纸等多个辅助工具。资源教师针对不同阶段的学生进行不同的训练，这些辅助器材的使用不仅能使训练活动更加活泼有趣，而且对学生的手指精细动作能力的提高有很大的帮助。对于已经训练过一段时间的学生，资源教师可以进行稍复杂的动作训练，如筷子夹珠子，教师首先使用筷子做出示范，让学生模仿并进行练习，当学生练习熟练、手指灵活后再进行打结活动的练习，让学生的手指更加灵活。

（三）活动学习区

该区域配有体感游戏机，各种棋类、益智、桌面游戏，还包括了各类书籍和与心理相关的音像制品 200 余种。这一区域不仅对特殊教育需要学生开放，也对学校的其他师生开放，为他们创设出一个活动和学习的空间。体感游戏机可以针对特殊教育需要学生的肢体协调性进行训练；棋类和桌面游戏可以让特殊教育需要学生找到自己的兴趣点，在进行游戏的时候训练他们的表达、逻辑思维等能力，同时也可以拉近资源教师和学生之间的关系。书籍与音像制品不仅可以提高特殊教育需要学生的阅读、理解能力，也可以让普通学生和教师对特殊教育需要学生的发展特点有更加深入的了解，从而更好地理解和接受融合教育。

（四）运动放松区

运动放松区处于全透明的阳光房内，室外是学校的紫藤园。区域中最引人注目的就是微型景观瀑布，伴随着室内的流水声以及室外的自然景色，特殊教育需要学生在这一区域活动时可以与大自然亲密接触，让心灵得到完全的放松与净化。在跑步机和动感单车上锻炼是发泄情绪的好方式，也是转换心情的好选择；躺在按摩椅、音乐放松椅上可以让心沉静下来，感受每次训练的收获与体会，也可以疏导情绪。

（五）心理咨询区

该区域占地 10 平方米。由于心理咨询区的功能是给学生以指导、启示，帮助他们解决心理问题，因此与前三个区域有明显的分隔，有较好的隔音、隔离设施。为达到安静、保密的要求，也为了使学生感到亲切、和谐、平静、安全、放松，心理咨询室的内部设施简单明了，房间布置尽可能减少硬线条和棱角，室内整洁，光线柔和，设施包括沙发、小茶几、档案柜和绿色植物等。心理咨询可以帮助特殊教育需要学生全面认识自我时、评价自我，从而能更好地适应社会生活。当特殊教育需要学生能较为全面地认识自我，他就认识了自己的需要、价值观、态度、动机、优点和缺点，就可以合理安排自己的生活，尽快获得心理上的成长，增进个人幸福感，这也契合了资源教室的主题"感受幸福"。而且，心理咨询还能促使他们加强自我内省，找出真实的自我或解除对真实自我的困惑，使他们对自己的认识更加清晰。

（六）办公接待与档案存放区

心理咨询区同时承担着办公接待和档案存放的功能。每一个特殊教育需要学生的情况都不尽相同，同一种障碍类型的学生也可能有不同的表现，这就需要学校为每一个有特殊需求的孩子建立一个"量身定做"的档案。档案中除了有最重要的个别化教育计划外，还会有学生的活动方案、活动记录表、心理测量记录表、评估记录表等。每位学生的档案在建立之前都会与家长及任课教师沟通，汇总各项信息，同时每份档案均由相应的资源教师进行管理，资源教师每次活动后会及时补充档案内容，每月会根据档案中的内容对特殊教育需要学生的活动方案进行调整，以达到最好的效果。

上述六个区域为特殊教育需要学生提供了学习、专项训练、放松、游戏的场所，每个区域都具备相应的教具、学具、图书、训练设备等各类软硬件，可以为不同类型的特殊教育需要学生提供针对性的训练与指导，帮助他们全面健康地成长。

（案例来源：八一学校附属玉泉中学）

第二节　学校融合教育支持案例

【案例1】

秉承"农·人"理念，让成长真实发生

党的二十大报告指出，我们今天所追求的教育公平，在于让每一个个体都有机会享有优质的教育资源，都有得到发展的机会，都能成为有用之才。特殊教育普惠发展，彰显的是社会的公平和正义，是教育的责任和情怀。

农大附中立足"质量立校、管理固校、特色强校"，立德树人，以"农·人"情怀办教育，充分尊重每一个学生的现实基础和发展需求，尊重学生的个体差异，

遵从学生的身心成长规律，做教育的"春耕、夏耘、秋收、冬藏"。以科学的育人方法、"先做父母再做教师"的师爱、优质的教育资源为养分，精心呵护、滋养每一名学生的阳光成长。

一、"农·人"理念，合力育人

"农"是农业生产、农耕种植、农作物生长所体现的科学智慧、实践规律，春种秋收、夏耘冬藏，顺禾之性、顺木之天，不荒芜懈怠、不揠苗助长，以致其蓬勃生长；"人"是尊重生命、以人为本、敬畏成长。"农·人"理念，就是凭借对教育的热爱与执着，对生命成长的敬畏，关注每一个不同基础、不同个性、不同兴趣爱好的学生，营造适宜的教育环境、设置适宜的课程、开展适宜的活动、采取适宜的课堂教学方式、进行适宜的教育引导，守望成长。

学校高度重视融合教育工作，以资源教室建设、师资队伍建设、融合教育课程建设为依托，通过营造"相亲相爱一家人"的校园文化氛围，倡导"同一片蓝天下，感受同样的温暖"的融合教育理念，开展有针对性的活动；形成教育教学密切协同、家校一体统筹联动的融合教育工作体系，组建以特教专家、随班就读教研组、班主任与导师、随班就读学生家长为合力的"四位一体"的工作团队，定期开展融合教育课题的研究、资源教师的专职培训，全方位地确保了融合教育的顺利开展，为随班就读的孩子创设成长环境。

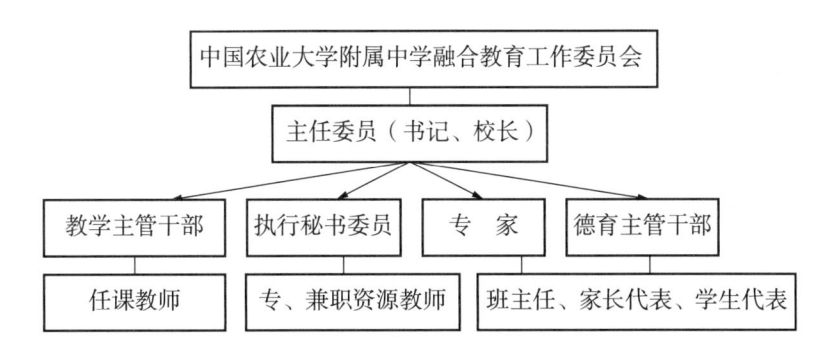

图11-1 中国农业大学附属中学融合教育工作委员会的组织架构

学校有126平方米的资源教室，有融合教育主管干部1名、专职资源教师2名。多次被评为市、区"优秀资源教室""示范资源教室"，多次荣获海淀区特殊教育先进集体称号。

二、优化课程，科学育人

资源教室课程，"一生一案"，走进特殊孩子的世界。学校年均在校就读的随班学生达十余人，这些学生是学校教育的对象，也是宝贵的教育资源，通过他们实现一棵树摇动另一棵树，使班里的阳光伙伴、其他学生学会了包容差异、接纳不同，学会了尊重和友爱。对随班就读学生个性化地实施"一课两上"，随班就读个训课与阳光伙伴参与的随班就读小组课相结合，帮助学生建立信任关系，稳定情绪，有计划地训练他们服从指令和培养沟通的技能，逐渐树立规则意识；再递进式地探索将手工课、音乐课、美术课与资源教室课相结合，进行基本知识和社会常识的补救训练，达到帮助学生做简单的社会人的教育目的，形成富有实效的融合教学课程实施方案。

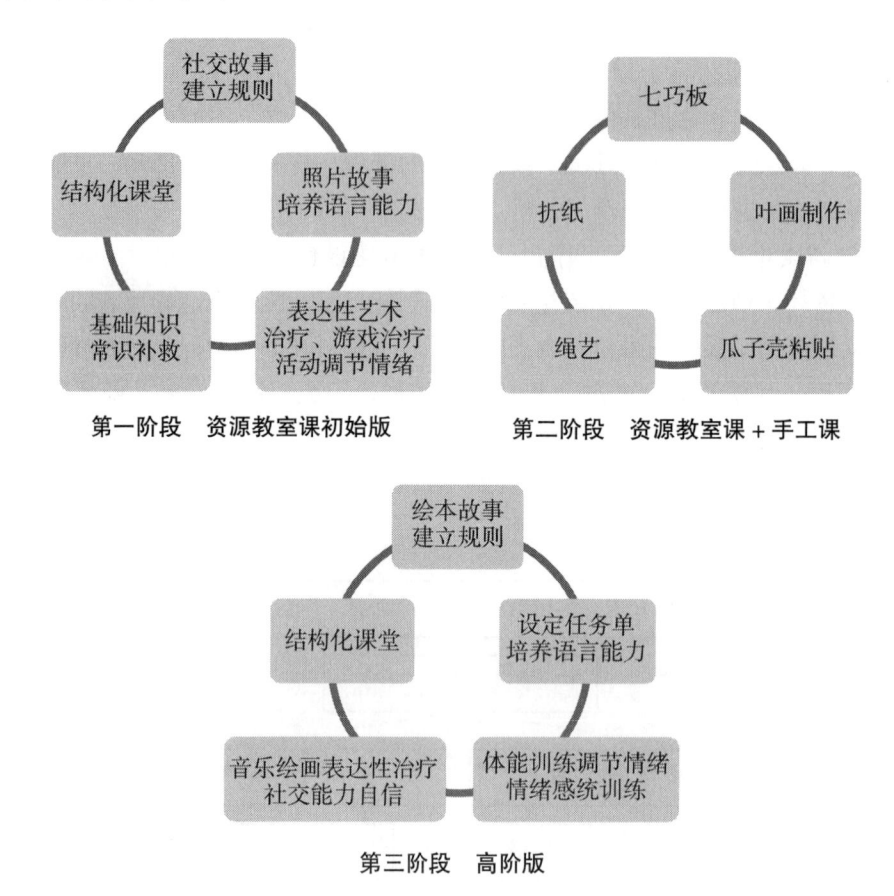

第一阶段　资源教室课初始版
- 社交故事建立规则
- 照片故事培养语言能力
- 表达性艺术治疗、游戏治疗活动调节情绪
- 基础知识常识补救
- 结构化课堂

第二阶段　资源教室课＋手工课
- 七巧板
- 叶画制作
- 瓜子壳粘贴
- 绳艺
- 折纸

第三阶段　高阶版
- 绘本故事建立规则
- 设定任务单培养语言能力
- 体能训练调节情绪　情绪感统训练
- 音乐绘画表达性治疗　社交能力自信
- 结构化课堂

图 11-2　动态化的课程结构

动态化的课程结构更加尊重学生的实际情况、贴近个性，所产生的教育效果十分显著。学校的随班就读学生，有的升入普高，有的升入 5 年制贯通培养大专。目前在读的 13 个随班就读学生也正积极阳光、健康快乐地生活在美丽的校园中。我们相信，持之以恒地科学施教，晚开的花朵也能绽放灿烂的笑容。

渐进式融合课堂中，互动生成、有效干预。学校推行互动生成式的常态课堂教学，把课堂看作师生共历生命成长、焕发生命活力的地方，教师和学生都是课堂的创造者，每一个学生都是课堂教学的宝贵资源。课堂教学的主要目标体现为生命个体（教师、学生）的生命真实意义的建构。

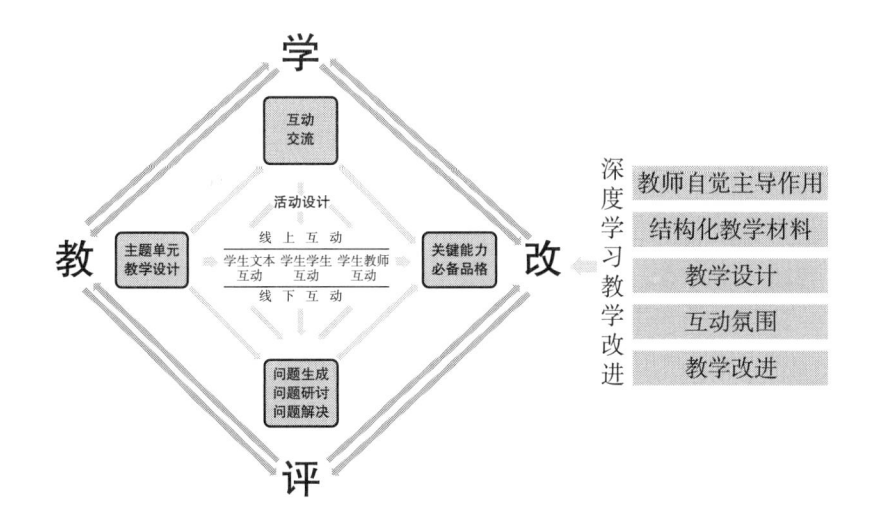

图 11-3　互动生成课堂教学模式 4.0

互动生成式的课堂教学模式为随班就读学生创设了一个更利于交流的平台。课堂上，每一个随班就读学生都与普通学生一样有自己的学习小组和学习伙伴，在自然的课堂环境中很容易参与到小组的学习和讨论中，表达自己的观点。在课堂学习的参与过程中，他们可以和普通学生一样体验人与人交往的过程，满足青春期同伴交往的需求，从而为他们今后融入正常的社会生活、提高社会生存能力奠定基础。

三、道始于情，全员育人

1. 全员导师，没有爱就没有教育

爱是人类最美丽的语言，它能穿越重重障碍直抵心灵。学校从 2016 年起开始深入实施全员导师制，要求每位教师悉心体察每一位学生的喜怒哀乐，做学生学习、生活、心理上的陪伴者与引导者。导师们坚持"尊重个性，植根于爱，作用于导"的理念，以情感教育为契机，用发展的眼光看待学生，用积极的心态面对学生，书写着一个又一个随班就读学生与导师之间感人的成长故事。

小凡马上面临毕业，父母长期紧张的关系令他一直处在孤独抑郁中。但老师不曾放弃他，持续地关心爱护他，激励他扬长发展，让他感觉生命中被阳光照进的温暖。艺术节上，他自信地站在舞台上声情并茂地朗诵，打动了很多人。现在，他每天最开心的事，就是到学校跟同学和老师在一起，主动管理班级的多媒体设施，为集体服务。他还说以后要上大学，还要加入大学的朗诵社。上帝关上一扇门的时候，一定会再打开一扇窗，我们一定要善于发现这扇窗户，并帮助学生透过这扇窗户看到一个更加明亮的未来。

2. 多元目标，让每一株青苗健康成长

学校实行班级多元目标管理，"人人参与班级建设、人人有个小岗位"，在

学校集体活动中做到"一个都不能少、全员参与",搭建丰富多样的平台,让每一个学生都有机会"站在舞台中央",为自己的成长喝彩。在阳光伙伴的陪同下,鼓励随班就读学生参与集体活动、班级建设,呵护他们的自尊心,使他们在集体有平等参与的机会、有足够的安全感和归属感,在温馨和谐的环境中愉快健康地成长。

重度智障、父母离异的小勇非常渴望集体生活。在"一个都不能少"的学校趣味运动会上,倾心接纳他的老师和同学们特意为他编排了班级花样跳绳的表演动作,并耐心地教会他。运动会上,站在班级中央的小勇成了最耀眼的星星,成了老师、同学们眼中最美的表演者,在学校活动中展示自己的小勇开心极了。学校组织资助新疆贫困儿童活动,他把自己攒的零花钱都捐出来了,老师专门让他代表全班把祝福寄语送给新疆的弟弟妹妹们,并授予他"最具爱心奖"。感受到了爱,也学会了传递爱,我们的随班就读学生在阳光中成长着。

在融合教育的实践探索中,学校一直坚持"每一个学生都是最重要的那一个"。为了让随班就读的孩子能成为更好的自己,学校把爱的阳光播撒在他们的心田,用尊重扶持他们内心对积极美好生活的向往。

每一个孩子对接受教育的渴望,社会文明对特殊教育的关注,赋予融合教育工作艰辛而神圣的使命。用爱导航,用科学的育人方法护航,我们相信:随班就读学生在"农·人"情怀的呵护下,可以迎来他们生活中的面朝大海,春暖花开……

(案例来源:中国农业大学附属中学)

【案例2】

面向全体、兼顾差异,让每一个生命独特绽放

近年来,国家出台多项政策文件,提出"积极发展融合教育""探索适应残疾儿童和普通儿童共同成长的融合教育模式"。融合教育不仅是将特殊儿童安置于普通教育环境中,更是要关注到他们独特的需求,并最大限度为其提供有针对性的教育服务。

中国人民大学附属小学就是这样一所融合教育推进校,从随班就读到融合教育,附小人用满腔的热情与无限的教育情怀,表达着对生命的尊重、对差异的认同。当前,学校有特殊学生80余人,包括从最初的智力障碍学生到孤独症学生、注意缺陷多动障碍学生、交往障碍学生等有不同特殊需要的学生。学校多年来践行七彩融合教育理念,以"创造适合于儿童发展的教育环境"为办学理念,以"尊重个性、关注差异,让每一个生命独特绽放"为教育内涵,以"认真对待每一个生命"为全体教师的师德标准,在育人的全过程中面向全体、兼顾差异,努力为每一个孩子提供更好、更公平的教育。

一、全员参与促适宜融合

小源是一名注意力缺陷多动障碍（ADHD）学生，他上课时几乎不听讲，阅读时经常漏字、跳字，对于教师的教学指令只能部分理解；缺乏交往技能，如经常给同学起外号以博得关注，甚至会出现攻击行为，不太受同学欢迎。

基于小源的现状与需求，依据学校融合教育工作模式（图11-4），学校组建了由班主任、学科教师、资源教师、家长为核心成员的支持团队，针对小源在课堂上和家里的表现及能力评估结果进行集中研讨，共同制订个别化教育计划（图11-5）。

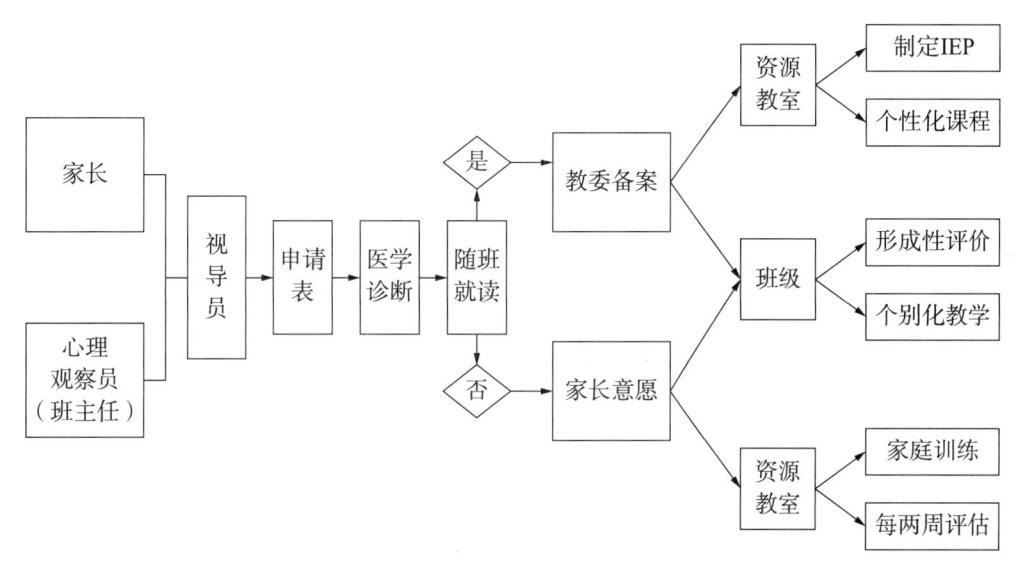

图11-4　中国人民大学附属小学个别化教育工作模式

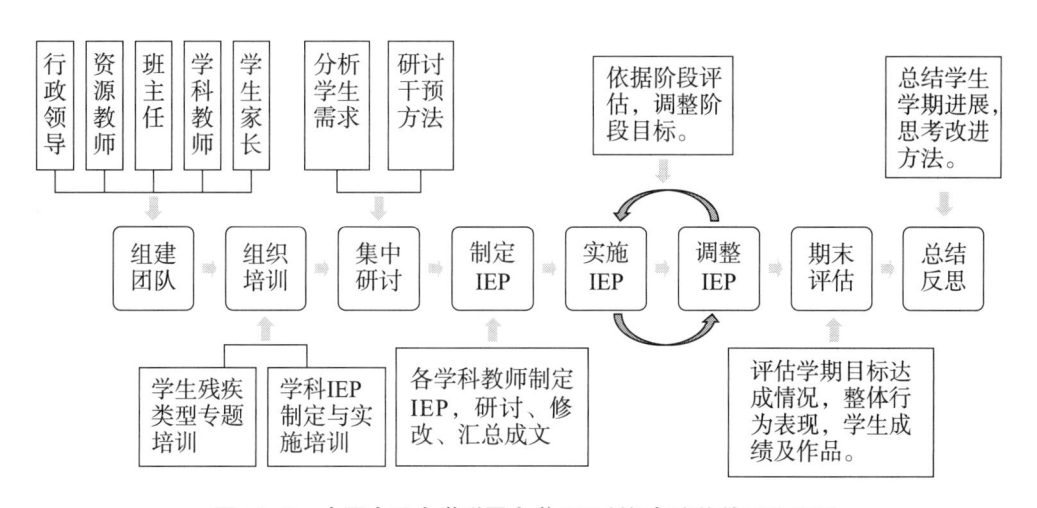

图11-5　中国人民大学附属小学IEP制订与实施的工作流程

为保证IEP得到有效落实，学校邀请特教中心专家开展ADHD专题培训，提升教师的专业知识和技能。班主任为小源制订适宜的学业和适应能力目标，如完成当日分层课堂作业等；学科教师针对小源的学业基础进行分层教学，如科学课上，对普通学生的要求是学会使用温度计，对小源的目标调整为会读温度计；资源教师对小源进行注意力和动作能力训练，安排阳光伙伴一起活动，提升小源的社交技能；小源的家长提供心理支持，陪伴小源完成分层家庭作业及干预活动。

在实施 IEP 时，学校特别注重对学生的阶段性评估，过程性评价与结果评价并重，动态调整教育目标。班主任通过"随班就读学生成长袋"随时收集学生作品，记录其成长轨迹；此外，资源教师及时与班主任沟通，每月填写《人大附小学生行为评估记录表》。期末考核实施 A、B 卷，依据个别化教育目标为小源准备 B 卷，不仅检验小源的学习成果，还提升了小源的学习信心。毕业前经医院诊断显示，小源已无显著多动症状。

教育是一项唤醒灵魂、点亮人生的神圣事业。在面对像小源这样有特殊教育需求的孩子时，学校不放弃、不抛弃，全员参与、团队作战，让走出彩虹门的每个孩子都有进步、有成长，这不仅是附小教师的教育情怀，更是附小人社会责任的担当。

二、特色课程促个性发展

星星是一个智力发育迟缓的孩子，害羞、爱哭、口齿不清，交往退缩，动作发育落后，上课注意力不集中、难以听讲，座位附近纸屑乱飞。针对星星的差异表现，学校为其在资源教室设置了有趣的个性化课程：星星化身"小小演说家"，完成舌操、朗读训练，提升语言表达能力；化身"小小探险家"，完成感统、注意力闯关，提升动作能力和专注水平；化身"小主人"，与小伙伴热情互动，学会礼貌交往……每日的家校同步训练，更有效地保障其能力稳步提升。

教师们发现星星很喜欢画画，便为其设计了专门的"挖掘潜能"课程。资源教师邀请学校的美术教师作为义工利用课余时间为星星开展个性化课程，培养绘画技能。经验丰富的美术老师从星星喜欢的小动物入手，温柔地引导星星一步步观察并绘画，及时鼓励她的点滴进步，星星的脸上总是挂满了笑容，星星的特长也一直在持续发展。她和小伙伴一起绘制小贺卡、制作小礼物送给"校长妈妈"和老师们；她和同学共同创作的作品《快乐的想象》在国家博物馆成功展出，这些都鼓励着星星自信远航，鼓舞着每一位附小教师在平凡中坚守，创造一个个奇迹！

对于如何做好融合教育，教师们用自己的智慧总结出四个方面：一是走近学生，要走进学生的心灵，用学生的眼光看世界；二是理解学生，从学生的角度去思考；三是取悦学生，要让学生喜欢老师；四是取信学生，当学生信任你的时候，他就会向你敞开心扉。在这种信任的前提下，用爱、用情去善待每一个学生，发现每一个学生的闪光点并发扬光大，就能做好融合教育。

三、普特共融促共同成长

阳阳是一名"星星"的孩子，他总是坐在角落里，一言不发，反复摆弄着一块橡皮，对周围人的举动毫无反应，整个人仿佛笼罩着一层坚冰。从哪里入手去改变阳阳呢？教师们经过研讨，最后确定用发展社交技能打开他封闭的小世界。资源教师从"与人问好"教起，帮助阳阳学习社交技巧，并为阳阳创设同伴交往的环境，通过合作游戏激发其主动交往意愿、感受与同伴友好相处的乐趣。班主任在资源教师的指导下，召开了融合教育主题班会"如果我是他"，让班级其他学生在情境中感受阳阳的世界，班级氛围愈加包容与友爱。教师们一起为阳阳在班级中搭建各种朋友圈：日常生活圈、专项学习圈、团队锻炼圈、课间游戏圈、协助劳动圈等，提供全方位沉浸式陪伴和帮助。

久而久之，坚冰逐渐消融。课上的一个小笑话，让阳阳笑得脸都变了形；语文课课间，他是"作业派发员"；小小阅兵式中，他是班旗旗手……他的闪光点被更多的同学看见，同学们都夸奖他：练字认真、坐姿端正、乐于助人。普通学生也在帮助阳阳的过程中，提升了学习能力，锻炼了交往技能。在"霓之星"电影节上，学生们自编自导自演微电影《来自星星的孩子》，呼吁大家关爱孤独症同学。在附小七彩教育的沃土中，每一个生命都在绽放属于自己的精彩！

这样的小故事还有很多……

有交往障碍的明明不仅成为全科免考生，而且参加学校童声合唱团，到国外参加比赛斩获金奖，他还获得学校信息技术奥林匹克比赛一等奖，毕业时作为特长生升入八一中学；甲醛中毒导致智力轻度障碍的成成创造附小七彩吉尼斯"地铁报站名"纪录，中学毕业后考入北京工贸技校……据不完全统计，500余名随班就读学生的障碍症状在七彩融合教育中均有不同程度的好转，5名学生经医学诊断无明显障碍，成功撤销随班就读备案。

融合教育让全体教师明确了教育方向：面向全体，兼顾差异；服务共性，满足个性，让每一个孩子笑着成长。教师们公认：有特殊学生班级的孩子比其他班孩子懂事，特别懂得包容，这种宝贵的教育资源，培养了孩子们的同情心和爱心。学校师生爱的行为，也感动了家长。家长也积极参与助校会，成为学校融合教育的伙伴与朋友，成为融合教育的共情力量。

践行融合教育十四年来，学校坚持以研究引领实践。学校参与国家、市、区级课题五项，融合教育课程研究成果获北京市基础教育课程建设一等奖；荣获"北京市资源教室建设与运作示范校""北京市海淀区融合教育十佳先进集体"等荣誉称号。学校教师也在融合教育领域获奖百余个。2013年，学校特别召开了"用爱创造美丽教育，用情绽放七彩教育"融合教育专题会，梳理、总结教师们探索的方法和秘诀；在开展融合教育十周年之际，召开了"让每一个生命独特绽放——人大附小融合教育十年实践研讨会";出版书籍《人大附小的融合教育》。学校先后接待国内外融合教育方面的参观团队,人数达 2679 人,培训教师 874 人,接待家长 848 人,聆听宣讲 10871 人。中央电视台新闻直播间和中国教育电视台对学校融合教育工作进行了深入报道。

回首过往,学校积淀了融合的理念、丰富的环境、健全的制度、完善的流程、全员的参与、特色的课程、多彩的活动、多元的评价。展望未来,学校将继续加强融合教育评价研究,寻求融合教育理论支持,使融合教育课程走向精品化,推动融合教育高质量发展。

(案例来源:中国人民大学附属小学)

【案例 3】

融爱同行,点亮繁星

2015 年,我校"被迫"开展融合教育工作,那一年有四个疑似孤独症和多动症的学生同时入学,把整个一年级搅得"天翻地覆"。班主任不知所措,家长一脸无奈,家校关系异常紧张,学校面临着巨大的困难和问题。校长将融合教育工作作为学校急需解决的问题交给了科研室。当时我们既没有特教师资也没有融合教育的工作经验,融合教育的起步非常艰难。在我们最艰难的时候,海淀特教中心的专家走进了交大附小,为我们教师做了融合教育的第一次培训,开启我校融合教育工作。幸好有海淀特教中心的专业指导和帮助,在融合教育团队的努力下,融合教育工作逐步走向正轨。

现在我们有了更多特殊教育需要学生,但是我们的老师不再焦虑,真诚地接纳和包容每一个学生,并尽力帮助学生们融入集体学习,家长对学校充满感激。七年前,融合教育团队只有一个主管和两个资源教师,现在全校教师都是融合教育团队的主力军;七年前,我们没有资源教室,操场、图书室就是我们的资源教室,现在我们建设了一百多平方米的资源教室,功能全面,更加专业;七年前,海淀特教中心的专家到学校帮我们做评估,带着我们做个案分析,现在我们有了自己的工作体系,可以完成新生入学筛查,差异学生评估,为有特殊教育需要的学生制订个别化教育计划,在资源教室开展一对一训练,定期开展个案研讨会。

经过多年的研究和实践,学校整合各方资源,建构了融合教育发展的三大体系。

一、构建学校支持系统

融合教育的组织机构:交大附小高度重视融合教育工作,专门成立由校长郑云宏、行政主管王小东主任、资源教师樊颂老师、随班就读教师和陪读人员组成的融合教育团队。

融合教育的资源保障：为了更好地为特殊教育需要学生提供教育资源，交大附小积极筹措资金，精心设计，在海淀特教中心的帮助下，在两个校区建设了四个功能齐备的资源教室，共计一百多平方米。

融合教育的"因材施教"：经过调研和评估，将有特殊教育需要的学生分为三大类，即随班就读学生、有陪读人员的学生及差异性较大的学生。针对不同学生群体的特点开展全校融合教育。

资源教师与班主任、家长和陪读人员一起，针对每个随班就读学生的特点为其制订个别化教育计划，在资源教室给随班就读学生进行训练和学业指导，定期开展个案研讨。资源教师与任课教师一起进行研讨，共同制订帮助计划，协助任课教师给特殊教育需要学生安排资源教室的课程，提供一对一或团体训练。许多差异化比较大的学生的任课教师和家长，向融合教育团队求助，资源教师也会用专业知识和技能，为他们提供指导建议，或为这些学生开设一段时间的资源课程。无论是哪一类的特殊教育需要学生，融合教育团队都会定期组织与家长和班主任的研讨活动，沟通学生情况，制订下一步的辅助计划，并为家长开展专业指导，尽最大努力为家长和学生提供帮助。

二、构建融合教育支持团队

教师团队的专业培养与科研引领：学校的教师队伍，是融合教育的主力军。教师们不仅仅接纳、爱护有特殊教育需要的学生，还努力学习专业技能，从学科素养的角度，培养学生的能力，缩小差异，做到集体对个体的接纳与融合。学校每学期聘请专家对资源教师、任课教师进行督导和专业培训。

学校融合教育团队以科研为引领，组织班主任和任课教师开展研究，承担教育部重点课题"孤独症儿童融合教育生态支持系统建设的研究"的子课题"孤独症儿童家校合作的个案研究"的工作。课题组的教师们本着为学生服务的信念，积极开展研究，现已经带动全校班主任一起参与融合教育个案研究，共同撰写融合教育中"我的育人故事"研究文集。

资源教师的培养与发展：资源教师来自我们的一线教师，他们通过区级专业培训和学校实践工作，初步成长为具有特教知识和技能的专、兼职资源教师。他们指导和帮助教师，按海淀特教中心的要求一起开展融合教育系列工作，并完成资源教室评估及资源教师的考核。

培养陪读人员成为"影子教师"：为了更好地帮助有特殊教育需要的学生融入集体学习，学校与家长协商，支持有需要的学生带陪读人员进校。目前，共有9位陪读人员协助有需要的学生在学校学习和生活。学校融合教育团队在研究和实践中，研发出《交大附小助教陪读手册》，形成了具有交大附小特色的融合教育新模式。

家长根据学校融合教育团队的建议，申请陪读人员进校辅助孩子，登记备案后，陪读人员加入交大附小"助教陪读"工作团队，学校资源教师利用课间操和午休时间进行日常工作指导，帮助陪读人员提升工作能力。

近两年，学校多次为陪读人员团队聘请特教领域的专家进行一系列的专业培训，并根据有特殊教育需求学生的情况，开展案例分享和研讨。学校也为有需要的陪读人员协调资源教室的日程安排，做到资源共享，更好地为学生提供专业陪读服务。每学期结束后，学校融合教育团队都会与班主任、家长、陪读人员、陪读机构一起教研，全方位整合教育资源，为学生的可持续发展提供保障。

交大附小融合教育团队注重家长、班主任和陪读人员之间的交流和良好关系的建立，定期组织有特殊教育需要的孩子开展丰富的实践活动：指导家长和孩子们亲手制作蛋糕并进行分享；带领孩子们到农科院参观植物园，让孩子们体验采摘和种植的乐趣；疫情期间，在学校多功能厅开展植物生态系统的设计与制作活动。一系列活动的开展，既能帮助学生提高生活技能和社交能力，同时也促进了班主任、家长和陪读人员的交流。

三、构建家、校、社协同育人支持体系

做好起点年级支持：每年新一年级学生入学之前，融合教育团队都会约有特殊教育需求的学生的家长进行家访或线上见面会，了解学生情况，缓解家长的焦虑情绪，共同帮助有特殊教育需要的学生幼小衔接，融入集体。

做好线上资源教室：居家学习期间，学校融合教育团队每周与有特殊教育需要的学生，特别是随班就读学生的家长进行线上沟通，了解学生的居家情况，并给予相应的指导。资源教师自己录制微课程，定期对家长进行视频或语音形式的指导，把家长培养成"资源教师"。返校后，随班就读学生的能力都有了不同程度的提高，效果显著。

做好升学转衔服务：从 2020 年学校第一批随班就读学生毕业开始，融合教育团队为每一位随班就读学生召开小型毕业典礼，与老师、家长、同学一起回顾孩子成长的点点滴滴。邀请初中学校的资源教师参与活动，提前了解孩子情况，协助孩子顺利完成小升初的衔接工作。

做好家校共育桥梁：学校开展融合教育工作多年，在学生家长和学校服务的社区中具有一定的影响力。新生入学时，特殊教育需要学生的家长会直接拿出孩子的诊断书或残疾证，特别信任学校，希望融合教育团队为自己孩子提供帮助。家长的信任和支持促进融合教育工作的发展，同时，融合教育团队也会根据家长的需求不断提高服务的专业水平。

精心浇灌，终结硕果。近年来，在各级领导的支持下，在全体交大附小人的共同努力下，学校融合教育工作得到了学生、家长及社会的认可：学校荣获海淀区"资源教室全面评估优秀单位"；学校成立家、校、社三位一体心理健康研究委员

会，更好地帮助特殊教育需要学生在校融合；各省市融合教育负责人研修班学员来校参观，学校为其做融合教育工作经验分享；学校荣获"海淀区融合教育十佳先进集体"荣誉称号。

对于有特殊教育需要的学生，教师不仅仅是接纳和包容，而且对他们有更积极的期待，以专业、智慧的陪伴，帮助孩子成长、发展。学校是每个学生向往的地方，每天高高兴兴来上学，这里有陪伴，有成长，有欢乐！

（案例来源：北京交通大学附属小学）

【案例4】
尚自然，展个性，促融合，共发展

一、办园理念和基本情况

办人民满意的幼儿园，做到有教无类，平等对待和接收各种情况的幼儿，促进所有幼儿个性化的全面发展是北大幼儿园人作为教育者的初心和使命。北大幼儿园传承北京大学蔡元培校长"尚自然，展个性"的教育思想，逐渐形成"尚自然、展个性、促融合、共发展"的个性化融合教育理念，构建了友好、合作、互信、共生的家园关系，营造出包容、尊重、接纳、支持的人文环境。

二、充满挑战的融合教育探索之路

幼儿园接纳特殊幼儿，更悦纳特殊幼儿；正视差异，更珍视差异；关注普通幼儿的发展，更关注特殊幼儿的成长。

（一）让孩子有园上，本仁心，记初心。

多年前，有个小女孩总是喜欢趴在幼儿园的门栏上，一双大眼睛眼巴巴地张望着园内快乐游戏的孩子和老师们。经了解，小姑娘有孤独症，爸爸多方打听，了解到北大幼儿园能接收。"教育关乎爱，关乎善良，关乎良心，关乎平等。"面对特殊需要的适龄幼儿，幼儿园没有退路，唯有接纳。幼儿园不接收，那么融合教育将永远不会有起点。虽然接收特殊幼儿需要投入大量的人力、物力，但幼儿园本着教育初心，面对特殊幼儿家庭不多收一分钱，千难万难，自筹资金，只为让特殊幼儿及家庭在北大幼儿园感受到真正的平等和接纳。

（二）让孩子上好园，笃其志，学之勤。

1. 打造能担大任的教师队伍

教育终究是人对人的影响，比各类机器设备更重要的，是特殊幼儿身边的老师、同伴和家长这些"重要他人"。《"十四五"特殊教育发展提升行动计划》也提

到，要打造高水平、专业化、创新型教师团队。为此，北大幼儿园引进特殊教育学、心理学博士、硕士等专业人才，加大全园融合教育师资培养，构建了一支以专职教师为核心、全园教职工为实践主体的专业师资队伍。充分发挥"一个党员一面旗帜"倡导下的党支部堡垒作用，党员教师带头要求特殊幼儿安排在自己的班级。

2. 探索适合本园的融合教育模式

北大幼儿园先后建立了心理咨询室、研发室，形成了以特教资源中心为主导，班级、保健室、膳食部等多部门协同合作的融合教育研究和实践组织架构，探索出全日融合教育模式：以个别化教育计划为指引，将园所融合、班级融合、特教资源中心个别辅导融为一体，充分挖掘社区环境、园所环境、融合教育教师、普通同伴、家长等对特殊幼儿发展的促进作用。

3. 提炼和创设特色融合课程

通过实践和研究，幼儿园梳理融合教育课程体系，课程从五大领域入手，以丰富多彩的园本课程体系为支撑，以个别辅导、小组教学、班级嵌入式教学、课程调整为主要形式，以促进特殊幼儿六大能力发展为主要目标。

4. 三结合，促进融合教育品质提升

第一个结合：心理学、教育学与特殊教育学三种理论相结合，为融合教育提供理论依据。

第二个结合：理论与实践相结合，将上述理论与融合教育实践紧密结合，实现理论对实践的指导作用。

第三个结合：科研课题与园本教研（包括微研究）相结合，让研究成果落地而有实效。

时至今日，幼儿园共主持过多项国家、市、区级融合教育相关课题。2022年10月，北京市教师发展中心将"幼儿园融合教育中师幼互动质量提升的教师培训研究"立项为重点课题。

园所曾与北大心理与认知科学学院合作，对小班普通幼儿心理发展进行追踪测评，用科学数据证明特殊幼儿与普通幼儿互为成长资源的价值。

在创办研究型幼儿园的发展背景下，园所首创微研究项目，全园80%教职工参与其中。对待融合教育中的各种难题，教师们习惯于以研究的态度寻求解决方法。

三、多年的执着追求终有收获

追光而遇，沐光而行。时至今日，园所直接服务的特殊幼儿有350余名，全园幼儿均受益。融合教育能够助力教师成长和园所高质量发展，幼儿园涌现出大量的区级、园级骨干教师，他们出版了多本融合教育专业书籍。

园所承接了融合教育名师工作室、教育部研修基地、海淀区干部教师培训基地、全国课程改革骨干教师研修基地,通过接待国培项目、区融合教育论坛、选派骨干到多个省市进行成果分享等形式,将园所的教育实践和研究成果向全市及全国进行宣传。幼儿园也曾接待联合国官员及联合国前秘书长潘基文的夫人来园考察,得到他们的高度赞许。

(案例来源:北京大学附属幼儿园)

【案例5】

一个也不能少

根据国务院第七次人口普查结果,2020年,我国0~14岁人口为2.5亿[①],按照1%的患病率估计我国有250万孤独症儿童。这个庞大的人群,既为孤独症儿童融合教育带来了挑战,也为融合教育的发展创造了机遇。北医幼儿园正是在这挑战与机遇中不断探索,努力前行。

一、孤独症儿童幼儿园融合教育

(一)基本情况

园所于1956年建园,隶属于北京大学。从2007年开始,在区教委、特教中心的指导下,园所借助大学资源开展融合教育,已走过15年历程。在这15年里,幼儿园不断接收孤独症儿童,他们与普通儿童一起享受优质的早期教育。

海淀区教委领导高度重视融合教育的开展,时任海淀区教工委书记王方、教委副主任吴谨多次莅临园所视察调研,并参加"尊重理解,携手筑爱"孤独症公益主题宣传活动。

(二)探索实践

1. 将融合教育文化播入幼儿园精神的土壤。全园上下统一认识,建立融合教育共同价值观——相信融合教育能够促进每一个孩子的发展,凝聚共识,汇聚力量,构建"以生命为主线,以爱为核心"的爱的文化,"爱"的向日葵为其文化符号:幼儿园接纳每一位小朋友和每一名员工,就像向日葵包容每一粒葵花籽和每一片花瓣一样,大家紧紧在一起,一个也不能少,向着阳光,向着共同的目标努力奋斗。这是党的二十大提出"加快建设高质量教育体系"、让每个儿童享受公平而有质量教育的体现,因为融合教育是教育体系的一部分,体现了教育公平。

2. 将融合教育培训嵌入幼儿园质量提升的轨道。园所一方面根据教师的岗位进行有重点的培养,另一方面开展交叉培训和交叉教研,普教学习特教的方法、特教

---

① 来自《2020年度儿童发展障碍康复行业报告》。

学习普通儿童发展规律，同时提倡普教和特教深度融合、密切配合、相互学习、合理流动，促进融合教育教师队伍的专业化水平不断发展，办园质量持续提升。

3. 将融合教育并入幼儿园的整体运行之中。融合教育是幼儿园整体工作的一部分，只有全面纳入幼儿园的管理组织和运行流程之中，才能真正落到实处。我园主要从四个方面开展这项工作。

一是管理组织架构。从园长到每一位职工全员参与，密切沟通。二是安排招生工作咨询。根据咨询流程对孤独症儿童进行面对面咨询招生。三是同步编入班级。对孤独症儿童根据其能力进行分班。四是开展阶段性融合。采取"三步走递进融合模式"：第一步准备阶段，不融合，开展一对一密集训练和小组活动；第二步过渡阶段，进行环节或半日融合加个别干预；第三步完全融合阶段，全天在普通班生活加个别干预。

4. 将融合教育课程融入幼儿园生命教育体系。融合教育成为幼儿园生命教育的一部分，体现为教育幼儿接纳身边的人和事，尊重生命的不同。

二、孤独症儿童融合支持性游戏

孤独症儿童融合支持性游戏分为三大类。"小组主题支持性游戏"指在幼儿园融合环境下，针对孤独症儿童设计，以小组活动方式开展，帮助孤独症儿童融入集体，提高实际生活能力，促进社会性发展的游戏。"班级融合支持性游戏"指在幼儿园班级环境中，针对孤独症儿童和普通儿童设计，帮助孤独症儿童适应班级生活，参与班级活动，促进孤独症儿童和普通儿童共同发展的游戏。"个别干预支持性游戏"指在幼儿园融合环境下，帮助孤独症儿童改善功能、提高能力，促进融合效果的个体游戏。

三、利用资源拓展融合教育的途径

幼儿园师生参与孤独症相关活动；与大龄孤独症孩子一起演出；举办主题公益活动，学校领导（院士）参与宣传；韩济生院士参加孤独症研究课题；与中央芭蕾舞团和中国手球协会开展课题研究；利用 VR 为小朋友插上想象的翅膀。

四、融合教育的效果和收获

（一）效果

幼儿园开展孤独症儿童融合教育，一是能够促进普通儿童和特殊儿童共同成长；二是大家在一起，一个都不能少，让孤独症儿童感到快乐和温暖；三是促进了孤独症儿童社交能力及其他能力的发展，提高了他们升入小学的可能性；四是普通儿童学会接纳弱势群体，学会帮助别人的方法；五是提高了教师设计、实施游戏的能力，促进教师专业素质的发展；六是帮助家长学习辅助技能，促进孩子发展，改善亲子关系。

（二）成效

1. 幼儿发展：坚持通过多种途径开展融合教育，设计上百个小组主题游戏、班级融合游戏、个别干预游戏；借助北大和北医资源开展孤独症儿童科研工作，提高干预效果，促进孤独症儿童和普通儿童共同发展，为孤独症儿童提升上小学的可能性。

2. 园所管理：创建孤独症儿童"三步走递进融合模式"和"融合教育三大类支持性游戏活动"；荣获课题成果一等奖；主编"孤独症儿童融合教育游戏指导丛书"四册。

3. 社会效益：为800多名孤独症儿童提供特殊教育干预服务，为1000多个孤独症家庭提供教育咨询服务。

（案例来源：北京大学医学部幼儿园）

【案例6】

送您最美的童年礼物

一、整体统筹，构建学前融合教育管理体系

海淀新区恩济幼儿园成立于2012年，自开园以来一直重视学前融合教育工作，倡导教育公平，坚持全纳教育，尊重、接纳、平等对待每一名特殊儿童。幼儿园成立了以园长为首，保教干部、骨干教师、保健医为核心的融合教育团队，建立自上而下的学前融合教育管理体系。

二、推进筛查，制订个别化教育方案

为尽早对特需幼儿进行有针对性地干预，从新生入园开始，幼儿园即积极推进幼儿筛查评估工作。2019年至今，在海淀特教中心专家、教师的专业支持下，幼儿园完成了26人次的融合教育幼儿筛查及发展评估。在组织幼儿筛查之后，幼儿园将特教中心的评估报告反馈给班级教师，并在特教中心的专业引领与指导下开展新的干预尝试。借助特教中心的专业力量，融合教育团队针对每一位特需幼儿的不同情况，进行一对一的个案分析，制订个别化教育方案，切实帮助特殊幼儿在园的学习与成长，并建立全园特需幼儿台账。

三、学习培训，提升教师专业能力

幼儿园积极参加海淀区组织的各项融合教育学习、培训活动。自2017年以来，多名教师参加了海淀特教中心组织的融合教育培训、"学校本位实践教研组"教研活

动、孤独症儿童融合教育的专题培训等，力求提高融合教育团队的专业能力与水平。

四、课题搭台，探索学前融合教育实践

2019年11月，幼儿园参与了海淀特教中心立项的教育部"十三五"重点课题"孤独症儿童融合教育生态支持系统建设的研究"，并承担了子课题"融合教育背景下孤独症幼儿同伴关系的研究"。园长带领业务干部、各年龄段骨干教师组成课题组，持续推进子课题的研究与实践。

课题组教师两周一次开展学习，通过共读书籍，构建对孤独症幼儿融合教育的认知。针对大班个案研究对象，教师还学习讨论了特需幼儿入小学先备技能的培养。同时，利用知网平台，课题组教师建立专业文献学习资源库，相互学习分享。围绕"孤独症幼儿同伴支持""孤独症幼儿教学中的策略"等主题，课题组教师还开展了微信群分享、云课堂学习。借助图片、视频、现场观摩、观察记录等方式，课题组教师走进班级观察、研讨，推进学前融合教育实践。

五、开展融合主题绘本教学，提高同伴接纳度

为了提高同伴对孤独症幼儿的接纳程度，课题组引进《不一样也没关系》《不可思议的朋友》《故障鸟》《没有耳朵的兔子》等融合主题绘本。课题组教师对绘本主题内容、核心价值、重点和难点、适用年龄班级等进行深入分析，选择合适的绘本开展教学。教师通过融合主题绘本教学，帮助普通幼儿了解人与人之间的差异性，理解、接受他人的不同，与孤独症幼儿和睦相处，建立友爱、合作、分享的同伴关系。

六、专家引领，拓宽教师专业视野

2021年，华东师范大学邓猛教授、海淀特教中心王红霞主任等专家多次来园指导，教师就特需幼儿融合教育实践中的困惑与专家对话，开拓了融合教育的思路和视野。此外，幼儿园接待郑州奇色花幼儿园来园观摩，开展学前融合教育实践交流研讨，教师们获益匪浅。

七、家园互助，建构融合教育支持系统

幼儿园重视特需幼儿的家长工作。班级教师及时和家长沟通幼儿在园的生活、学习情况，问询、了解幼儿在家的表现和家庭教育状况。保教干部和教师一起，和家长沟通特需幼儿在动作、语言、社交等方面的发展情况，针对幼儿能力发展不足的方面，进一步分析原因，并给予家长教育建议和指导。采取微信、电话、面对面交谈等方式，家园双方及时跟进反馈，探讨有效的干预方法。教师的用心关爱、专业指导得到家长的认可，他们送来锦旗表达对领导、教师的感谢。

八、积极开展融合教育主题宣传

幼儿园积极开展学前融合教育政策的宣讲和主题宣传活动，在世界孤独症日、全国助残日通过微信群、班级进行宣讲，开展全园教职工的融合教育宣传工作，引导教职工了解特需幼儿，对他们多一份理解和接纳，营造平等、友善、包容的融合教育氛围。

（案例来源：海淀新区恩济幼儿园）

【案例7】

育人为本，助力折翼天使健康飞翔

随着国家对教育和融合教育工作的重视和推进，轻中度特殊学生进入普通学校随班就读，中重度、极重度和多重障碍的特殊孩子进入特教学校。这些孩子在言语与语言表达、行走、生活自理、情绪和行为等方面存在个体差异，给师生安全、课堂教学、学校管理带来极大的挑战。健翔学校作为区内唯一一所区属特教学校，秉承"让特殊孩子享受优质的教育，让特教教师形成专业的技能，让现代社会实现和谐发展"的办学理念，尊重每一名学生的差异，接受学生的"不能"、开发学生的"潜能"、提升学生的"功能"、培养学生的"技能"，为他们的未来创造更多的"可能"。目前，学校已初步形成从学前到职高十五年一贯制的办学体系，共有学生567名，以重度孤独症学生为主，占比近70%。

一、课程育人，破解教育教学之难

课程是学校教育工作的核心，面对学生障碍程度重、个体差异大的现实情况，需要着重解决学什么、怎么学的问题。学校经过多年的实践总结，形成了"学科课程+活动课程+康复课程"三位一体的课程体系。

（一）探索跨学科统整的校本课程

在国家课程方案、课程标准尚未发布之时，学校就在2003年开始了第一轮课改探索。课改以学生需求为基础、以个别化教育理念为支撑、以生活适应能力培养为核心，形成跨学科统整的单元主题教学模式。学校编写出版了独具特色的校本教材和全学段生活适应教学丛书，成为全国100多所特教学校的教材蓝本。课程标准出台之后，学校积极响应，组织教研团队对课程标准进行续写与细化，意见数量达上千条；编写生活数学、生活语文、绘画与手工等学科练习册70余本。

（二）创新富有特色的活动课程

根据孩子们的认知水平，学校将知识与技能整合于各项生活活动中，每个月的主题活动是重要的教育教学载体。学校还借助艺术休闲课和社团活动挖掘学生潜能，成立了管乐、舞蹈、合唱、书画、特奥等学生社团，多次参加市区级比赛，其中管乐团还远赴韩国进行表演。在无数次展示和比赛中，学生获得愉悦的情感体验，收获更多的自信。

（三）构建功能补偿的康复课程

针对特殊学生存在的语言发育迟缓、运动障碍、情绪控制力弱、攻击行为等问题，学校专门开设了语言康复、动作康复、艺术治疗、书法治疗、行为干预等课程，为学生提供个性化的康复训练，提升学生在语言、运动、情绪行为管理等方面的能力，系列康复课程已成为学校的品牌与特色。

二、文化育人，搭建学生成长之梯

很多特殊学生具有视觉学习偏好。学校充分利用走廊、橱窗、彩虹墙、建筑标识等进行文化建设，借助学生的书画作品打造了诗情画意的文化长廊，用学生感兴趣的绘本打造多姿多彩的图书角，构建结构化、视觉化、功能化的支持环境，让环境成为育人载体，让文化浸润学生的成长。

三、专业育人，解决教师发展之惑

（一）学生点滴成长是教师幸福感的源泉

特教领域有这样一句话，"教师即教材、教师即教法、教师即教学资源"，这充分说明了特殊教育教师专业的重要性。面对有攻击行为、课堂上尖叫不止的学生，教师们常被问到他们的工作幸福感是什么。一位教师曾这样说："作为一名特教老师，或许我们永远品尝不到桃李满天下的幸福，却可以收获用专业改变每一个特殊孩子后的快乐！享受与学生斗智斗勇让孩子发生改变后的小得意！为学生储备好每一项生活能力后的欣喜若狂……"把不可能变成可能，在绝望中孕育希望，这就是特教教师的成就感和自我价值感。

（二）打造专业化的骨干教师队伍

特教学校教学实施的难度大，为了提高教学有效性，我们以个别化教育计划的制订与实施为抓手，建立多元评价的电子系统，通过对学生每月、每学期的测评，监控学生 IEP 目标的达成情况，促进教师对教学效果进行反思，切实提升教师的专业技能。学校结合教师的自身特点与发展兴趣，引导教师制定职业发展规划，成立市级名师工作室、骨干教师讲堂、首席工作室、青年教师沙龙等专业成长平台，为教师成长持续赋能。学校形成"1+N"培养模式，即每名教师都有自己擅长的一门学科，同时掌握 1～2 项康复技能，充分调动教师专业发展的积极性。目前，学校有特级教师 1 人，市级骨干教师 2 人，区级骨干教师 38 人，市级兼职教研员 11 人。

学校有 4 名教师参与部编教材的编写和试教试用工作；在研区级以上课题 16 项、校级课题若干项，教师的研究与教学素养得到同步提升。

四、协同育人，支持家庭教育之需

学校创建了特殊学生家长学校。教师们利用课余时间开展家长培训，组织亲子活动、家长沙龙等，让家长放松情绪、释放压力，引导家长树立正确的教育理念，掌握科学的养育方法，学校成为特殊学生及其家长最大的依靠，至今校门外仍不时有毕业生徘徊驻足。学校还邀请家长参与到教育教学的各个环节，让家长由"幕后"走到"台前"，由被动走向主动，积极配合学校的各项工作。

学校秉持开放、共享的理念，每年接待来自全国各省市多所特殊教育学校的参观交流活动，并对口帮扶多所特教学校，通过集中跟岗培训、专题讲座、下校指导等方式，将学校的优质资源毫无保留地分享到全国各地，并在"海景门昌"特教联盟中发挥带动作用，助力特殊教育优质、均衡发展，得到各级领导的认可。学校先后获得全国特殊教育先进单位、北京市模范集体等荣誉称号，连续两届获国家级教育教学成果奖，连续四届获北京市基础教育教学成果奖，出版"自闭症教育理论与实践系列丛书""个别化教学实践系列丛书"等书籍。

让每个孩子都有出彩的机会，让每一名特教教师享有更多的获得感和幸福感，是学校发展的目标和动力。

（案例来源：北京市健翔学校）

【案例 8】
以生为本的个别化教育计划的实施

在研究个别化教育计划实施路径的过程中，我校经过几年的探索、实践、梳理、总结，逐步将实施路径锁定在四条路径上。通过这些路径实现了孤独症学生发展目标，取得了较好的效果。

IEP 的制订只是一个起点，最重要的是实施的环节。在实施的过程中，要关注到课内课外、校内校外、家庭与社区等多条路径。同时，参与实施的人也有很多，有资源教师、学科教师、班主任等。所以，IEP 的实施不是一个简单的事，是为了一个孩子所有人都要付出努力的过程。

第一条路径：课堂

在融合教育课堂上我校做了一次大胆的尝试，最大的亮点是多学科共同发力。

郭同学是二年级七班的一名学生，这名同学存在明显的感统失调，前庭觉、本体觉和触觉功能受损明显，在手眼协调、书写、运动控制与平衡等方面表现欠佳。基于这些实际情况，他的语文、数学、体育、美术学科的老师、资源教师以及家长一起研究制订 IEP，他的总体目标是融入集体，能够勇敢地表达自己，在注意力、认知、运动控制、平衡等方面的能力逐步向同龄孩子靠近。

语文老师根据他的实际情况，在每一节语文课上为他准备描摹练习本，课下由班里的小伙伴指导他用口头组词的方式进行巩固，放学后由家长陪他继续练习。

在课上，老师还专门设计了他能够参与的口语表达环节和看图说话环节，让他有尽可能多的机会融入课堂。经过老师、同学、家长的持续跟进，他的识字量由原来的几个增长为现在的 100 多个。

数学老师根据他的实际情况降低学习难度，通过实物模型教授基础知识，把空间图形融进生活，用情景化学习的方式积累活动经验……这些做法激发了他的学习兴趣，他慢慢地喜欢上了数学，数学素养及能力也有了相应的提升。

郭同学不喜欢学校的美术课，但非常喜欢校外的美术班。经过几次沟通，慢慢地，老师们了解到，他喜欢自己选择工具，选择颜料，选择画画内容……于是美术老师根据他的特点和需求为他单独设计了相关教学内容，渐渐地他有了转变，能够很好地利用课堂时间画出不错的作品。

郭同学刚刚入学的时候，所有的体育项目都不达标。了解他的实际情况之后，体育老师给他制订个别化教育计划，在基本动作、运动技能、健康习惯等方面进行关注。在每一节课中通过个别示范和同伴帮助，他达成了在基本动作方面的目标；通过一对一指导和分组展示，他达成了在运动技能方面的目标；同时，坚持不懈地培养其健康习惯……经过体育老师持续地跟进指导与训练，郭同学在国家体质健康各项监测中都已经达标或达到良好水平。

第二条路径：社团活动

随班就读学生在班级融合得越来越好之后，我们开始思考：如何让这些学生的生活圈子逐渐向外扩展？于是，我们给这些孩子搭建平台，寻找机会。学校的一些兴趣社团向他们伸出了橄榄枝。

有 8 名随班就读学生分别在沙画社团、橄榄球社团、射击社团、空竹社团、剪纸社团、天文社团、心理社团中学习，他们非常适应新集体。在活动跟踪中，我们发现他们从不扰乱课堂，能够融进原本陌生的集体，这是以前我们从不敢想的。这些孩子正在逐步走向更大范围的融合。

以郭同学为例，这个孩子既参加了橄榄球社团，又参加了射击社团。经过社团的学习与锻炼，他的注意力时间拉长了，胆量变大了，与同学的融合度也越来越好。

第三条路径：校内各项活动

学校在开展各种各样活动的时候，随班就读学生都参与其中。例如，在全校的歌唱比赛后，随班就读学生所在的班集体的合照中，每一名随班就读学生都在队伍里和其他孩子一起唱歌，一起做动作，尽管动作不同、表情不同、口型不同，但能够感觉到他们眼神里流露出来的快乐和满足。

再比如，在广播操比赛中，他们都在整齐的队伍里做操、喊口号，没有人能一下子把他们找出来。他们已融入集体，成为集体中重要的一分子。

第四条路径：社会实践活动

学校基于随班就读学生的实际情况，为他们设计亲子社会实践活动，把他们带到户外参加春耕、秋收等活动。在春耕活动中，孩子们种下的西红柿和黄瓜种子，经过精心的培育，都开花结果了。他们经历了从播种到培育再到品尝果实的全部过程。在活动中，他们交到了新朋友，享受到了同学之间的公平交往。

参加社会实践活动，孩子们从校内走向了校外，即从熟悉的环境走向了陌生的环境，从熟悉的团队走向了新的集体。他们的活动区域再一次变大了。

回望学校个别化教育计划的实施路径，以学生为本，通过多位老师多种举措、多点发力的融合实践，发现了孤独症学生的诸多变化，这变化来自学生自身、来自家长，也来自老师。

郭同学的变化：以前他只来学校半天，另外半天在外边做训练，这学期他主动跟家长说要一天都在学校。他越来越自信，越来越喜欢学校。此外，他能主动地跟身边的老师和同学说话了，以前由于说话吃力，根本就不说，现在不一样了，他能主动说话，主动寻求帮助。

班里同伴的变化：以前郭同学不爱说话，说话又慢，同学们都没有耐心听他把话说完，时间长了他就不说了。现在不一样了，他感觉到周边的环境安全了，变得自信了，能力也比以前强了，同学们也能跟他沟通了，也不笑话他，这是非常难得的一个变化。同伴的变化会直接作用于郭同学，形成良性循环，促进他的融合及发展。

老师的变化：老师们通过为他制订 IEP 更深入地了解他，通过课堂实践有了一些新的思考。在不断地为郭同学调整教学设计，调整达成目标的方式方法的过程中，老师们积极地向资源教师寻求帮助，积极地与班主任联系，积极地调整课堂节奏等，目的都是为了让郭同学更好地融入课堂与集体。

家长的变化：在给学生制订 IEP 的过程中，我们不断地与家长取得联系，共同商讨 IEP 制订的合理性。在这一过程中，我们的老师有了从多角度了解孩子的机会，也更加理解了家长的不容易，同时家长也从中更加全面地了解学校融合教育工作，感知到每一位老师为孩子的辛苦付出。在老师们的带动下，在 IEP 团队的专业指导下，家长愿意拿出更多的时间陪伴孩子，耐心地指导孩子，孩子真切地感受到来自家长不遗余力的爱与期待。

学生、同伴、老师、家长在 IEP 的实施过程中都有了变化。此外，融合教育的整体氛围、学校教师的理念、学校文化都发生了变化。这些变化给了我们推进个别化教育计划的勇气和决心，我们将在梳理以往经验的基础上继续探索，让更多的学生受益，让更多的家庭充满期望。

（案例来源：海淀区航天图强小学）

【案例 9】

打造融梦课程，让每一个孩子的梦想绽放

融合教育的稳步落地，需要立体多元的实施途径。"融梦课程"作为永泰小学融合教育体系实施中的核心环节，是永泰融合育人深化发展的罗盘与指南。学校着眼于每一个学生健康成长的发展需求，打破学科壁垒，依托资源教室，融合构建出"融智课程、融心课程、融爱课程"三大课程板块；融合了"同班共读、协同式、陪读式、抽离式"四大教学方式，立足核心素养、实现整体育人，共同构成和谐统一、科学完善的"融梦课程"体系，为每一个孩子提供适宜、科学、可持续的成长支持。

一、让孩子融于学科

课程着眼于学生知识与能力的综合培养，以儿童发展为中心，以班级课堂为落脚点，将国家、地方课程和功能性课程相结合，重在夯实特需学生的文化课基础，使其对学科知识、学习技能、学习习惯和学科素养等进行适宜程度的习得。融智课程包括语文、数学、英语、体育、音乐、美术、阅读、信息、科技、实践、书法等十多个学科的基础学科。学科开放，五育并举，使特需学生在学科课程的土壤中生根发芽，为其今后走入社会、融入社会奠定坚实基础。

融合教育不是随班混读，融智课程尤其注重差异化教学。永泰小学要求随班就读学科教师落实"一人一案"，精准实施个别化教育计划，在课堂教学中关注特需学生的个性化需要，既关注教育的整体性又注重对特殊情况的个别化分析。先为其制订个别化教育计划，再以此设计教学，采取知识减量、难度降低、策略调整、过程简化、形式替代的方式实施课堂教学，提高随班就读教学的适宜性和科学性。

二、让孩子融于个别指导

功能多元的资源教室是资源教师带领特需学生实施融心课程的核心实践场所。学校着眼于特需学生康复与补偿的成长需要，开学初依据资源教室提供的课程资源设计家长问卷，遵循特殊教育规律，从康复训练、心理健康、生活能力与习惯等方面入手，有计划、有目标、有策略地开展个案辅导，让有特殊需求的学生最少限制地享受训练服务，提升学生的成长发展能力，开发学生的个性与潜能。

目前，永泰小学的融心课程主要以 ABA 行为分析为教学策略，以正向行为支

持为切入点，以泛化教学融合为目标，开设了包括粗大动作训练、精细动作训练、注意力训练、绘本教学、绘画社交治疗、阅读治疗、生活数学、沙盘治疗等14项资源教室课程。资源教师在日常教学的持续跟踪中对比观察，针对学生发展的阶段性特点，真正设计出符合孩子成长需求的支持课程，让资源教室课程教学真正做出实效。学校在资源教室课程建设上，有计划、有目标、有策略地开展个别或小组辅导，已形成自己的融合教育课程品牌特色。

三、让孩子融于集体

学校着眼于学生的情感与交往需要，立足"主体参与、自我体验；共同活动、互助成长"的原则，将家庭、学校、社会三大特需学生活动场域视为一个融合教育生态场，在以学校为主导的基础上，推动家校社的联动育人。

学校通过阳光伙伴互助计划、班级文化建设和各项主题教育活动等，搭建起贯通个人与集体、课上与课下的融合教育网络。在融合班级中通过班风班训的内涵赋予、班队会的引领教育、阳光伙伴日常学习中的牵手帮扶、班级融合小岗位的责任成长、班级文化墙和主题海报的无声润泽……使融合教育理念汇成一股悦纳、理解、支持的力量。同时，在普通生及特需学生一起参与的活动中，随班就读班主任通过观察评估特需学生的参与率和表现程度，调整指导策略和方法，提升其集体生活适应能力，使得教育的优质与公平得以实现。

为了让特需学生进一步融入集体生活，学校积极组织社团和实践活动，搭建起贯通校内与校外、家庭与社会的融合教育桥梁。在社团建设方面，除了艺术、科技、体育等方面的常规社团以外，学校结合特需学生的发展特点和能力特点，以"尽可能包容、接纳和辅助展现自我"为原则，设计出多元开放、无招生条件限制的"融梦社团"，如绘本阅读社团、瑜伽社团和运动社团等，吸引特需学生和普通学生参与。同时融爱课程将课堂教学、模拟实践、实地活动三种模式相结合，以实践活动为载体，开设城市穿越、多学科融合研学实践、生活厨艺操作、科技艺术节、班级合唱节等课程，让特需学生在实践中感受社会规则，获取融合机会，提升生存能力。

此外，为了帮助孩子成长发展，提供科学有效的家庭支持，学校每学期均会为学生组织不同的"实践课程"。通过探究、服务、制作、体验等方式，构建"家校社"三位一体的综合实践育人网络，让特殊孩子有更多机会参与校内校外实践活动。学校通过组织家庭亲子实践活动，如蛋糕烘焙、亲子观影、家庭生活技能指导、绘本阅读指导、家庭教育指导日等，结合讲座、培训、互动式体验、线上线下家访等多元形式，让特需学生在实践中增强对社会规则的理解，提升社会适应能力。学校在理解与尊重、交流与分享之中，向每一个有特殊需求的孩子及其家庭予以温暖的怀抱，实现有效的家校协同。

（案例来源：海淀区永泰小学）

【案例 10】
一张特殊的考卷：以评促学

随着学校融合教育工作的深入推进与发展，学校融合教育团队更加注重每一个有特殊需求学生的个体差异，对他们采取适宜的评价方式，通过反复研讨，选择最适合学生的教学与评价的内容，实现"所评即所学""所学有所评"。在评价过程中，学校除了关注每学期的终结性评价，还非常注重日常的过程性评价，以评价驱动学生实现最大限度的发展。

泽泽同学目前就读于普校三年级。他在识字、书写、阅读方面存在明显困难，识字量约为 100 个常用汉字，书写速度落后，不能自己独立阅读，听他人朗读可以理解简单内容。泽泽的注意力稳定性弱，容易分心，注意力集中时间为 3～5 分钟。在语言理解与表达方面，泽泽能够完全理解其他人说的话，但是表达能力弱，表达的完整性较低。泽泽不主动交往，同伴交往的过程往往不顺利，但泽泽可以与熟悉的老师进行沟通交流。在课堂参与方面，泽泽能够听从集体与单独指令，偶尔能够回答问题或参与讨论。泽泽是一个自尊心很强的孩子。看着他脸上日渐消失的微笑，感受着他自信心的逐日消减，各学科教师决定开启一个"大工程"，依托个别化教育计划，密切与家长的沟通，根据泽泽的实际情况对他的学习内容和作业难度进行调整，有针对性地改进教学方式。在学期结束时，教师们思考对泽泽如何进行评价，仍旧是和其他学生一样，还是同步在评价上"做文章"。最后，为达成一致意见，学校分别与家长、学科教师和教学部门展开系列工作。

与家长沟通，了解家长的真实想法。针对泽泽如何进行期末考试这一问题，团队经过讨论后决定先了解家长的想法，于是向泽泽妈妈邀约，征求建议。泽泽妈妈很真诚地表达了自己的想法，主要归纳为：①每个学期末孩子需要参加考试；②希望学校能够考虑泽泽的情况，调整试题的难度。

与学科教师沟通，商讨可行办法。在了解泽泽妈妈的需求后，学校立刻召开关于泽泽同学如何进行期末考试的研讨会。参会的教师有泽泽的班主任、语数英三个学科的任课教师及资源教师。在会上，每位教师都详细介绍了泽泽同学平时在班里的表现以及一学期中他的 IEP 实施情况。同时，根据泽泽妈妈的建议，大家一致决定，由各个学科教师根据泽泽的教学内容调整评价方式，针对泽泽的实际能力和平时学习情况单独设计期末试卷。考卷严格遵循设计流程，各学科试卷设计完成后交予资源教师进行全面审核，确保无误后交予教学部门进行最后的审核。

与学校教学部门沟通，统筹安排考试工作。各学科教师设计期末试卷的同时，融合教育负责人与教学部门沟通，上报关于泽泽考试的相关信息，并商量泽泽期末考试当天的整体安排。经过多次会议讨论，决定将泽泽的考场安排与监考教师安排纳入学校整体考务安排，即为泽泽同学单独设置考场，单独安排监考教师。根据试卷的题目和泽泽的实际情况，监考教师为其读题，泽泽亲自作答；或是泽泽口答，监考老师替他做简单记录。由于泽泽考试卷上的内容相对较少，为减少家长来回接送的次数，与家长沟通后，将泽泽语数英三科的考试安排在同一天进行。

结合平时表现，确定综合评价结果。经过一系列细致安排后，泽泽与其他同学一样，参加了属于他自己的适合他的期末考试。泽泽很激动，满怀期待，整个考试过程非常认真，与监考教师配合得非常好。考试结束后，泽泽的考试卷交到各学科教师手中，由各学科教师结合平时的过程性评价进行最终评价。根据各学科整体考试方案，教师们一致确定，泽泽同学的语数英三科成绩都是优秀，他的期末总评也是优秀，成为班级全优生中的一名。

一张特殊的考卷在帮助泽泽实现"全优"梦想的同时，也使得越来越多的学生实现了"全优"的梦想。泽泽这个案例促使我们不断地思考、不断地探索每一个有特殊需求学生的评价方式，让更多的孩子体验到自己从付出到收获的快乐和幸福，让沉甸甸的收获给这些孩子持续付出努力的动力和生命的内驱力，真正诠释"不同的人生同样出彩"的真实内涵。

（案例来源：海淀区航天图强小学）

第三节 孤独症儿童融合教育中家庭教育案例

【案例1】

父母转变态度，孩子快速成长

芳芳是我们的大女儿，一直都聪明乖巧，能认很多字，尤其爱看书。我们也非常疼爱她，认为她是一个非常聪慧的孩子，对她也有比较高的期望。就这样，一切都风平浪静、按部就班地进行着。直到她进入小学三个月后，那段时间我频繁接到班主任的视频"投诉"，说芳芳每周有两到三天跑出教室，有时候因为不能继续听广播而大哭，有时候是遇到想要的东西同学不给而对其大打出手，引发其他家长不满。每次班主任来电我都如临大敌，全家如同热锅上的蚂蚁；如果哪一天没有接到班主任的"投诉"，全家都会觉得这一天简直太美好了。

面对安全问题，还有其他家长的不满，我们也很想把孩子"管"好。但是无论是"威逼"还是"利诱"，似乎都没有效果。我和爱人都是双职工，不能进入学校陪读，也无法全面了解情况，每次都只能小心翼翼地拜托班主任帮忙教育、管理。

但是孩子到底哪里出了问题,实在让人百思不得其解。我在老师和家人的建议下,找到了一个经验丰富的"老教师"看看孩子的问题,反馈是孩子没有问题,就是我们之前太宠爱了,对学校规则适应不好,于是我就放心了。因为很担心孩子会有问题,怕别人觉得她很"特殊",作为爸爸我必须要保护自己的孩子,不能让她自卑、受伤。我每天回家都细心地和孩子沟通,问她发生了什么,她也说不清楚。对于发生的问题我觉得信息不足,我希望老师能够阻止她的不良行为,同时又不能伤害孩子的自尊心。然而,我感觉很难实现,班主任也陷入烦躁和困境之中。

就这样一两个星期之后,事情似乎有了转机。班主任会及时告诉我孩子今天发脾气、跑出教室的原因以及如何处理的,需要家里如何配合,并给了我一个家校联系本,告诉我每天需要和孩子沟通第二天在学校要做的事情,让孩子自己在每节课完成时画钩,在没有完成时画叉。如果一天没有跑出教室、没有打人和发脾气,回家之后就大力表扬。班主任说这些方式是学校的资源老师建议的,如果家长觉得有疑问和需要也可以和资源老师聊一聊。资源老师反馈给我孩子的优点和困难,我感受到她确实有一些经验,而且对孩子没有歧视,对我的处境也比较能理解。她建议我们去医院看看,确认孩子是不是存在一些神经发育上的特殊性,这样有利于对孩子采取最好的处理方式,而不是给她贴标签。

医生初步诊断孩子具有阿斯伯格倾向,建议进行训练。班主任、资源老师和我们组建了一个微信沟通群,几乎每天都要沟通孩子的情况。那段时间我们不再纠结孩子的作业完成和上课情况,而是对她在学校遇到的困难进行针对性的干预。通过一个月的努力,孩子突出的问题行为基本都没有了,我们的家庭生活又恢复了平静。通过行为管理表的落实,我惊喜地发现孩子没有了那些让人头疼的事情,自我管理和社交能力也得到了很大的提升。目前她在学校基本没有太多突发事件,但是我们需要对变化提前做一些准备,比如换座位、上公开课等,而她和班主任、同学的沟通都变得更加频繁和顺畅了。教育观念的转变让芳芳最困难的问题得到了解决,在学校融合的过程也更为顺畅。

(案例来源:中关村第一小学)

【案例2】

环境生态课程理念与关键能力培养

作为一个资深孤独症儿童的家长,我和很多家长一样,都有一个共同的心声:"我不期望我的孩子以后能怎样,只希望我们离开后他能够自理,能够照顾好自己,哪怕就用APP点个外卖呢……"其实我们所期望的"自理""照顾好自己"就是日常生活所需要的基本能力,是公民共同核心素养的重要组成部分。公民的共同核心素养包括基础素养和高级素养。基础素养包括日常生活所需要的基本能力、遵守规则能力、行为约束能力等。高级素养包含创新能力、批判性思维、公民素养、合作与交流能力、自我发展素养、信息素养。对于大多数的孤独症孩子来说，首要的需求就是培养他们生活所需要的基本能力。

生活所需要的基本能力包括的范围很广，从大的方面看就是衣食住行相关能力。从小的方面看，根据孩子的年龄、能力程度的不同，范畴略有不同。幼儿阶段是居家自理能力，比如吃饭、穿衣、洗漱、如厕的能力；小学阶段是适应学校、班级的自理能力以及社区内的自理能力，比如能找到自己的班级和座位，能在社区内取快递、缴纳水电费等；初中或初中以后主要是社区外的系统环境，如交通工具乘坐、独自上下学、银行存取钱、医院挂号看病等能力。

有什么方法可以培养和提升孩子的自理能力呢？结合我自身的经验来看，培养孩子的自理能力，有几个原则要遵守。

1. 家长要坚持做"懒"妈妈、"懒"爸爸。首先就是不包办孩子的一切，孩子自己的事情一定让他自己做，哪怕他做不好也没关系。我儿子小时候洗内裤，洗不干净，也拧不干，皱皱巴巴的，但也得他自己洗。哪怕等他睡着了看不见的时候，我们再偷着洗一遍，慢慢地他就洗得很干净了。其次，所有的家务活动都要家庭成员分工，要分工种或者分步骤。比如，擦地的是爸爸，做饭的是妈妈，那孩子就要去洗碗，从收拾桌子开始，到洗碗、洗锅、收拾灶台，按步骤全部完成才可以。再比如我们吃韭菜鸡蛋的饺子，孩子需要帮妈妈洗菜、切菜，妈妈来拌饺子馅，这就是分步骤。有的家长会说动刀之类有危险，孩子干不了。其实，只要准备工作做充分是没问题的，提前讲解到位，观摩细致，刀具是适合他用的，即使受伤也是小伤，生活中孩子怎么可能不受点伤呢？总之，让孩子尽可能地参与到所有的活动中去，在生活中积累经验，在过程中还可以锻炼孩子的合作能力。

2. 善于利用孩子的个性特点，变"缺陷"为"优势"。孤独症孩子一般都很刻板，在某种意义上刻板也是优点，比如我家孩子有一段时间，晚上关灯一定得他来，那就让他来嘛，我晚上准备睡觉的时候躺在床上，说一句：多多，关灯。不但他高兴，我还乐得轻松。这就是利用了他的个性特点，让他参与了关灯的工作，后来就泛化为帮我开各种灯、各种门。为了固化孩子的积极行为习惯，父母的榜样示范作用非常关键。比如幼儿园刚给孩子建立起了回来放好书包和鞋子的良好行为习惯，那么家里的每个成员必须也遵守和维护这个习惯，爸爸下班也必须放好自己的包和鞋子，妈妈也一样。否则，孩子的行为习惯被打乱，刚建立起来的规则被破坏，放好自己的书包和鞋子的自理能力不但建立不起来，孩子可能还会出现情绪问题。

3. 赏识教育或后效社会性的赞美强化，是增加孩子积极行为的有效管理手段。通俗地说，就是不要吝啬我们的赞美和夸奖。在培养孩子自理能力的时候，是少不了通过各种方式刺激某种行为的发生的。比如，孩子喜欢吃薯片，当他做对了，就会获得一片薯片的奖励。这种刺激就是我们常说的强化物。慢慢地孩子大了，强化物就要随之升级为社会性的强化物了，而社会性赞美在整个孤独症儿童干预的过程中一定是使用最多的强化物,尤其是后效社会性赞美(做好某一件事之后得到的赞美)。但是,含蓄、不善表达,这道标签似乎已经深深地烙印在了中国父母身上,如果要求家长们把孩子"夸出一朵花"来,一定难倒了一大片的人。所以作为家长,我们要爱赞美,多赞美,还要赞美得恰到好处。这点我在我孩子身上看到了明显的效果,我有一天问我儿子,你为什么喜欢去学校,我那"不善言谈"的孤独症儿子说:"因为刘老师和王老师都表扬了我啊!"我也深受启发,努力学习老师们都是怎么表扬和鼓励孩子们的。总之,对于孤独症孩子来说,奖励和夸奖的效果总是比批评和训斥好得多。

4. 紧密的家园或者家校合作是培养孤独症孩子自理能力的最佳方式。美国心理学家布朗芬伦纳的生态系统理论强调:个体的发展,离不开小环境系统的协同一致。幼儿园、学校、老师和家长都是这个小环境系统的影响因素。所有因素共同作用,孩子的能力才能得到最大程度的泛化。因此,家庭和学校必须得有共同的目标,目标一致才能取得事半功倍的效果。比如我儿子学校的资源教师刘老师非常注重孩子自理能力的培养,做了"家校共育家庭实践月主题活动",在家长的配合和坚持下,短短 2 个月,孩子们就把整理书包、整理房间、洗红领巾、洗袜子、洗内裤的习惯建立起来了。我们也可以把我们想训练的目标反馈给老师,老师会在学校里注意这方面的培养和训练。孩子们在专业教师的指导下学到的任何东西,都需要在各个生活场景中不断泛化,才能真正变成孩子的经验和能力。这就是家校合作的意义所在。

目前我家孩子已经 11 岁了,在家里能够自己洗衣服、晾衣服、收拾房间;能够煮面、蒸饭、洗碗、收拾厨房;能够收拾卫生间,照顾花草和宠物。最重要的是他能自觉参与家务劳动,不会认为做家务是爸爸妈妈的事,与他无关。他也能够在小区的小超市购买自己喜欢的小食品,能够帮我取快递,去物业买电等,基本的生活技能已经慢慢地建立起来了。基于他的培养和训练方案,下一个阶段的目标倾向于由社区内逐渐向社区周边扩展,为孩子上初中做好充分的准备。

(案例来源:海淀区永泰小学)

【案例3】

帮助孤独症儿童融入集体——陪读促成长

适龄儿童入学登记的时候,有一个男孩儿(小英)晚了两年才入学,孩子爸爸解释说,孩子得了抽动症要治疗,所以晚上一年学。开学后,资源教师开始按工作流程,进班观察小英,评估他的行为表现;与家长沟通,了解孩子的成长史及学前阶段的治疗和干预情况。资源教师发现小英具有孤独症谱系障碍的特征,同时存在智力发育迟缓的状况。小英最大的困难是语言发育落后,还有因不会沟通造成的一系列情绪问题。最令人遗憾的是,小英错过了干预语言的最佳时期。

由于小英不能交流，而且情绪问题严重，不得不开启成人陪读之旅，这一过程一波三折，异常艰辛。

第一阶段：家长陪读，问题越来越多

在第一个阶段是家庭成员来陪读。妈妈去个厕所，小英就跑丢了，全校行政领导和保安到处找。后来，爷爷开始陪孩子，问题就更大了。爷爷逼着小英跟其他孩子一样在课堂上写字。孩子因个人能力写不了字就会哭闹，爷爷就在课堂上大声"教育"孩子，被任课老师请出教室后，在楼道里大声训斥孩子，多次引起孩子情绪崩溃。整个楼道都是爷爷的吼叫声和孩子的喊叫声。爸爸偶尔来陪读，情况和爷爷差不多，严重影响学校的正常教学秩序。

经过一个学期的家长陪读，孩子各方面的能力没有什么发展，问题却越来越多。学校资源老师与妈妈多次沟通，请家长参加学校组织的"助教陪读老师的专业培训"。家长意识到家长陪读的弊端，同时，也看到了其他家长请的专业陪读老师的工作成效，看到了陪读老师的专业度，以及被陪读孩子的巨大进步。家长终于同意请专业陪读老师。

第二阶段：学校支持教师专业发展，教师帮助学生全面发展

妈妈通过社会机构找了陪读老师。但在陪读的初期，面对孩子出现的情绪问题和攻击行为，陪读老师束手无策。在与陪读老师的交流中，我们得知，小英的陪读老师并非来自特教专业，且没有工作经验。学校启动了对小英陪读老师的指导与帮助工作。首先，邀请陪读老师进入学校特教助理教师工作群，建立互帮互学的学习共同体。学校的李老师专门负责组织学习和活动，了解家长、陪读老师和学生的情况。其次，按学校融合教育工作计划，每学期开展1—2次特教助理教师的专业培训。学校负责聘请特教专家开展线上或线下指导，还有小规模的学校督导。再次，就是最关键的日常管理与指导。学校把特教助理教师作为学校融合教育团队的一部分，对其按一线教师的要求进行管理。同时，根据每个孩子的情况，进行陪读老师的日常指导，每天给出反馈并及时给予帮助。如果陪读老师与家长或班主任之间出现问题，学校还会出面协调，商讨对学生最好的方案。

在学校融合教育团队的共同努力下，小英在第二学年，终于可以说出简单的词语和短句。有了语言之后，他特别愿意和同学互动。大家都为小英感到高兴。班主任老师经常说，小英的进步特别大，已经不会影响班级的课堂纪律。家长、老师对孩子的状态都比较满意。

学校融合教育团队的专业度，决定了学校开展融合教育工作的质量。有完善的工作制度和工作流程，相对专业的融合教育教师团队，以及专业的资源教室，孤独症儿童更能够得到针对性的支持。其中，特教助理教师由于直接在课堂中为孤独症儿童提供辅助，而且处于客观立场，对于和谐家校关系，促进家校沟通协调发挥了重要作用。

（案例来源：北京交通大学附属小学）

【案例4】
孤独症儿童家长教育咨询小团体

自2021年9月以来，连续两学期针对孤独症儿童家长开展"孤独症儿童家长教育咨询小团体"活动。

目标：以团体的方式为孤独症儿童家长提供教育咨询和心理支持。

对象：稳定参与的两位资源教师和三名孤独症儿童的家长，期间也有其他孤独症儿童家长进入和退出。

性质：半结构式，家长反馈孩子近期的进步与问题，教师反馈孩子的训练和在校情况，双方沟通近期的目标。

过程方法与效果：

本团体旨在利用团体心理咨询中的治疗因子来提高团体成员自我支持和相互支持的能力，从而达到支持孤独症儿童发展的目的。三名持续参与的家长的孤独症儿童都是智力较高的，但在常规和社会交往方面存在不少问题。在每次团体活动上，当有家长谈论孩子问题和表现的时候，常常引起其他家长的共鸣，起到了缓解焦虑与不安情绪的作用。团体咨询还有一个作用，就是灌输希望、增强团体凝聚力和促进情绪宣泄。在团体咨询推进到中期时，发生了一件事，有一个一年级的小同学由于情绪控制不良，把别的同学给打了，家长非常焦虑地和我们谈起这件事情。大家让这名家长看到，孩子从最开始不会表达和沟通只能自己生气，到现在用不恰当的行为表达，这也是一个进步，让她看到自己为孩子做的大量工作。家长在接纳和包容的氛围中，情绪得到了舒缓，也能够自我肯定和肯定孩子，在泪流满面后重新收拾心情再出发。团体成员和带领者之间形成了行为模仿、人际学习和信息传达的互助关系。起初的信息传达和行为示范主要来自带领者。随着团体咨询的深入，家长之间常常会相互提出非常好的支持，比如他们自己开发的行为管理表、代币体系、强化物管理方法、物品管理方法、注意力提升方式、体育训练资源等。

这是一个孩子同质性较高的团体，家长具有较高的认知水平，能够比较积极地解决孩子发展中的问题，且愿意为孩子投入大量的时间和精力，因而取得了不错的效果。这三个家庭的家长之间已经形成了较强的相互支持关系，小团体在孩子发展和父母心理支持方面发挥了一定的成效。

（案例来源：中关村第一小学）

第四节　孤独症儿童社会融合实践活动的案例

【案例1】

航天主题亲子活动

探索浩瀚宇宙，播种科学梦想。6月18日，海淀特教中心联合航天三院航科传媒公司举办了航天主题亲子活动"火星，我们来了"，30名学生、家长及教师参与本次活动，引导学生身临其境体验航天精神，拓展科学兴趣，厚植爱国情怀。

活动开始前，可爱的航天熊猫来到活动现场，吸引同学们纷纷上前打招呼。在教师的带领下，同学们先后参观了航天育种区、火箭模型区、导弹模型区、航天绘画作品区以及飞航文创区，了解航天育种实验结果，观察传统工艺榫卯结构与火箭模型的制作，欣赏航天绘画的魅力，这些环节在孩子们的心中播撒了科学的种子。

为了帮助孩子们了解"天问一号"探测火星的过程，教师设计了涂色、问答、摇摇卡手工制作等系列游戏活动，借助图片、视频等方式生动地讲解"天问一号"的构成，帮助学生了解火星探测器的原创性科学成果和世界影响。学生们神色专注地完成涂色卡，积极思考回答有关火星的基础常识，与家长一起阅读说明书，制作火星探测摇摇卡，整个过程充满了欢声笑语。活动见证了同学们探秘火星的浓厚兴趣，也为家长们创造了温馨美好的亲子时光。

社会是一个大课堂，留心之处皆教育。航天主题亲子活动"火星，我们来了"坚持兴趣导向、活动育人，不仅培养学生的科学意识、增进科学知识，促进专注力、言语表达、社交互动等能力的发展，而且帮助家长减轻心理压力，共享愉悦时光，共同搭建家校社协同育人的桥梁，为学生憧憬美好未来、融入社会生活奠定重要基础。

（案例来源：海淀区特殊教育研究与指导中心）

【案例2】

茶文化亲子体验

阳春三月，茶香浓郁。取三两茶叶，泡一壶好茶，品味灵动茶韵，体验精致慢生活。为落实"立德树人"的教育方针，培养学生热爱生活的情感和社会适应的能力，提升亲子关系质量，3月20日，海淀特教中心茶文化亲子体验课程顺利开展，六对亲子共同参加。

在茶艺老师的引导下，在净手、自我介绍、讲解茶叶知识、互动聊茶、泡茶的过程中，家长和孩子共同亲近自然、学习茶艺、开启茶文化之旅……

通过茶文化课程，家长和孩子共同感受赏茶、闻茶、沏茶、品茶的修身仪式，领略优雅的泡茶流程；通过喝茶静心静神，感受美心修德、去除杂念的放松惬意，享受心理疗愈般的放松过程；通过亲子趣味互动，感受心灵与心灵的对话、情感与情感的交流，营造和谐的家庭氛围与亲子关系。无论是家长还是孩子，都在茶艺课程中有所学、有所乐、有所为。

本次体验课是新尝试也是新开端，海淀特教中心将打造涵盖"学茶艺、悟茶道、亲自然"等内容的系列茶艺课程，让家长和孩子在赏茶、闻茶、沏茶、品茶的过程中，怡情修行、体道悟道，实现"玩在自然、学在自然"的课程追求，落实美育目标。海淀特教中心也将继续做好家校共育工作，满足家长和孩子的需求，从教育融合走向社会融合。

（案例来源：海淀区特殊教育研究与指导中心）

【案例3】

研学活动促进孤独症儿童成长

第一次接触海宝时，他还在上一年级，他的眼神非常明亮，却不会与人对视，声若蚊蝇，就算你张大了耳朵仔细听，也不一定能听明白。而他一旦兴奋起来，嚎叫的声音简直能震破人的耳朵。所以首次带他出去研学前，我心里十分没底。

那是在2019年的夏天，我到他家里接他，前往火车站的路上，每经过一个路口或者天桥之类的，他就会报幕员一样说出地名，看得出来他非常兴奋。

他家里条件优渥，教养方式以溺爱为主，平时穿衣、吃饭等均由保姆包办，因而他的生活自理能力发展得十分缓慢。为了照顾他的口味，家里平时为其提供的都是较柔软的食物，连水果都会榨成汁，这使得他的口腔咀嚼力不足，也影响了他的语言发展。因此在出发前，我就和他家里沟通好了，外出研学的时候，会尽量让他亲自动手做事情。

到达车站后，我让海宝自己尝试推拉行李箱，看他瘦瘦小小的样子，居然推得有模有样，于是顺理成章地让他之后都自己携带行李了。指导他排队、验票、进站、找车厢、找座位，都非常顺利，我明白之后的研学之行，可能没我想象中那么"辛苦"了。

脱离了溺爱的家庭环境，海宝在跟随团队研学的过程中，我依据他的能力对他提出适合的要求，如：第一次研学时，要求他尽量独立用餐（使用勺子），食用蔬菜等（锻炼其咀嚼能力）食物；第二年的研学则要求他尽量独立地洗漱、穿衣服，进行叠被子等练习；第三次的研学，鼓励他独立洗澡；第四次研学，培养他使用筷子的能力。在这样相对辛苦的陌生环境的学习生活中，经过老师的指导教促，以及海宝自身的努力，他的生活自理能力获得了很大的提升。2019年研学时，他尚需在教师的辅助下进餐，在今年研学期间，他学会了使用筷子进餐。

在丰富的研学活动中，我希望开始时以辅助他参与体验为主，如第一次大兴安岭阿尔山研学之行，攀登白朗峰、地池等时，我和另一个老师紧紧地拉着他的手，全程几乎是我们带着他上去的。随着海宝年龄的增长，体能的提升，老师在这类活动中的辅助逐渐撤出，如在今年河西走廊的研学活动中，攀爬马蹄寺的过程中，我们几乎没有给孩子任何辅助，只是在一边注意安全问题，全程由孩子自主完成。

海宝的研学之行开展至今，已有5年，在4次的研学活动中，看着他从最初由教师处处帮扶提醒，到在言语指导下参与挖土、搬砖、捡柴火、打水等活动，再到独立爬山、独立使用筷子用餐等，其能力的发展肉眼可见。而他也对研学活动印象深刻，和同伴沟通时多次高兴地提到研学活动中的一些场景。

我想，自然教育的真谛不外如是。

（案例来源：海淀区特殊教育研究与指导中心）

主要参考文献

1. 邓明昱,劳世艳.孤独症谱系障碍的临床研究新进展(DSM-5新标准)[J].中国健康心理学杂志,2016,24(4)
2. 孙志刚,李素水,宋丽华等.孤独症谱系障碍共病问题的临床特征研究进展[J].临床精神医学杂志,2015,25(2)
3. 杨育林,代英.孤独症谱系障碍与智力障碍共患与鉴别研究进展[J].中国实用儿科杂志,2022,37(4)
4. 鲁明辉,缪玉,杨广学.自闭症谱系障碍共病研究现状与启示[J].现代特殊教育,2015(2)
5. 高峰,贾美香,董静怡等.孤独症谱系障碍儿童语言/言语情况分析[J].临床精神医学杂志,2020,30(1)
6. 袁玉萍,李菲菲.孤独症儿童动作技能干预的研究进展[J].中国特殊教育,2021(5)
7. 王淑荣.孤独症儿童社会交往能力培养策略探析[J].中国特殊教育,2015(7)
8. 苏雪云,朱霖丽.我的孩子得了孤独症—自闭谱系障碍儿童融合教育支持手册[M].上海社会科学院出版社,2021
9. 邓猛,杜林.西方特殊教育范式的变迁及我国特殊教育学校功能转型的思考[J].中国特殊教育,2019(3)
10. 邓猛.双流向多层次教育安置模式、全纳教育以及我国特殊教育发展格局的探讨[J].中国特殊教育,2004(6)
11. 杨正刚.从"隔绝"到"融合"英国特殊教育变革与发展研究(1760—1981)[D].福建师范大学,2018.
12. 钱丽霞,江小英.全纳教育发展的历史背景及相关政策[J].现代特殊教育,2003(09)
13. 朴永馨.融合与随班就读[J].教育研究与实验,2004,(4)
14. 连福鑫,贺荟中.美国孤独症儿童融合教育研究综述及启示[J].中国特殊教育,2011(4)
15. 孟庆燕,王和平,李雅蓉,安文军.美国孤独症谱系障碍儿童教育安置及启示[J].绥化学院学报,2019,39(4)
16. 倪赤丹,苏敏.孤独症儿童家庭支持网的"理想模型"及其构建——对深圳120个孤独症童家庭的实证分析[J].社会工作,2012(9)
17. 谷禹,王玲,秦金亮.布朗芬布伦纳从襁褓走向成熟的人类发展观[J].心理学探新,2012(2)
18. 刘杰,孟会敏.关于布郎芬布伦纳发展心理学生态系统理论[J].中国健康心理学杂志,2009(2)
19. 刘全礼.我国残疾儿童家庭教育支持的问题与对策[J].中华家教,2022(4)
20. 刘全礼.随班就读教育学—资源教师的理念与实践[M].天津:天津教育出版社,2007
21. 徐云,杨健,季灵芝,许丹,王永固.自闭症儿童康复困境分析[J].残疾人研究,2014(2)

22. 曹漱芹，李国欣，金琦钦.国际视野下孤独症学生关键能力的维度、层级与特征 [J].中国特殊教育，2022（10）.
23. 徐建平，张厚粲，杜艳婷等.斯-欧非言语智力测验评介 [J].心理科学，2012，35（4）.
24. 翟珊珊，吴碧珠，张煜晨等.适应行为评定量表（ABAS）的发展及其特殊教育应用述评 [J].绥化学院学报，2021，41（4）.
25. 吴金航，余舒.民族地区残疾儿童教育安置现状、问题及对策研究——以威宁彝族回族苗族自治县为例 [J].内蒙古师范大学学报（教育科学版），2014（4）.
26. 王红霞.孤独症儿童"渐进式"融合教育模式的探究 [J].教学月刊小学版（综合），2019（5）.
27. 邓守福.知识管理视野下的教师专业发展共同体研究 [D].华中科技大学，2016.
28. 刘敏，马波.专业共同体理论支持下的区域教研实践模型建构 [J].教育视界，2023（3）.
29. 黄志成.从终身教育、全民教育到全纳教育——国际教育思潮发展趋势探析 [J].河北师范大学学报（教育科学版），2003（2）.
30. 林永馨.特殊教育辞典 [M].北京：华夏出版社，2006.
31. 胡永崇，小学身心障碍类资源班实施现况及改进之研究—以高雄县为例 [J]，屏东师院学报，2000（13）.
32. 江小英，牛爽爽，邓猛.北京市普通中小学融合教育基本情况调查报告.现代特殊教育（高教），2016（7）.
33. 习妮，雷江华.美国资源教师任职资格的启示.现代特殊教育，2018（12）.
34. 傅王倩，田语，王小栋，肖非.融合教育环境下美国特殊教育教师资格认证的制度设计与启示——以加州为例 [J].外国中小学教育，2018（2）.
35. 吴宁，林虹.资源教师的角色定位 [J].现代特殊教育，2017（1）.
36. 孟晓.资源教师的角色浅析 [J].中国特殊教育，2004（12）.
37. 杨希洁，徐美贞.北京市随班就读小学资源教室初期运作基本情况调查 [J].中国特殊教育，2004（6）.
38. 冯雅静，朱楠.随班就读资源教师专业化发展的现状与对策 [J].中国特殊教育，2018（2）.
39. 韦小满，袁文得，刘全礼.北京香港两地普小教师对有特殊教育需要学生随班就读态度的比较研究 [J].北京师范大学学报（人文社会科学版），2001（1）.
40. 王佳.融合教育背景下资源教师与随班就读教师合作现状的调查研究 [D].四川师范大学.2018.
41. 杨希洁.以全覆盖服务保障特殊教育高质量发展——五级特殊教育资源中心建设构想 [J].现代特殊教育，2022（21）.
42. 秦铭欢，赵斌.我国特殊教育资源中心发展现状调查研究 [J].中国特殊教育，2022（4）.
43. 肖非.中国的随班就读：历史·现状·展望 [J].中国特殊教育，2005（3）.
44. 彭霞光.随班就读支持保障体系建设初探 [J].中国特殊教育，2014（11）.
45. 王培峰.试谈现代大特殊教育与现代特殊教育资源中心 [J].中国特殊教育，2000（2）.
46. 马红英，谭和平.上海市随班就读任职教师现状调查 [J].中国特殊教育，2010（1）.
47. 李拉.随班就读巡回指导的现实困境与对策 [J].现代特殊教育，2012（7）.
48. 徐美贞，杨希洁.资源教室在随班就读中的作用 [J].中国特殊教育，2005（3）.
49. 王振德.资源教室的理念与实施 [J].中国特殊教育，1997，（3）.
50. 孙颖.北京市资源教室建设现状与发展对策 [J].中国特殊教育，2013（1）.
51. 彭霞光.把握资源教室建设指南的精髓 健全随班就读支持保障体系 [J].现代特殊教育，2016，（5）.
52. 邓猛，景时.从随班就读到同班就读：关于全纳教育本土化理论的思考 [J].中国特殊教育，2013（8）.

53. 刘春玲，江琴娣.特殊教育概论 [M].上海：华东师范大学出版社，2008
54. 李娜，张福娟.上海市随班就读学校资源教室建设和运作现状的调查研究 [J].中国特殊教育，2008（10）
55. 王淑荣.孤独症儿童社会交往能力培养策略探析 [J].中国特殊教育，2015（7）
56. 孙涛，申仁洪.融合教育背景下普通学校无障碍校园环境建设研究 [J].兰州教育学院学报，2019，35（11）
57. 黄荣怀，张进宝，胡永斌，杨俊锋.智慧校园：数字校园发展的必然趋势 [J].开放教育研究，2012，18（4）
58. 张金福，齐媚彬.信息化时代特殊教育教学方式面临的机遇与挑战 [J].教育理论与实践，2021，41（32）
59. 胡钦太，郑凯，林南晖.教育信息化的发展转型：从"数字校园"到"智慧校园" [J].中国电化教育，2014（1）
60. 谢幼如，黎佳，邱艺，黄瑜玲.教育信息化 2.0 时代智慧校园建设与研究新发展 [J].中国电化教育，2019（5）
61. 祝智庭，贺斌.智慧教育：教育信息化的新境界 [J].电化教育研究，2012，33（12）
62. 庞敬文，张宇航，唐烨伟，解月光.深度学习视角下智慧课堂评价指标的设计研究 [J].现代教育技术，2017，27（2）
63. 孙曙辉，刘邦奇，李新义.大数据时代智慧课堂的构建与应用 [J].中国信息技术教育，2015（Z1）
64. 邓猛.从隔离到全纳——对美国特殊教育发展模式变革的思考 [J].教育研究与实验，1999（4）
65. 彭兴蓬，雷江华.论融合教育的困境——基于四维视角的分析 [J].教育学报，2013，9（6）
66. 谢正立，程黎.美国特殊教育需要儿童早期教育中的家长参与 [J].残疾人研究，2019（1）
67. 石丽娜，王小英，刘秒杞.美国联邦政府残障儿童早期干预政策的发展及启示 [J].学前教育研究，2013（12）
68. 朱逸杉.美国残疾人社会保障政策概况 [J].残疾人研究，2012（2）
69. 张静，杨广学.美国学前融合教育的发展研究 [J].绥化学院学报，2015，35（7）
70. 秦婉，肖非.美国学前融合教育发展概况、特点及其对我国的启示 [J].现代特殊教育，2019（11）
71. 郑益乐.英国学前教育改革的成功经验及启示 [J].教育探索，2016（4）
72. 庞丽娟，夏靖，孙美红.世界主要国家和地区弱势儿童学前教育扶助政策研究 [J].教育学报，2010，6（5）
73. 郭志云，邓猛.融合教育模式的中国话语及实践路径——基于教育部随班就读《指导意见》的分析与反思 [J].中国特殊教育，2021（12）
74. 顾明远.教育大辞典 [M].上海教育出版社，1998
75. 李秉德.教学论 [M].北京：人民教育出版社，2001
76. 李秉德，李定仁.教学论 [M].北京：人民教育出版社，2001
77. 钟启泉，汪霞，王文静.课程与教学论 [M].上海：华东师范大学出版社，2008
78. 钟启泉.现代教学论发展 [M].北京：教育科学出版社，1992
79. 王策三.教学论稿（第二版）[M].北京：人民教育出版社，2005
80. 邓猛，李芳，融合教育导论 [M].北京：北京师范大学出版社，2022
81. 邓猛，赵勇帅，王红霞，融合教育课程与教学 [M].北京：北京师范大学出版社，2021
82. 邓猛，郭玲.西方个别化教育计划的理论反思及对我国特殊教育发展的启示 [J].中国特殊教育，2010（6）

83. 于素红. 普通学校随班就读学生的课程建设 [J]. 中国特殊教育，2005（4）
84. 于素红. 个别化教育计划的现实困境与发展趋势 [J]. 中国特殊教育，2012（3）
85. 刘春玲，江琴娣. 特殊教育概论 [M]. 华东师范大学出版社，2008.
86. 肖非. 关于个别化教育计划几个问题的思考 [J]. 中国特殊教育，2005（2）
87. 张文京. 弱智儿童个别化教育与教学 [M]. 重庆：重庆出版社，2005
88. 李泽慧，周珉. 对随班就读教师差异教学能力构成的分析 [J]. 中国特殊教育，2009（1）
89. 刘志军. 课堂教学质量评价研究 [D]. 北京：北京师范大学，2000.
90. 刘志军. 发展性教育评价探微 [J]. 基础教育课程，2005，（2）
91. 关甦霞. 教学论教程 [M]. 西安：陕西师范大学出版社，1992
92. 弗拉基米尔·鲍良克. 教学论 [M]. 王兆璟. 论改革开放以来中国教学论学者的学术自觉——以教学要素说的探讨为中心 [J]. 当代教育与文化，2012，4（2）
93. 南京师范大学教育系. 教育学 [M]. 北京：人民教育出版社，1984.
94. 张楚廷. 教学论纲 [M]. 北京：高等教育出版社，1999.
95. 吴文侃. 比较教学论 [M]. 北京：人民教育出版社，1999.
96. 李孔文. 七要素说：李秉德教学论的核心思想 [J]. 当代教育与文化，2012，4（5）
97. 雷江华. 融合教育导论 [M]. 北京：北京大学出版社，2012.
98. 柳树森. 全纳教育导论 [M]. 武汉：华中师范大学出版社，2007.
99. 陈玉琨. 教育评价学 [M]. 北京：人民教育出版社，1999.
100. 陶西平主编. 教育评价辞典 [M]. 北京：北京师范大学，1998.
101. 董奇，赵德成. 发展性教育评价的理论与实践 [J]. 中国教育学刊，2003，（8）.
102. 赵尉杰. 发展性教育评价如何使评价对象增值 [J]. 继续教育研究，2007，（1）.
103. 张文. 论发展性教育评价的价值取向及其评价观 [J]. 当代教育论坛，2006，（23）.
104. 周卫勇. 走向发展性课程评价. 北京：北京大学出版社，2002.
105. 赵德成. 成长记录袋应用的回顾与反思 [J]. 课程·教材·教法，2012，32（5）.
106. 谢小蓉，张辉蓉. 五育并举视域下学生增值评价的发展困境与破解策略 [J]. 中国电化教育，2021（11）.
107. 张苧予. 如何评价职业学校教师教学的有效性：基于学生知识图谱增值模型的策略 [J]. 中国职业技术教育，2022（17）
108. 汶莎莎，孙刚成. 增值性评价：促进每一个学生可持续发展 [J]. 上海教育科研，2022，（3）
109. 任玉丹. 英国学校增值性评价模式对推进我国教育公平的启示 [J]. 教育探索，2011（5）.
110. Data & Statistics on Autism Spectrum Disorder [EB/OL]. https://www.cdc.gov/ncbddd/autism/data.html
111. Rao Patricia A, Landa Rebecca J. Association between severity of behavioral phenotype and comorbid attention deficit hyperactivity disorder symptoms in children with autism spectrum disorders [J]. Autism. 2014 (18)
112. Jean E Olmstead. Itinerant Teaching: Tricks of the trade for teachers of students with visual impairments [M]. New York: AFB Press, 2005 (1)
113. Soodak L C, Erwin E J, Winton P, et al. Implementing inclusive early childhood education. Topics in Early Childhood Special Education, 2002, 22 (2)
114. Bourke PE. Professional Development and Teacher Aides in Inclusive Education Contexts: Where to From Here?［J］. International Journal of Inclusive Education, 2009 (8)

115. Kauffman, J. M. (1989). The regular education initiative as Reagan-Bush education policy: A trickle-down theory of education of the hard-to-teach. Journal of Special Education, 23 (3)
116. Her Majesty. Education Act 1993 [EB/OL]. https://www.legislation.gov.uk/ukpga/1993.35/contents.
117. Department for Education. the Code of Practice on the Identification and Assessment of Special Educational Needs [EB/OL]. https://www.legislation.gov.uk/uksi/1994/1414/made.
118. Department for Children, Schools and Families. The Children's plan: building brighter future [EB/OL]. https://www.gov.uk/government/publications/the-childrens-plan.
119. Department for Education. Support and aspiration: A new approach to special educational needs and disability [EB/OL]. http://www.educationengland.org.uk/documents/pdfs/2011-green-paper-sen.pdf.
120. Department for Education. Statutory Framework for the Early Years Foundation Stage: Setting the Standards for Learning, Development and Care for Children from Birth to Five [R]. London: Department for Education, 2017.
121. Meyen, E. L., Skrtic, T. Exceptional children and youth (3rd ed.) [M]. Denver: Love Publishing Com, 1998:45.
122. Gronlund, N. E. Measurement and Evaluation in Teaching [M]. Oxford: Macmillan Publishers Ltd, 1971.

图书在版编目（CIP）数据

孤独症儿童融合教育生态支持的本土化实践创新/王红霞著. -- 北京：华夏出版社有限公司，2024.1

ISBN 978-7-5222-0686-8

I. ①孤… II. ①王… III. ①孤独症－儿童教育－特殊教育 IV. ①G766

中国国家版本馆 CIP 数据核字（2024）第 058487 号

全国教育科学"十三五"规划 2019 年度教育部重点课题研究成果（DHA190367）

孤独症儿童融合教育生态支持的本土化实践创新

作　　者	王红霞
责任编辑	张红云
特邀审校	许　婷
责任印制	顾瑞清
美术编辑	殷丽云

出版发行	华夏出版社有限公司
经　　销	新华书店
印　　装	三河市少明印务有限公司
版　　次	2024 年 1 月北京第 1 版　　2024 年 1 月北京第 1 次印刷
开　　本	787×1092　1/16 开
印　　张	19.5
字　　数	381 千字
定　　价	98.00 元

华夏出版社有限公司　　地址：北京市东直门外香河园北里 4 号　　邮编：100028
网址：www.hxph.com.cn　　电话：(010) 64663331（转）

若发现本版图书有印装质量问题，请与我社营销中心联系调换。

2